I0754827

THOMAS-MANN-STUDIEN

FÜNFZIGSTER BAND

THOMAS-MANN-STUDIEN

HERAUSGEGEBEN VON KATRIN BEDENIG
IM AUFTRAG DES THOMAS-MANN-ARCHIVS
DER EIDGENÖSSISCHEN TECHNISCHEN HOCHSCHULE
IN ZÜRICH

FÜNFZIGSTER BAND

VITTORIO KLOSTERMANN · FRANKFURT AM MAIN

Der vorliegende Text ist die überarbeitete Fassung der im Wintersemester 2012/13 an der Philosophischen Fakultät der Universität zu Köln angenommenen Dissertation.

Bibliographische Information der Deutschen Nationalbibliothek

Die Deutsche Nationalbibliothek verzeichnet diese Publikation in der Deutschen Nationalbibliographie; detaillierte bibliographische Daten sind im Internet über *http://dnb.dnb.de* abrufbar.

Gedruckt auf Alster Werkdruck der Firma Geese, Hamburg, alterungsbeständig ∞ ISO 9706 und PEFC-zertifiziert.
Satz: Mirjam Loch, Frankfurt am Main
Druck: Wilhelm & Adam, Heusenstamm
Bindung: Litges & Dopf, Heppenheim
Printed in Germany
ISSN 0563-4822
ISBN 978-3-465-03909-9

BJÖRN MOLL

STÖRENFRIEDE

POETIK DER HYBRIDISIERUNG IN THOMAS MANNS *ZAUBERBERG*

VITTORIO KLOSTERMANN · FRANKFURT AM MAIN

INHALT

LITERARISCHE MISCHLINGE

»[D]ie Gesellschaft ist wohl ein bißchen gemischt in so einer Anstalt« (149), meint Hans Castorp gegenüber Lodovico Settembrini am vierten Tag seines Aufenthaltes im Sanatorium »Berghof« (15).[1] Diesen Satz ausschließlich so zu verstehen, dass sich in Davos eine illustre Gemeinschaft skurriler Kranker zusammenfinde, ist jedoch radikal unterkomplex, wie die vorliegende Untersuchung zeigen möchte. Das Phänomen der ›Mischung‹ verschränkt im Roman vielmehr poetologische Prinzipien mit ästhetischen Konzepten.

In der langjährigen Entstehungsphase des Romans spricht Mann des Öfteren von Mischungen. So notiert er etwa am 31. Dezember 1918 in seinem *Tagebuch*:

Ich schließe die Aufzeichnungen dieses Jahres und gehe zur Ruhe, in der Hoffnung, die unternommene wunderliche Arbeit bei nicht allzu viel Zeitverbrauch zur Zufriedenheit zu beenden. Heute, als ich ins Theater fuhr, fiel mir ein, daß sie mit »Herr und Hund« seltsam passend zusammenstehen wird. Das gemeinsame Motiv ist das *Mischlings*-Thema.[2]

Die Texte, von deren innerem Zusammenhang Mann hier berichtet, sind *Herr und Hund* und *Gesang vom Kindchen*. In beiden erfüllen die Hauptfiguren – der Hund »Bauschan« und das »Kindchen« – die Zuschreibung als Mischling:[3] Bauschan ist ein »Hühnerhund-Bastard«,[4] das Kindchen zeichnet sich aus durch »besondre/ Bildung [...] und menschliche Mischung«: »Heimat und phantastische Ferne treffen sich in dir,/ Kindchen; Nord im

[1] Im Folgenden werden sämtliche Texte, soweit in der *Großen Kommentierten Frankfurter Ausgabe* erschienen, nach dieser unter der Sigle GKFA mit der Bandnummer zitiert. Die Nachweise aus dem *Zauberberg* werden im Text geführt. Sie entstammen der Ausgabe: Thomas Mann: Der Zauberberg. Roman. Hg. und textkritisch durchgesehen von Michael Neumann (= GKFA 5.1). Frankfurt a.M. 2002. Die Nachweise aus sämtlichen übrigen Texten erfolgen nach Thomas Mann: Gesammelte Werke in Dreizehn Bänden. 2., durchgesehene Aufl. Frankfurt a.M. 1974 unter der Sigle GW und mit Angabe der Bandnummer.

[2] Thomas Mann: Tagebücher. 1918–1921. Ungekürzte Ausgabe. Hg. von Peter de Mendelssohn. Frankfurt a.M. 2003, S. 120 (31.12.1918; H.i.O.).

[3] Vgl. die Anmerkungen in Mann: Tagebücher. 1918–1921, S. 622: »Der Hund Bauschan war ein alles andere als rasserein gezüchteter Hühnerhund, vielmehr eine Zufalls-Mischung, einem Pinscher nicht unähnlich, wie es in *Herr und Hund* heißt; das Kind Elisabeth hatte eine jüdische Mutter und einen nichtjüdischen Vater«.

[4] Thomas Mann: Herr und Hund. In: GW VIII: Erzählungen. Fiorenza. Dichtungen, S. 526–617, hier S. 595.

West und östlich tieferer Süden,/ Nieder- und Morgenland«.[5] Die Mischung tritt in beiden Texten als charakterliches Alleinstellungsmerkmal auf, und wird, gemäß dem Programm beider Texte als »Idyllen«,[6] stets in eine harmonisierende Lesart gebracht – entweder als Grundlage von Kreation oder als reizvolle Naturwüchsigkeit.

Diese harmonische Mischung, in der sich unterschiedliche Bestandteile zu einem neuen Ganzen verbinden, ist eine andere als die Gemischtheit der Sanatoriumsgesellschaft. Zwar liefert diese ein Panorama der Vorkriegsgesellschaft, doch fügen sich die einzelnen Figuren weder zu einer fest umrissenen sozialen Gestalt zusammen noch bilden sie trennscharfe personale Identitäten aus. Die Mischung ist im Roman vielmehr ein Charakteristikum der Krankheit. Sie zeichnet sich nicht durch Synthesen, sondern durch Einmischung und Grenzüberschreitung aus, die zur Auflösung bekannter Entitäten führen, aber auch zu Rekombinationen und der Multiplikation von Bedeutung. Die Passage von der Gemischtheit der Patientenschaft wird deshalb von einer anderen Textstelle ergänzt: »Die Gesellschaft begann sich aufzulösen« (493), heißt es im Kapitel »Walpurgisnacht«.

Die vorliegende Untersuchung wird herausarbeiten, dass sich im *Zauberberg* ein enger Zusammenhang zwischen Vermischung, Krankheit und Poetik herstellen lässt.[7] Die Krankheit figuriert als das poetologische Paradigma des Textes. Der im Roman beschriebene Pathologisierungsvorgang lässt sich für eine poetologische Lektüre des Textes fruchtbar machen. Der Pathologisierungsvorgang inszeniert Hybridisierungen. Diese entstehen durch Infektion und parasitäre Wucherungen. Das lässt sich auf den

[5] Thomas Mann: Gesang vom Kindchen. In: GW VIII, S. 1068–1101, hier S. 1086 und S. 1087. Im *Gesang vom Kindchen* wird die Herkunft des Kindchens thematisiert, aus ihr eine Überblendung von Lübeck und Venedig abgeleitet und die kulturelle Kraft der Mischung von Orient und Okzident hervorgehoben, die zudem als kreatives Geheimnis hinter der Entstehung von Arthur Schopenhauers *Die Welt als Wille und Vorstellung* angenommen wird. In *Herr und Hund* gibt es vereinzelt Passagen, die die Mischung thematisieren, etwa wenn davon gesprochen wird, dass »der ganze Gegensatz« zwischen dem jetzigen Hund Bauschan und dem »verstorbenen Percy [...] verwickelter und gemischter« sei, als er sich auf den ersten Blick darstelle (ebd., S. 551). Die optische Erscheinung Bauschans ist die einer Farbmischung und im Laufe der Erzählung ist gerade die Vermischung ein wiederkehrendes Thema, es »mischen« sich Geräusche, Pflanzen, Gedanken und Gerüche (vgl. GW VIII, S. 535, 562, 576, 579, 582, 595).

[6] *Herr und Hund* und *Gesang vom Kindchen* erschienen gemeinsam mit dem Untertitel »Zwei Idyllen«. Vgl. Hans Rudolf Vaget: Die Erzählungen. In: Thomas-Mann-Handbuch. Hg. von Helmut Koopmann. 3., aktualisierte Aufl. Stuttgart 2001, S. 534–618, hier S. 592.

[7] Damit sollen keine Aussagen über andere Texte Manns getroffen werden, jedoch wird die Untersuchung gute Gründe zu der Annahme liefern, den *Zauberberg* als herausragendes Beispiel einer Verbindung von Krankheit und Poetik im Schaffen Thomas Manns zu betrachten.

Zauberberg übertragen: Der Text ist das Produkt infektiöser sprachlicher Übertragungsprozesse und parasitärer Sprachverwendung. Dadurch generiert er neue Bedeutungen und karnevalisiert gängige kulturelle Codierungen. Diese Poetik führt zu einer Auflösung stabiler Bezugsgrößen: Die infektiöse Textur verwischt die Figurengrenzen und dehierarchisiert die Erzählerfigur als auktorialen Kontrolleur des Romangeschehens. Eine Poetik der Hybridisierung vervielfältigt die Aufgabe des Erzählens und erzeugt ein polyphones Netz sich gegenseitig relativierender Bedeutungen. Doch hat man es beim *Zauberberg* nicht bloß mit der Inszenierung einer Verfallsproblematik zu tun. Die Auszehrung ist die Schattenseite der Wucherung: Die Vermittlung eindeutiger Aussagen misslingt, gerade weil der Text fortwährend Bedeutungen produziert und Neukombinationen herstellt.

Es mag zunächst befremdlich klingen, eine solche Poetik Thomas Mann zuzuschreiben, ist diesem Schriftsteller, laut eigener Aussage, doch gerade an einem geschlossenen, totalen Kunstwerk gelegen. In der *Einführung in den Zauberberg* erwähnt Mann, dass der Roman in jedem Detail »Präsenz« erzeugen solle, bis er im Ganzen als Text »die Aufhebung der Zeit« geleistet habe. Thomas Mann erwähnt auch, mit welchem Mittel diese Totalität erzeugt werden soll, nämlich mit dem »Leitmotiv«, einem wiederholten Textelement.[8] Dadurch identifiziert er das, was als absichtlich eingesetztes Mittel – möglicherweise unbeabsichtigte – poetologische Konsequenzen zeitigt: Die Poetik der Totalität begründet die Poetik der Hybridisierung. Dies lässt sich folgendermaßen erklären: Thomas Manns Texte wenden, wie Gunter Reiß gezeigt hat, eine Methode der »Allegorisierung« an, die eine unentwegte Selbstreflexivität erzeugt, durch welche der Text seine eigene Interpretation und Leseanweisung vorgibt.[9] Dabei handelt es sich um Textpassagen, die als allegorisierte Meta-Kommentare ihrer eigenen Verfasstheit verstanden werden können. Diesen assistiert die Leitmotivik, indem sie sie erstens im Text verbreitet und zweitens selbst ein solches Instrument selbsterklärender Eigenlektüre darstellt. Es lässt sich bereits erkennen, dass sich dabei nicht nur eine hochgradig angreifbare Struktur konstruiert, die eine Vielzahl ungesicherter Transportwege schafft, sondern dass dieser Poetik mit der Leitmotivik ein infektiöses, parasitäres Strukturierungselement inhärent ist. Wenn nun, wie es im *Zauberberg* geschieht, der konkrete pathologische Infektionsvorgang – außergewöhnlich für

[8] Thomas Mann: Einführung in den Zauberberg. Für Studenten der Universität Princeton. In: GW XI: Reden und Aufsätze 3, S. 602–617, hier S. 612 und 603.

[9] Vgl. Gunter Reiß: »Allegorisierung« und moderne Erzählkunst. Eine Studie zum Werk Thomas Manns. München 1970, S. 209–249.

Mann[10] – beschrieben wird, legt dies die Vermutung nahe, dass sich Infektion (die Krankheitsdarstellung im Text) und Infektiöses (das Leitmotiv als literarisches Mittel) koppeln. Die vorliegende Untersuchung wird diese Annahme überprüfen und damit auch die Grundlage von Manns Schreiben neu perspektivieren.

Der Ansteckungsvorgang wird im Roman beschrieben. Er zeichnet sich durch eine Grenzüberschreitung aus: Erreger dringen in den Organismus ein und provozieren dessen Pathologisierung. Der beschriebene Vorgang lässt sich als Allegorisierung des Verfahrens der Texterschaffung lesen. Damit wird die Krankheit als poetologisches Paradigma des Textes charakterisiert, das die simultane Etablierung und Destabilisierung der Grenzen durch Leitmotivik, Figurenmitteilungen und Erzählsituation umfasst. Indem der Fokus der Untersuchung nicht auf den Vorgang der Infektion als einen performativen Akt, sondern auf die damit einhergehende Grenzverletzung gelegt wird, wird eine Poetik der Hybridisierung anvisiert und nicht eine »Poetik der Ansteckung«, welche literarische Darstellung im Modus der Infektion als Akt ihrer performativen Herstellung begreift (und von Elisabeth Strowick bereits anhand des *Zauberbergs* exemplifiziert wurde).[11] Die Poetik der Hybridisierung geht noch darüber hinaus, weil sie über das Spiel mit der Grenze zugleich narrative und – so lässt sich sagen – textpolitische Fragestellungen umfasst.

Hybridisierungen bezeichnen zunächst ganz allgemein Vermischungen, bei denen die hybridisierten Elemente in einem gewissen Maß noch als eigenständige wahrgenommen werden können. Der Hybridisierungsprozess hängt wesentlich von Grenzverletzungen ab. Unerwünschte Grenzüberschreitungen, wie sie bei der Infektion stattfinden, sind Störungen. Durch die Figur der Störung wird das komplexe Spiel mit der Grenze sichtbar: Es gibt keine Vorgängigkeit der Grenze; die Störung führt die Grenzen, die von ihr überschritten werden, mit sich. Ein Interesse an der Störung zeigt *Der Zauberberg* auch deshalb, weil diese erst die Grenzen festlegt, an

[10] Üblicherweise werden in Manns Prosa Erkrankungen nur angedeutet (wie durch die Erdbeeren, die Gustav von Aschenbach in Venedig isst, oder den Bordellbesuch Adrian Leverkühns) oder Symptome erläutert, ohne jedoch den physiologischen Infektionsvorgang zu beschreiben (wie in *Buddenbrooks* am Beispiel des Typhus Hanno Buddenbrooks). Es gehört zur Mann'schen Methode, den Infektionsvorgang nicht eindeutig zu markieren, um den Text so zu ambiguisieren.

[11] Vgl. Elisabeth Strowick: Sprechende Körper – Poetik der Ansteckung: Performativa in Literatur und Rhetorik. München 2009, S. 261–281; Elisabeth Strowick: Poetologie der Ansteckung und bakteriologische Reinkultur. Infektiöses Material bei Thomas Bernhard, Thomas Mann und Robert Koch. In: Krankheit und Geschlecht. Diskursive Affären zwischen Literatur und Medizin. Hg. von Elisabeth Strowick und Tanja Nusser. Würzburg 2002, S. 57–75.

denen der Text sich abarbeiten kann und die er bereits verletzt hat, indem er sie konstruiert. Die Diffamierung einer Überschreitung als Störung markiert diese erst als solche und verdeckt den Vorgang der ersten Grenzverletzung durch eine Suggestion der Allgemeingültigkeit des etablierten Codes. Diffamierungsstrategien literarischer Kommunikation können dabei Figurenrede oder Metaphorisierungen sein, wie sie bei Mann durch die Leitmotivik vollzogen werden. Es gibt personale Figurationen der Störung, deren prominenteste Beispiele die Störenfriede Karoline Stöhr, Pieter Peeperkorn, Clawdia Chauchat, Leo Naphta oder Lodovico Settembrini sind, zu deren Gruppe aber auch randständige Figuren wie etwa Hermine Kleefeld oder Herr Popów gehören. Selbst der Protagonist Hans Castorp lässt sich diesem Personenkreis zurechnen. Und es gibt gegenständliche Figurationen der Störung wie Husten, Staub oder Türschlagen. Beiden ist gemein, dass sie Anschlusskommunikation provozieren, um die Bedrohung durch die Störung zu bannen. In der Auseinandersetzung mit der Störung entwickelt sich das eigene Sprechen, ist also von ihm abhängig. Der Text generiert sich aus diesen Anschlusskommunikationen und somit aus den Störungen, nämlich aus den (kompensierenden oder störenden) Aussagen der Figuren und der eigenen infektiösen Leitmotivik.

Die Poetik der Hybridisierung charakterisiert also eine infektiöse Sprachverwendung und das damit verschränkte Spiel der Grenzetablierung und -destabilisierung. Ist dieser Mechanismus einmal beschrieben, lassen sich die produktiven karnevalisierenden Textgestaltungsverfahren der Störungsfiguren darlegen.

Die Notwendigkeit einer solchen Untersuchung liegt in dem festgeschriebenen Bild von Thomas Mann als Autor begründet. Dieser verstehe es gerade, geschlossene Kunstwerke zu schaffen, die Bedeutung vereinheitlichten.[12] In einer reichen Anzahl an Selbstkommentaren hat Mann die Geschlossenheit und Einheitlichkeit seiner Texte hervorgehoben, gerade auch in seiner *Einführung in den Zauberberg*. Die Autorität der Autorperson Thomas Mann zeigt sich nicht nur in einer gewissen Forschungsgläubigkeit gegenüber seinen Eigenaussagen, sondern auch gegenüber den in seinen Text eingeschriebenen Diffamierungsstrategien. Und selbst Michail Bachtin und die Bachtinlektüre Julia Kristevas zählen Mann – explizit und implizit – der konservativen, ›realistischen‹ Linie des modernen Romans zu. Die vorliegende Untersuchung verfolgt damit auch das Ziel, die Ein-

[12] Vgl. zur Diskussion um Manns ästhetischen Konservatismus oder Avantgardismus Stefan Börnchen und Claudia Liebrand: Einleitung. In: Apokrypher Avantgardismus. Thomas Mann und die Klassische Moderne. Hg. von Stefan Börnchen und Claudia Liebrand. München 2008, S. 7–27.

sinnigkeit dieser Zuschreibung zu durchbrechen und gerade die Komplexität und Bedeutungsmultiplikation des Mann'schen Textes hervorzuheben. Sie versucht dabei zudem, literatur- und kulturwissenschaftliche Begrifflichkeiten zu schärfen und moderne Lektürekonzepte zu erproben. Und nicht zuletzt geht es ihr auch darum, die Dynamik der Mann'schen Texte, die Textpolitik und die Vervielfältigung des Erzählens, am Beispiel eines Romans zu demonstrieren.

Das erste Lektürekapitel lokalisiert den diskursiven Ort der Tuberkulosedarstellung in seinen kulturgeschichtlichen Facettierungen und der spezifisch Mann'schen Aktualisierung im Roman. Außerdem wird die Gleichzeitigkeit von Unter- und Überdeterminiertheit, von Auszehrung und Auswucherung, die mit der Vermischung einhergeht, eingeführt. Indem in der Untersuchung der Zusammenhang von Pathologie und Ökonomie im *Zauberberg* in den Blick genommen wird, lässt sich ein diffamierender Metaphorisierungsprozess aufdecken: Das kranke Personal wird als vermischt, unrein, verschwenderisch, auszehrend und oberflächlich beschrieben. Dies geschieht zwar auf der Basis traditioneller Kennzeichnungen der Tuberkulose als konsumptiver Krankheit, nutzt aber auch eine charakteristische Unbestimmheit in der historischen Beschreibung des Krankheitsbildes zur Neumetaphorisierung. Konkret wird diese Metaphorisierung von Ausschlusskriterien begleitet, die in Manns Frühwerk häufig zu finden sind: der topographische und sozialpolitische Ausschluss, die Semitisierung und die Effeminierung. Indem das kranke Figurenpersonal durch diese Zuschreibungen diffamiert wird, stiftet der Text zugleich eine Grenze. Dieser Mechanismus wird durch sein Aufzeigen für eine Analyse handhabbar. Die mit Vermischung, Unreinheit, Verschwendung, Auszehrung und mangelhafter Referentialität gekennzeichnete Krankheit lässt sich damit nicht nur als negative Charakterisierung lesen, sondern es lässt sich die Produktivität der Krankheit für die Gestaltung des Textes herausarbeiten. Dies soll mithilfe des Begriffs der Hybridisierung geschehen, der eine Verbindung eben jener Kennzeichnungen der Krankheit möglich macht.

Das anschließende Kapitel bietet den Ausgangspunkt für die folgenden Lektüren, da es die theoretischen und methodischen Grundlagen der Untersuchung expliziert. Den Ausgang bildet der Begriff der sprachlichen Hybridisierung bei Michail Bachtin. Laut Bachtin erzeugen »hybride Konstruktion[en]«[13] in einem Text Aussagen, die nicht mehr eindeutig einer

[13] Michael Bachtin: Das Wort im Roman. In: Michael Bachtin: Die Ästhetik des Wortes. Hg. und eingeleitet von Rainer Grübel. Aus dem Russischen übersetzt von Rainer Grübel und Sabine Reese. Frankfurt a. M. 1979, S. 154–300, hier S. 198.

Sprechinstanz zugeordnet werden können, sondern zugleich beiden Sprechern und keinem gehören. Michail Bachtins Theoretisierung von Hybridisierung, Dialogizität, Polyphonie und Karneval bietet die konzeptionelle Vorlage der Untersuchung. Sie entwickelt ihre Begrifflichkeit durch die Auseinandersetzung mit und die Belehnung ihrer Vorlage. Bei Bachtin sind Hybridisierungen literarische Mittel, um Textaussagen zu dialogisieren. Zugleich befassen sich Bachtins Schriften mit der Eruierung einer literarischen Tradition karnevalesker Texte, die invertierte Ordnungen in einer Welt, die als generalisierte Bühne gedacht wird, zur Darstellung bringen. Solche Texte erschaffen auf kreative Weise Inversionen durch ein Set von Merkmalen und zeichnen sich durch ein rekurrentes Motivfeld aus, welches Handlungen und Figuren in einem Bereich der Liminalität, des Traumes und des Spiels verortet. Kommen innerhalb eines Textes dialogische Verfahren und die Merkmale und Motive karnevalesker Gattungen zusammen, entstehen polyphone Texte.

Wichtig für Bachtins Konzept der sprachlichen Hybridisierungen ist, dass sich in diesen die verbundenen Bereiche nicht zu neuen, fest definierten Formen zusammenfügen. Allerdings bietet Bachtin keine Vorgaben, um Hybridisierungsprozesse in den Blick zu nehmen. Seine Ausführungen zu hybriden Konstruktionen stellen diese bloß als solche fest. Deshalb wird die Untersuchung als Analyseinstrument vorschlagen, den Blick auf die Hybridisierung durch die Betrachtung von Störungen zu erweitern. Störungen werden dabei als unerwünschte Grenzüberschreitungen aufgefasst. Deren Unerwünschtheit wird durch Figurenkommentare oder das mit ihnen verbundene Bildfeld markiert, im konkreten Fall also auch durch die Metaphorisierung der Krankheit.

Die Funktion der Störung im Roman wird zunächst auf die Analyse seiner Erzählsituation bezogen. Der Text lässt sich als »literarischer Menschenversuch« lesen. Ein solcher ist, in der Fassung, wie er für das 18. Jahrhundert von Nicolas Pethes herausgearbeitet wurde, durch ein Set experimenteller Operationen und – in seiner spezifischen Gestalt als Bildungsroman – eine zentrale Kontrollinstanz gekennzeichnet.[14] Die Störung markiert im experimentellen Szenario des Romans den Unterschied zwischen Homo- und Heterodiegese: Was für die Figuren Störungen sind, sind für die Erzählerfigur bewusst eingeführte, systematische Irritationen, die ihn als Kontrolleur des Romangeschehens ausweisen. Doch dieses Kontrolldispositiv ist prekär. Eine Übertragung der von Pethes entwickelten Operationen des literarischen Menschenversuchs auf den *Zauberberg* wird vielmehr zeigen,

[14] Vgl. Nicolas Pethes: Zöglinge der Natur. Der literarische Menschenversuch des 18. Jahrhunderts. Göttingen 2007.

dass die Experimentalkonfiguration nicht einfach affirmiert oder parodiert wird, sondern eine Reflexionsfolie darstellt, vor welcher die Allwissenheit des auktorialen Erzählers nur vordergründig bestätigt, de facto aber in Frage gestellt, zum Spielgegenstand, wird. Das Figurenensemble ist hingegen in der vernetzten Logik eines »Experimentalsystem[s]«[15] angeordnet, das keine absoluten Dominanzen mehr kennt.

Die im Roman beschriebene Infektion beruht auf einer unerwünschten Grenzüberschreitung, also auf einer Störung: Ein fremder Erreger dringt in den Organismus ein und bewirkt die Krankheit. Legt man das Verfahren der Allegorisierung zugrunde, ist das Romanpersonal bereits in Analogie zu diesem Muster arrangiert: Fremde Figuren dringen in die Lebenssphäre anderer Figuren ein und verwirren diese. In einem Experimentalsystem, in dem keine eindeutigen Hierarchien mehr gegeben sind, vervielfältigt sich der Akt der Infektion; die Figuren stören sich permanent gegenseitig. Diese Methode lässt sich bis in die Aussagen der Figuren hinein nachverfolgen: Sprachmaterial wird von anderen Figuren – in einem figurenpsychologischen Sinn müsste man sagen: oft unwissentlich – übernommen und zitiert, dringt in deren Rede ein. Dieses Phänomen ist in der Thomas-Mann-Forschung bekannt als »Leitmotiv«, hier soll es verstanden werden als infektiöse Textur und Signifikantenspiel. Durch diese Umakzentuierung wird der Schwerpunkt von einer intentionalen Semantisierungsfunktion des Leitmotivs auf die von ihm ausgelöste Bedeutungswucherung gelegt, denn mit jeder Rezitation erweitern sich die Kontexte, in denen das leitmotivische Element steht und das Element wird mit Bedeutung aufgeladen. Der Text wuchert auf einer semantischen und einer sprachmateriellen Ebene, denn es schließen sich stets neue Signifikanten an die wiederholten an. So wie der Organismus infolge der Infektion physisch wuchert, denn der Infektionsherd befällt weitere Zellen und verändert sie, so wuchern auch die Signifikate und Signifikanten.

Solche infektiösen Textübertragungen, solche »Ansteckungen«,[16] sind Hybridisierungsprozeduren. Wenn auch im Fall der Ansteckung die sprechende Romanfigur identifiziert werden kann, so zeigen sich dennoch Ähnlichkeiten mit der Definition der Hybridisierung bei Bachtin. Dort handelt es sich um die gleiche Aussage, die in einem Textbestandteil zwei

[15] Der Begriff wird belehnt von Hans-Jörg Rheinberger: Experimentalsysteme und epistemische Dinge. Eine Geschichte der Proteinsynthese im Reagenzglas. Frankfurt a. M. 2001.

[16] Indem dem Begriff der ›Ansteckung‹ ausführlich Beachtung geschenkt wird, zeigt die Untersuchung zudem Perspektiven der Betrachtung von Literatur mit einer pathologischen Begrifflichkeit auf. In einem gewissen Sinn handelt es sich deshalb im Folgenden auch um eine metaphorologische Untersuchung der Literaturwissenschaft.

Sprechern zukommt; im Fall der Ansteckung um die gleiche Aussage, die von zwei Sprechern an unterschiedlichen Orten im Text artikuliert wird. Ansteckung ist formal also die Inversion der Hybridisierung. Eine wiederholte Aussage lässt die andere Figur, welche sie äußerte, gewissermaßen miterklingen. Die Bachtin'sche Definition der Hybridisierung und die Ansteckung haben gemeinsam, dass sie personale Identitäten auflösen und die Figurengrenzen durchlässig machen für störendes, infektiöses Sprachmaterial, das Bedeutungen zugleich erweitert und zerstreut.

Angesichts dieses Befundes wird die Frage danach, weshalb Thomas Mann als Autor geschlossener Kunstwerke erscheint, besonders virulent. Neben den Antworten, die sich aus dem wirkmächtigen Paratext *Einführung in den Zauberberg* einstellen, lässt sich der Grund im Roman selbst finden. Dieser bemüht sowohl auf syntagmatischer wie auf paradigmatischer Ebene Schließungsfiguren, die eine Sensibilität für das Problem der infektiösen Textur illustrieren, sich bei genauerer Betrachtung aber als äußert heikel erweisen. Auf syntagmatischer Ebene handelt es sich um die Interpretation des Textes als verschlossene »Kristallretorte« (770). Durch diese Metapher wird die Geschichte Hans Castorps als »hermetisch-pädagogische[] Steigerung« (987) entworfen und dem Text damit ein lineares Narrativ unterstellt. Diese Ansicht deckt sich jedoch nicht mit dem, was im Text tatsächlich geschieht: Zum einen ist die Definition der Hermetik, die im Roman geliefert wird, selbst widersprüchlich, zum anderen wird der Text gar nicht geschlossen, sondern endet mit einer Frage, die über die Textgrenzen hinausweist. Das Problem der Hermetik wird in der vorliegenden Interpretation mit einem wiederholt identifizierbaren Bestreben des Textes, eine narrative Selbstlektüre zu leisten, kontextualisiert.

Diese findet sich auf paradigmatischer Ebene in der Idee eines »Geist[es] der Erzählung« (1081), der als überwölbende Erzählinstanz, als reine Sprache, die Stimmen aller Figuren subsumieren soll. Thomas Manns Roman *Der Erwählte* liefert eine Parallelstelle, die das Verhältnis zwischen »Geist der Erzählung« und Erzähler definiert. Aus dieser folgt zunächst die Ansicht, dass der »Geist der Erzählung« sich ausschließlich in der Figur des Erzählers personifizieren kann. Es lässt sich jedoch zeigen, dass dieses Konzept durchaus auch eine Lesart als polyphones Sprechen ermöglicht und legt die Option, alle Figuren als Personifikationen des »Geist[es] der Erzählung« und damit als Erzählfiguren in den Blick zu nehmen, als die dem *Zauberberg* angemessene nahe.

Damit ist der Weg frei gemacht für eine Untersuchung der Erzählfiguren im Roman. Nachdem die Grenze zwischen Erzähler und Figuren bereits in ihrer Konstruiertheit ausgewiesen wurde, legt das folgende Kapitel die

Grenzen zwischen Ernst und Albernheit sowie angemessener und missbräuchlicher Verwendung offen. Der Roman stellt unernste Figuren ostentativ als solche aus und damit auch als Figuren, die keinen produktiven Beitrag zu leisten im Stande sind. Die Literatur- und Kulturwissenschaft kennt Modelle, die den Missbrauch, die störende oder gestörte Kommunikation, für eine Interpretation von Texten fruchtbar machen, und zwar den Parasitismus und den Karneval. Die infektiöse Textur widerlegt eindeutige Oppositionen: Der parasitäre, parodierende Gebrauch von Sprache macht alle Figuren zu Schauspielern und Maskenträgern, die einen einfallsreichen Umgang mit Sprache und den Romanthemen beweisen, neue Bedeutungsnuancen und Themenkombinationen erzeugen und interessante Figurenkonstellationen herstellen. Mit der Auflösung fest umrissener Identitäten geht die Zerstreuung der Erzählerfigur in unterschiedliche Erzählfiguren einher. Es entsteht ein Überschuss an Erzählbeiträgern.

Aufgrund dieses sprachlichen Maskenspiels lässt sich der Text als eine Arena von Äußerungen begreifen. Das Spiel mit der sprachlichen Maske und die Theatralität der Arena ruft das Szenario karnevalesker Texte auf, wie Bachtin sie entwirft. Themen und Figuren, aber auch die Vorkriegsgeschichte im Allgemeinen, werden im Roman karnevalisiert. Es wird sich herausstellen, dass durch die Karnevalisierung kulturelle Ordnungen destabilisiert werden und eine spielerische Auseinandersetzung mit Kultur ausprobiert wird, die zu einem veränderten, nämlich grotesken, anamorphotischen und animalisierten Menschenbild führt. Dies lässt sich jedoch wiederum von der Beschreibung der Infektion her verstehen: Die grotesken Körper sind unabgeschlossen, »offen und aufnahmefähig« (196) und damit Produkte der Krankheit und Spiegelungen des Textkörpers, der sich nicht nur für Fremdtexte aufnahmebereit zeigt, sondern dessen Personal von fremdem Sprachmaterial beeinflusst werden kann.

Der *Zauberberg* erscheint daher als polyphoner Text, in dem Störungen Hybridisierungen hervorbringen, die Bedeutungswucherungen produzieren und als parasitäre, parodierende und karnevaleske Verfahren literarische und sprachliche Innovationsmöglichkeiten liefern. So können eigentlich unverbundene Bereiche zueinander in Beziehung gesetzt werden.

Die Sanatoriumsgesellschaft ist also »gemischt«, weil sie die Krankheit, die Mischungen produziert, in sich trägt. Die Krankheit führt aber geradewegs wieder zu einem intervenierenden Verhalten des Figurenpersonals in Äußerungen und Handlungen – der Text ist also keinesfalls nur »ein bißchen«, sondern sehr »gemischt« in einem Fall wie dem *Zauberberg*.

PATHOLOGIE UND ÖKONOMIE

Genealogie und Liquidität: Ökonomie beim frühen Thomas Mann

Den *Zauberberg* als einen Roman zu lesen, in dem Ökonomie eine herausragende Stellung einnimmt, mag zunächst abwegig erscheinen. Andere Texte Thomas Manns thematisieren das Wirtschaften sehr viel offener, indem etwa ökonomische Zusammenhänge handlungsentscheidende Ereignisse stiften können. Gerade weil Ökonomie ein Thema darstellt, das die ersten Romane Thomas Manns verbindet, eignet es sich auch als Anknüpfungspunkt für die Betrachtung des *Zauberbergs*.

›Schlechte‹ Ökonomie wird bei Thomas Mann durch unterschiedliche Zuschreibungen abgewertet: sozialpolitisch und topographisch durch die fehlende Zugehörigkeit zum Deutschen Reich, zeichentheoretisch durch die Hervorhebung defizitärer Referentialität und hygienisch durch die Verbindung mit Unreinheit und Vermischung. Sie tritt deshalb nicht nur als eine erfolglose, sondern auch als eine moralisch schlechte Ökonomie in Erscheinung.

Im Roman *Der Zauberberg* geht gerade eine Faszination von jenem Bereich aus, der mit der schlechten Ökonomie verbunden ist – eine Faszination, die sich auch poetologisch im Text niederschlägt.

Thomas Manns schriftstellerische Karriere beginnt mit dem »BWL-Roman« *Buddenbrooks* und dem »VWL-Roman« *Königliche Hoheit*.[1] In *Buddenbrooks* wird die Geschichte der Kaufmannsfamilie als »Verfall«

[1] So Jochen Hörisch in seinem Vortrag: »Extremitätenkult« – die öffentliche und die unsichtbare Hand. Ökonomische Motive bei Thomas Mann, gehalten am 13.03.2009 in Mannheim im Rahmen der Tagung »Thomas Mann und die Ökonomie« der ›Jungen Thomas Mann-Forscher‹ (http://www.literaturkritik.de/public/rezension.php?rez_id=12896&ausgabe=200905; letzter Aufruf: 01.10.2014). Weitere Texte Thomas Manns, in denen wirtschaftliches Handeln thematisiert wird, sind *Joseph in Ägypten* und *Joseph der Ernährer*: Als Chefökonom des Pharaos führt Joseph ökonomische Steuerungsmechanismen ein, die nicht nur auf ein vorausschauendes Sparen der Ressourcen aus sind, wie es die Deutung der Träume von den sieben fetten und den sieben mageren Jahren ausformuliert, seine Verwaltung des Staatsapparates orientiert sich zudem an Franklin D. Roosevelts *New Deal* (Vgl. Helmut Koopmann: Der Erwählte. In Thomas-Mann-Handbuch. Hg. von Helmut Koopmann. 3., aktualisierte Aufl. Stuttgart 2001, S. 498–515, hier S. 507: »Wir wissen auch, wie sehr Roosevelt die Wirtschaftsadministration Josephs vorbildhaft mitbestimmt hat«).

erzählt, der sich an dem Muster organischer Ablösungsbewegungen orientiert: Stirbt eine Familie, rückt eine andere an ihre Stelle.[2] Innerhalb dieses Modells geht die zunehmende Vergeistigung der Familienmitglieder einher mit einer sinkenden wirtschaftlichen Stärke. Paradigmatisch für das wirtschaftliche Credo der Firma stehen die Worte des Firmengründers Johann Buddenbrook, die als Rat in die Familienmappe geschrieben sind: »Mein Sohn, sey mit Lust bey den Geschäften am Tage, aber mache nur solche, daß wir bey Nacht ruhig schlafen können«.[3] Dieses Motto wird konterkariert von Thomas Buddenbrook, der mit einem Spekulationsgeschäft einen »Coup« plant,[4] welchen jedoch ein Sturm jäh beendet. Diese Nachricht wird von dem »jüngste[n] Lehrling des Comptoirs«[5] überbracht und tritt als ein »Zwischenfall«[6] am Tag der Feiern zum hundertjährigen Bestehen der Firma auf. Dass ein »Zwischen*fall*« den wirtschaftlichen »Ver*fall*« der Familie inszeniert, zeigt, dass Ökonomie nicht nur den Hintergrund der Familiengeschichte liefert, sondern die Dramaturgie des Handlungsgefüges beeinflusst.[7]

Auch wenn es im Roman Gegenstimmen gibt, welche den Kaufmannsberuf nicht eindeutig positiv bewerten,[8] ist ein umsichtiger, sorgsamer Umgang mit den Ressourcen, ein solides Wirtschaften, das nicht zu viel Gewinn anstrebt, als Idealzustand entworfen.

Doch es gibt in Manns Literatur auch eine erfolgreiche, wenn auch negativ konnotierte Ökonomie, die mit der Vorstellung von Liquidität verbunden ist. In *Königliche Hoheit* ist es der Tycoon Samuel *Spoel*mann, der wortwörtlich Geld in die klamme Haushaltskasse des Märchenstaates »Grimmburg«[9] ›spült‹.[10] Die Ökonomie wird in diesem Roman Gegenstand

[2] Vgl. Ernst Keller: Das Problem »Verfall«. In: Buddenbrooks-Handbuch. Hg. von Ken Moulden und Gero von Wilpert. Stuttgart 1988, S. 160 f., hier S. 160.

[3] Thomas Mann: Buddenbrooks. Verfall einer Familie. Roman. Hg. und textkritisch durchgesehen von Eckhard Heftrich unter Mitarbeit von Stephan Stachorski und Herbert Lehnert (= GKFA 1.1). Frankfurt a. M. 2002, S. 62.

[4] GKFA 1.1, S. 522.

[5] Dieser Unheilsbote ist verwachsen, was bei Mann, laut Franziska Schößler, als jüdisches Stigma verwendet wird. Vgl. Franziska Schößler: Börsenfieber und Kaufrausch. Ökonomie, Judentum und Weiblichkeit bei Theodor Fontane, Heinrich Mann, Thomas Mann, Arthur Schnitzler und Émile Zola. Bielefeld 2009, S. 123.

[6] GKFA 1.1, S. 541.

[7] Das Signifikantenspiel wird noch weiter getrieben: In Hanno Buddenbrooks desaströs verlaufender Schulstunde ist es ein »Zufall« (GKFA 1.1, S. 801), der dafür sorgt, dass er abgefragt wird, durchfällt und deshalb das Schuljahr wiederholen muss.

[8] So Christian Buddenbrook, der sagt, dass »[e]igentlich und bei Lichte besehen [...] doch jeder Geschäftsmann ein Gauner [sei]« (GKFA 1.1, S. 348).

[9] Thomas Mann: Königliche Hoheit. Roman. Hg. und textkritisch durchgesehen von Heinrich Detering in Zusammenarbeit mit Stephan Stachorski (= GKFA 4.1). Frankfurt a. M. 2004, S. 12.

[10] Vgl. zu diesem Wortspiel Anna Kinder: Reflexe der kapitalistischen Moderne. Die Geld-

der gemeinsamen Lektüre von Imma Spoelmann und Klaus Heinrich und damit zu einem zentralen Moment der Liebesgeschichte.

Samuel Spoelmann selbst wird als ein monströses Wesen in die Geschichte eingeführt. Wenn zum ersten Mal von ihm angesichts seiner bevorstehenden Ankunft gesprochen wird, ist er »der große Spoelmann, der Riesen-Spoelmann, der ungeheure Samuel N. Spoelmann aus Amerika«. Er ist »ein Leviathan, ein Vogel Roch«, »[e]in unheimlicher Mann« und »das Blut der Witwen und Waisen [klebt] an seinen Reichtümern«. Er überschreitet den »Maßstab« und soll deshalb dem Fürstentum »[z]u gewaltigem Nutzen[,] [z]u unermeßlichem, ganz unberechenbarem Nutzen« gereichen. Seine in jeglicher Hinsicht die Vorstellungsgrenzen überschreitenden Verhältnisse zeigen sich in der Unreinheit seiner Geschäfte und seiner Herkunft: Seine Beteiligung an diversen »Trusts« in den Vereinigten Staaten wird heruntergerechnet auf eine »[g]emischte Warenhandlung«, die ironisch als »sauberes Geschäft«,[11] also als dreckiges Unternehmen bezeichnet wird. Da er dabei »ein sujet mixte« ist, weil sein Vater, ein deutscher Emigrant, eine »eingeborene[]« Frau nahm, er aber wiederum »eine Deutsch-Amerikanerin mit halbenglischem Blut« heiratete und so »ein sonderbares Mädchen«,[12] »ein buntes Geschöpf«[13] und »Blutgemisch«[14] als Tochter erhielt, geht die Maßstabslosigkeit mit einer sich geradewegs fortpflanzenden Verkomplizierung der Familienverhältnisse und einer unüberschaubar komplexen Verknüpfung wirtschaftlicher Geschäftsbereiche einher.

Für den Reichtum zeichnet Samuel Spoelmann allerdings nicht verantwortlich, sein Vater »fing zu spekulieren an, in Petroleum und Stahl und Eisenbahnen und dann in allem Möglichen und wurde immer reicher und reicher«[15] – hier korrespondiert also das spekulative Wirtschaften mit einem monströse Wesen in der Folgegeneration.

Deshalb besteht eine Strategie des Textes darin, zur Ermöglichung der Liebesgeschichte die Fremdheit, die sich auch in einer unsoliden Wirtschaftlichkeit ausdrückt, in kaufmännische Solidität rückzuübersetzen. Die Geschichte von Spoelmanns Vater hebt deshalb hervor, dass dieser »gearbei-

ströme in den Romanen Thomas Manns (http://www.literaturkritik.de/public/rezension.php?rez_id=12894&ausgabe=200905; letzter Aufruf: 01.10.2014). Inzwischen ist auch erschienen: Anna Kinder: Geldströme. Ökonomie im Romanwerk Thomas Manns. Berlin 2013.

[11] GKFA 4.1, S. 165 und 167.

[12] GKFA 4.1, S. 168. Ein »sujet mixte« ist Spoelmann auch mythologisch, verbindet er doch den »Leviathan«, das Ungeheuer des Meeres mit dem »Vogel Roch«, dem Ungeheuer der Lüfte.

[13] GKFA 4.1, S. 169.

[14] GKFA 4.1, S. 207.

[15] GKFA 4.1, S. 168.

tet« habe, und zwar »im Schweiße seines Angesichts« und dass er »Glück« gehabt habe,[16] da ein von ihm gekauftes Feld »einen Klumpen Reingold«[17] lieferte. Seine Tätigkeit wird verstanden als »Kunst [...], mit Geld mehr Geld und endlich überschwenglich viel Geld hervorzubringen«,[18] ist dabei aber noch immer ein »[W]uchern«.[19] Somit gelingt die Übertragung in handfeste Wirtschaftlichkeit nicht vollständig und deshalb muss für die Figuren Sympathie geweckt werden: Spoelmann selbst ist »wenig überwältigend«[20] und außerdem am Geld wenig interessiert, »[s]eine eigentliche Neigung hatte sonderbarerweise vielmehr von jeher der Musik, und zwar der Orgelmusik gehört«.[21] Er ist es auch, dem an einer verlässlichen Ausbildung gelegen ist und der gegen Klaus Heinrich als Schwiegersohn einzuwenden hat, dass diesem eine »ordentliche Beschäftigung«[22] fehle. Er meint allerdings, dieser habe immerhin das Repräsentieren »geübt und gelernt«.[23] Die Umkodierung der negativen Eigenschaften Spoelmanns wird endgültig dadurch vollzogen, dass er nicht nur aus »Vaterzärtlichkeit«[24] der Trauung zustimmt, sondern dass zudem von dem Finanzminister Herr von Knobelsdorff die »vierfache[] Blutzusammensetzung Imma Spoelmanns« als »belebend[]« für die monarchische »Dynastie« gedeutet wird,[25] und dass gerade die Königsfamilie wiederholt als unwirtschaftlich dargestellt wird, da sie die enormen »Staatsschulden« von »sechshundert Millionen« zu verantworten habe.[26]

Ist in *Buddenbrooks* und *Königliche Hoheit* das Ökonomische ein explizites Thema, so wird es im *Zauberberg* auf den ersten Blick programmatisch durchgestrichen. Eine Szene zu Beginn des Romans klärt über Hans Castorps finanzielle Situation auf und erläutert die unproblematische Be-

[16] GKFA 4.1, S. 204.
[17] GKFA 4.1, S. 205.
[18] GKFA 4.1, S. 206.
[19] GKFA 4.1, S. 205.
[20] GKFA 4.1, S. 200.
[21] GKFA 4.1, S. 207.
[22] GKFA 4.1, S. 378.
[23] GKFA 4.1, S. 255.
[24] GKFA 4.1, S. 378.
[25] GKFA 4.1, S. 374.
[26] GKFA 4.1, S. 351. Diese Information wird vom Erzähler zum ersten Mal bereits auf Seite 43 mitgeteilt. Franziska Schößler hat gezeigt, wie der Roman die Semantik des Kredits ausformuliert, insofern Imma Spoelmann Klaus Heinrich »Vertrauen« entgegenbringen muss, damit es zur Hochzeit und damit zur Geldgabe kommt. Vgl. Schößler: Börsenfieber und Kaufrausch, S. 137f. Man kann diese Beobachtungen noch ergänzen dadurch, dass zugleich Vertrauen von Seiten des Adels für die Familie aufgebracht werden muss, der gerade ihrem Reichtum, der durch »Trusts« erworben wurde, kritisch gegenübersteht (wie es zeittypisch war, vgl. ebd., S. 153f.). Das Vertrauen in Klaus Heinrich geht damit einher, dass den »Trusts« Geld entzogen und für die Adelsfamilie flüssig gemacht wird.

streitbarkeit des Aufenthalts.[27] Auch wenn gelegentlich vom Reichtum der Figuren wie Peeperkorn oder Naphta die Rede ist, oder die kostspieligen lebensverlängernden Maßnahmen mittels Sauerstoffkonsums der »Moribunden« (454) Erwähnung finden, spielt das Ökonomische auf der inhaltlichen Ebene keine große Rolle. Programmatisch ist dieses Verschweigen der Ökonomie durch die bewusste Durchstreichung von Genealogie und Liquidität, den zentralen »Denkfiguren«[28] der beiden vorangegangen Romane. Liquidität wird in *Königliche Hoheit* vor allem durch den Namen der Geldgeber, der Spoelmans, aufgerufen, die den maroden Staatshaushalt sanieren. Die vivifizierende Funktion des Liquiden wird gezeigt im Emblem des Rosenstrauchs, der nach »Moder« riecht,[29] nach seiner Umpflanzung aber zu duften beginnen soll und wortwörtlich die *Modernität* des Staatswesens dokumentiert.[30] Spoelman selbst ist von jeher dem

[27] Vgl. S. 200: »Aber im ganzen muß ich [Hans Castorp, B.M.] sagen, ich finde es eher billig als teuer, in Anbetracht dessen, was geboten wird«.

[28] Unter ›Denkfiguren‹ lassen sich die Möglichkeitsbedingungen von sich historisch entwickelnden Denkmustern verstehen, also Kategorien, nach und in denen Gedanken überhaupt erst gefasst werden können. Vgl. zu solchen sich historisch formierenden ›Denkfiguren‹ der ›Intensität‹, des ›Überschusses‹ und der ›Auslösung‹ Erich Kleinschmidt: Übergänge: Denkfiguren. Köln 2011; Joseph Vogl: Kalkül und Leidenschaft. Poetik des ökonomischen Menschen. 2. Aufl. Zürich und Berlin 2004; Joseph Vogl und Armin Schäfer: Feuer und Flamme. Über ein Ereignis des 19. Jahrhunderts. In: Kultur im Experiment. Hg. von Henning Schmidgen, Peter Geimer und Sven Dierig. Berlin 2004, S. 191–211. Im Bereich der Literaturwissenschaft ist der Begriff der ›Denkfigur‹ erklärungsbedürftig, weil er durch die *figura sententia* bereits in der Geschichte der Rhetorik besetzt ist. Aber schon dieser Begriff verweist auf ein Problem, das Denkfiguren zukommt, nämlich die Annahme, dass Literatur nach Gedanken organisiert wäre und nicht sprachlich oder buchstäblich (vgl. zu diesem Problem Wolfram Groddeck: Reden über Rhetorik. Zu einer Stilistik des Lesens. Basel und Frankfurt a. M. 1995, S. 185–202). Durch den Begriff ›Denkfigur‹ soll in dieser Arbeit versucht werden, eine Konstellation zu erfassen, die über die Thematik bzw. den Inhalt eines Textes hinausgeht, indem sie sich etwa auch in Namen und Motiven und der Form ausdrückt. Denkfiguren beschreiben insofern Paradigmen der Darstellung; sie bringen Metaphorisches und Inhaltliches zusammen. Dabei wird zwar noch immer eine sich außerhalb des Textes befindliche Sinnebene konstruiert, auf welche die im Text vorfindlichen Signifikanten verweisen, die Analyse des *Zauberbergs* jedoch wird gerade auch das Buchstabenmaterial in die Analyse einbeziehen. Heuristisch ist dabei einerseits von einer Facettierung des *figura*-Begriffs auszugehen, den Erich Auerbach herausgestellt hat, nämlich als »etwas Lebend-Bewegtes, Unvollendetes und Spielendes« (Erich Auerbach: Figura. In: Erich Auerbach: Gesammelte Aufsätze zur romanischen Philologie. Bern 1967, S. 55–92, hier S. 55); andererseits entsteht diese mobile Konfiguration erst in der Lektüre. Man könnte ›Vermischung‹ auch als Denkfigur der *Buddenbrooks* und ›Genealogie‹ als eine des *Zauberbergs* in den Blick nehmen, und sie lassen sich auch in den Texten finden. Für die umgekehrte Betrachtungsweise sprechen nicht nur die offensichtlichen Innovationen in der Textlektüre, sondern auch eine Wahrnehmungsintensität, gemäß der einige Denkfiguren in anderen Texten stärker wirksam sind als andere.

[29] GKFA 4.1, S. 50.

[30] GKFA 4.1, S. 50 und 392. Vgl. Jochen Hörisch: Kopf oder Zahl. Die Poesie des Geldes. Frankfurt a. M. 1996, S. 339–344.

Wasser zugewandt: Er kommt wegen des Heilwassers überhaupt erst nach Grimmburg und bezieht die Residenz »Delphinenort«.[31] Der Reichtum seines Vaters gründet in der Fähigkeit, »das gelbe Metall ohne Umwege den Flüssen, dem Schoß des Gesteins zu entreißen«.[32] Auch in *Buddenbrooks* ist es die Metaphorik des Strömens, die – wenn auch eine negativ gedachte – Modernität ausdrückt, nämlich im Namen der als jüdisch markierten »Hagen*ströms*«.[33]

Liquidität lässt sich auch am Beispiel einer anderen Flüssigkeit zeigen, die gerade die Vorstellung der Genealogie evoziert – dem Blut.[34] Fälle offener Tuberkulose kommen im *Zauberberg* so gut wie nicht vor. Selten wird vom »Sputum« (17) der Patienten berichtet und noch seltener vom Blut. Dieses wird nur als Zeichen von Verausgabung vergossen. Die Patientin Leila Gerngroß erlebt mehrere »heftige Blutungen« (455), die ihr die Kraft rauben; Hans Castorp erlebt ein »Nasenbluten« (182) bei einem auf eigene Faust unternommenen und zu anstrengenden Spaziergang.[35] Das Blut kann kulturgeschichtlich für genealogische Verhältnisse stehen und damit als eine Chiffre für Fruchtbarkeit dienen. Doch die Genealogie, in *Buddenbrooks* noch ein leitendes Erzählprinzip, wird im *Zauberberg* in der Schwebe gehalten. Hans Castorp ist früh verwaist, an seine Eltern hat er kaum Erinnerungen und er lebt auch nur kurzzeitig bei seinem Großvater. Sein Onkel als Vormund kümmert sich um ihn mehr pflicht- als zuneigungsgemäß. Im Roman werden Motive aus der kindlichen Frühzeit, in der Castorp noch bei seinen Eltern oder seinem Großvater lebte, aufgegriffen – Genealogie stiftet aber die Krankheit. Durch die medizinische Begutachtung wird Castorp als disponibel für die Krankheit begriffen, da seine Eltern früh verstorben seien und sein Vetter – Castorp distanziert sich von ihm durch die Bezeichnung »Stiefvetter« (275) – ebenfalls krank sei.[36]

[31] GKFA 4.1, S. 21.

[32] GKFA 4.1, S. 205.

[33] GKFA 1.1, S. 381 (Hervorhebung B. M.). Vgl. dazu auch Kinder: Reflexe der kapitalistischen Moderne.

[34] Hörisch: Kopf oder Zahl, S. 341, hebt die »wirkungsmächtige Metapher vom Geld(kreislauf) als dem Blut(kreislauf) der Volkswirtschaften« in der Tradition seit Thomas Hobbes hervor und bezieht sie auf *Königliche Hoheit*. Gerade in dem Familienbetrieb der Buddenbrooks kommen diese Bereiche ebenfalls zusammen, denn mit dem ›Versiegen‹ der Familie versiegt folglich auch der Gelderwerb.

[35] Hans Castorp erhält sein Zimmer Nummer 43 sogar nur deshalb, weil die Amerikanerin, die dort zuvor gewohnt hatte, von »zwei Blutstürze[n]« (S. 23) hinweggerafft wurde.

[36] Vgl. Johannes Türk: Die Immunität der Literatur. Frankfurt a. M. 2011, S. 216: »Die familiäre Disposition, seine [Hans Castorps, B.M.] Neigung zu Katarrhen der Luftwege, das Herzklopfen und die Anämie verdichten sich zu einer Diagnose, die der Hofrat auf der Grundlage des Gehörten zu einem Bild fügt: Hans Castorp hat einen Primäraffekt mit einer nachfolgenden stillen Feiung durchlaufen«.

Genealogie also, die als Prinzip in *Königliche Hoheit* durch die Erbschaft Spoelmanns von seinem Vater und die Notwendigkeit »erbfolgeberechtigter Nachkommenschaft«[37] zur vollständigen rechtlichen Anerkennung der (zunächst nur morganatischen) Ehe Immas und Klaus Heinrichs affirmiert wird,[38] ist im *Zauberberg* nicht gegeben, sondern muss erst erschlossen oder zumindest bekräftigt werden.[39] Die sinnstiftende Funktion beider Denkfiguren ist im Roman *Der Zauberberg* nicht mehr vorhanden, die Ökonomie als ein strukturierendes Element der Narration ist verblasst. Das Sanatorium Berghof ist nämlich nicht nur »ein fauliger Tümpel« (29) und damit ein stehendes, nicht fließendes Gewässer, es ist als Ort der Unfruchtbarkeit gekennzeichnet. So sind etwa die kolportierten Kopulationen der Sanatoriumsbewohner folgenlos. Damit ist die Semantik des ›Sterilen‹ im Sanatorium auszuweiten von dem Bereich medizinisch-hygienischer Maßnahmen der Schädlingsbekämpfung hin zur sexuellen Sterilität des Personals.[40] Die Patienten suchen das Sanatorium nicht auf, um dort geheilt zu werden und dieses genesen zu verlassen, sondern um dort zu sterben.

Thomas Mann hat in dem *Collegheft* aus seiner Zeit als Hörer an der Technischen Hochschule München eine Definition der Ökonomie notiert: »Wirtschaft. Planmäßige Thätigkeit zum Erhalten & Gewinnen«.[41] Das Ökonomische, in einem solchen Sinne der produktiven Akkumulation und Vermehrung von Gütern, ist im *Zauberberg* nur in seiner Absenz präsent.

Zwei Hinweise, um komplexere Sichtweisen zuzulassen, kann man allerdings anführen. Zum einen stehen bei Mann Schreiben, Wirtschaften und Krankheit in einem engen Verknüpfungszusammenhang, vermittelt über eine von Thomas Mann als Urszene seiner dichterischen Ini-

[37] GKFA 4.1, S. 378.

[38] Klaus Heinrichs Eltern sterben ebenfalls früh, er hat aber noch Geschwister im Gegensatz zu Hans Castorp.

[39] In den *Joseph*-Romanen wird die familiäre Beziehung gerade durch einen Verkauf Josephs durch seine Brüder aufgelöst. Erst Josephs sozialer Aufstieg ermöglicht letztendlich die Wiederherstellung der familiären Einheit.

[40] Vgl. zum sexuellen Nebensinn des Worts »Sanatorium« auch Dietrich von Engelhardt: Krankheit und Medizin, Patient und Arzt in Thomas Manns *Zauberberg* (1924) in medizinhistorischer Sicht. In: »Der Zauberberg« – die Welt der Wissenschaften in Thomas Manns Roman. Mit einer Bibliographie der Forschungsliteratur. Hg. von Dietrich von Engelhardt und Hans Wißkirchen. Stuttgart 2003, S. 1–27, hier S. 17f.: »Zugrunde liegt der Bezeichnung Sanatorium das lateinische Wort ›sanare‹ = heilen, das in der italienischen Sprache auch die Nebenbedeutung [...] von Kastrieren besitzt, abgeleitet von der Behandlung einer Kastrationswunde«.

[41] Thomas Mann: Collegheft 1894–1895. Hg. von Yvonne Schmidlin und Thomas Sprecher (= TMS 24). Frankfurt a.M. 2001, S. 61. Vgl. zur Ökonomie bei Thomas Mann auch Bernd Hamacher: Ökonomie und Religion – Goethe, Thomas Mann und die »protestantische Ethik«. In: »Denn wovon lebt der Mensch?« Literatur und Wirtschaft. Hg. von Dirk Hempel und Christine Künzel. Frankfurt a.M. 2009, S. 117–135.

tiation beschriebenen Passage. Er, der selbst aus einer Kaufmannsfamilie stammt, erinnert sich später an die Entstehungsbedingungen seiner ersten Erzählung, geschrieben in einer »Feuerversicherungsgesellschaft«: »Unter schnupfenden Beamten kopierte ich Bordereaus und schrieb zugleich heimlich an meinem Schrägpult meine erste Erzählung, eine Liebesnovelle mit dem Titel ›Gefallen‹, die mir den ersten literarischen Erfolg brachte«.[42]

Die hier vorgestellte Konstellation ist interessant, insofern man sie als eine Begründungsszene des Schreibens verstehen kann, die einen Zusammenhang symbolisiert, der in variierter Form immer wieder in Manns Werk auftaucht. Sie identifiziert Wirtschaft und Staat mit Krankheit und Rausch durch die »schnupfenden Beamten«, während Thomas Mann sich in stärkster Opposition davon absetzt, der profan-lächerlichen Szenerie eine Liebesgeschichte entgegenstellt. Manns Begründungsgeste besteht in der (auch gesellschaftlich gedachten) Opposition gegen ein philiströses Beamtentum, das nur *kopiert*, während er *schreibt*. Doch dieser Gegensatz wird von der Szene zugleich wieder unterwandert, denn das Verhältnis von Schreiben und Kopieren kann als Identifikation verstanden werden. Während die Beamten abschreiben, betätigt sich Mann in jenem »höhere[n] Abschreiben«, wie er sein Verfahren intertextueller Transformation gegenüber Theodor W. Adorno benannte.[43] Mann betreibt mit seinem Quellenmaterial »Aneignungsgeschäfte«, kopiert und bearbeitet andere Texte.[44] Die ökonomische Schreibtechnik des Kopierens ist eine Vorstufe des Dichtens und damit diesem eben nicht entgegengesetzt; wirtschaftliches Schreiben und poetisches Schreiben gehören zusammen. Der literarische Erfolg und das damit verbundene finanzielle und soziale Kapital werden von Mann gerade auch im Geschäftsraum erworben. Damit deutet sich eine zusätzliche Semantik des Ökonomen an. Ist der Kaufmann in *Buddenbrooks* besonders tüchtig, realitätsnah und lebensfähig, kann der arbeitende Teil der Gesellschaft, der ebenfalls wirtschaftlich tätig ist und deshalb zu dem Kaufmann in Beziehung steht, auch zugleich kränklich (im Sinne medizinischen Schnupfens) oder intoxiert (im Sinne des Tabakschnupfens) sein. Schreiben scheint also bei Mann mit Ökonomie und diese auch mit Krankheit und/oder Rausch in Zusammenhang zu stehen.

[42] Thomas Mann: Lebensabriß. In: GW XI, S. 98–144, hier S. 101. Strowick: Poetologie der Ansteckung und bakteriologische Reinkultur, S. 68 erwähnt diese Passage ebenfalls.

[43] Thomas Mann: Brief an Theodor W. Adorno (30.12.1945). In: Thomas Mann: Briefe. 1937–1947. Hg. von Erika Mann. Frankfurt a. M. 1963, S. 469–472, hier S. 470.

[44] Vgl. Franziska Schößler: »Aneignungsgeschäfte«. Zu Thomas Manns Umgang mit Quellen in dem Roman *Königliche Hoheit*. In: TMJ 14 (2001), S. 249–267.

Ein zweiter Hinweis darauf, dass die Ökonomie im *Zauberberg* nicht nur absent präsent ist, ergibt sich aus der Thematik des negativen Wirtschaftens, das auch in *Königliche Hoheit* auftaucht. Denn zunächst ist Samuel Spoelman »krank«[45] und die ersten Erwähnungen seiner Person anlässlich seiner Kur in Grimmburg charakterisieren ihn durch eine Kombination von Krankheit, Spekulation und Vermischung, die auch im *Zauberberg* tragende Funktion erhält.

Die Tuberkulose als ökonomische Krankheit

In dem Kapitel »Forschungen« beschäftigt sich Hans Castorp mit einem pathologischen Lehrbuch und erlangt dort Informationen über den Krankheitsverlauf der Tuberkulose:

> Das äußere Wesen dieser *Korruption* war Gewebswucherung, das pathologische Geschwulst, nämlich als Reaktionswirkung der Zellen auf den Reiz, den die zwischen ihnen angesiedelten Bazillen auf sie ausübten. [...] Diese Lustbarkeit aber führte gar bald zum *Ruin*, denn nun begannen die Kerne der Monstrezellen zu schrumpfen und zu zerfallen, ihr Protoplasma an Gerinnung zugrunde zu gehen[.] (432, Hervorhebungen B. M.)

Es handelt sich dabei um eine Umschrift einer Passage aus Oscar Hertwigs *Allgemeiner Biologie*:

> Im Gegensatz zur Symbiose, bei welcher man z. B. die eingedrungenen Algenzellen als integrierende Bestandteile der Gewebszellen selbst gehalten hat, erscheinen die pathologischen Geschwülste als etwas dem Organismus Fremdartiges, als Störungen seines Normalzustandes. Auch zeigen sie uns teils eine direkte Schädigung der Wirtszellen, teils rufen sie reaktive Erscheinungen vom Wirtsorganismus zur Abwehr der ihm fremdartigen Mikroben hervor.[46]

Der Vergleich der beiden Stellen zeigt, dass Thomas Mann den biologischen Prätext vor allem dahingehend umgearbeitet hat, den Krankheitsprozess mit einer ökonomischen Metaphorik zu belegen – Krankheit ist »Korruption« und »Ruin«.

[45] GKFA 4.1, S. 212.

[46] Thomas Mann: Der Zauberberg. Roman. Kommentar von Michael Neumann (= GKFA 5.2). Frankfurt a. M. 2002, S. 233. Der Kommentar zitiert dabei Oscar Hertwig: Allgemeine Biologie. 5., verbesserte und erweiterte Aufl. Bearbeitet von Oscar Hertwig und Günther Hertwig. Jena 1920, S. 504–506. Das Zitat entstammt ebd., S. 505.

In den folgenden Ausführungen soll den Gründen für diese Umschrift nachgegangen werden. Dazu werden zwei Wege beschritten: Der erste wird einige medizingeschichtliche Stationen passieren und beschreiben, wie die Tuberkulose stets als ökonomische Krankheit gedacht wurde, wobei Seitenblicke auf literarische Darstellungen der Tuberkulose nötig sind. Die zweite Linie wird Thomas Manns Darstellungen ökonomischer Vorgänge, vor allem unökonomischer bzw. problematischer ökonomischer Vorgänge in *Buddenbrooks*, *Königliche Hoheit* und im *Zauberberg* berücksichtigen und darlegen, wie Figuren korrumpierend agieren, indem sie für einen Verlust von Bedeutung sorgen.[47]

Es lässt sich damit zeigen, dass *Der Zauberberg* auch als ein Text verstanden werden kann, der ökonomische Themen ausformuliert, indem er die Thematik der Wirtschaft in das Umfeld der Krankheit überträgt. Die Krankheit wird als ein hochgradig metaphorisch aufgeladener Zusammenhang erscheinen, der zu einer Grenzziehung qua Figurendenobilitierung im Roman beiträgt.

Bereits in der Antike wird die Tuberkulose als eine Krankheit verstanden, welche den Körper auszehrt. Dafür sprechen die Namen für die Krankheit als »Phthoe«, »phthisis« oder »tabes«, die jeweils ›Verzehrung‹ bedeuten.[48] Eine berühmte Beschreibung stammt von dem kappadokischen Arzt Aretäus, der die Symptomatik der Krankheit als ein vollständiges, sich auf alle Bereiche des Körpers ausstreckendes Verlustiggehen von Substanz beschreibt.[49] Nun gibt es in der Antike auch andere Krankheiten, denen

[47] Dieser Bedeutungsverlust ist nur oberflächlich gegeben. Die Arbeit wird aufzeigen, wie die Figuren gerade Bedeutungen produzieren.

[48] Vgl. Rene J. and Jean Dubos: The White Plague. Tuberculosis, Man and Society. Boston 1952, S. 70f.: »However, what impressed them [die antiken Mediziner, B.M.] most was the emaciation of the patient, an exhaustion of the reserves of the body that they traced to the ›vehement‹ or ›hectic‹ fever characteristic of the disease. [...] ›Phthoe‹ was the name given by the Greeks to the individual shriveling up under intense heat; and the word ›phthisis‹ eventually came to designate the wasting and melting away of the body caused by disease of the lungs«. Vgl. dazu auch Bruno Meinecke: Consumption (Tuberculosis) in Classical Antiquity. Ann Arbor 1921. Nachdruck aus: Annals of Medical History 9,4 (1927), S. 379–402.

[49] Vgl. Die auf uns gekommenen Schriften des Kappadocier Aretaeus. Aus dem Griechischen übersetzt von Dr. A. Mann. Halle 1858, S. 60f.: »[D]ie Finger sind dürr, die Gelenke aber dick; man sieht nur die Knochen, da die fleischigen Teile aufgezehrt sind. Die Nägel der Finger sind gekrümmt, der Bauch runzlig und platt. Die Krümmung der Nägel hat ihren Grund in dem Mangel des Fleischpolsters, wodurch Spannung und Rundung verloren geht, denn das Fleisch ist die Stütze und der Träger der Nägel und zu dem Zwecke ist es auch am letzten Fingerglied am dichtesten. Auch der Tonus entspricht dem Zustande der festen Theile: die Nase ist spitz und dürr; die Backen stehen vor und sind geröthet, die hohlen Augen glänzen und funkeln; das Gesicht ist aufgedunsen, blass oder bläulich. Die dünnen Lippen liegen fest an den Zähnen, wie bei Leuten, die lächeln. Der ganze Körper ist einer Leiche ähnlich, hager, fleischlos. An den Armen sieht man keine Muskeln, von Brüsten ist keine

eine auszehrende Qualität zugewiesen wird,[50] doch keine Krankheit ist so prominent wie die Tuberkulose. Sie wird bereits bei Hippokrates zu den epidemischen Krankheiten gezählt[51] und wird diese Semantik nicht verlieren bis hin zu Robert Koch, der seine Forschungsanstrengungen mit der ubiquitären Gefährlichkeit der Krankheit begründet.[52] Auch die anatomische Bestimmung innerkörperlicher Läsionen kann nichts an der Metaphorik zur Beschreibung der Symptomatik ändern – wenn man bedenkt, dass die Identifikation eines Krankheitserregers bis zu Robert Koch dauerte, wurde sie dadurch womöglich sogar verstärkt. So kann etwa der britische Mediziner Benjamin Marten 1722 schreiben: »A Phthisis or Consumption of the Lungs may be very justly defined to be a wearing away or consuming of all the muscular or fleshy Parts of the Body«.[53]

Zur gleichen Zeit entsteht eine *Phthisiologia*, ein enzyklopädisches Unternehmen, sämtliche Symptome und Erscheinungen der Tuberkulose zu beschreiben.[54] Dieses Projekt expliziert wiederum ein Problem der Krankheitsbeschreibung, ihre extrem allgemeine Symptomatik, die dafür sorgte, dass alle möglichen Krankheiten unter die Tuberkulose subsumiert werden oder umgekehrt tuberkulöse Symptome diversen Krankheiten zugerechnet werden konnten.[55] Radikal formuliert lässt sich sagen, dass

Spur vorhanden, nur die Warzen sind noch sichtbar. Die Rippen kann man nicht nur einzeln zählen, sondern man sieht auch deutlich ihre Endpunkte, und zwar nicht blos ihre Insertionsstellen an den Wirbeln, sondern auch die am Brustbein. Die Interkostalräume sind im ganzen Verlauf der Rippen eingesunken, concav; die Hypochondrien leer, nach oben gezogen; der Bauch und die Weichen an die Wirbelsäule gedrängt; die Gelenkverbindungen treten deutlich hervor; Hüften, Schenkel und Arme fleischlos; die Dornfortsätze der Wirbel, die früher in der Tiefe lagen, treten hervor, da die Muskeln zu beiden Seiten geschwunden sind. Die Schulterblätter werden in ihrer ganzen Breite sichtbar, wie die Flügel der Vögel. Bekommen solche Patienten Durchfall, so sind die ohne Rettung verloren«.

[50] Etwa dem Marasmus, der auch soviel wie »Schwachwerden« bedeutet (Pschyrembel. Klinisches Wörterbuch. 261., neu bearbeitete und erweiterte Aufl. Berlin und New York 2007, S. 1176).

[51] Vgl. Hippokrates: Of the Epidemics. Translated by Francis Adams. Adelaide 2007, Buch I, Sektion I (http://ebooks.adelaide.edu.au/h/hippocrates//epidemics/index.html; letzter Aufruf: 01.10.2014).

[52] Vgl. Robert Koch: Die Ätiologie der Tuberkulose (1882). In: Robert Koch (1843–1910). Bakteriologe, Tuberkuloseforscher, Hygieniker. Ausgewählte Texte. Hg. von Paul Steinbrück und Achim Thom. Leipzig 1982, S. 77–97, hier S. 77: »Wenn die Zahl der Opfer[,] welche eine Krankheit fordert, als Maßstab für ihre Bedeutung zu gelten hat, dann müssen alle Krankheiten [...] weit hinter der Tuberkulose zurückstehen«.

[53] Benjamin Marten: A New Theory of Consumption, more especially of a Phthisis or Consumption of the Lungs. 2. Aufl. London 1722; zitiert nach Dubos: The White Plague, S. 72.

[54] Vgl. Richard Morton: Phthisiologia, or, a Treatise of Consumptions. London 1694.

[55] Vgl. Dubos: The White Plague, S. 69: »But before this unifying concept became available [Kochs Tuberkelbazillen, B. M.], the physician was faced with a confusing array of signs

sich die Tuberkulose als die am meisten verbreitete Infektionskrankheit zwischen den Polen der Verabsolutierung als Metakrankheit und ihrer vollständigen Zerstreuung in anderen Krankheiten bewegte.

Der tuberkulöse Tod war ›schön‹ im Vergleich zu anderen Toden, obwohl bereits bei Hippokrates das Sterben an der Tuberkulose in ziemlich grauenvollen Farben beschrieben wird.[56] Dass *consumption* zur idealisierten schönen Krankheit werden konnte, hängt damit zusammen, dass andere Krankheiten, welche im Laufe der europäischen Geschichte zu hohen Todesraten führten, wie die Pest, Lepra, Cholera oder Typhus, häufig einen ziemlich drastischen Verlauf nahmen und dass von jener gelindere Sterbeverläufe beschrieben wurden. So erwähnt Aretäus zwar unterschiedliche Krankheitsempfindungen wie »Schwere in der Brust [...][,] Beklemmung, Unbehagen, Appetitlosigkeit«, doch eben kein Schmerz – »die Lunge selbst ist unempfindlich«.[57] Schön ist die Tuberkulose auch deshalb, weil sie häufig junge, schlanke Menschen trifft.[58]

Gerade die britische romantische Literatur um Lord Byron, John Keats, Percy Bysshe und Mary Shelley sorgte für Idealisierungen der Tuberkulose als »glamorous disease of the beautiful and the genius«,[59] die im 19. Jahrhundert durch eine allgemeine Nobilitierung des Krankseins fortbestehen

and symptoms, and the greater was his tendency to regard them as the expression of different maladies«. Vgl. auch ebd., S. 5: »Until late in the nineteenth century, many wasting diseases of the chest – cancer, silicosis, various lung abscesses – were confused with tuberculosis, even by the most experienced clinicians«.

[56] Vgl. Hippokrates: Of the Epidemics: »Their fauces, in most of them, were painful from first to last, having redness with inflammation; defluxions thin, small and acrid; they were soon wasted and became worse, having no appetite for any kind of food throughout; no thirst; most persons delirious when near death. So much concerning the phthisical affections«.

[57] Die auf uns gekommenen Schriften des Kappadocier Aretaeus, S. 61. Vgl. auch Clark Lawlor: Consumption and Literature. The Making of the Romantic Disease. Basingstoke 2006, S. 17.

[58] Vgl. auch Die auf uns gekommenen Schriften des Kappadocier Aretaeus, S. 62: »In Bezug auf den Habitus sind besonders die zur Phthise geneigt, welche schlank sind, eine brettähnliche Brust, flügelförmige Schulterblätter, sehr hervorstehenden Kehlkopf haben, deren Ansehn blass, und deren Brustkorb eng ist«. Gerade weil der Körper ausgezehrt wird, tritt, gemäß dieser Logik, der ›Geist‹ besonders hervor. Zugleich ließe sich das Argument von Aretäus auch umkehren: Weil die Tuberkulose auszehrt, verschlankt sie ihre Opfer und macht sie zu einem gewissen Grad auch erotisch attraktiver.

[59] Vgl. Clark Lawlor: Consumption and Literature, S. 112. Lawlor zeigt in seiner Arbeit, dass diese Entwicklung bereits zuvor begann, und von Keats besonders dahingehend verstärkend instrumentalisiert wurde, um Grenzen von »cultures, races and classes« (112) festzuschreiben. Vgl. auch Martina King: Inspiration und Infektion. Zur literarischen und medizinischen Wissensgeschichte von ›auszeichnender Krankheit‹ um 1900. In: IASL 35.2 (2010), S. 61–97, hier S. 67: »Mit Novalis, Shelley, Keats, Chopin und anderen nimmt ein kulturelles Muster feste Konturen an, dessen Wurzeln in der englischen Literatur bis in die Renaissance zurückreichen: das der konstitutionellen Genie-Krankheit Schwindsucht«.

konnte. Diese Logik ging davon aus, dass ein Niedergang qualitativ hochwertiger Literatur sich mit der geringeren Anzahl kranker Schriftsteller erklären lasse, da ein guter Künstler auch ein gewisses körperliches Leiden benötige.[60]

Es entstand ein Metaphernfeld, das der Tuberkulose eine ätherische Aura und ein verzehrendes Dahinsterben zusprach: »Die essentielle Charakterkrankheit ›Schwindsucht‹ ins Positive des Genie- und Inspirationsdiskurses zu wenden und im Alltagswissen zu verankern – das bleibt literarischer und ästhetisch-philosophischer Kommunikation vorbehalten«.[61] Dies äußert sich nicht nur in den Beispielen, die die Phthisis zum Thema oder zur Vorlage hatten, wie etwa Keats' *Ode to a Nightingale*[62] und Alexandre Dumas' *Kameliendame*, sondern auch in anderen ›inspirierenden‹ und ›schönen‹ Krankheiten wie in Ottilies Anorexie aus Johann Wolfgang von Goethes *Wahlverwandtschaften* oder den Symptomen der »schönen Seele« aus *Wilhelm Meisters Lehrjahren*. Auch diese Fälle speisen sich aus einem kulturellen Repertoire ästhetisierter Krankheitsverläufe, das durch die Tuberkulose als verzehrende *consumption* präfiguriert ist.[63]

Doch woher kommt die Verbindung von Ökonomie und Krankheit? Einzelne Wörterbucheinträge lassen zumindest eine Nähe von Tuberkulose und Korruption herstellen, so etwa *Zedlers Universal-Lexicon*: »Lungensucht, Phthisis […], [das von] corrumpo, verderben, hergeleitet wird«.[64] ›Corrumpo‹ liefert den Wortstamm für ›Korruption‹. Folglich heben auch Wörterbücher die doppelte Bedeutung von »corruptio« hervor, »aktiv« als »Verführung, namentlich durch Geschenke, die Bestechung«, »passiv«

[60] Vgl. Dubos: The White Plague, S. 60f. Ein Beispiel wären die Goncourts, die Victor Hugos Romanproduktion aufgrund seiner Gesundheit gegenüber den Schriften des kranken Heine als defizitär ansahen.

[61] King: Inspiration und Infektion, S. 70.

[62] Paradigmatisch in den Versen: »Where palsy shakes a few, sad, last gray hairs,/ Where youth grows pale, and spectre-thin, and dies«. Keats verarbeitet darin die Erkrankung seines Bruders Tom. John Keats: Ode to a Nightingale. In: The Poems of John Keats. Edited by Miriam Allott. London 1970, S. 523–532, hier S. 526f.

[63] Martina King: Inspiration und Infektion, S. 69, weist darauf hin, dass die Ästhetisierung der Krankheit sich im 19. Jahrhundert in der Literatur gegen die medizinischen und psychologischen Thesen der Zeit richtete: »Die Degenerations- und Organpsychiatrie des 19. Jahrhunderts konstruiert Schwindsucht ebenso wie das Literatursystem als konstitutionelle Charakterkrankheit, die das Wesen des kranken Subjekts determiniert und konstituiert – allerdings unter umgekehrten normativen Vorzeichen von Beschädigung und Verfall«.

[64] Großes vollständiges Universal-Lexicon aller Wissenschaften und Künste, welche bishero durch menschlichen Verstand und Witz erfunden und verbessert worden. Hg. von Johann Heinrich Zedler, Bd. 18: Lo–Lz. Halle und Leipzig 1738, Sp. 1189 (http://www.zedler-lexikon.de/blaettern/einzelseite.html?zedlerseite=ze180612&bandnummer=18&seitenzahl=0612&dateiformat=1&supplement=0; letzter Aufruf: 01.10.2014).

als »das Verdorbensein, der verdorbene Zustand, der physische«.[65] Beide Bedeutungen existieren zeitgleich, werden sogar von demselben Autor, Cicero, in unterschiedlichen Texten verwendet.[66]

Einen weiteren Berührungspunkt liefert die Hochzeit der *consumption*: Diese wurde im 18. und 19. Jahrhundert öfters in Beziehung zum *consuming* gesetzt: Die Verfeinerung durch Luxusgüter schien der Erkrankung ebenso Vorschub zu leisten wie das Leben in der Stadt, dessen Lebendigkeit nervöse Charaktere begünstige. Speziell wohlhabenden Frauen wurde zugesprochen, durch ihren Konsum die Konsumption zu befördern: »the most visible consumers were the most visible sufferers of diseases of consumption«.[67]

Die kulturelle Semantik der Tuberkulose stellt sich also zum Zeitpunkt des Schreibens des *Zauberbergs* folgendermaßen dar: Tuberkulose wurde stets als auszehrende Krankheit begriffen, die zu einer völligen Erschöpfung der natürlichen Ressourcen führte. Dies wurde literarisch in einer ähnlichen Ressourcenerschöpfung vor allem durch weibliche Figuren verstanden, deren Hang zum Konsum besonders als eine sinnlose Verschwendung begriffen wurde.

Manns Roman entsteht allerdings nicht nur nach der medizinhistorischen Wende durch Robert Koch und der damit beginnenden De-Idealisierung der Tuberkulose.[68] Er entsteht auch nach ökonomiegeschichtlichen Umwälzungen: Einerseits ist die Konsumption spätestens seit Adam Smith und im 19. Jahrhundert verstärkt durch den deutschen Nationalökonomen Wilhelm Roscher zu der treibenden Kraft aller Produktion erklärt worden.[69] Zugleich hat sich die Ökonomie durch eine Betonung des Kreditwesens geändert:

[65] Ausführliches Lateinisch-Deutsches Handwörterbuch. Aus den Quellen zusammengetragen und mit besonderer Bezugnahme auf Synonymik und Antiquitäten unter Berücksichtigung der besten Hilfsmittel ausgearbeitet von Karl Ernst Georges. 11. Aufl. Nachdruck der 8. verbesserten und vermehrten Auflage von Heinrich Georges. Bd. 1: A–H. Basel 1962, Sp. 1718.

[66] Finanziell in den *Reden gegen Verres*, medizinisch in den *Gesprächen in Tusculum*. Vgl. Ausführliches Lateinisch-Deutsches Handwörterbuch, Bd. 1, Sp. 1718.

[67] Vgl. Lawlor: Consumption and Literature, S. 156; vgl. ebd., S. 46 und S. 157–161.

[68] Zu dieser De-Idealisierung gehört auch, dass im 19. Jahrhundert die Tuberkulose als degenerative Erkrankung begriffen wurde; vgl. King: Inspiration und Infektion, S. 67–69.

[69] Vgl. Adam Smith: Der Wohlstand der Nationen. Eine Untersuchung seiner Natur und seiner Ursachen. Aus dem Englischen übertragen und mit einer Würdigung von Horst Claus Recktenwald. München 1974, S. 558: »Der Verbrauch [im Original: »Consumption«, B.M.] allein ist Ziel und Zweck einer jeden Produktion«. Wilhelm Georg Friedrich Roscher: Absatzkrisen [1849/1882]. In: Geschichte der Ökonomie. Hg. von Johannes Burkhardt und Birger P. Priddat. Frankfurt a. M. 2009, S. 538–553. Roschers ökonomische Analyse ist nach medizinischem Sprachgebrauch aufgeteilt: Es gibt eine »Pathologie« und eine »Therapie«.

An die Stelle von objektiven Werttheorien [...] treten zu Beginn des 20. Jahrhunderts subjektive, die den persönlichen Nutzen ins Zentrum stellen. Diese Verabschiedung von essentialistischen Substanztheorien lässt sich (auch aus zeichentheoretischer Sicht) als Eintritt in den Raum der Konventionalität, Arbitrarität, Fiktionalität und Temporalität beschreiben.[70]

Obgleich Thomas Manns Texte einem veralteten Ökonomieverständnis anhängen, insofern sie die modernen Erwerbsformen stigmatisieren, lassen sie sich in eine allgemeine Reflexionsbewegung der modernen Ökonomie durch die Literatur einordnen.[71]

Diskursgeschichtlich lässt sich eine latente Verknüpfung von Tuberkulose und Ökonomie konstatieren, die durch wissenschaftliche und soziologische Umwälzungen zusätzlich verblasst. Die Literatur aktualisiert diesen Zusammenhang und lädt ihn durch zusätzliche Metaphorisierungen mit weiteren Bedeutungsfacetten auf.

Die Tuberkulose wird im *Zauberberg* selten als konkreter wissenschaftlicher Befund beschrieben, sondern bleibt ohne Definition und setzt sich vielmehr aus einem Set von Eigenschaften, Handlungen und Bekämpfungspraktiken zusammen. Die Krankheit beruht auf einer Infektion, bewirkt Fieber, wird begleitet von körperlicher und geistiger Auszehrung und Verschwendung und bewirkt eine gleichzeitige Intensivierung des Körperlichen. Die Unfasslichkeit der Krankheit und dass es sich bei ihr vielmehr um eine »Metapher«[72] und nicht um eine vollständig formierte »wissenschaftliche[] Tatsache«[73] handelt, zeigt sich im Roman auch in der Zweifelhaftigkeit der Versuche, diese durch bildgebende Verfahren, sei es durch das Thermometer, sei es durch Röntgenbilder, sei es durch die Anlegung von Bakterienkulturen, sichtbar zu machen. Dies lässt sich zwar, aber eben

[70] Schößler: Börsenfieber und Kaufrausch, S. 106.

[71] Vgl. Schößler: Börsenfieber und Kaufrausch, S. 106: »Diese Fiktionalisierung des Ökonomischen, wie man die Subjektivierung von Wert auch beschreiben könnte, reflektieren literarische Texte der Jahrhundertwende poetologisch«. Vgl. auch ebd., S. 111: »Die *Buddenbrooks* verweigern sich der sozialgeschichtlichen Transformation des spezialisierten Großhändlers zum Kapitalisten«.

[72] Vgl. Susan Sontag: Krankheit als Metapher. Aus dem Amerikanischen von Karin Kersten und Caroline Neubaur. Aids und seine Metaphern. Aus dem Amerikanischen von Holger Fliessbach. 2. Aufl. Frankfurt a. M. 2003. Zum *Zauberberg* S. 32f.: »Die Ironie im *Zauberberg* rührt größtenteils von der Tatsache her, daß Hans Castorp, der schwerfällige Bürger, Tb, die Künstlerkrankheit, bekommt – denn Manns Roman ist ein später, selbstreflektierter Kommentar zum Mythos Tb. Dieser Roman reflektiert jedoch den Mythos noch: Der Bürger *wird* durch seine Krankheit tatsächlich geistig verfeinert«.

[73] Vgl. Ludwik Fleck: Entstehung und Entwicklung einer wissenschaftlichen Tatsache. Einführung in die Lehre vom Denkstil und Denkkollektiv. Mit einer Einleitung hg. von Lothar Schäfer. Frankfurt a. M. 1980.

auch nur partiell, erklären mit der medizinhistorischen Entwicklung weg von einer rein bakteriologischen, »monokausal[en]« hin zu einer stärker individualisierten, »multifaktoriell[en]« Betrachtung der Tuberkulose.[74] Es ist eben nicht so, dass der Text bloß versucht, eine medizinhistorische Realität möglichst genau abzubilden, die Verteilung der Verantwortlichkeit für die Erkrankung auf unterschiedliche Bereiche kommt ihm vielmehr sehr zupass. Manns Text nutzt nicht nur eine historisch mit der Tuberkulose verbundene pathologische Vagheit der Erkrankung,[75] er konstruiert diese Vagheit aufs Neue und nutzt die so erzeugte Unbestimmtheit für eigene Anliegen aus. Der Krankheit kommt eine Beweglichkeit zu, die eine große Anzahl an Zuschreibungen erlaubt. Die Tuberkulose liefert im *Zauberberg* die Möglichkeit, »abenteuerlich-spekulative Geschäftspraktiken«[76] zu thematisieren und diese zur Allgemeinbefindlichkeit des Sanatoriums und der Epoche zu machen.

Die schlechte Ökonomie des *Zauberbergs*

Buddenbrooks *und* Königliche Hoheit

Negatives Wirtschaften ist in Manns frühen Romanen nicht zwangsläufig erfolgloses Wirtschaften, es ist vielmehr eine moralisch abgewertete Form des Handels, weil sie entweder Wert vernichtet, aus Nichts Wert schöpft oder skrupellos Konkurrenzkampf ausübt und kein ›ehrliches‹ Arbeiten darstellt. Solche dubiosen Geschäftspraktiken drücken sich aus in »internationale[n] Wirtschaftsformen, [dem] Kreditwesen, [dem] Bank- und Zeitgeschäft«.[77] Schlechtes Wirtschaften kann dabei in den Texten auf unterschiedliche Weisen stigmatisiert werden. Ein häufig vorkommendes Mittel ist die Figurenzeichnung mittels antisemitischer Klischees. So wird etwa Hermann Hagenström durch seine Nase in *Buddenbrooks* in die Nähe zu jüdischen

[74] Vgl. dazu von Engelhardt: Krankheit und Medizin, Patient und Arzt in Thomas Manns *Zauberberg*, S. 8–10; die Zitate auf S. 9.

[75] Laut Sontag: Krankheit als Metapher, S. 10, sind es gerade die unbestimmten Krankheiten, die Metaphorisierungen provozieren: »Solange die Ursache nicht verstanden wurde und ärztliche Maßnahmen derart wirkungslos blieben, galt Tb als heimtückischer, unerbittlicher Diebstahl des Lebens«.

[76] Schößler: Börsenfieber und Kaufrausch, S. 108. Diese seien vor allem »das Termingeschäft, der Kredit und das Bankwesen«.

[77] Vgl. Schößler: Börsenfieber und Kaufrausch, S. 133.

Karikaturen der Zeit gestellt.[78] Auch Frauen werden vom arbeitstätigen Geldverdienen ausgeschlossen, sie vernichten oder akkumulieren Geld nur durch Heirat.[79] Neben der Auszeichnung gewisser Figuren durch Stereotype wird der Vorgang des Gelderwerbs selbst negativ belegt, etwa durch die Verbindung mit dem Schmutzigen oder Vermischten. Die Halmkauf-Spekulation bewertet Thomas Buddenbrook gegenüber seiner Schwester Antonie als »unreinliche[] Manipulation[]«[80] und Samuel Spoelman wird als »sujet mixte« bezeichnet. Oft wird das unlautere Geschäftemachen auch als (Glücks-)Spiel beschrieben: In *Buddenbrooks* lässt sich das an Thomas Buddenbrooks Geste, die Entscheidung zur Spekulation am Spieltisch zu bedenken, ebenso erkennen wie an der Wortähnlichkeit zwischen Bendix Grünlichs Namen und dem Grün des Spieltisches, der in seinem Haus steht.[81] Zuletzt stehen negative ökonomische Praktiken auch semiotisch für eine mangelhafte Deckung, das heißt für eine als ungenügend verstandene Referentialität: Zeichen sind entweder, wie im Fall von Bendix Gründlich, unreferentiell, weil sie willkürlich sind und sich »metamorphotisch« wandeln können, oder sie sind unreferentiell, wie am Beispiel von Imma Spoelmanns algebraischen Aufgaben, weil sie als reines »hermetisches« Durcheinander von Signifikanten auftauchen.[82] Doch nicht nur die mangelhafte Deckung der Zeichen im Sinne ihrer kontingenten Bezeichnungsqualität, auch die Entstehung von Zeichen aus dem Nichts, wie es das »phantasmatische[] Spiel« Hanno Buddenbrooks zeigt, der sich eine Melodie ausdenkt, sind dergestalt negativ belegt.[83] Hier lässt sich eine Erklärung finden für die von Mann in den Ausführungen zu seiner Schreibinitiation gegebene Verbindung von Wirtschaften und Dichten: Dichtung, die als Weiterentwicklung des Kopierens verstanden wird, kann eine gewisse Welthaltigkeit und damit Referentialität gewährleisten.[84] Im *Lebensabriß* wird Dichtung also der guten Ökonomie zugeschrieben, wie *Buddenbrooks* sie konturiert. Zugleich wird diese in einen Zusammenhang mit Krankheit gerückt, was die Unterscheidung zwischen gesunder, lebenstüchtiger, guter Ökonomie und krankem, verfeinertem Wirtschaften verunsichert.[85]

[78] Vgl. Yahya Elsaghe: Thomas Mann und die kleinen Unterschiede. Zur erzählerischen Imagination des Anderen. Köln, Weimar und Wien 2004, S. 185–195.

[79] Vgl. Schößler: Börsenfieber und Kaufrausch, S. 131: »Thomas Mann [schließt] Weiblichkeit konsequent aus der Sphäre der Produktion und des Profits aus[ ]«.

[80] GKFA 1.1, S. 499.

[81] Vgl. Schößler: Börsenfieber und Kaufrausch, S. 117 und 121.

[82] Vgl. Schößler: Börsenfieber und Kaufrausch, S. 118 und 139.

[83] Vgl. Schößler: Börsenfieber und Kaufrausch, S. 121.

[84] Auch wenn in »Bordereaus« gerade und vor allem Zahlen auftauchen, scheint dies in Manns Text nicht mitgedacht zu werden.

[85] Man könnte vielleicht so weit gehen zu behaupten, dass gerade dann, wenn diese Unter-

Die oben aufgeführten Merkmale – Zeichenarbitrarität, Effeminierung, Semitisierung, Spielhaftigkeit – bedingen sich in den frühen Romanen Thomas Manns gegenseitig und werden in den beiden Romanen häufig in Kombination zusammen beschrieben, sodass sich einzelne Merkmale als Markierungen schlechter Ökonomie verstehen lassen.

Das ökonomische Milieu des Romans

Die Verwaltung

Ein ähnlich rätselhaftes Schreiben wie das Imma Spoelmanns gibt es auch im *Zauberberg*, und auch dort ist es mit der Algebra verbunden, nämlich in den mathematischen – und völlig erfolglosen – Bemühungen des Staatsanwalts Paravant, die »Quadratur des Kreises« geometrisch zu erreichen: »Er zirkelte und rechnete, wo er ging und stand, bedeckte Unmassen von Papier mit Figuren, Buchstaben, Zahlen, algebraischen Symbolen« (955).[86]

Was sich hier wiederholt und im Zusammenhang mit einer völligen Anökonomie der Patientenschaft verstanden werden kann, muss zunächst durch das ökonomische Setting des Romans erläutert werden.

»Das Sanatorium auf dem ›Zauberberg‹, zu dessen internationalen Gästen eine große Zahl jüdischer Kranker gehört, ist allem voran ein (unsolides) Aktienunternehmen«, wie Franziska Schößler meint.[87] Denkt man Schößlers Bemerkung weiter, lässt sich das Sanatorium insofern als »unsolides Aktienunternehmen« verstehen, als die Patienten vor Ort ihr Geld zwar ausgeben, dies aber nicht zum Zwecke ihrer Gesundung tun, also das ›eigentliche‹ Ziel des Aufenthalts verfehlt wird. Allerdings kann man nicht sagen, dass die Patienten ihr Geld schlecht anlegen oder dass das Sanatorium schlecht wirtschaftet – es ist ein Unterhaltungsbetrieb, der von einer ökonomisch profunden »Verwaltung« reguliert wird.

Die Verwaltung wird im Text selten erwähnt und nur ein einziges Mal explizit beschrieben. Castorp sucht diese auf, um seine erste Wochenrechnung zu bezahlen, die sich wie folgt liest:

Die kalligraphischen Aufstellungen selbst betrugen ziemlich genau 180 Franken, und zwar entfielen auf die Verpflegung nebst ärztlicher Behandlung 12 und auf das

scheidung nicht greift, zusätzliche Abwertungsmechanismen in Gang gesetzt werden, was etwa das Beispiel der recht burschikosen Hagenströms illustriert.

[86] Die wirren Zeichen des Staatsanwalts rufen bei Hans Castorp – anders als die Mathematik bei Klaus Heinrich – allerdings nur »gelassene[] Religiosität« (956) hervor.

[87] Schößler: Börsenfieber und Kaufrausch, S. 110.

Zimmer 8 Franken für den Tag, ferner auf den Posten »Eintrittsgeld« 20 Franken und auf die Desinfektion des Zimmers 10 Franken, während kleinere Sporteln für Wäsche, Bier und den zum ersten Abendessen genossenen Wein die Summe abrundeten. (200)

Die Verwaltung wird als Aussteller der Rechnung in die Kategorien positiver Ökonomie eingeordnet: Sie ist rein, weil sie für die »Desinfektion« verantwortlich zeichnet; sie ist genau und schön aufgrund der »kalligraphischen« Rechnung.

Allerdings ist die Kalligraphie nicht nur positiv zu sehen, denn die Beschreibung von Schriften kann in Manns Texten auch graphologisch gedeutet werden und dabei charakterliche oder gar rassenbiologische Implikationen mit sich führen.[88] Gerade die sorgsam geführte schöne Schrift wäre vor diesem Hintergrund als Täuschungshinweis zu interpretieren, weil sie das Persönliche der Handschrift tilgt. So gesehen, stellt die Kalligraphie ostentativ aus, dass sie etwas zu verbergen hat.[89] Und so ist es auch: Auf der Rechnung wird nämlich auch die »ärztliche[] Behandlung« abgerechnet, die Castorp gar nicht für sich beanspruchte.[90] Dies trübt das Bild von der Verwaltung sogleich: Sie scheint geldgierig, fast betrügerisch und bis zur Geizigkeit sparsam, denn sie lässt nur Heizen, wenn es absolut unumgänglich ist und legt damit die diätetischen Therapiemaßnahmen zu ihrem finanziellen Vorteil aus.[91] Sie lässt sich auch nur dann sehen, wenn es gute Nachrichten zu verkünden gibt: Ein Abgesandter der Verwaltung übermittelt einen »amtlichen Abschiedsgruß« (638), wenn ein Patient entlassen wird, jedoch tritt sie nicht in Erscheinung, wenn Leichen das Sanatorium verlassen.[92] Andererseits hat sie ihren Auftritt gegen Ende des Romans

[88] Vgl. dazu Yahya Elsaghe: Kalamographie und gemalte Schrift. Zur Graphologie und ihren ideologischen Implikationen. In: Zeitschrift für Germanistik, N.F. 12 (2002), S. 51–69, hier S. 68: »Graphologisch gesehen [...] kommt dem Schriftbild sozusagen als dem Realen des Geschriebenen derselbe unbedinge Wahrheitswert zu wie der Erscheinung des Naturkörpers unter dem Gesichtswinkel der Physiognomie oder der Rassenbiologie«.

[89] Vgl. zu einer ähnlichen Lesart von Manns *Tristan* Elsaghe: Kalamographie und gemalte Schrift, S. 64f.: »Die ›Sorgfalt‹ hingegen, die Detlev Spinell auf die Gestaltung und das ›Gemälde‹ des Schrift*bilds* verwendet, beraubt dieses seiner ›Eigentlichkeit‹ und graphologischen Aussagekraft. [...] Der mehrfach wiederholte, eindeutig positive Zug der ›Sauberkeit‹ erweist sich dem geschulten und professionell skeptischen Aueg als Effekt einer kalkulierten Täuschung« (H.i.O.).

[90] Castorp bemerkt dies auch, hat daran aber »nichts zu beanstanden« (200).

[91] Joachim Ziemßen erwähnt gleich zu Beginn von Castorps Aufenthalt: »[W]ir werden hier ziemlich kühl gehalten« (24). Vgl. zur medizingeschichtlichen Rolle der Diätetik von Engelhardt: Krankheit und Medizin, Patient und Arzt in Thomas Manns *Zauberberg*, S. 11–13.

[92] Vgl. dazu auch Thomas Rütten: Sterben und Tod im Werk Thomas Manns. In: Lebenszauber und Todesmusik. Zum Spätwerk Thomas Manns. Die Davoser Literaturtage 2002

als letzte verbliebene Ordnungsinstanz, als sich der Antisemit Wiedemann und der Jude Sonnenschein prügeln: »Herbeigeeiltes Bureaupersonal« (1038) trennt die beiden voneinander. Diese Episode, die zunächst die beruhigende Macht der Verwaltung signalisieren soll,[93] wird erzählerisch genutzt, um eine Verbindung zwischen ihr und dem Judentum herzustellen. Sonnenschein wird nämlich »ins Bureau« geführt, »wo er sich niederließ und bitterlich in seine Hände weinte« (1039). Die Verwaltung wird – in Manns ökonomischer Logik der frühen Texte – folgerichtig auch mit dem internationalen Finanzhandel in Verbindung gebracht. Hinter dem Sanatorium stehen »unsichtbare Mächte« – Adam Smiths berühmte Formel von der ›unsichtbaren Hand‹ wird hier deutlich zitiert –, spezifiziert als eine »Aktiengesellschaft, der anzugehören nicht übel sein mochte« (201). Sie gehört dem als schlecht bewerteten modernen Unternehmertum an. Hans Castorps Blick in den Verwaltungsapparat bekräftigt dies noch. Er findet dort zwar »ein richtiges kleines Kontor« vor, das »drei männliche Angestellte«, aber auch ein »Schreibmaschinenfräulein« (200 f.) beschäftigt, also eine Figur, deren Schreibgerät das Persönliche noch stärker substrahiert als die Kalligraphie.[94]

Die Desinfektion, die hier für Sauberkeit steht, ist im Roman keine natürliche Eigenschaft von Geschäften mehr wie noch in *Buddenbrooks*, sondern muss erst erzeugt und bezahlt werden. Die Verwaltung steht jedoch nicht nur mit dem Geldverdienen in Verbindung, sie besorgt zugleich die Leitung eines Jahrmarkts. Dies erkennt man daran, dass Castorp, ganz wie bei einer Aufführung, den »Posten ›Eintrittsgeld‹« bezahlen muss. Es überrascht folglich nicht, dass die einzige explizit beschriebene Figur der Verwaltung karikaturistische Züge trägt: »[E]in Herr von dem höheren Ansehen eines Chefs oder Direktors[, der] an einem frei stehenden Zylinderbureau arbei-

(= TMS 29). Frankfurt a.M. 2004, S. 13–34, hier S. 19: »[K]urzum das ganze Vertuschungsgebahren einer Institution und ihrer Sachwalter, für die Sterbefälle ruf- und geschäftsschädigend sind und die daher keine Zeit und Gelegenheit für Trauer, Gedächtnisstiftung und selbstkritische Aufbereitung schaffen«.

[93] Bei dem epileptischen Anfall des Patienten Popów eilen hingegen noch die Ärzte zur Hilfe: »Der Hofrat selbst war bei der Mahlzeit zugegen, und er war es, der, zusammen mit der Mylendonk und einigen jungen, handfesten Tafelgenossen, den Ekstatiker, blau, schäumend, steif und verzerrt, wie er war, aus dem Saal in die Halle schaffte, wo man die Ärzte, die Oberin und anderes Personal noch längere Zeit an dem Sinnlosen hantieren sah« (454 f.).

[94] Vgl. zur Schreibmaschine bei Thomas Mann auch Yahya Elsaghe: Die »kaufmännischen Und-Zeichen« der »Geschäftsmaschine«. Zur Überwindung rassenbiologischer Antisemitismen in Thomas Manns Spätwerk. In: Colloquia Germanica 33 (2000), S. 349–365. Elsaghe meint, dass sich bei Schreibmaschinentexten gar keine Aussagen über die Schreibenden machen ließen, diese seien für charakterologische Auslegungen »in gewisser Hinsicht unleserlich« (ebd., S. 359). Man mag dem zustimmen, allerdings legt das Zusammenkommen von Kalligraphie und Schreibmaschine hier eine Verbindung nahe.

tete und nur über sein Augenglas hinweg einen kalten und sachlich musternden Blick auf die Klienten warf« (201). Einerseits also »arbeite[nd]«, »kalt[]« und »sachlich«, hat er andererseits Attribute eines Jahrmarkt-»Direktors« durch das »Augenglas« und das »Zylinderbureau«, steckt in diesem doch der Signifikant ›Zylinder‹. Die Figur des Direktors ist auch deshalb interessant, weil sie eine Verbindung zwischen Narrativ und Poetik zulässt, denn sie lässt sich als ein *Stand-In*[95] des Autors begreifen. Nicht nur verortet Thomas Mann, wie zuvor ausgeführt, seine Schreibanfänge in einer Amtsstube, der Direktor ist auch eine der wenigen Romanfiguren, die, denn das sind die Aufgaben, die man hinter einem Zylinderbureau verrichtet, mit Blättern hantiert und (wahrscheinlich) auch schreibt. Er sitzt deshalb, sozusagen als Spiritus Rector, im »kaufmännische[n] Zentrum des Anstaltsbetriebes« (200).[96] In einer »Selbstkarikatur Thomas Manns aus dem ersten erhaltenen Brief vom 14.10.1889« an Frieda L. Hartenstein zeichnete dieser sich als »[l]yrisch-dramatischer Dichter«; er trägt dabei ein Augenglas und einen Hut, wenn auch keinen Zylinder, und hat spitze, gewissermaßen »sachlich[e]« Augen.[97] In dieser Stilisierung des Autors als Direktor ließe sich eine Selbstdarstellung des Schreibens als gleichzeitig kalt, sachlich wie unterhaltend erkennen, es weist aber vor allem auf eine, in der weiteren Untersuchung mehrfach explizierte, Strategie des Textes hin, immer wieder *Stand-Ins* der Erzählerfigur – oder des Autors – einzubauen.

[95] Der Terminus *Stand-In* wird in dieser Arbeit anstelle von ›Repräsentant‹ verwendet. Es soll damit einem Verständnis von Repräsentation vorgebeugt werden, das Autor und Figuren oder Figuren untereinander austauschbar macht, diese teilen sich nur gewisse Eigenschaften. Vgl. zu einer Definition Claudia Liebrand: Masken- und Signifikantenspiele, Memoria und Genre in Thomas Manns »Lotte in Weimar«. In: Apokrypher Avantgardismus. Thomas Mann und die Klassische Moderne. Hg. von Stefan Börnchen und Claudia Liebrand. München 2008, S. 267–298, hier S. 272, Fn. 10: »Der Terminus *Stand-In* kommt aus dem Bereich der Filmproduktion. Bezeichnet als *Stand-Ins* werden Personen, die den Platz des Stars einnehmen, bevor eine Szene gedreht wird, so dass etwa der Kameramann die Beleuchtung schon einmal festlegen kann«.

[96] Claudia Liebrand erwähnt in ihrer Interpretation von *Lotte in Weimar* ebenfalls eine solche Einschreibung Manns im Text (vgl. Claudia Liebrand: Im Kabinett der Spiegel. Masken- und Signifikantenspiele, Memoria und Genre in Thomas Manns »Lotte in Weimar«. In: Apokrypher Avantgardismus. Thomas Mann und die Klassische Moderne. Hg. von Stefan Börnchen und Claudia Liebrand. München 2008, S. 267–298, hier S. 277f.).

[97] Ein Faksimile dieser Selbstkarikatur ist abgebildet in Dichter über ihre Dichtungen. Bd. 14/I: Thomas Mann: Teil I: 1889–1917. Hg. von Hans Wysling unter Mitwirkung von Marianne Fischer. [München] 1975, S. [5]. Dort auch das Zitat der »Selbstkarikatur«. Man findet die Zeichnung ebenfalls in Thomas Mann: Briefe I. 1889–1913. Ausgewählt und herausgegeben von Thomas Sprecher, Hans R. Vaget und Cornelia Bernini (= GKFA 21). Frankfurt a.M. 2002, S. 543.

Hofrat Behrens

Das Sanatorium wird geleitet von Hofrat Behrens und Oberin Adriatica von Mylendonk. Behrens als »der Alte« (116) leitet die Anstalt mit patriarchalem Gestus: Er ist zwar humoristisch, aber wenig fürsorglich, er entscheidet über Leben und Tod seiner Patienten, kann jähzornig werden und pflegt ein erotisches Verhältnis zu seinen Patientinnen, insofern diese sich für ihn besonders attraktiv anziehen oder er auf Castorps Affäre mit Chauchat eifersüchtig reagiert.[98] Die Oberin ist eine gestrenge und geschäftstüchtige Hausverwalterin, die stets Thermometer zum Erwerb bei sich führt. Der Hofrat hebt selbst hervor, dass er nicht die uneingeschränkte Autoritätsperson des Sanatoriums sei und die finanziellen Interessen der Verwaltung erfüllen müsse[99] und so sind auch seine medizinischen Anweisungen fragwürdig, weil er ein System immer weiter verlängerter Gesundungsaufschübe betreibt. Seine eigene Verbindung zum Geld und damit seine Rolle als Vertreter wirtschaftlicher Interessen macht zudem die Redewendung, ein Schreck gehe einem »durch Mark und Pfennig« (884), deutlich. Und zuletzt ist er als allegorisiertes Schiff beschrieben: »Und mit krummen Knien und rudernden Händen begann er den abschüssigen Weg hinabzustapfen, indes eine Rauchfahne von seiner Zigarre rückwärts wehte« (266). Nicht nur erinnert der Hofrat an ein Schiff, auch die geschäftstüchtige Oberin *Adriatica* von Mylendonk trägt das Maritime in ihrem Vornamen. Schiffe sind als Symbole des Handels und des Tausches durch Castorps Kindheitserlebnisse eingeführt.[100] Doch haben in diesem Fall Tausch und Zirkulation nichts mehr mit den Wirtschaftsformen der frühen Romane zu tun.

Denn das Sanatorium ist wie ein Unterhaltungsbetrieb organisiert. Für gewisse Abwechslung sorgt die Verwaltung: Sie dekoriert den Speise-

[98] Vgl. zu den Kleidungsgewohnheiten der Patientinnen S. 452: »Hans Castorp selbst hatte den Eindruck gewonnen, daß die Prozedur der Untersuchung, unabhängig von ihrem Ergebnis, den Damen Vergnügen bereitete, und daß sie sich kokett dafür schmückten«. Vgl. zu Behrens' Eifersucht S. 533, wenn er »zufällig« einen »hochwichtige[n] Nerv« Castorps mit der Spritze trifft, nachdem dieser ihm von seinem Techtelmechtel mit Madame Chauchat erzählte.

[99] Vgl. S. 754: »Aber wenn ich ihn rüffle, so kriegt er Zustände, denn er ist maßlos irritabel und hat mit Familie drei Zimmer belegt. Ich kann ihn nicht rausgraulen, ich kriege es mit der Generaldirektion zu tun«.

[100] Vgl. S. 50f.: »Die Atmosphäre der großen Meerstadt, diese feuchte Atmosphäre aus Weltkrämertum und Wohlleben [...], er atmete sie mit tiefem Einverständnis, mit Selbstverständlichkeit und gutem Behagen. Die Ausdünstungen von Wasser, Kohlen und Teer, die scharfen Gerüche gehäufter Kolonialwaren in der Nase, sah er an den Hafenkais ungeheure Dampfdrehkrane die Ruhe, Intelligenz und Riesenkraft dienender Elefanten nachahmen, indem sie Tonnengewichte von Säcken, Ballen, Kisten, Fässern und Ballons aus den Bäuchen ruhender Seeschiffe in Eisenbahnwagen und Schuppen löschten«.

saal zu Karneval, sponsert Punsch und kauft unterschiedliche technische Geräte, unter anderem ein Grammophon. Doch »die Seele des Ganzen« ist der »dirigierende[] Arzt« (201) Hofrat Behrens. Durch ihn bekommen die Patienten für das Geld, das sie bezahlen, gute Unterhaltung geboten. Der Hofrat füllt dabei die Rolle eines Conférenciers im Varieté-Theater aus: Einem solchen ist die Aufgabe gestellt, die Vorführung zu leiten und Kunststücke anzukündigen, er kann aber auch selbst solche darbieten.[101] Behrens gibt eigens ein »Kunststück« zum Besten, nämlich das ›Schweinchenzeichnen‹ an Karneval (501). Sein unterhaltsam-kalauerndes Kommentieren der Ereignisse auf dem Sanatorium lässt sich als durchgehaltene *comedy performance* verstehen; er ist »rastlos auf [...] Divertierung bedacht« (948) und erwähnt gegenüber Castorp, er hätte Freude daran, ihn »ein bißchen ein[zu]führen dann und wann« (463). Auch wenn er sich dagegen stemmt, dass die Patienten nach »Davos-Dorf« (109) gehen, um dem dortigen Unterhaltungsprogramm zu frönen, muss dies nicht zwangsläufig als medizinische Besonnenheit, sondern kann auch als betriebswirtschaftliches Konkurrenzgebaren verstanden werden.

Rentabel ist das Sanatorium durchaus. Es ist aber kein Unternehmen, das soziales Prestige erzeugt oder Konzentration auf Seiten der Kunden hervorruft, sondern bloß den Interessen der Patienten entspricht und monetären Bedürfnisse folgt, wenn auch auf einfallsreiche Weise – es ist nicht solide, sondern abwechslungsreich.

Das Varieté ist in der historischen Diskussion als Kunst des »Pöbels« stigmatisiert. So wird es zumindest von dem Kulturkritiker Richard Guttmann in seiner 1919 erschienen Schrift *Variété. Beiträge zu einer Psychologie des Pöbels* bezeichnet. Der »Pöbel« ist bei ihm ein kulturkonservativer Kampfbegriff. Guttmann richtet sich dabei gegen Kunstformen, die auf einen Erfolg bei der Masse abzielen: »Der Pöbel wächst aus der Mechanisierung des Massengetriebes. Man kann nur unter den Vielen verpöbeln, in der Einsamkeit niemals. [...] Der Pöbel ist grundsätzlich immer ohne Kultur«.[102] Während das Theater aber kathartisch dazu führe, dass der Zuschauer auf sich selbst zurückgeworfen werde, befördere das Varieté nur Abwechslung.[103]

[101] Vgl. dazu Wolfgang Beck: Varieté. In: Theaterlexikon I. Begriffe und Epochen, Bühnen und Ensembles. Hg. von Manfred Brauneck und Gérard Schneilin. Unter Mitarbeit von Wolfgang Beck. 5., vollständig überarbeitete Neuausgabe. Reinbek b.H. 2007, S. 1155–1157. Vgl. auch Ernst Günter: Geschichte des Varietés. Berlin 1981, S. 283–291.

[102] Richard Guttmann: Variété. Beiträge zur Psychologie des Pöbels. Wien und Leipzig 1919, S. 7 und S. 9.

[103] Vgl. Guttmann: Variété, S. 65: »Das Variété hat äußerlich viel mit dem Theater gemeinsam. Bühne, Orchester, Galerie. Es werden zwischen den einzelnen Schaunummern auch

Dieses zeitgenössische Dokument trifft sich mit der Beschreibung pöbelhafter Anti-Kunst im Roman am Beispiel des Kinos, jenes Mediums, das seit jeher als Jahrmarktattraktion eng mit dem Varieté verbunden war[104] und im Roman pejorisiert wird. Die Beschreibung des »Bioskop-Theater[s]« im Roman ähnelt der Abwertung durch Guttmann frappierend. Dort gibt es »schlechte[] Luft«, die Bilder sind »kleingehackt, kurzweilig und beeilt« (479). Die Zuschauer sind »ganz Hingabe«, das »Gesicht [...] im Genusse verzerrt« (480) und die Wiedergabe entspricht den »geheimen Wünschen der zuschauenden internationalen Zivilisation« (480).[105]

Die Insassen sind als Pöbel disqualifiziert, die Unterhaltungen des Sanatoriums dienen dieser Unkultur, die implizit mit den internationalen Finanzgeschäften verbunden ist, was sich wiederum auf die Internationalität der Insassen projizieren lässt. Auch wenn es im Sanatorium kein Kino gibt, so gibt es zumindest Fotoapparate, deren Dargestellte »mit stieren Augen aus fahl verkrampften Gesichtern blickten, wie Leichen ermordeter, die man mit offenen Augen aufrecht hingesetzt« (952).

Der Jahrmarkt ist als Ort kurzfristiger Unterhaltung auch ein Ort, der mit abnormalen, ekelhaften Figuren und dubiosen Geschäften eine Verbindung eingeht. Das ökonomische System des Sanatoriums entspricht also einer in der historischen Wahrnehmung abgewerteten Form des Wirtschaftens, produziert aber auch immer Gewinne. Damit gehört es zwar zu den bei Mann topisch ausgeschlossenen Geschäftspraktiken, steht aber innerhalb des Romans noch im Gegensatz zu den als wahrhaft ruinös ausgestellten Geschäftspraktiken der kranken Insassen, bei denen all jene Klischees greifen, die aus *Buddenbrooks* und *Königliche Hoheit* bekannt sind.

kleine Theaterstücke, Operetten und sogenannte ›Revuen‹, stillose Gemenge von Gesang, Tanz, Verwandlungen und Bruchstücken einer Komödie, aufgeführt. Selbstverständlich ist das Variété kein Theater, und wenn es zusammenhängende Stücke bringt, so stellen sich diese bei einiger Überlegung als Varietenummern dar. Das Theater, auch das schlechte, ist durchaus eine Angelegenheit des einzelnen Besuchers, also letzten Endes eine Kultursache. Im Theater gibt es trotz aller äußerlichen Einwände keine Wirkung auf die Masse, weil der Mensch auf der Bühne unmittelbar zum Menschen im Zuschauerraum spricht. Man wird im Theater erschüttert oder erheitert, aber immer nachdenklich«.

[104] Vgl. Wolfgang Jansen: Das Varieté. Die glanzvolle Geschichte einer unterhaltenden Kunst. Berlin 1990, S. 145–154.

[105] Vgl. Guttmann: Variété, S. 31: »Weite Pupillen, der aufgerissene Mund, zitternde Nasenflügel, erstarrte Gliedmaßen, ungleicher Puls, Durstgefühl, langsamer Atem, vollkommen ruhende Einbildungskraft, sinkendes Gedächtnis, [...] erhöhte Temperatur und Ausdünstung und dabei eine ganz eigentümliche Elastizität des Gefühlslebens, durch die man fortwährend zwischen Lachen, Weinen und geschlechtlicher Erregung pendelt: Das ist der Zuschauer des Variétés. Durch die befriedigte Schaulust wird hauptsächlich die Langweile vertrieben. Das Schauen zerstreut aber auch den Menschen. Es hilft ihm über die furchtbare Leere seiner freiwilligen und unfreiwilligen Mußestunden hinweg«.

Die Patienten

Wie bereits erwähnt, sind Tausch und Zirkulation im Roman nicht positiv semantisiert. Denn die Krankheit wird selbst als ein schlechtes Tauschgeschäft beschrieben:

> Weniger, daß der Parasit dem umgebenden Gewebe Nahrung entzogen hätte; aber er erzeugte, indem er, wie jede Zelle, Stoff *wechselte*, organische Verbindungen, die sich für die Zellen des Wirtsorganismus als erstaunlich giftig, als unweigerlich verderbenbringend erwiesen. (432, Hervorhebung B. M.)

Die ›Wechsel‹-Geschäfte lassen auch einen Geld-Wechsel und damit einen Devisenhandel anklingen, sie ändern aber besonders die Substanz, den »Stoff« und damit die Bedingungen der Solidität. Die Produktivität des »Parasit[en]« ist schädlich. Doch nicht nur die Tauschgeschäfte sind »unweigerlich verderbenbringend«, auch Zirkulation als solche sorgt für Destabilisierung: »Die Gesellschaft begann sich aufzulösen, zu zirkulieren« (493). Zirkulation und Auflösung werden hier gleichgestellt, wodurch Liquidität kein Zeichen stabilisierender Veränderung ist, sondern den Verlust von Stabilität indiziert[106] und keine fortschreitende, sondern nur eine kreisförmige Bewegung beschreibt. Zugleich ist die Krankheit auch zu dem abwechslungsreichen Unterhaltungsbetrieb des Sanatoriums in Beziehung gesetzt, der Körper wird selbst zu einem solchen »Betrieb«.

In einem Gespräch problematisieren Hans Castorp und Joachim Ziemßen die verwirrende Natur ihrer Krankheitssymptome. Rätselhaftes Herzklopfen und rätselhaftes Fieber werden dabei in ökonomische Zusammenhänge gestellt, wenn Castorp meint:

> [»]Wenn ich nur wüßte, [...] warum ich die ganze Zeit solches Herzklopfen habe. [...] [E]s ist ja so, als ob der Körper seine eigenen Wege ginge [...], gewissermaßen wie ein toter Körper, der ja auch nicht wirklich tot ist [...], sondern sogar ein sehr lebhaftes Leben führt, nämlich auf eigene Hand: es [...] soll physikalisch und chemisch [...] ein überaus munterer Betrieb darin herrschen ...«. (111)

Der »muntere[] Betrieb« provoziert eine unerklärliche Selbstständigkeit der Materie. Es gibt »keinen Zusammenhang mit der Seele« (111), sondern ein zusammenhangsloses Leben, verstanden als ein ungebändigtes, nutzloses Wachsen, »auf eigene Hand« – ›mit unsichtbarer Hand‹ möchte man hinzufügen.

[106] Dafür spricht bereits der »Vorsatz«, der betont, dass die erzählte Geschichte lange »[v]erflossen[]« (9) sei.

Hans Castorps Vetter nimmt den Hinweis auf und bezieht ihn auf das Fieber:

> [»E]s ist wohl so ähnlich, wie wenn man Fieber hat – dabei herrscht auch ein besonders ›munterer Betrieb‹ im Körper [...], und da mag es schon sein, daß man sich unwillkürlich nach einer Gemütsbewegung umsieht [...], wodurch der Betrieb einen halbwegs vernünftigen Sinn bekommt ...[«.] (112)

In ökonomischer Tradition versucht Ziemßen zu zeigen, dass man Angebot und Nachfrage synchronisieren, dass man also jedem Zeichen eine Deckung und damit einen »Sinn« zuordnen kann. Durch die Formulierung vom »muntere[n] Betrieb« wird die ökonomische Dimension der Krankheit erneut unterstrichen, in Verbindung zur pöbelhaften, nach »munterer« Unterhaltung verlangenden Gesellschaft gestellt und mit Unreferentialität in Verbindung gebracht. Kranke Körper sind nicht nur unreferentiell in dem Sinn, dass ihrer Symptomatik eine entsprechende Deckung fehlt, sie sind es auch dadurch, dass sie ein Eigenleben entwickeln können, ein Auswuchern der Materialität und die parasitär befallenen Zellen zu »Monstrezellen« (432) werden.

Die erwähnten algebraischen Zeichenwucherungen des Staatsanwalts Paravant sind Produkte solch mangelnder Referentialität, indem sie ihre Legitimation nur aus sich selbst speisen, einer »Manie« entspringen, für eine Verschwendung von »Unmassen von Papier« sorgen und unkontrolliert ausufern, »denn wen immer ihm an der Brust zu ergreifen gelang, der mußte glühende Redeströme über sich ergehen lassen« (955).

Neben der Unreferentialität gehört zu den bekannten Mann'schen Charakteristika schlechter Ökonomie die Semantik des Spiels. Die Kartenspielszene mit Mynheer Peeperkorn etwa führt zu exaltierten Gefühlsausbrüchen der Patienten und zur (zusätzlich alkoholinduzierten) Berauschung (vgl. 847–866). Auch an anderer Stelle wird die Spielmetaphorik verwendet, und in diesem Fall zeigt sie die Kontingenz sämtlicher Abläufe auf dem Sanatorium an. Die Witwe Hessenfeld besitzt als »Leidenschaft das Wetten«:

> [S]ie wettete mit den Herren, wettete auf alles und um alles, wettete auf das Wetter, das eintreten, die Gerichte, die es geben würde, auf das Ergebnis von Generaluntersuchungen und darauf, wieviel Monate jemandem zugelegt werden würden, auf gewisse Bobs, Eisschlitten, Schlittschuh- oder Ski-Champions bei sportlichen Konkurrenzen, auf den Verlauf sich anspinnender Liebesgeschichten unter den Gästen und auf hundert andere, oft gänzlich unerhebliche und gleichgültige Dinge, wettete um Schokolade, um Champagner und Kaviar [...], um Geld, um Kinobillets und selbst um Küsse, zu gebende und zu nehmende, – kurzum, sie brachte

mit dieser ihrer Passion viel Spannung und Leben in den Speisesaal, nur daß ihr Treiben den jungen Hans Castorp natürlich sehr ernst nicht dünken wollte[.] (449)

Hessenfeld wird dabei als Simulantin ausgegeben, als eine Person, die »überhaupt nicht krank war[ ] und vollkommen freiwillig [...] hier lebte[ ]« (449). Diese Figur zeigt aber nicht nur, dass im Roman alles ›auf dem Spiel‹ steht, ihre Wetten drücken aus, dass der Sanatoriumsbetrieb in besonderem Maß auf Kontingenz basiert: Generaluntersuchungen und die Länge von Aufenthalten wirken ebenso willkürlich wie das Wetter, das sich jederzeit verändern kann. Indem aber alles zum Gegenstand von Spekulationen werden kann, kann auch alles kommerzialisiert werden. In seiner Verteidigung des Romans gegenüber der medizinischen Kritik, dem »[o]ffene[n] Brief« *Vom Geist der Medizin*, spricht Mann von einem »sozialkritischen Vordergrund« seines Romans: »die Welt des Hochgebirgs-Luxus-Sanatoriums, in der die kapitalistische Gesellschaft Vorkriegs-Europas sich spiegelt«.[107] Die Witwe Hessenfeld ist eine Vertreterin dieser kapitalistischen Gesellschaft, insofern sie, ohne selbst Arbeit zu verrichten, Geld verdient und alle Güter in Wertgegenstände transformiert.

Auffällig an dieser Stelle ist das Auseinandertreten der Beurteilung durch die Erzählerfigur und durch Hans Castorp. Die Erzählerfigur ordnet die »Witwe Hessenfeld aus Berlin« der zwar schlechten, aber immerhin noch unterhaltsamen Geschäftspraktik der Abwechslung zu, welche auch die Verwaltung vertritt, während Castorp dies prinzipiell abwertet, da er der Krankheit diejenige Dignität zuschreibt, die ihr in dem positiv besetzten Tuberkulosediskurse zukommt; er parasitiert gleichsam an diesem Topos: »[I]hr [Witwe Hessenfelds, B. M.] bloßes Vorhandensein [erschien] ihm als Beeinträchtigung der Würde eines Leidensortes« (449).

Neben dem Spiel – und damit verbunden dem Wetten – charakterisieren auch die Merkmale des Semitischen und Femininen schlechte ökonomische Praktiken im Roman. Dass Witwe Hessenfeld aus Berlin stammt, kann etwa als Verweis auf andere Figuren aus Manns Œuvre, die aus Berlin kommen, gelesen werden – genauer gesagt auf die aus Berlin-»Tiergarten« stammende und auch einem ziemlich vergnügungssüchtigen Tagesablauf nachgehende Familie Aarenhold aus *Wälsungenblut*, jener Erzählung Thomas Manns, die als Beschreibung einer dekadenten, inzestuösen jüdischen Familie offen antisemitische Klischees bedient.[108]

[107] Vgl. Thomas Mann: Vom Geist der Medizin. Offener Brief an den Herausgeber der ›Deutschen Medizinischen Wochenschrift‹. In: GW XI, S. 591–596, hier S. 593.

[108] Berlin-Tiergarten war damals als »[e]legantes Berliner Viertel« bekannt. Vgl. Thomas Mann: Frühe Erzählungen. 1893–1912. Kommentar von Terence J. Reed unter Mitarbeit von Malte Herwig (= GKFA 2.2). Frankfurt a. M. 2008, S. 333.

Die Semitisierung kann bei Mann durch Wohnorte, Namen, Aussehen und gewisse Spracheigenheiten geschehen, wie Yahya Elsaghe in mehreren Untersuchungen zu Thomas Mann gezeigt hat. Er hat aber auch darauf hingewiesen, dass es in Manns Schaffen unterschiedliche Phasen gibt, in denen jüdische Figuren in unterschiedlichen Facettierungen auftauchen. Die erste Phase gehe bis zur Fertigstellung von *Wälsungenblut*, also bis 1905, in welcher »Juden [...] regelmäßig als gesellschaftliche Konkurrenten und sexuelle Rivalen ›deutscher‹ Figuren [erscheinen], die ihnen ebenso regelmäßig unterlegen sind«.[109] Die danach erschienenen Werke seien, soweit sie vor dem Ersten Weltkrieg konzipiert wurden, noch von den antisemitischen Klischees besetzt, können diese aber bereits überschreiten in Richtung des von Mann selbst postulierten »Philosemitismus« und der Ablehnung des »Radauantisemitismus« der Weimarer Republik.[110] Folglich gebe es im *Zauberberg* auch eine Reihe eindeutig ›jüdisch‹ markierter oder benannter Figuren wie »Sonnenschein«, »Leo Naphta«, »Leo Blumenkohl« oder »Frau Landauer«, »Professor Kafka«, »Hermine Kleefeld«, »Fräulein Levi«, »Frau Salomon«, »Frau Iltis«, »Tamara«, aber auch weniger eindeutig bestimmbare Figuren wie »Ferdinand Wehsal«, »Edhin Krokowski«, »Doktor Salzmann«, »Fritz Rotbein«[111] – oder besagte »Witwe Hessenfeld«.

Dass sich die Stereotypisierung der Figuren im Roman als unentschieden zeigt, lässt sich auf mehrere Gründe zurückführen: Erstens können im Frühwerk eindeutig dem ›Jüdischen‹ zugeschriebene Charakteristika nun auch positiv konnotiert werden, wie etwa am Beispiel der schlechten, aber auch sinnvollen Ökonomie der Verwaltung gezeigt wurde. Zweitens hängt sie mit der positiveren Figurenzeichnung der nach dem Ersten Weltkrieg entstandenen Romanteile zusammen.[112] Und drittens können im Roman auch ungebrochen sympathischen Figuren wie Joachim Ziemßen ebenfalls jüdische Merkmale zugewiesen werden, wie Astrid Lange-Kirchheim gezeigt hat.[113]

[109] Vgl. Yahya Elsaghe: »Edhin Krokowski aus Linde bei Pinne, Provinz Posen.« Judentum und Antisemitismus im *Zauberberg* und seiner Vorgeschichte. In: Monatshefte 101 (2009), S. 56–72, hier S. 56.

[110] Vgl. Elsaghe: »Edhin Krokowski aus Linde bei Pinne, Provinz Posen.«, S. 65–70.

[111] Vgl. Elsaghe: »Edhin Krokowski aus Linde bei Pinne, Provinz Posen.«, S. 65 f.

[112] Vgl. Elsaghe: »Edhin Krokowski aus Linde bei Pinne, Provinz Posen.«, S. 60: »Dass auch der *Zauberberg*, zumindest oder besonders zu seiner deutlich größeren, seiner nach dem Ersten Weltkrieg geschriebenen Hälfte, in eine Zeit gehört, in der Thomas Mann seine frühen Antisemitismen hinter sich gelassen und sich als entschiedener Gegner des völkischen Rassismus profiliert hatte, ist dem Roman *prima vista* anzusehen«.

[113] Vgl. Astrid Lange-Kirchheim: Zergliederte Jünglinge und Missgeburten. Zum ›gender trouble‹ in Thomas Manns Roman *Der Zauberberg*. In: Jugend. Psychologie – Literatur – Geschichte. Festschrift für Carl Pietzcker. Hg. von Klaus-Michael Bogdal, Ortrud Gut-

Es ist folglich nicht überraschend, sondern Ausdruck einer hartnäckigen Einschreibung antisemitischer Klischees – und eines damit verbundenen Wunsches nach Unterscheidbarkeit[114] – in Manns Text, dass im Kontext der Bemühungen des Staatsanwaltes Paravant, die Quadratur des Kreises zu beweisen, die transzendente Zahl Pi Erwähnung findet, »diese[r] verzweifelte[] Bruch, den das niedrige Genie eines Kopfrechners namens Zacharias Dase eines Tages bis auf zweihundert Dezimalstellen berechnet hatte« (955), und die also mit einer durch ihren hebräischen Vornamen jüdisch konnotierten Figur verbunden wird.[115]

Bezeichnend ist zudem, dass das ›Jüdische‹ besonders oft zu weiblichen Figuren in Beziehung gesetzt wird. Dies wird dadurch gestützt, dass die Handlungsträger und herausgehobenen Figuren des Romans bis auf Clawdia Chauchat ausnahmslos Männer sind – Hans Castorp, Joachim Ziemßen, Hofrat Behrens, Edhin Krokowski, Mynheer Peeperkorn, Leo Naphta, Lodovico Settembrini –, dass Männer aber nur einen geringen Anteil unter den Figuren des Romans ausmachen. Auch wenn unter diesen Figuren, wenn man Elsaghe folgt, noch einige zumindest andeutungsweise als ›jüdisch‹ markierte Figuren auftauchen, wird durch das zahlenmäßige Übergewicht der ›jüdischen‹ Frauen eine Verbindung zur Weiblichkeit hergestellt.

Indem sie den Patienten zugewiesen werden und einer im Kontrast dazu positiver eingeschätzten Wirtschaftlichkeit entgegenstehen, sind damit jene aus den Frühwerken bekannten Charakteristika schlechten Wirtschaftens

jahr und Joachim Pfeiffer. Würzburg 2001, S. 231–257, hier S. 246: »Als Stigmatisierungsdiskurs fungiert hier vermutlich auch das Jüdische. Den schönen Jünglingskörper Joachims entstellen die abstehenden Ohren. Diese galten den Rassekundlern der 20er und 30er Jahre als Merkmal der jüdischen Rasse [...]. Die Merkmale des Jüdischen werden durch den ›sehr braunen Typus‹ komplettiert, dem Joachim zugerechnet wird [...], sowie durch das forcierte körperliche Training, das Turnen, welches im Hinblick auf das Militär möglicherweise eine Schwäche der Gliedmaßen kompensieren soll«.

114 Elsaghe schließt darauf, weil selbst Manns Texte des Spätwerks, die ein hohes Bewusstsein für diese Stereotypisierung haben, nicht auf antisemitische Klischees verzichten können: »Aber trotz dieser Tendenz, Distanz zu den Folgen oder von der Mitverantwortung für die Folgen zu gewinnen, welche die rassistische Ausprägung des Antisemitismus endlich haben sollte, ist Thomas Mann hier doch auch wieder auf dessen ältestes Stereotypenregister zurückgefallen. Diese Regressions- und Umschlagsbewegung läßt etwas von dem Beharrungsvermögen wohl nicht so sehr antisemitischer Stereotype als sehr viel mehr eines diesen vorausliegenden Bedürfnisses nach Diskriminierbarkeit und Stigmatisierbarkeit selbst noch so gut assimilierter Juden erkennen« (Elsaghe: Die »kaufmännischen Und-Zeichen« der »Geschäftsmaschine«, S. 362).

115 Dies wird besonders augenfällig dadurch, dass der Mathematiker, der sogar aus Hamburg, also der Vaterstadt Hans Castorp, stammte, mit vollem Namen ›Johann Martin Zacharias Dase‹ hieß, die Reduktion auf den Namen ›Zacharias‹ hier also eine besonders starke Markierung signalisiert.

im Roman noch immer präsent. Eine besondere Betonung liegt im Text auf dem Element der Unreinheit, das ein Charakteristikum der gesamten Patientenschaft darstellt. Hans Castorp erwähnt in einem Gespräch, dass »die Gesellschaft [...] wohl ein bißchen gemischt [ist] in so einer Anstalt« (149); Lodovico Settembrini benutzt öfters den, völlig unüblichen, Ausdruck »guazzabuglio« für »Mischmasch« (698),[116] um damit insgesamt die Vermischung unterschiedlicher Sphären, das Unreine des Berghofes zu diskreditieren; über die Figuren am »[s]chlechten Russentisch« (67) wird gesagt, sie »besudelten auf nicht wiederzugebende Weise die Toilette« (347); und die erste Krankenäußerung, die Castorp vernimmt, ist ein Husten, der an »Matsch und Schlamm« (25) erinnert.

Repräsentativ für die Gesellschaft der Kranken kann Karoline Stöhr gelten, in der sich die Ausschlussdiskurse gegenüber schlechtem Wirtschaften bündeln. Sie ist eine »Musikersgattin aus Cannstatt« (28) und damit innerhalb der von Thomas Mann imaginierten Reichsgrenzen ausgeschlossen. Wie Elsaghe herausgestellt hat, arbeitet das Mann'sche Œuvre der Frühzeit an der Legitimationsbedürftigkeit der Deutschen Reichseinigung mit, indem es Grenzen festschreibt: nach außen gegen Österreich und den Osten, innerhalb des Reiches gegen die Landesteile, die nicht dem Norddeutschen Bund angehörten und innerhalb Norddeutschlands gegen mit Hamburg und Lübeck konkurrierende Städte.[117] Auffällig ist, wie im Roman diese topographische Logik gerade durch Verschweigen affirmiert wird. Erwähnt Hofrat Behrens, dass Hamburg und die Küstenregionen viele Patienten stellen, so trifft Castorp diese Patienten jedoch nie und es kann der Eindruck entstehen, dass sich außer Hans Castorp und Joachim Ziemßen keine Patienten aus Norddeutschland im Sanatorium befinden.[118]

[116] Das Wort ist, darauf weist der Kommentar hin, sehr ungewöhnlich. Vgl. GKFA 5.2, S. 300. Daraus lässt sich eine hermeneutische Konsequenz ziehen: So wie der Hofrat durch Kalauer und Karoline Stöhr durch vermeintliche Unbildung neue Worte erzeugen, ist der Neologismus bei Settembrini Ausdruck eines besonders »plastische[n]« (152), erzählerischen Wortumgangs (vgl. dazu besonders das Kapitel *Parodien*). Damit werden indirekt auch die beiden anderen Figuren als erzählerisch ausgewiesen. Im konkreten Fall kritisiert Settembrini mit dem Ausdruck Leo Naphtas Ansichten, nach denen »Gut und Böse, Heiligkeit und Missetat, alles vermengt [erscheine]!«. Er stellt die Beziehung zwischen Vermischung und Judentum also erneut her.

[117] Vgl. Yahya Elsaghe: Die imaginäre Nation. Thomas Mann und das ›Deutsche‹. München 2000, S. 20–23.

[118] Vgl. S. 435: »Außerdem schienen die meisten von ihnen aus dem Norden zu stammen, womöglich waren Landsleute darunter, und Hans Castorp fühlte die größte Scheu vor Landsleuten, oft erwog er mit Widerwillen die Möglichkeit, daß irgendwelche Hamburger im ›Berghof‹ eintreffen könnten, zumal Behrens gesagt hatte, diese Stadt stelle der Anstalt immer ein stattliches Kontingent. [...] Zu sehen war nur ein hohlwangiger Kaufmann, der seit ein paar Wochen am Tische der Iltis saß, und der aus Cuxhaven sein sollte«.

Die Ausschließung Karoline Stöhrs geschieht jedoch nicht bloß geographisch, die Metaphorik rückt sie in den Bereich der Auszehrung, also der Konsumption und des Exzesses. Im Text wird ihre Vorliebe für »Redensarten« beschrieben:

Sie liebte Redensarten, die dem jungen Hans Castorp, ihrer Abgeschmacktheit und modisch ordinären Verbrauchtheit wegen, auf die Nerven gingen, wie zum Beispiel: »Das ist die Höhe!« oder: »Du ahnst es nicht!« Und da die Bezeichnung »blendend«, die das Modemaul lange Zeit für »glänzend« oder »vorzüglich« gebraucht hatte, sich als gänzlich ausgelaugt, entkräftet, prostituiert und sohin veraltet erwies, so warf sie sich auf das Neueste, nämlich das Wort »verheerend«, und fand nun, im Ernst oder höhnischerweise, alles »verheerend«, die Schlittenbahn, die Mehlspeise und ihre eigene Leibeswärme, was ebenfalls ekelhaft anmutete. (452)

Karoline Stöhr saugt ihre Gegenstände also aus und »w[irft] sich auf« diese, ganz wie ein Raubtier. Dass »blendend«, »glänzend«, aber auch das Wort »vorzüglich« ökonomisch besetzt sind, insofern sie sowohl fiskalische Ausdrücke (›auf Vorzug‹) wie auch Beschreibungen von Geldmünzen alludieren, rückt die Charakterisierung Karoline Stöhrs in die Nähe eines sowohl geldgierigen als auch aussaugenden Schmarotzers. Und zu dieser Affinität zum Schmuck gehört auch ihr Versprecher, historische Daten seien ihr »Ring des Polykrates« (622). Es lassen sich noch weitere Beispiele für ihre Verortung in der Semantik des Parasitären anführen: Sie nennt beispielsweise die Lust, die sie beim Husten, Niesen und Kratzen empfindet »kostenfreie Genüsse des Lebens« (264). Somit beweist diese Figur einen Hang zum Ökonomischen und zum Geld, ohne dabei jedoch volkswirtschaftlich nützliche Produktivkraft zu entwickeln.

Die Auszehrung von Bedeutung, die sich an den Redensarten und den Umgang mit ihnen ablesen lässt, ist ein allgemeines Charakteristikum der Berghofinsassen. Die *consumption* steht für eine Lust am Konsum, für die Auszehrung von Bedeutung, des Intellektes und des Körpers. Der als »Herrenreiter« bezeichnete Patient, der, gemäß der Mann'schen topographischen Ausschlusslogik, aus Österreich stammt,[119] ruiniert seine Frau durch den übermäßigen Sauerstoffkonsum; er ist ein »Schlemmer« (163):[120]

Seit Tagen schon habe er sich freilich nur mit Hilfe gewaltiger Mengen Sauerstoffes gehalten: gestern allein habe er vierzig Ballons konsumiert, das Stück zu sechs

[119] Vgl. S. 25: »›Ja,‹, sagte Joachim, ›da sieht es böse aus. Ein österreichischer Aristokrat, weißt du, eleganter Mann und ganz wie zum Herrenreiter geboren. Und nun steht es so mit ihm. Aber er geht noch herum«.

[120] So bezeichnet Hofrat Behrens einen Patienten, weil er »[f]ünf Dutzend Fiaskos Oxygen […] gestern und heute noch ausgekneipt [hat]«.

Franken. Das müsse ins Geld gelaufen sein, wie die Herren sich ausrechnen könnten, und dabei sei zu bedenken, daß seine Gemahlin, in deren Armen er danach verschieden, völlig mittellos hinterbleibe. (441)

Der Roman radikalisiert die Semantik der Konsumption, indem er körperliche und geistige Auszehrung parallelisiert: »Student Rasmussen, der täglich dümmer und schlaffer geworden, war bettlägrig und galt für moribund« (544).[121] Die Patientenschaft zehrt aber nicht nur Körper und Intellekt aus, sondern sorgt auch für die »›Auszehrung‹ des Sinns« durch Spiele, die in einer bloßen Wiederholung des Immergleichen bestehen.[122] Dazu gehört auch die Auszehrung der Bedeutung der Zeit, die durch den Gang des Sanatoriumslebens begünstigt und im Roman mehrfach thematisiert wird.[123]

Die Auszehrung praktizierenden Insassen werden innerhalb des Textes von Settembrini aus Europa ausgegrenzt, insofern für ihn ökonomische »Nutzung« zur europäischen Geisteshaltung gehört: »Wir Europäer [...] haben so wenig Zeit, wie unser edler und zierlich gegliederter Erdteil Raum hat, wir sind auf genaue Bewirtschaftung des einen wie des anderen angewiesen, auf Nutzung, Nutzung, Ingenieur« (369). Durch die Patienten wird »genaue Bewirtschaftung« als Konzept durchgestrichen und durch parasitäre Verschwendung ersetzt.

Auszehrung verbindet sich mit einem besonders unselbstständigen, spekulativen Verhalten, das nicht nur die Patienten betrifft, sondern zur Atmosphäre des Sanatoriums gehört. Karoline Stöhrs schmarotzende Gestalt wird durch eine Überbetonung ihrer »Hasenzähne« untermauert, für die sie sich »Zahnwasser« kauft (117). »[E]in wenig Zahnpulver« (165) besorgt sich eine Figur namens Schwester Berta, deren Beschäftigungsverhältnisse sozial prekär sind, weil sie in Davos je nach Bedarf nur palliativmedizinische Aufgaben verrichtet. Aber auch diese Figur ist auszehrend, sie steht

[121] Über Frau Magnus sagt Lodovico Settembrini: »Seine Frau, ihm [Herrn Magnus, B.M.] gegenüber, sitzt da und verliert Eiweiß, während sie mehr und mehr in Stumpfsinn versinkt« (148). Damit durchstreicht der Roman auch jenen romantischen Topos, dass eine körperliche Auszehrung eine geistige Betonung bewirke.

[122] Vgl. Elisabeth Strowick: Sprechende Körper, S. 276. Strowick bezieht sich dabei auf eine englische Gruppe, deren Spiel darin besteht, sich im Kreis die immergleichen Fragen und Antworten vorzusagen: »Ließe sich sagen, dass schon die Formulierung ›the devil with a night-cap‹ ein unsinniges Moment enthält, so wird die Sinnlosigkeit der Beschäftigung über die unablässige Wiederholung des Frage-Antwort-Vorgangs vollends deutlich. Das Infektiöse verbindet sich auch hier mit einem Moment des Sinnlosen, ja, vollzieht sich als durch Wiederholung bewerkstelligte ›Auszehrung‹ des Sinns. Nichts anderes mag ›Stumpfsinn‹ bezeichnen«.

[123] Beispielweise durch Hans Castorp gegenüber Joachim Ziemßen: »Gott, ist noch immer der erste Tag? Mir ist ganz, als wäre ich schon lange – lange bei euch hier oben« (127).

tatenlos auf den Gängen des Sanatoriums vor den Zimmern ihrer Pfleglinge herum, »reckt[] so lange den Hals« (164), bis sie sich ein Gespräch gesichert hat, welches sie dann in »klammernder Dankbarkeit« (441) verbringt, sodass es »sehr schwer [wird], wieder von ihr loszukommen« (165). Sie wartet also auf die Gelegenheit, bis sich ein Gespräch ergibt, spekuliert darauf, lässt sich dann nicht abwimmeln und versucht, das Beste für sich herauszuziehen. Sie wartet aber auch auf die Gelegenheit, überhaupt eine Beschäftigung zu erhalten, sie befindet sich nicht in soliden finanziellen Verhältnissen, sondern muss von Krankem zu Krankem wechseln, »das sei die Perspektive, die sich ihr eröffne, und eine andere eröffne sich eben nicht« (165). Eine ähnliche Auszehrung betreibt auch Karoline Stöhr, die anscheinend immer über die Verhältnisse vor Ort Bescheid weiß, überall ihre Informationen herauszieht, um dies dann weiterzuerzählen, denn sie ist – laut Joachim Ziemßen – »klatschsüchtig, wie übrigens die meisten hier oben« (29). Ihr geht es nicht um die Verifizierbarkeit der Nachrichten, die sie weiterträgt, sondern bloß um das Zirkulieren von Neuigkeiten.

Die Kombination von Auszehrung und Spekulation wird im Roman am Beispiel der Postausgabe mit der Essensmetaphorik verbunden und durch die Suche nach der »Gelegenheit« erklärt, denn Hans Castorp begreift die Postausgabe als eine solche, um Clawdia Chauchat zu treffen:

> Es war eine Stunde, die die Kurgäste durcheinandermischte, eine Stunde der Gelegenheit, geliebt und ersehnt aus diesem Grunde von dem jungen Hans Castorp [...]. Man kann sagen, daß er die Woche konsumiert hatte [...]. Man könnte sagen, der Nichts-als-Wartende gleiche einem Fresser, dessen Nahrungsapparat die Speisen, ohne ihre Nähr- und Nutzwerte zu verarbeiten, massenhaft durchtriebe. (363 f.)

Zehren die Patienten die Zeit, die Bedeutung, den Körper und den Intellekt aus, geht damit ein spekulatives Verhalten einher, das in der Eintönigkeit des Sanatoriumslebens nach stets neuen Sensationen giert. Dadurch wird die Patientenschaft in die Nähe unsolider Geschäftspraktiken gerückt, wie sie in den ersten Romanen Manns entworfen werden.

Das Thema der Auszehrung zeigt sich ebenfalls in den Namen der Patienten: Die innerliche Verbrennung durch die Konsumption, die durch »entzündliche Vorgänge« (432) hervorgerufen wird, spiegelt sich in den gleichermaßen an Entzündlichkeit und Brennen erinnernden Namen der Insassen, wie etwa Elly *Brand*, Frau Wurm*brand*t, Mynheer *Peeperkorn* oder Leo *Naphta*.[124]

[124] »Naphta« ist nur um einen Buchstaben anders als »Naphtha«, jene, wie *Meyers Großes Konversationslexikon* zu Manns Zeit schreibt, »leicht flüchtige und sehr entzündliche Flüssigkeit«. Meyers Großes Konversations-Lexikon. Ein Nachschlagewerk des allgemeinen

Neben der Auszehrung gehört zu der schlechten Ökonomie der Patienten auch ihre Maßlosigkeit. Als »maßlos« (496) wird bereits das Lachen Karoline Stöhrs geschildert, die auch von den niederfallenden Schneemassen behauptet, diese seine »eine wahre Kapazität« (452). Noch bevor Hans Castorp sie persönlich kennenlernt, wird sie ihm von Joachim gleich in wirtschaftlicher Terminologie bekannt gemacht: »[E]iner anderen Dame, Frau Iltis, sage sie nach, sie trage ein ›Sterilett‹. ›Sterilett nennt sie das, – das ist doch unbezahlbar!‹« (29). Die Figur ist damit in der Diktion des Romans nicht in normalisierte ökonomische Kreisläufe einzugliedern. Ihr fehlt die Fähigkeit zum angemessen Umgang mit den Dingen, weil es »schwer begreiflich erschien, wie die Arme auf Dinge, wie diese, so viel Eifer, Nachdruck und Rechthaberei verwenden mochte, da ihre eigensten Angelegenheiten ihr schwer zu schaffen machten« (452).

Maßlosigkeit lässt sich auch als ein Exzess verstehen, der gerade die Materialität des Körpers und des Zeichens betrifft. Dies geschieht durch die Krankheit bereits insofern, als sie den Körper hervorhebt: Joachim Ziemßens »Körper [ist] in den Vordergrund getreten und hat sich selbständig und wichtig gemacht, nämlich durch Krankheit. Illuminiert ist er und will sich nicht entgiften und solide werden« (272). Clawdia Chauchats Körper ist ein »durch die Krankheit ungeheuer betonte[r] und noch einmal zum Körper gemachte[r] Körper« (349). Wie bereits am Beispiel des »munteren Betrieb[s]« gesehen, produziert der Körper Zeichen, denen »Sinn« fehlt.

Karoline Stöhrs Körper ist ein »ungeheuer betonte[r]« Körper, weil er aus mehreren Körpern zusammengesetzt ist: Sie besitzt »Hasenzähne« (117), trägt im Namen einen Fisch, und »piep[t]« (1031) wie eine Maus. Ihre Figur stellt einen unentwegten Körperexzess dar, weshalb ihr auch jede Feingeistigkeit abgesprochen wird: Sie sei das »Ungebildetste, was ihm [Ziemßen, B. M.] jemals vorgekommen« (28). Diese Wendung spielt die Doppeldeutigkeit des Wortes ›Unbildung‹ aus, zugleich geistig nicht gebildet und körperlich ungestalt zu sein. Mit der überbordenden Körperlichkeit geht eine mangelnde Deckung der Körperzeichen einher, weil diese nicht mehr auf eindeutige Inhalte zurückführbar sind.

Nicht nur die Körper der Kranken betreiben einen Zeichenexzess, auch die Produkte der Kranken sind besonders unreferentiell: In einer Szene, die schildert, wie diese Versuche unternehmen, ein »Schweinchen« (502)

Wissens. 6., gänzlich neubearbeitete und vermehrte Auflage. Mit mehr als 16800 Abbildungen im Text und auf über 1500 Bildertafeln, Karten und Plänen sowie 160 Textbeilagen. Bd. 14: Mittewald bis Ohmgeld. Neuer Abdruck. Leipzig und Wien 1908, S. 411 (http://www.zeno.org/Meyers-1905/A/Naphtha; letzter Aufruf: 01.10.2014).

blind nachzuzeichnen, wie es Hofrat Behrens vorgemacht hat, produzieren sie »Arabeske[n]« (502) und ein »Ornament, das [...] mit nichts in der Welt die entfernteste Ähnlichkeit auf[weist]« (502 f.). Arabesken sind im Roman bereits vorher als Dekor beschrieben: In seiner Kindheit wird Hans Castorp von seinem Großvater die familiäre »Taufschale« (39) und der Teller, auf welchem sie auffußt, gezeigt. Während die Schale »von einfacher, edler Gestalt, [...] [g]latt und gediegen« (38) ist, ist der Teller mit »verschnörkelten Ziffern« und »krause[n] Gravierungen« besetzt, »schwülstig-willkürlich, [mit] Wappen und Arabesken« (38). Damit wird die Zierde als übermäßige, bloße Oberfläche abgewertet und zugleich in Bezug zur Krankheit gestellt, findet sich doch das »[S]chwülstig[e]« der Ornamente als Zeichenmaterial in den »Infektionsge*schwülste[n]*« (431, Hervorhebung B. M.) der Krankheit wieder. Dazu passt auch, dass Karoline Stöhr eine Vorliebe für »Süß-Geistiges« (493) besitzt, was sich zunächst auf Liköre bezieht, aber dahingehend zu verstehen ist, dass sie ›schwere Kost‹ nicht gut verträgt.[125]

Folglich finden sich die übermäßigen Zeichen, Ornamente und Arabesken auch bei den Figuren wieder, etwa bei Karoline Stöhr, die sich beim Sprechen »ziert[ ]« (70) und Schwester Berta, welche »nicht nur geziert, sondern geradezu gequält« redet (164). Dass Karoline Stöhr »Benedetto Cenelli in der Übersetzung von Schiller« (452) liest, ist zwar sachlich falsch – es handelt sich um das *Leben des Benvenuto Cellini*, übersetzt von Goethe –, leitmotivisch aber korrekt, handelt es sich bei Benvenuto Cellini doch um einen berühmten Manieristen, der zwar gute hundert Jahre vor der Entstehung des Taufschalentellers lebte, dessen Kunst aber auch jener im Text erwähnten »modernen Manier« (38) zugerechnet werden könnte, wie sie um »Sechzehnhundertundfünfzig« (38) praktiziert wurde. Durch die Abwertung des Ornaments im Text lesen sich auch die »kalligraphischen Aufstellungen« der Verwaltung erneut höchst zweifelhaft und rücken in die Nähe des ruinösen, schlechten Wirtschaftens der Patienten. Der Eindruck einer Destabilisierung der Grenzen zwischen Hoch- und Flachland, Produktivität und Verschwendung, Gewinn und Verlust, Mäßigung und Überschuss verstärkt sich indes noch, wenn man die Wendung vom »zierlich gegliederte[n] Erdteil« betrachtet, als welchen Settembrini Europa bezeichnet, weitet sich in diesem Fall doch die Abwertung der ›Zier‹ auf den Bereich, von welchem sie im leitmotivischen Gefüge getrennt wird, aus.

[125] Zeitgenössisch werden Unterhaltungsmedien, Selbstreferentialität und Massendiskurse etwa bei Siegfried Kracauer verknüpft. Vgl. Siegfried Kracauer: Das Ornament der Masse. In: Siegfried Kracauer: Werke. Bd. 5.2: Essays, Feuilletons, Rezensionen. 1924–1927. Hg. von Inka Mülder-Bach unter Mitarbeit von Sabine Biebl u. a. Frankfurt a. M. 2011, S. 612–624.

Dies deutet bereits an, dass die Leitmotivik, wie sie für Manns Texte als strukturierendes, semantisierendes, metaphorisierendes Mittel angenommen wird, in logische Paradoxien führen kann, dass die Grenzen, die der Roman durch die Leitmotivik zieht, von dieser zugleich unterwandert werden können, und dass also die Bedeutungskontrolle, welche das leitmotivische Spiel nahelegt, prekär ist.[126] Dennoch muss auch eingeräumt werden, dass die Arabesken und die exzessiven, grotesken Körpern nicht »gegliedert[]« sind, hier also noch immer eine differenziertere Betrachtungsweise möglich ist. Doch genau dies kann als ein Problem leitmotivischer Textur verstanden werden. Folgt man ihren Verästelungen, führt sie zu immer weiteren Differenzierungen, welche eindeutigen Entgegensetzungen zuwiderlaufen und damit Grenzziehungen sogleich wieder aufheben. Jedoch gibt es Intensitäten der Zuschreibung, denen man folgen kann – wie es hier am Beispiel der Felder schlechten Wirtschaftens getan wird.

So lässt sich etwa auch die Exzessivität der Signifikanten, die sich in den Arabesken andeutet, in Karoline Stöhrs Malapropismen wiederfinden. Ob »Fomulus« statt Famulus oder »[d]esinfiszieren« statt desinfizieren (28f.), sie betreibt einen gegen die Sprachregeln gerichteten Zeichengebrauch, der von ihrer konventionellen Bedeutung emanzipierte Zeichen herstellt. Neben dieser sprachlichen Auswucherung gibt es eine exzessive Unreferentialität, welche von den Körpern der Sanatoriumsbewohner ausgeht. Diese geben kulturgeschichtlich als besonders referenzlos konnotierte Töne von sich, nämlich »Geräusch[e]« (277),[127] die bei den Figurenauftritten stets mitgedacht werden müssen. In den ärztlichen Untersuchungen wird gezeigt, wie die Ärzte Behrens und Krokowski Rauschen in Botschaft verwandeln, indem sie »ein[] Geräusch in einen sinnvollen medizinischen Tatbestand transformieren«.[128] Der Befund des Hofrats nach Castorps erster Untersuchung lautet deshalb: »Denn außer Dämpfungen […] haben Sie da links oben auch eine Rauhigkeit, die beinahe schon ein Geräusch ist und zweifellos von einer frischen Stelle kommt, – ich will noch nicht von einem Erweichungs-

[126] Vgl. das Kapitel *Textur: Infektion und Iteration*.

[127] Vgl. Rüdiger Campe: The *Rauschen* of the Waves: On the Margins of Literature. In: SubStance 19,1 (1990), S. 21–38, hier S. 22: »The latin grammarians […], when describing the sounds represented by the letters of the alphabet, worked with a system of two parameters: articulated vs. unarticulated […] and literate vs. illiterate […]. Thus the *voces* were called articulate and literate […]. Articulated, but illiterate were sounds of pain, for example […]; unarticulated, but literate would be the croak of frogs […]. Unarticulated and illiterate was the *strepitus*, the *Geräusch*, a word that can designate every sort of noise and *Rauschen*, also the tones of the zither and the flute«.

[128] Türk: Die Immunität der Literatur, S. 220. Türk weist darauf hin, dass Castorp dieses medizinische Wissen auch lerne. Im Text werde dieser Prozess durch die Wahrnehmung des Hustens des Herrenreiters und der Nachricht von dessen Tod gerahmt.

herd reden, aber es ist bestimmt eine feuchte Stelle« (277). Die in den Auskultationen vernommenen Geräusche machen die Körper zu Klangkörpern, was die Ärzteaussagen belegen, wollen sie die Patienten doch »anspielen« (274). Geräusche sind nicht nur bei sämtlichen Patienten latent vorhanden, sie können sie auch hervorbringen: Hermine Kleefeld »pfeift mit dem Pneumothorax« (79), Hans Castorps erstes im Sanatorium vernommenes Krankheitssymptom ist der »Husten« des Herrenreiters (24) und Clawdia Chauchat hört Hans Castorp zunächst, bevor er sie sieht, weil sie ein »Geräusch [erzeugt], das Hans Castorp auf den Tod nicht leiden konnte«: Sie lässt die Tür zufallen und bewirkt »ein Schmettern und Klirren« (72).[129]

Das Geräusch markiert eine Wahrnehmungsgrenze, es ist nicht einmal mehr Zeichen. In der abendländischen Tradition wird dem Geräusch zugesprochen, weder artikuliert noch schreibbar zu sein.[130] Karoline Stöhrs Malapropismen zeugen von dem Versuch, gerade diese Nicht-Zeichenhaftigkeit anschaulich zu machen. Gerade dadurch wird aber eine Fokussierung auf das Buchstabenmaterial vorgenommen. Die von ihr produzierten und im Text ausgeschriebenen ›Geräusche‹ erlauben darzustellen, dass die Gesellschaft »berauscht[ ]« (264) ist.

Auch im *Zauberberg* sind also aus Manns Frühwerk bekannte Vorstellungsmuster schlechten Wirtschaftens wirksam und werden von typischen Zuschreibungstrategien wie Semitisierung, Effeminierung, topographischem und sozialpolitischem Ausschluss, Unreinheit und Unreferentialität gekennzeichnet. Der Text verwendet dabei die berühmte Semantik des konsumptiven Körpers und radikalisiert sie zu einer allgemeinen Auszehrung, die weit über das Körperliche hinausgeht, eigene metaphorische Zusammenhänge erzeugt und gerade keine geistige und ästhetische Nobilitierung mit sich führt, sondern ein unselbstständiges, oberflächliches Leben kennzeichnet, einen unreinen Zustand, der die Abtrennung von Bedeutung als Verlust von Inhalt wie als Überwuchern von Zeichen bewirkt. Damit gelingt es dem Text, sich zugleich in die Dekadenzthematik[131] einzuschreiben, die sich auch über das zentrale Moment des Bedeutungsverlustes – man denke an Hofmannsthal – definiert.

[129] Übrigens wohnen sowohl der Herrenreiter als auch Clawdia Chauchat im ersten Stock, die beiden Geräusche werden folglich auch topographisch zueinander in Beziehung gesetzt.

[130] Vgl. dazu Campe: The *Rauschen* of the Waves, S. 22: »Unarticulated and illiterate was the *strepitus*, the *Geräusch*«.

[131] Vgl. zu Thomas Manns »positiv verstandene[r] Décadence« (125) und dem Versuch um »Erneuerungen des Humanen aus dem Geist dieser Kultur [der Weimarer Kultur, B.M.]« im *Zauberberg* Walter Müller-Seidel: Degeneration und Décadence. Thomas Manns Weg zum *Zauberberg*. In: Poetik und Geschichte. Viktor Žmegač zum 60. Geburtstag, Hg. von Dieter Borchmeyer. Tübingen 1989, S. 118–135.

Der Zauberberg betreibt eine systematische Durchstreichung der im Frühwerk dominanten Denkfiguren der Liquidität und Genealogie. Bewegungen sind nicht mehr strömend oder linear, sondern höchstens verwirrend und kreisförmig, also anti-fortschrittlich. Die Krankheit des Sanatoriums führt ein metaphorisches Begriffsfeld mit sich, das Auswucherungen, Auszehrungen und Vermischungen prominent herausstellt. Dass diese drei Konzepte in einem Zusammenhang stehen, wird sich im Folgenden zeigen: Vermischungen bzw. Einmischungen bewirken Auswucherungen, aber mit übermäßigem Auswachsen geht Vervielfältigung und Auszehrung von Bedeutung einher – ein Anwachsen kann stets auch ein Auflösen bedeuten. Diese Verknüpfung lässt sich auf die Poetik und die Ästhetik des Romans übertragen.

THEORIE UND METHODE: HYBRIDISIERUNGEN, STÖRUNGEN

Hybridisierung in der Literaturwissenschaft und Kulturtheorie

Der Zusammenhang von Vermischung, Auszehrung und Auswucherung lässt sich für die Betrachtung der Poetik des *Zauberbergs* fruchtbar machen. Er lässt sich unter dem Begriff der Vermischung subsumieren, weil diese Auszehrung und Auswucherung bewirkt. Für eine Untersuchung der Vermischung als Denkfigur des *Zauberbergs* ist der Begriff der *Hybridisierung* nützlich, weil er als literatur- und kulturwissenschaftlicher Fachterminus bereits Vorprägungen erfahren hat. Es soll deshalb zunächst eine Skizze der literatur- und kulturwissenschaftlichen Verwendung des Hybridisierungsbegriffs entworfen werden. Anschließend werden mögliche Perspektivierungen von Thomas Manns hybridem Schreiben vorgestellt. Daraus folgt der methodische Vorschlag, Hybridisierungen in einem Text mithilfe der Betrachtung von Störungen beobachtbar zu machen. Mit der Ableitung der daraus folgenden Untersuchungsaspekte endet das Kapitel.

Hybridisierung ist zu einem Leitbegriff einer kulturwissenschaftlich informierten Literaturwissenschaft geworden. Es lässt sich eine Bewegung konstatieren, die sich von Systementwürfen, die auf einer klaren Trennung ihrer Kategorien beruhen, ab- und stattdessen einer Betrachtung von kulturellen Prozessen zuwendet, die deren kreative Vermengungen hervorhebt.

Zentral für die Nacherzählung einer Geschichte dieser Entwicklung ist Michail Bachtins Konzept der »Hybridisierung«. Bachtin skizziert seine Ansichten zur Hybridisierung in der Schrift *Das Wort im Roman*, die unterschiedliche Formen der Äußerung in der Literatur klassifiziert. Für ihn stellt Hybridisierung »die Vermischung zweier sozialer Sprachen innerhalb einer einzigen Äußerung« dar.[1] Sie ist dabei an seinen Begriff der »Dialogizität«[2] geknüpft, ohne jedoch mit ihm identisch zu sein. Hybridisierung bezeichnet ein »Verfahren« zur Erzeugung eines

[1] Bachtin: Das Wort im Roman, S. 244.

[2] Bachtin: Das Wort im Roman, S. 162 (und öfters).

»Bild[es] der Sprache«[3] und dieses ›Sprachbild‹ ist eine Metapher des dialogischen Textes: Dialogisches Sprechen ist durch ein Verhältnis von Vorder- und »Hintergrund«[4] charakterisiert; in ihm wird das »fremde Wort« (man könnte auch von der sozialen Erwartungshaltung oder einem Diskurs sprechen)[5] zwar nicht realisiert, lässt sich jedoch gewissermaßen mithören.[6] Die artikulierten Worte stehen unter dem Druck eines ungehörten, latenten Anderen und rufen es damit auf. Insofern stehen alle Aussagen in einem mehr oder weniger stark perspektivierten dialogischen Zusammenhang. Die »Hybride« führt zwei Äußerungen zusammen und vermischt sie. Folglich ist sie »notwendig innerlich dialogisch«, weil die kontrastierende dialogische Meinung bereits in die Äußerung eingegangen ist. Um jedoch dialogisch zu bleiben, müssen die Aussagen noch immer erkennbar sein – »gleichsam wie zwei Repliken eines möglichen Dialogs« –, ohne dass es jedoch möglich wäre, sie korrekt in eine Aussage rückzuübersetzen.[7]

Bei der Hybridisierung handelt es sich allerdings nicht um Vermischungen im Sinne einer Synthese, durch die etwas als gänzlich Neues, Drittes entstünde, denn dann hätte man es nicht mehr mit dialogischem, sondern monologischem Sprechen zu tun.[8] Insofern scheint es angebracht, den Hybridisierungsvorgang eher als *Einmischung*, als Intervention, zu begreifen, bei der eine fremde Stimme jeweils in einen Sprachfluss eingreift, ihn modifiziert und so ›verunreinigt‹, dass die entstandene Aussage einen unbestimmten dritten Ort einnimmt, zum *tertium datur* wird, und so weder der einen noch der anderen Instanz eindeutig zugehört. Die hybridisierte Äußerung gehört keinem einzelnen »Sprachbewußtsein« an, sie konstituiert das »Bild der Sprache«,[9] das nur in einer sozialen Spaltung und Relativierung gedacht werden kann. Es wäre jedoch auch falsch, die Einmischung mit der Vorgängigkeit einer Aussage in Verbindung zu bringen. Beide Äußerungen sind immer schon ineinandergeschoben und

[3] Bachtin: Das Wort im Roman, S. 244. Die anderen Verfahren sind »[die] dialogisierte Wechselbeziehung der Sprachen« und »reine Dialoge«.

[4] Bachtin: Das Wort im Roman, S. 227.

[5] Vgl. Irmela Schneider: Von der Vielsprachigkeit zur »Kunst der Hybridation«. Diskurse des Hybriden. In: Hybridkultur. Medien, Netze, Künste. Hg. von Irmela Schneider und Christian W. Thomsen. Köln 1997, S. 13–66, hier S. 25: »Eine ›beabsichtige Hybride‹ setzt die Unterscheidung von Selbst- versus Fremdreferenz voraus, denn nur unter dieser Voraussetzung ist eine Vermischung von Sprachen im Sinne von Verkettung unterschiedlicher Diskurse denkbar. Es geht nicht um Sprache im Sinne von Stilformen, um rhetorische Figuren, sondern es geht um ›zwei Sprachen‹ im Sinne von Diskursen«.

[6] Vgl. Bachtin: Das Wort im Roman, S. 227.

[7] Vgl. Bachtin: Das Wort im Roman, S. 246.

[8] Vgl. Sylvia Sasse: Michail Bachtin zur Einführung. Hamburg 2010, S. 140.

[9] Vgl. Bachtin: Das Wort im Roman, S. 245 und 215 (im Original kursiv).

es hängt von der Perspektive ab, welche Intervention man in den Blick nimmt.

Hybridisierung ist bei Bachtin nicht nur die Beschreibung einer sprachlichen Situation, sondern auch ein Qualitätsmerkmal. Sie ist als »beabsichtigte[s] künstlerische[s]« Produkt eine »*Sinn*hybride«.[10] Dem entgegen steht die »leichtsinnige[], gedankenlose[] und systemlose[], oft an schlichte Unwissenheit grenzende[] Vermischung von Sprachen bei mittelmäßigen Prosaschriftstellern«. Als ein tatsächlich bewusster Äußerungsakt kann Hybridisierung nur von einem Autor erzeugt werden, der über eine souveräne Beherrschung unterschiedlicher »Sprachsysteme[]« verfügt.[11] Intendierte Hybridisierung läutet für Bachtin – gemäß Irmela Schneider – eine »Entwicklungsstufe des europäischen Romans« ein.[12] »Klassische Beispiele« sind für Bachtin »*Don Quijote*, der englische humoristische Roman [...] und der deutsche romantisch-humoristische Roman«.[13] Anfänge lassen sich aber bereits in der Antike erkennen, indem eine reale Dreisprachigkeit in Unteritalien, bestehend aus »griechische[r], oskische[r] und römische[r]« Sprache eine neue Literatur erschuf: »Die Herausbildung der römischen Literatur hing mit dieser dreisprachigen Brutstätte der Kultur wesentlich zusammen«.[14] Als Beispiele wären etwa Lucius Apuleius und Petronius zu nennen, die mit ihren Werken »[d]ie parodistisch-travestierenden Formen« schufen.[15]

Fokussiert man Hybridisierung bei Bachtin, bilden sich verschiedene Erkenntnisschwerpunkte. Zunächst betrifft die Hybridisierung die Sprecherrolle. Bachtins Sprachverständnis richtet sich gegen Ferdinand de Saussures Auffassung der *langue* als einem stabilen, abstrakten »*Bedeutungs*system«.[16] Stattdessen geht es ihm, mit Julia Encke und Caroli-

[10] Bachtin: Das Wort im Roman, S. 245 (H.i.O.).

[11] Beide Zitate bei Bachtin: Das Wort im Roman, S. 251.

[12] Irmela Schneider: Von der Vielsprachigkeit zur »Kunst der Hybridation«, S. 22.

[13] Bachtin: Das Wort im Roman, S. 247.

[14] Michail Bachtin: Aus der Vorgeschichte des Romanwortes. In: Michail Bachtin: Die Ästhetik des Wortes. Hg. und eingeleitet von Rainer Grübel. Aus dem Russischen übersetzt von Rainer Grübel und Sabine Reese. Frankfurt a.M. 1979, S. 301–337, hier S. 320.

[15] Bachtin: Aus der Vorgeschichte des Romanwortes, S. 317.

[16] Vgl. Julia Encke und Caroline Pross: Arena des Wortes. Zur Theatralität von Sprache, Text und Kultur bei Michail Bachtin. In: Szenographien. Theatralität als Kategorie der Literaturwissenschaft. Hg. von Gerhard Neumann, Caroline Pross und Gerald Wildgruber. Freiburg i.Br. 2000, S. 253–282, hier S. 257 (H.i.O.). Vgl. dazu auch Terry Eagleton: Einführung in die Literaturtheorie. 3. Aufl. Aus dem Englischen von Elfi Bettinger und Elke Hentschel. Stuttgart und Weimar 1994, S. 98: »[Bachtin] legte [...] die Aufmerksamkeit vom abstrakten System der *langue* auf die konkreten Äußerungen der Individuen in spezifischen sozialen Kontexten«.

ne Pross, um »eine pragmatische Konzeption von Sprache«,[17] die keine feste Bedeutung kennt, sondern sich situativ als »singuläre Aktualisierung eines Sinns« realisiert.[18] Folglich kann aber auch nicht von festen Identitäten in Bezug auf das Figurenpersonal gesprochen werden, geschweige denn von einem jemals abgeschlossenen Werk.[19] Figur und Kontext (auch hier könnte man von Vorder- und Hintergrund sprechen) wandeln sich mit jeder Äußerung figurativ, also sich stets neu Gestalt gebend[20] – Bachtin spricht auch von einer Wandelbarkeit wie bei »Protheus[!]«[21] – und sind nicht unveränderliche Einprägungen, Charaktere. Sprache bildet nicht ab, sondern gibt wieder, ist ein Aufzeichnungsmedium,[22] ein »Gedächtnisort«.[23] Diese Literaturauffassung versteht die Sprecher von Äußerungen als *personae* in der – falschen, aber wirkmächtigen[24] – lateinischen Etymologie: »Persona meint nicht die integrale und durch innerliche Übereinstimmung mit sich selbst geeinte Persönlichkeit [...]. Eher hat man an eine Rollenmaske zu denken, die von einem Darsteller übernommen und erst im Vollzug der jeweiligen Darstellung mit Leben gefüllt wird«.[25] Es zeigt sich hier, dass das Theater das prägende Modell des Bachtin'schen Kultur-, Sprach- und Literaturverständnisses darstellt.[26] Hybridisierung als Operation bringt

[17] Encke und Pross: Arena des Wortes, S. 258.

[18] Encke und Pross: Arena des Wortes, S. 253.

[19] Vgl. in Bezug auf Dostojewski: Bachtin: Probleme der Poetik Dostoevskijs. Aus dem Russischen von Adelheid Schramm. München 1971, S. 301: »Nicht diese Gesamtheit der Ideen für sich genommen, als etwas Neutrales und mit sich selbst Identisches, ist Gegenstand der Bemühungen des Autors. Nein, sein Gegenstand ist die Durchführung des Themas in vielen, verschiedenen Stimmen, seine prinzipielle und sozusagen unaufhebbare *Vielstimmigkeit und Verschiedenstimmigkeit*« (H.i.O.).

[20] Vgl. dazu Caroline Pross: Gespaltene Stimme, groteske Gestalt. Zu Michail Bachtins Theorie des Texts. In: de figura. Rhetorik – Bewegung – Gestalt. Hg. von Gabriele Brandstetter und Sibylle Peters. München 2002, S. 153–162, hier S. 153–155.

[21] Bachtin: Probleme der Poetik Dostoevskijs, S. 127.

[22] Vgl. Bachtin: Das Wort im Roman, S. 227: »Der sprechende Mensch und sein Wort sind für die Alltagsrede nicht Gegenstand der künstlerischen Abbildung, sondern Gegenstand einer praktischen Wiedergabe. Deshalb handelt es sich hier nicht um Formen der Abbildung, sondern lediglich um Verfahren der Wiedergabe«.

[23] Encke und Pross: Arena des Wortes, S. 281.

[24] Und zwar als ›per-sonare‹ für ›Hindurch-Tönen‹. Vgl. Stefan Börnchen: Kryptenhall. Allegorien von Schrift, Stimme und Musik in Thomas Manns *Doktor Faustus*. München 2006, S. 36f.

[25] Pross: Gespaltene Stimme, groteske Gestalt, S. 160.

[26] Vgl. Encke und Pross: Arena des Wortes, S. 256: »Theatralität, als dialogförmige Rede und als transitorisches Rollenspiel, ist ein wiederkehrendes Argument und ein zentrales Thema seiner Texte. Sie wird [...] immer dann thematisch, und sie gewinnt immer dort eine paradigmatische Funktion, wo es gilt, die erkenntniskritischen Grundlagen und die sprachtheoretischen Grundlegungen einer ›immanenten‹ und nicht-repräsentationistischen Sprach- und Kulturtheorie zu veranschaulichen – in Form des Dialogs, der in den sprachtheoretischen Erörterungen von *Die Ästhetik des Wortes* und *Marxismus und Sprachphilosophie*

die theatrale und dehierarchische Figurenkonfiguration besonders betonend hervor. Daraus ergibt sich die Frage, wie überhaupt Figuren im Roman thematisiert werden können, denn die Einmaligkeit der Äußerung und fehlende abgeschlossene Identität lassen es angebracht erscheinen, auf eine Figurenfokussierung zu verzichten, würde man damit nicht zuletzt auch eine stabile Bedeutung eines Signifikanten unterstellen.[27] Dennoch geht Bachtin von identifizierbaren Sprecherinstanzen aus, von jeweiligen »Sprachbewußtsein[en]«.[28] Diese scheinen jedoch als heuristische Größen begriffen zu werden, die zu der allgemeinen »Orchestrierung«[29] eines polyphonen Textes beitragen. In Figurenäußerungen lassen sich also keine Charakterzüge erkennen, sondern stetig wechselnde Eigenschaften, die eindeutige, über den Sprechbeitrag zum Textgewebe hinausgehende Rubrizierungen unmöglich machen.

Ein weiterer Aspekt, auf den Bachtins Theoriedesign aufmerksam macht, ist die generelle Zitathaftigkeit von Texten. Für ihn bewirken die »hybride[n] Konstruktion[en] [...] eine[] Spaltung der allgemeinen Sprache«, sodass man gewissermaßen überall »Anführungszeichen« anbringen könnte.[30] Da sich jede Stimme aus vielen anderen Einzelstimmen zusammensetzt, lässt sich kein ›eigentliches‹ Sprechen mehr ausmachen, dieses ist – und zwar nicht nur semantisch, sondern gerade auch sozial und intentional – ambivalent. Es ändert an der grundlegenden Situation einer sozialen Verfasstheit der Sprache nichts, wenn man die von Bachtin beschriebene Konstellation umdreht: Anstatt dass in einer Rede unterschiedliche Sprecher auftauchen, kann die gleiche Rede von unterschiedlichen Sprecherfiguren realisiert werden – ein Phänomen der Iteration oder Ansteckung, dem ein Kapitel dieser Untersuchung gewidmet ist.[31] Diese Uneigentlichkeit des Sprechens ermöglicht laut Bachtin, »die eigenen Intentionen [also

als Modellfall verbaler Kommunikation herangezogen wird; in Form einer manifest theatralischen Praxis wie dem Karneval, den *Rabelais und seine Welt* zum Thema macht; und in Form einer metaphorischen Übertragung schließlich, die in *Probleme der Poetik Dostoevskijs* Struktur und Funktion des literarischen Textes am Beispiel der karnevalesken Theatralik und ihrer Eigentümlichkeiten veranschaulicht«. Die Verfasserinnen sprechen von einer »metonymischen Verkettung« der drei Bereiche (ebd.).

[27] Caroline Pross: Gespaltene Stimme, groteske Gestalt, S. 160, spricht davon, dass sich in den Äußerungen »kollektive Regelhaftigkeiten« geltend machten und Irmela Schneider: Von der Vielsprachigkeit zur »Kunst der Hybridation«, S. 25, hebt hervor, dass es sich bei den von Bachtin bezeichneten Stimmen um »Diskurse« handele.

[28] Bachtin: Das Wort im Roman, S. 251.

[29] Bachtin: Das Wort im Roman, S. 251.

[30] Vgl. Bachtin: Das Wort im Roman, S. 198. Bachtin hebt hervor, dass dies besonders für den »humoristische[n] Stil (des englischen Typs)« gelte und erwähnt in diesem Zusammenhang Charles Dickens.

[31] Vgl. das Kapitel *Textur: Infektion und Iteration.*

die Autorintentionen, B.M.] mehr oder weniger von ihrem Schatten zu lösen und sich nicht ganz mit ihnen zu solidarisieren«.[32] Da für ihn jede Äußerung in sich dialogisch ist, evoziert sie ihre Gegenstimme und ist damit zugleich in ihrem Bedeutungsgehalt relativiert. Bachtins theatrales Romanverständnis macht aus dem Text eine »Arena«,[33] ein dynamisches Geflecht, in dem unterschiedliche Maskenträger auftreten, die zudem um die Redevorherrschaft streiten. Bedeutung als festgeschriebene Wahrheit ist in einem solchen Szenario nur eine Illusion und wird qua Monologisierung erzeugt.[34] Dabei muss man bei Bachtin zwischen zwei Typen der Monologisierung unterscheiden. Diese zu rekonstruieren fällt jedoch insofern schwer, als Bachtin – auch aus historisch-politischen Gründen[35] – der monologischen Tradition der Literatur und Verfahren der Monologisierung wenig Aufmerksamkeit widmet.[36]

Monologisierung bedeutet nicht, eine Erzählstimme zu besitzen, die mit unterschiedlichen anderen Stimmen durchsetzt ist, wie es etwa beim »humoristische[n] Roman« der Fall wäre, denn in diesem ›leben‹ die Stimmen in der fremden Stimme, brauchen diese, um sich zu zeigen *et vice versa*. Einen monologischen Roman sollte man sich deshalb eher vorstellen als einen von einer Stimme dominierten Text, der die Eigenheiten, die »Akzente«[37] anderer Sprachen so unterdrückt, dass ihre Quelle nicht mehr erkennbar ist. Dass dieses Verfahren einer Inkorporierung zugleich eine »*Begrenzung*«[38] mit sich bringt, indem sie durch Einschluss die anderen Sprachen ausschließt, wäre als der kulturgeschichtliche Mechanismus, den Bachtin beschreibt, zu begreifen. Die andere Form der Monologisierung betrifft die im Roman dargestellte »Redevielfalt«.[39] Eine solche zeigt sich in jedem Text und Monologizität und Dialogizität bezeichnen die beiden Grenzen einer Skala der Redevielfalt.[40] Denn ein monologischer Text ist

[32] Bachtin: Das Wort im Roman, S. 198.

[33] Bachtin: Das Wort im Roman, S. 244.

[34] Vgl. dazu auch Encke und Pross: Arena des Wortes, S. 265–267.

[35] Man kann Bachtins Theoriebildung auch als Ausdruck seiner Lebenssituation verstehen: Die tatsächliche Stimmenvielfalt der Gesellschaft sollte den Vereinheitlichungsbestrebungen im stalinistischen Unterdrückungsapparat entgegengesetzt werden. Vgl. Renate Lachmann: Vorwort. In: Michail Bachtin: Rabelais und seine Welt. Volkskultur als Gegenkultur. Übersetzt von Gabriele Leupold. Hg. und mit einem Vorwort versehen von Renate Lachmann. Frankfurt a.M. 1995, S. 7–46, hier S. 7–11.

[36] Vgl. zur Monologisierung Bachtin: Das Wort im Roman, S. 163–168.

[37] Bachtin: Das Wort im Roman, S. 245.

[38] Encke und Pross: Arena des Wortes, S. 266 (H.i.O.).

[39] Bachtin: Das Wort im Roman, S. 157.

[40] Vgl. Robert Weninger: Zur Dialektik des Dialekts im deutschen Realismus: Zugleich Überlegungen zu Michail Bachtins Konzeption der Redevielfalt. In: The German Quarterly 72 (1999), S. 115–132, hier S. 118f.

keiner, dem andere Sprachen abhanden kommen; diese sind jedoch, darauf hat Julia Kristeva hingewiesen, syntagmatisch angeordnet.[41]

Als Beispiele für monologisches Schreiben führt Bachtin das Drama und die Romane Tolstois an. Für diese sei eine »monolithische[] Einheit dieser Welt« notwendig.[42] Es gibt im monologischen Schreiben also eine prästabilisierende Weltsicht, eine feste Perspektive, in die die anderen Stimmen nur eingespielt werden, ohne sich zu überlagern und ohne in Kontakt miteinander zu treten; sie können nur im Hinblick auf diese miteinander verknüpft werden.[43] Zugespitzt ließe sich formulieren, dass für Bachtin Dialoge monologisch und innere Monologe dialogisch wären, weil Dialoge schematisch eingefügt sind, während innere Monologe ein Sprechen demonstrieren, das sich stets auch auf eine außerhalb des Sprechers befindliche Ebene bezieht.

Um noch einmal Bachtins Auffassung nachzuvollziehen: Hybridisierung ist ein Verfahren, bei dem fremde Sprachen sich in andere einmischen, die beiden sich vermischen und dadurch eine Sprache schaffen, die keinem Sprecher eignet, weil sie beiden zugleich zukommt. Die reinen, ursprünglichen Sprachen gehören zwar zu den Äußerungen, zeigen sich aber nur in einer unabgeschlossenen Gestalt. Unabgeschlossenheit und De-Individualisierung sind also zentrale Effekte der Hybridisierung. Hybridisierungen beteiligen sich an der Dialogizität der Sprache, indem sie das Sprechen unter dem Druck eines anderen Sprechens besonders augenfällig ausstellen. Wird diesem sich gegenseitig relativierenden Sprechen eine

[41] Vgl. Julia Kristeva: Bachtin, das Wort, der Dialog und der Roman. In: Literaturwissenschaft und Linguistik. Ergebnisse und Perspektiven. Bd. 3: Zur linguistischen Basis der Literaturwissenschaft II. Hg. von Jens Ihwe. Frankfurt a. M. 1972, S. 345–375, hier S. 361: »Auf dem Stadium des Epischen aber verfügt der Sprecher (Subjekt der Epopöe) nicht über die Rede des anderen. Das dialogische Spiel der Sprache als einer Zeichenkorrelation [...] realisiert sich auf der Ebene des *Erzählten* (narration) [...], ohne sich auf der Ebene der textuellen *Erscheinung* zu veräußerlichen [...]. Hier im Epischen fungiert dieses Schema und noch nicht die Problematik des ambivalenten Wortes Bachtins. Das Organisationsprinzip der epischen Struktur bleibt also monologisch« (H. i. O.).

[42] Vgl. Bachtin: Probleme der Poetik Dostoevskijs, S. 22. Das Zitat bezieht sich auf das Drama; zu Tolstoi im Besonderen vgl. S. 78–82.

[43] Bachtin erläutert dies in physikalischem Vokabular: »Jede Äußerung ist an der ›Einheitssprache‹ (den zentripetalen Kräften und Tendenzen) und gleichzeitig an der sozialen und historischen Redevielfalt (den zentrifugalen, differenzierenden Kräften) beteiligt« (Bachtin: Das Wort im Roman, S. 166). Beim Roman des monologischen Typus sind die Äußerungen also immer auf ein Zentrum ausgerichtet. Vgl. auch Sasse: Michail Bachtin zur Einführung, S. 91: »Denn für Bachtin kann die dialogische oder die monologische Schreibweise in der Literatur immer nur ein Umgang mit dem ohnehin dialogischen Wesen von Sprache sein. Im Fall der dialogischen Schreibweise wird dem Wort seine dialogische Seinsweise belassen oder umgekehrt gedacht: Dialogische Schreibweisen nutzen das dialogische Potenzial der Sprache, während monologische Schreibweisen dieses Potenzial löschen durch den ›festen Horizont des Autors‹, der auch zum (Sprach-)Horizont des Helden wird«.

neue Perspektive übergestülpt, wird es monologisch, weil die Sprachen nur noch durch die Vermittlung dieser Perspektive und in Ausrichtung auf diese erscheinen können. Diese lässt sich wiederum als eine fremde Sprache begreifen, die jedoch alle anderen Sprachen usurpiert. Eine Sprache, die sich entwickeln würde aus den Sprachen, ohne diese noch sichtbar zu machen, wäre eine synthetische, reine Sprache. In dieser gäbe es gar keine anderen Sprachen mehr, die monologisch perspektiviert werden könnten. Bachtin erwähnt solche Synthesen, die für ihn das Produkt »unbewußte[r] Hybridisierung[en]« sind, hinsichtlich der Entstehung von Sprachen oder Kulturen.[44] Diese Option scheint jedoch für die Kunst nicht möglich zu sein, da sie stets eine (mehr oder weniger bewusste) Form des Umgangs mit der grundlegenden Dialogizität des Wortes oder der Sprache ist.

Aber wie ließen sich dialogisierte oder monologisierte Romane beschreiben? Mit Bachtin selbst wiederum als »Hybride«:

> Jeder Roman ist in seiner Gesamtheit, vom Standpunkt der in ihm verkörperten Sprache und des Sprachbewußtseins aus betrachtet, eine *Hybride*. Aber betonen wir noch einmal: eine beabsichtigte und bewußte, künstlerisch organisierte Hybride, nicht eine dunkle, mechanische Vermischung von Sprachen (genauer gesagt: der Elemente von Sprachen). Das *künstlerische Bild der Sprache* ist Ziel und Zweck der beabsichtigten Hybridisierung im Roman.[45]

Was Bachtins Ausführungen hier geradewegs gegen ihn selbst verraten, ist die Perspektivengebundenheit seiner Überlegungen. Denn auch wenn er behauptet, dass es feste Kategorien des Romans gebe, monologische und dialogische, so hängt die Betrachtung eines Romans als Hybride noch »vom Standpunkt der in ihm verkörperten Sprache und des Sprachbewußtseins« ab. Versucht man einen Text auf eine Perspektive zu beschränken, dann ist er immer hybridisiert, weil sich in der »Gesamtheit« ein »Bild der Sprache« erzeugt, das keine Sprache vollständig und ganz, sondern immer nur gebrochen wiedergibt. Ein monologischer Text würde zwar versuchen, eine zentrale Perspektive vorzuschieben, der Text als – paradox formuliert – unabgeschlossener Ganzer setzt sich jedoch aus sämtlichen Textäußerungen zusammen, ohne diese vollständig zu synthetisieren. Und es ließe sich

[44] Vgl. Bachtin: Das Wort im Roman, S. 244: »Die unabsichtliche, unbewußte Hybridisierung indes ist ein zentraler Modus des historischen Lebens und Werdens von Sprachen. Ja, man kann sagen, daß sich die Sprache und die Sprachen hauptsächlich durch Hybridisierung und Vermischung verschiedener ›Sprachen‹ verändern, die sowohl in der historischen wie in der paläontologischen Vergangenheit der Sprachen innerhalb eines einzigen Dialekts, einer Nationalsprache, eines Zweiges, einer Gruppe verschiedener Zweige und verschiedener Gruppen koexistieren, wobei immer die Äußerung als Tiegel der Vermischung dient«.

[45] Bachtin: Das Wort im Roman, S. 251 (H. i. O.).

sagen, dass die Betrachtung einer hybriden Konstruktion als solcher erst durch die Betrachtung der ganzen Äußerung und durch eine Interpretationsentscheidung gerechtfertigt wird.

Die Betrachtung eines Textes als Hybride richtet den Blick auf die Vielheit in einer (phantasmatischen) Einheit, wobei diese Einheit sich immer wieder auflöst in einzelne Ereignisse, die sich nicht in einem selbstidentischen Zusammenhang auflösen lassen. Einheiten sind, in der Perspektive Bachtins, immer phantasmatisch. Und es gibt Texte, die eine solche Einheit propagieren, nämlich monologische, und solche, welche die Brüchigkeit der Einheit ausstellen und performieren, nämlich dialogische. Die Hybridisierung als Verfahren ist ein wesentliches Mittel, um Einheiten als stets in sich gespalten zu zeigen, indem sie die gegenseitigen Einmischungen von Reden abbildet.

Bachtins Überlegungen konnten kulturtheoretisch genutzt werden. Seine Argumentation ging nämlich nicht nur davon aus, dass die ›natürliche‹ Sprache per se (wenn auch unabsichtlich) hybrid sei, sondern dass Hybridisierung ein Verfahren darstellt und Hybridität also erzeugt werden kann, wodurch sich in diesem Prozess die Vermischung der Sprachen gleichsam potenziere ließe. Damit konnten im Zuge der *postcolonial studies* Mechanismen inter- und transkultureller Austausches hinsichtlich ihrer kreativen Potentiale befragt werden. So konnte sich die Idee eines »hybriden Schwellenraum[s]« des Zusammentreffens der Kulturen entwickeln, in welchem unterschiedliche Kulturen nicht nivelliert, sondern in produktive Konfrontation zueinander gesetzt werden.[46] Daraus ergab sich die Möglichkeit der Beobachtung »komplexer, dynamischer Interaktionsprozess[e] vielfältiger kultureller Partikel«.[47] Vor diesem Hintergrund lässt sich das zunehmende Interesse an »Figur[en] des Dritten« einordnen, also an jenen Figuren, die nicht mehr durch eindeutige Aus- und Eingrenzungsmechanismen gefasst werden können, sondern in sich – wie der Schwellenraum – stets ein Zugleich konkretisieren.[48]

[46] Dies lässt sich sowohl als Beobachtung *in actu* konzeptualisieren als auch historisierend archäologisch, denn bei ethnologisch motivierten »Sprachmischungen werden die differenten Ursprünge im Laufe der Zeit vergessen« (Schneider: Von der Vielsprachigkeit zur »Kunst der Hybridation«, S. 27).

[47] Andrea Bartl und Stephanie Catani: Bastard – Figurationen des Hybriden zwischen Ausgrenzung und Entgrenzung. Eine Einleitung. In: Bastard. Figurationen des Hybriden zwischen Ausgrenzung und Entgrenzung. Hg. von Andrea Bartl und Stephanie Catani. Würzburg 2010, S. 9–23, hier S. 10. Diese Beobachtung wird vor allem in den Arbeiten Homi K. Bhabas geleistet. Vgl. allgemein zu der Problematik: Hybride Kulturen. Beiträge zur amerikanischen Multikulturalismusdebatte. Hg. von Elisabeth Bronfen, Benjamin Marius und Therese Steffen. Mit einer Einführung von Elisabeth Bronfen und Benjamin Marius. Deutsche Übersetzung von Anne Emmert und Josef Raab. Tübingen 1997.

[48] Vgl. dazu Die Figur des Dritten. Ein kulturwissenschaftliches Paradigma. Hg. von Eva

Eine weitere Forschungsrichtung, die die Praxis des Hybridisierens zum erkenntnisleitenden Gedanken erhoben hat, ist die Intertextualitätstheorie nach Julia Kristeva. Da laut Bachtin jede Äußerung vor dem Hintergrund anderer Äußerungen geschieht, lässt sich dieses Modell ausweiten auf Texte, die stets vor dem Hintergrund und in Konfrontation zu anderen Texten stehen. Demzufolge sind für Kristeva alle Texte stets intertextuelle Konstrukte und referieren unentwegt und unstillbar auf ein kulturelles Textrepertoire. Folglich kann es keine originären Texte mehr geben, diese sind zwangsläufig durch eine unendliche Anzahl an Bezügen konstruiert. Sie erhalten ihre Gestalt erst als Vermischung der Intertexte, fransen jedoch dabei in alle Dimensionen aus. Die so gefasste Intertextualitätstheorie[49] stellt heraus, dass es sich bei der Hybridisierung um eine Zuschreibung natürlicher Eigenschaften handelt und damit um eine Form der Perspektivierung:[50] Indem man Texten ihr Zusammengeschriebensein aus anderen Texten unterstellt, betont man ihre Machart qua Verkettung. Textualität ist demnach Intertextualität und jeder Bestandteil des Textes ein Zeichen, das weder ausschließlich ihm noch dem ihn beeinflussenden Text zugehört und auch keinem dritten, sondern als Äußerung für sich steht und den Mechanismus der Textproduktion illustriert.

In einer historischen Skizze der Hybridisierung ließen sich über den Begriff des ›Diskurses‹ noch andere, im weiten Sinn poststrukturalistische, Theorien als Auseinandersetzungen mit dem Problem der Durchmischung, wenn nicht gar als Postulierung einer solchen anführen. Wenn etwa Michel Foucaults Überlegungen zur »*episteme*« davon ausgehen, dass sich innerhalb ihr unterschiedliche Disziplinen überkreuzen und die Aussagebedingungen eines Zeitraums generieren, ist Wissen selbst ein Produkt sich vermischender behördlicher Praktiken und – theoretischer wie künstlerischer – Reflexionen.[51] Foucaults Überlegungen legen einen Zusammenhang

Eßlinger u.a. Frankfurt a.M. 2010. Zu den im Band versammelten Figuren gehören etwa »Der Bote«, »Der Cyborg«, »Der Parasit« und »Der Trickster«. Bachtin hebt in Bezug auf Dostojewski hervor, dass dessen Literatur gerade Schwellensituationen beschreibe, den »Augenblick des unabgeschlossenen Übergangs« (Bachtin: Probleme der Poetik Dostoevskijs, S. 189).

[49] Zu Julia Kristevas Intertextualitätsverständnis und zu anderen Positionen in dieser Debatte vgl. Ulrich Broich: Intertextualität. In: Reallexikon der deutschen Literaturwissenschaft. Neubearbeitung des Reallexikons der deutschen Literaturgeschichte. Bd. II: H–O. Hg. von Harald Fricke, gemeinsam mit Georg Braungart u.a. Berlin und New York 2007, S. 175–179.

[50] Vgl. dazu auch Hans-Ulrich Reck: Entgrenzung und Vermischung: Hybridkultur als Kunst der Philosophie. In: Hybridkultur. Medien, Netze, Künste. Hg. von Irmela Schneider und Christian W. Thomsen. Köln 1997, S. 91–117. Für Reck ist Hybridisierung »keineswegs ein neues Paradigma von Kultur, sondern nur ihrer Betrachtung« (S. 109).

[51] Michel Foucault: Die Ordnung der Dinge. Eine Archäologie der Humanwissenschaf-

zwischen Monologisierung, Dialogisierung und Hybridisierung dar, der Bachtins Projekt kulturgeschichtlich pointiert: Was Bachtin als unbeabsichtigte, oder »organisch[e]«[52] Hybride bezeichnet, ließe sich als jene *episteme* verstehen, unter die sich alle Äußerungen subsumieren lassen, die aber zugleich den Hintergrund für jede neue Äußerung liefert und damit in einen Dialogisierungsprozess eingebunden ist, der nie stillzustellen ist. Foucaults Perspektive auf die *episteme* nimmt diese als zentrales ›Sprachbewußtsein‹ war, und also als den Monolog, auf den alle Äußerungen hin perspektiviert sind. Es gibt jedoch die Möglichkeit einer Querstellung und diese wird implizit der Literatur zugeschrieben. Literatur nehme bei Foucault, laut Achim Geisenhanslüke, »[d]ie subversive Funktion eines Gegendiskurses« ein,[53] sie bezeichne auch ein »Sein[] der Sprache, das sich der modernen Analyse der Bedeutung widersetze«.[54] Zugleich sei sie aber in die Zusammenhänge der *episteme* eingefügt und beschreibe »ein Feld, dessen Existenz sich Regeln verdank[e], die der Literatur selbst nicht inhärent s[eien]«.[55] Dies skizziert eine dem Karneval bei Bachtin analoge Konfiguration: Die Situation des Karnevals ist ein Ausnahmezustand, der nur deshalb als solcher erkannt wird, weil er im Gegensatz zur Hochkultur steht. Beide Bereiche existieren als zusammengehörige, notwendige Pendants. Die Regeln des Karnevals sind ihm selbst insofern nicht inhärent, als er die begrenzenden Bedingungen benötigt, um sich zu entfalten und kreativ zu sein, jedoch werden die Regeln ihm nicht von außen gegeben – ebenso wenig wie die *episteme* vorschreibt, wie die Literatur zu schreiben habe, aber die Lücken freilässt, die vom Gegendiskurs besetzt werden können.[56]

ten. Aus dem Französischen von Ulrich Köppen. Frankfurt a.M. 1971, S. 24f.: »Was wir an den Tag bringen wollen, ist das epistemologische Feld, die *episteme*, in der die Erkenntnisse, außerhalb jedes auf ihren rationalen Wert oder ihre objektiven Formen bezogenen Kriteriums beachtet, ihre Positivität eingraben und so eine Geschichte manifestieren, die nicht die ihrer wachsenden Perfektion, sondern eher die der Bedingungen ist, durch die sie möglich werden. In diesem Bericht muß das erscheinen, was im Raum der Gelehrsamkeit die Konfigurationen sind, die den verschiedenen Formen der empirischen Erkenntnis Raum gegeben haben«. Und es lässt sich vielleicht als die Einsicht in die hybride Faktur der Kultur sehen, wenn ein Forschungsansatz wie die »Poetologie des Wissens« nur noch periphär von getrennten Bereichen der Konstitution des Wissens ausgeht und stattdessen ubiquitär wirksame »Wissensfiguren« untersucht, welche die Formierung einzelner Diskurse überhaupt erst ermöglichen. Vgl. Joseph Vogl: Für eine Poetologie des Wissens. In: Die Literatur und die Wissenschaften 1770–1930. Walter Müller-Seidel zum 75. Geburtstag. Hg. von Karl Richter, Jörg Schönert und Michael Titzmann. Stuttgart 1997, S. 107–127.

52 Bachtin: Das Wort im Roman, S. 244.

53 Achim Geisenhanslüke: Gegendiskurse. Literatur und Diskursanalyse bei Michel Foucault. Heidelberg 2008, S. 54.

54 Geisenhanslüke: Gegendiskurse, S. 55.

55 Geisenhanslüke: Gegendiskurse, S. 85.

56 Dieser Zusammenhang ist noch komplizierter, wenn man konzediert, dass die Litera-

Auch wenn Bachtin das subversive Potential besonders der karnevalesken Literatur zuschreibt und Foucault vor allem die Literatur der Moderne damit meint – aber Literatur im Allgemeinen nicht ausschließt –, anerkennen beide[57] die Literatur (im erweiterten Sinne: die Kunst) als Hybridisierungsmedium. In der Literatur können sich diverse Wissensansprüche aus mitunter konfligierenden Bereichen vermischen; die Literatur kann auf das gesamte kulturelle Repertoire zugreifen und tut dies auch. Sie produziert dadurch selbst neue Verflechtungen und unauflösbare Aporien. Diese Funktion der Literatur macht sie zum ausgezeichneten Reflexionsort kultureller Ordnungen, unabhängig davon, ob dies in den jeweiligen Werken überhaupt thematisch wird.[58]

Es ließe sich deshalb wahrscheinlich auch behaupten, dass die Literatur gerade deshalb über subversives Potential verfügt, dass sie ein Reflexionsort deshalb werden kann, weil sie ein Hybridisierungsmedium ist, weil sie unterschiedliche Sprachen, Stimmen, Diskurse – ob nun vollständig oder

tur bei Foucault zunächst eine »Atopie« bezeichnet, die das Programm einer Diskursanalyse zugleich ermöglicht wie in Frage stellt. Vgl. Geisenhanslüke: Gegendiskurse, S. 62: »Die Bedeutung der Literatur in der *Ordnung der Dinge* ist demnach eine doppelte. Zum einen begründet sie den transzendentalen Raum der Ordnung, den Foucaults Archäologie erstellen will, als einen fiktionalen Raum, der sich innerhalb der intransitiven Sprache der modernen Literatur konstituiert. Zum anderen aber nennt sie den Ort, an dem sich Sprache und Subjekt in einer paradoxen Bewegung von Zerstreuung und Sammlung kreuzen. Die Literatur ist damit mehr als ein Randgebiet innerhalb der Foucaultschen Archäologie. Sie leistet die Begründung der Ordnung der Dinge in der Atopie der Sprache und entzieht die Archäologie zugleich der theoretischen Ausweisbarkeit«.

[57] Es lässt sich noch erwähnen, dass für Bachtin *Don Quijote* ein »[k]lassische[s] Beispiel[]« eines Textes ist, der mit »bewussten« Hybridisierungen operiert und Foucault den gleichen Roman als Beispiel heranzieht, um zu illustrieren, wie dieser die *episteme* der »Ähnlichkeit« zum implodieren bringt (vgl. Foucault: Die Ordnung der Dinge, S. 78–82).

[58] Und es ist auffällig, dass selbst jene Theoriedesigns, welche sich gegen den Begriff der Kultur richten, dies trotzdem durch den Begriff der Hybridität begründen. Etwa die »Akteur-Netzwerk-Theorie« mit ihrer Betonung einer *material culture*, wie Bruno Latour sie entworfen hat: Es gibt bei ihm immer Hybridisierungen und diese werden unentwegt erzeugt in einem Wechselspiel von unterschiedlichen Akteuren, zu denen dann eben auch Dinge zählen können. Vgl. Bruno Latour: Wir sind nie modern gewesen. Versuch einer symmetrischen Anthropologie. Aus dem Französischen von Gustav Roßler. Frankfurt a. M. 1998. Zu der Kritik des Kulturbegriffs durch das aufkommende Interesse an einer Theorie des »Ding[s]« vgl. Uwe C. Steiner: Widerstand im Gegenstand. Das literarische Wissen vom Ding am Beispiel Franz Kafkas. In: Literatur, Wissenschaft und Wissen seit der Epochenschwelle um 1800. Theorie – Epistemologie – komparatistische Fallstudien. Hg. von Thomas Klinkert und Monika Neuhofer. Berlin 2008, S. 237–252, etwa S. 237: »Das allgemeine Wohlgefallen konnte sich wohl nur verbreiten vor dem Hintergrund eines immaterialisierten bzw. eines in ›Semiosen‹, ›Praktiken‹ und ›Performanzen‹ aufgelösten Kulturbegriffs – Begriffe, denen zudem ein nicht unproblematischer moralischer Bonus zuerkannt wurde«. Steiner vertritt die These, dass die Beschäftigung mit »der Dingwelt« ein durch das kulturwissenschaftliche Forschungsparadigma unterdrücktes »Unbehagen an der Kultur« (ebd.) artikuliere.

unvollständig – zur Erscheinung bringt, sodass sie sich gegenseitig relativieren. Und selbst ein monologischer Text ist in eine hybridisierte Konfiguration eingebettet, weil er zumindest immer noch den lesenden Nachvollzug benötigt, durch den Diskurse miteinander verkreuzt werden.

So weit gefasst, ließe sich in der Verwendung der Hybridisierung ein zur Verallgemeinerung tendierender Umgang mit diesem Leitbegriff diagnostizieren, der ihn leicht zu einem »catch-all-Terminus«[59] werden ließe. Irmela Schneider hat hervorgehoben, dass der Begriff in seinen historischen Ausprägungen vor allem darüber zu fassen ist, wogegen er steht. Er werde bevorzugt positivierend gebraucht und spiele pluralistische Kreativitätseffekte gegen monologische Stillstellungsideen aus. So figuriere das Hybride etwa als »das Mannigfaltige und Relative« gegen »Einheitlichkeit und Homogenität«, »Zentralismus und Absolutheit«, »das Hierarchische und Hegemoniale«[60] oder das »Binäre[] und Dichotomische[]«.[61] Das Hybride profiliere sich mithin als »eine Differenzkategorie [...] zu Vorstellungen von Master-Codes«.[62] Gemeinsam sei den Ansätzen, die Hybridität fokussieren, der Versuch um ein »Denken in Vermischungen, Verkettungen, in Netzen«.[63]

Der Ausdruck »catch-all-Terminus« impliziert nicht notwendigerweise eine heuristische Irrelevanz des Hybridisierungsbegriffes. Der Begriff fordert vielmehr zu einem Modus der Betrachtung auf, der Reduktion

[59] Schneider: Von der Vielsprachigkeit zur »Kunst der Hybridation«, S. 57.

[60] Schneider: Von der Vielsprachigkeit zur »Kunst der Hybridation«, S. 57. Eine besondere Ausprägung erhält der Begriff in der Medientheorie, in der »das Hybride jene Phase des Übergangs [bezeichnet], die dann überwunden ist, wenn das Denken in – allerdings veränderten – Gegensätzen wieder etabliert ist« (ebd.).

[61] Schneider: Von der Vielsprachigkeit zur »Kunst der Hybridation«, S. 43.

[62] Vgl. Schneider: Von der Vielsprachigkeit zur »Kunst der Hybridation«, S. 44.

[63] Vgl. Irmela Schneider: Einleitung. In: Hybridkultur. Medien, Netze, Künste. Hg. von Irmela Schneider und Christian W. Thomsen. Köln 1997, S. 7–12, hier S. 7. Der Versuch einer »Philosophie der Gemenge und Gemische« lässt sich in den Schriften von Michel Serres finden, die gerade auf die Beschreibung von »Interferenz[en]«, »Übersetzung[en]« und »Verteilung[en]« abzielen. Die Texte argumentieren zumindest implizit mit einer größeren Wirklichkeitsnähe eines solchen Ansatzes. Vgl. Michel Serres: Hermes IV. Verteilung. Aus dem Französischen übersetzt von Michael Bischoff. Hg. von Günter Rösch. Berlin 1993, S. 9: »Und allenthalben erkennen wir, wie willkürlich oder unwahrscheinlich Gesetzmäßigkeiten sind. [...] Das Rationale ist eine seltene Insel, die für eine gewisse Zeitspanne auftaucht [...]. Eine präzise, exakte, in ihrem Zuschnitt streng und fest umrissene Insel auf dem Meer des Undifferenzierbaren«. Vgl. auch Michel Serres: Die fünf Sinne. Eine Philosophie der Gemenge und Gemische. Übersetzt von Michael Bischoff. Frankfurt a. M. 1998; Michel Serres: Hermes I. Kommunikation. Aus dem Französischen übersetzt von Michael Bischoff. Hg. von Günter Rösch. Berlin 1991, S. 12 (zur Begrifflichkeit des »Netzes«); Michel Serres: Hermes II. Interferenz. Aus dem Französischen übersetzt von Michael Bischoff. Hg. von Günter Rösch. Berlin 1992; Michel Serres: Hermes III. Übersetzung. Aus dem Französischen übersetzt von Michael Bischoff. Hg. von Günter Rösch. Berlin 1992.

zugunsten von Komplexität ausblendet. Betrachtet man etwa naturwissenschaftliche Bezeichnungen der Hybridisierung, hat man es dort mit Vermischungen und Kombinationen zu tun, die von »Technologien« erzeugt werden und »eine Steigerung der Komplexität und Effizienz« bewirken.[64] Bezogen auf literarische Zusammenhänge bedeutet dies, dass in der Betrachtung eines Textes als einer Hybride, im Gegensatz zu einer Betrachtung als abgeschlossenes, monolithisches Werkganzes, Effekte der Komplexitätssteigerung entstehen, indem aus einem Text viele werden, die wiederum auf das Einwirken unterschiedlicher Diskurse zurückgeführt werden. Die interpretatorische Vorentscheidung einer Betrachtung eines Textes als Hybride besteht also darin, zu behaupten, dass Texte selbst Hybridisierungsmedien sind. Damit wird zugleich impliziert, dass in textuellen oder literarischen Verfahren eine solche Komplexität erzeugt wird, dass sie erst angemessen betrachtet und freigesetzt werden kann, wenn man Textverfahren als Hybridisierungsmechanismen ausstellt.

Das geschieht in der vorliegenden Untersuchung. *Der Zauberberg* wird als ein Roman in den Blick genommen, der sich nicht nur durch ein Denken bzw. Schreiben »in Vermischungen, Verkettungen, in Netzen« erfassen lässt, sondern dies selbst postuliert und zu einem erzählerischen Prinzip macht. Wenn zuvor davon ausgegangen wurde, dass dies eine grundsätzliche Eigenschaft von Literatur sei, legt dies nicht zwangsläufig eine *petitio principii* nahe. Die Textur stellt damit vielmehr selbst den Mechanismus der Kulturschaffung aus und Kultur als etwas stets im Werden Befindliches. Die Literatur als Hybridisierungsmedium affirmiert sich hier als Reflexionsort der symbolischen Formen, auf denen die Gesellschaft beruht.[65]

[64] Vgl. Schneider: Von der Vielsprachigkeit zur »Kunst der Hybridation«, S. 56.

[65] Dass dies über die Denkfigur der Vermischung organisiert und diese der Krankheit zugesprochen wird, lässt womöglich auf eine Nobilitierung der Krankheit als kulturbildende Kraft schließen; solche im weiteren Sinne (kultur-)philosophischen Fragestellungen werden in der Untersuchung allerdings nicht beachtet. Peter Pütz hat die wiederholte Beschreibung von Vermischungen bei Thomas Mann auf den Einfluss Friedrich Nietzsches zurückgeführt, der Manns Texten eine Tendenz zur Ambiguisierung einschreibe: »Der Charakter des Zweideutigen und Zweifelhaften ist ebenfalls bei der Beschreibung von Naturphänomenen zu erkennen. Sie sind niemals einfach, sondern immer unrein, gebrochen und aus Teilen zusammengesetzt. Wenn Tonio Kröger Lisatewa besucht, dann vermischt sich das ›Frühlings junger, süßer Atem‹ mit dem ›Geruch von Fixativ und Ölfarbe‹ [...], und wenn Thomas Buddenbrook sich in den Garten begibt, um Schopenhauer zu lesen, dann wird der Fliederduft durch den aufdringlich süßen Sirupgeruch einer nahen Zuckerfabrik verunreinigt. Die Grenzen zum Penetranten werden beinahe überschritten, wenn auch die Vögel noch mit ›fragender Betonung‹ [...] zwitschern« (Peter Pütz: Thomas Mann und Nietzsche. In: Thomas Mann und die Tradition. Hg. von Peter Pütz. Frankfurt a.M. 1971, S. 225–249, hier S. 247). Pütz führt auch Beispiele aus *Doktor Faustus* an, der vom Autor in ausdrückliche Beziehung zu Nietzsche gesetzt wurde. Es ließe sich etwa auch die Erzählung *Das Gesetz*

Hybridisierung bei Thomas Mann

Wird ein Zugang, der Thomas Manns Schreiben als hybridisierendes Schreiben fokussiert, dessen Texten überhaupt gerecht? Denn zum einen hat Mann bereits selbst – am ausführlichsten in seiner *Entstehung des Doktor Faustus* – sein Schreiben als Kompilieren aus einem unterschiedlichen Fundus an Quellen beschrieben.[66] Zum anderen wird in der Forschung hervorgehoben, dass die Besonderheit der Literatur Thomas Manns darin liege – und das im Gegensatz zu den Montage-Verfahren der Moderne –, diese Kompilation nicht bemerkbar zu machen;[67] Unterschiede würden geglättet und Verschmelzungen vorgenommen. Thomas Manns Texte lassen sich also als monologische Texte verstehen. Zugleich lasse sich in der »intertextuelle[n] Dimension« der Texte hingegen, mit Hans Rudolf Vaget, »etwas grundsätzlich Palimpsesthafte[m]« erkennen, eine »Polytextur und quellenmäßige Überdeterminiertheit«.[68] Die Ausdrücke »Polytextur« und »intertextuell[ ]« lassen die Bachtin'schen Begriffe der »Polyphonie« und »Dialogizität« anklingen. Polyphonie ist bei Bachtin als absichtliche literarische Strategie eine Erfindung Fjodor M. Dostojewskis, entstanden aus dem Geist des Karnevals bzw. der karnevalesken Gattungen als Aktualisierung eines Gattungsschemas. Polyphonie ist ein »Wille zum Ereignis« und lässt sich nicht unter eine einzige Figuration subsumieren, die sich auch im Text finden ließe wie etwa dem Bewusstsein einer Figur, im Gegenteil: »[D]ie Stimmen [bleiben] selbständig«.[69] Die Dialogisierung ist insofern

zitieren, die mit einer Ausführung beginnt, die das Verhältnis von Unreinheit und Kultur als gleichzeitig entgegengesetzt wie sich bedingend darstellt: »Seine Geburt war unordentlich, darum liebte er leidenschaftlich Ordnung, das Unverbrüchliche, Gebot und Verbot. Er tötete früh im Auflodern, darum wußte er besser als jeder Unerfahrene, daß Töten zwar köstlich, aber getötet zu haben höchst gräßlich ist, und daß du nicht töten sollst. Er war sinnenheiß, darum verlangte es ihn nach dem Geistigen, Reinen und Heiligen, dem Unsichtbaren, denn dieses schien ihm geistig, heilig und rein« (Thomas Mann: Das Gesetz. In: GW VIII, S. 808–876, hier S. 808).

[66] Vgl. Thomas Mann: Die Entstehung des Doktor Faustus. Roman eines Romans. In: Thomas Mann: Essays VI. 1945–1950. Hg. und textkritisch durchgesehen von Herbert Lehnert (= GKFA 19.1). Frankfurt a.M. 2009, S. 409–581.

[67] Besonders eindrücklich etwa von Malte Herwig: Bildungsbürger auf Abwegen. Naturwissenschaft im Werk Thomas Manns (= TMS 32). Frankfurt a.M. 2004, der Manns Transformationen naturwissenschaftlicher Quellen darlegt. Zum Unterschied zwischen modernen Verfahren der Montage und Mann'scher »Polytextur« vgl. Hans Rudolf Vaget: Vom »höheren Abschreiben«. Thomas Mann, der Erzähler. In: Liebe und Tod – in Venedig und anderswo. Die Davoser Literaturtage 2004 (= TMS 33). Hg. von Thomas Sprecher. Frankfurt a.M. 2005, S. 15–31, hier S. 16: »Bei Thomas Mann [...] sind die Ränder der einmontierten Teile verwischt, und die Heterogenität der fremden Textteile ist unkenntlich gemacht«.

[68] Vgl. Vaget: Vom »höheren Abschreiben«, S. 17 und S. 18.

[69] Vgl. Bachtin: Probleme der Poetik Dostoevskijs, S. 27

wichtig für die Komposition der Polyphonie, als sie das relativierende Verhältnis der Sprachen zueinander erzeugt, das sich nicht nur durch Spannungen zu Erscheinungen der Textebene, sondern auch zu außertextuellen Bezügen, wie etwa der konventionalisierten Hochsprache, konstituiert. Polyphonie und Intertextualität vollziehen sich auf analoge Weise: Die Stimmen oder Sprachen der Polyphonie lassen sich nicht nur durch die Diskurse der *episteme* ersetzen, sondern auch durch die Texte der Intertextualitätstheorie. In einem karnevalesken Text wird nicht nur die Gattungstradition aufgerufen, auch die konventionellen, monologischen Texte, gegen die er steht, sind evoziert, sowie die andere Gattungen, die in den Text eingespielt werden und die für die Genre-Hybride des karnevalesken Romans immer schon konstitutiv sind.[70]

Die Strategeme der Polytextur, die Hans Rudolf Vaget im Blick auf Manns Frühwerk beschreibt, projektieren, wenn man sie chronologisch weiterdenkt, in letzter Konsequenz die Erschaffung eines geschlossenen *Zauberberg*-Textes. Er identifiziert drei intertextuelle Konfigurationen: »literarische[] Kontrafakturen«, »Burleske [...] und [...] Travestie« (oder »Travestie und Hommage«) und »novellistische[] Skizzen und Studien«.[71] Wenn Vaget etwa beschreibt, dass *Der kleine Herr Friedemann* als Kontrafaktur einer Episode aus Theodor Fontanes *Effi Briest* unter nietzscheanischer Perspektive interpretierbar ist, beschreibt er damit den Prozess der Aneignung durch den Autor, sodass der neu entstandene Text als »sein Eigentum, seine Schöpfung« betrachtet werden kann.[72] Die Texte werden gelesen als Objektivationen eines geschlossenen Autor-Bewusstseins; der Autor lerne in seinen frühen Werken zentrale poetische Strategien, die er im Laufe seiner Schriftstellerkarriere weiterentwickle.[73] Damit wird die Entwicklung von Manns Schreiben als eine Geschichte wiederholter Spiegelungen entworfen, die teleologisch auf die Herausbildung eines Schriftstelleridentität hinausläuft – und wird insofern auch monologisiert.

In der Thomas-Mann-Literatur zeigen diejenigen Interpretationen, die den monologischen Gestus des Mann'schen Schreibens herausarbeiten, häufig dessen Stärken auf. Er zwinge zu kreativen Symbolisierungs- und Sublimierungsstrategien, gerade bei einem Autor wie Thomas Mann, der

[70] Vgl. Bachtin: Probleme der Poetik Dostoevskijs, S. 117, der erwähnt, dass Dostojewski in der Lage sei, »dem Abenteuerroman scheinbar so fremde Gattungen wie die Beichte, die Vita u.a.« einzuverleiben.

[71] Vaget: Vom »höheren Abschreiben«, S. 28 und S. 31.

[72] Vgl. Vaget: Vom »höheren Abschreiben«, S. 19. Die *Friedemann*-Interpretation findet sich auf den Seiten 25–27.

[73] Vgl. Vaget: Vom »höheren Abschreiben«, S. 31: »Aufgrund dieses Modernitätsvorsprungs konnten die frühen Novellen den späteren Werken zum Modell dienen«.

hinter der Maske der Literatur oft auch die persönliche sexuelle Situation inszeniere.[74] Indem die Texte so aber auf Symbolisierung setzen, wird die Fähigkeit der Sprache (oder des Zeichens) affirmiert, wird die Möglichkeit der Repräsentation beibehalten. Insofern ließen sie sich einordnen in jene, nach Kristeva, »sogenannte[n] ›realistische[n]‹, monologische[n] Erzählungen«,[75] die »Verbote«[76] generierten, indem sie nicht-repräsentationale Schreibweisen ausschlössen.[77] Karnevaleske Literatur folge jedoch einem anderen Code: »Innerhalb ihrer eigenen Strukturen liest die Schreibweise eine andere Schreibweise, liest sich selbst und baut sich in einer zerstörerischen Genese auf«.[78] Sie operiere weniger mit Ersetzungen als mit Verschiebungen, mit »Assoziationen und Metonymien«.[79] Es handle sich um Texte, deren Schreiben und Lektüre die Sprache selbst in Frage stellten. Allerdings folgert Kristeva, dass karnevaleske Texte nicht notwendig Texte seien, welche die Repräsentation vollständig durchstrichen: »Auf der generalisierten Bühne des Karnevals parodiert und relativiert sich die Sprache, indem sie ihre darstellende Funktion verwirft [...], ohne daß sie sich davon trennen könnte«.[80] Darstellung ist in den karnevalesken Texten nur Supplement einer grundlegenderen Botschaft, nämlich der Infragestellung der Sprache, während monologische Texte die Darstellung in den Vordergrund rücken, ohne dass die Relativierung der Sprache eine Rolle spielt. Monologisierung und Dialogisierung inszenieren zwei Arten des Umgangs mit Redevielfalt, zwischen denen es unzählige Abstufungen gibt.

Wenn man einen Text vor allem in seiner Textualität betrachtet und weniger die Diskurse, mit denen er sich in Konfrontation setzt, fokussiert, sondern die »zerstörerische[] Genese« betrachten will, seine Poetik, wird man nicht umhin kommen, ihm einen Repräsentationsverdacht zu unterstellen, ein poetisches Sprechen in Bildern, seine Konstitution aus rhetorischen Figuren und Tropen. Und so wird diese Untersuchung auch verfahren, sie wird ein poetologisches Paradigma im Text ausfindig machen, nach dem der Text sich strukturiert und gleichzeitig destabilisiert, die »zerstörerische[] Genese« selbst, nämlich die Krankheit als Hybridisierungsvorgang, wie sie im Text dargestellt wird. *Der Zauberberg* wird

[74] Vgl. beispielhaft für Thomas Manns Transformationen homoerotischen Begehrens Heinrich Detering: Das offene Geheimnis. Zur literarischen Produktivität eines Tabus von Winckelmann bis Thomas Mann. Göttingen 1994, S. 285–333.

[75] Kristeva: Bachtin, das Wort, der Dialog und der Roman, S. 370.

[76] Kristeva: Bachtin, das Wort, der Dialog und der Roman, S. 363.

[77] Vgl. Kristeva: Bachtin, das Wort, der Dialog und der Roman, S. 370.

[78] Kristeva: Bachtin, das Wort, der Dialog und der Roman, S. 360.

[79] Vgl. Kristeva: Bachtin, das Wort, der Dialog und der Roman, S. 361.

[80] Kristeva: Bachtin, das Wort, der Dialog und der Roman, S. 363.

folglich als ein Text perspektiviert werden, der sich selbst allegorisiert und Interpretationsanleitungen schafft, ohne dabei jedoch symbolische Kohärenz zu erzeugen.

Man kann den Text also von einer Sichtweise als Monolog zu einer als Dialog verschieben. Dies zu tun, wäre auch mit Kristeva möglich: »In der Tat ist der Autor nichts als eine Verknüpfung [...] von Zentren. Ihm ein einziges Zentrum zuzusprechen, hieße ihn zu einer monologischen, theologischen Position zwingen«.[81] Der Autor sei ein »Anonymat, das kreiert und sich kreieren sieht« und die Figuren der einen »generalisierten Bühne« des Karnevals »entzwei[t]en [sich] in ein Subjekt des Schauspiels und ein Objekt des Spiels«.[82] Wenn man also zeigen kann, dass die Darstellung des Romans sich weniger an einer Theaterbühne als einer generalisierten Bühne orientiert, dass die Figuren zugleich Subjekte wie Objekte sind, wäre dies eine Möglichkeit, die Dialogisierung des Romans zu zeigen.

Dass der *Zauberberg*-Text ein Bewusstsein für das Problem der Monologisierung zeigt, lässt sich anhand der Ironie im Roman beobachten. Sie wird bei Mann zur rhetorischen Gedankenfigur, die Sprachen nivelliert, indem sie alle Textinhalte gleichermaßen stark in Frage stellt und so aber auch Unzusammenhängendes durch Gleichsetzung zusammenführt. Die Ironie ist die Trope, die stilisierend produktiv am Aufbau des Textes beteiligt ist und zugleich eine generelle Doppelbödigkeit in den Text einführt.[83] Da die Ironie als Mittel der Nivellierung diverser Sprachen und Diskurse dermaßen umfassend eingesetzt wird, dass jede Textaussage von ihr gewissermaßen ›durchtränkt‹ ist, ist der Text – als ironischer – rein. Dass es sich dabei um ein Problem handelt, hat Thomas Mann gesehen und in der Formatierung der Zeichen unübersehbar gelöst. Um unmissverständlich klarzumachen, dass es ihm um eine Romanaussage wirklich ernst ist und diese als unbezweifelbare Botschaft verstanden werden soll, hat er sie sperren lassen – so etwa den bekanntesten Satz des Romans aus dem »Schnee«-Kapitel: »*Der Mensch soll um der Güte und Liebe willen dem Tode keine Herrschaft einräumen über deine Gedanken*« (748). Das gleiche Verfahren findet sich beispielsweise auch in dem Kapitel »Fülle des Wohllauts«, wo unzweifelhaft ausgedrückt werden soll, dass Hans Castorp auch tatsächlich etwas verstanden hat: »Will man glauben, daß unser schlichter Held nach so und so vielen Jährchen hermetisch-pädagogischer Steigerung tief genug ins geistige Leben eingetreten war, um sich der ›Bedeutsamkeit‹

[81] Kristeva: Bachtin, das Wort, der Dialog und der Roman, S. 369.
[82] Vgl. Kristeva: Bachtin, das Wort, der Dialog und der Roman, S. 362.
[83] Vgl. dazu allgemein Reinhard Baumgart: Das Ironische und die Ironie in den Werken Thomas Manns. München 1964.

seiner Liebe und ihres Objektes *bewußt* zu sein?« (987). Diese typographischen Eingriffe antworten auf ein Schreiben, dessen Monologizität ins Puristische gesteigert wurde.

So gesehen, besteht die Möglichkeit, der Reinheit der ironischen Vermittlung, also einer für sämtliche Bereiche der Symbolisierung im Roman geltenden Eigenschaft, ein ›eigentliches‹, emphatisches Sprechen entgegenzusetzen, nur in einer Metabasis, in einem Sprung von der Symbolisierung auf die Formatierung und damit in einem Bewusstmachen der Materialität des Textes. In diesem Fall fungieren die typographischen Hervorhebungen als Störungen, weil sie, um den Text überhaupt zum Übermittler von Botschaften zu machen, das Material der Schrift selbst in den Vordergrund rücken müssen – die Störung ist in diesem Fall die Botschaft. Die Hybridität des *Zauberbergs* wäre, so gesehen, als eine materielle Hybridität zu definieren. Allerdings ließe sich dies auch umgekehrt sehen: Indem so viel Wert darauf gelegt wird, dass es sich bei den kursiven Stellen um das ›Eigentliche‹ des Textes handelt, ließe sich der Großteil des – tropischen – Textes, also die übrigen, typographisch gleich gesetzten, Stellen, als Störung und Abweichung von der textuellen Ordnung begreifen, als Rauschen, das ein Verständnis unmöglich macht.[84]

Durch die typographischen Änderungen wird der Text hybridisiert: Es lassen sich zwei Modi des Sprechens, zwei Stimmen – Ironie und Emphase – ausmachen, doch diese bringen gerade keine geschlossene Einheit hervor – der Text erscheint als in sich different. Damit wird auf der Textoberfläche etwas sichtbar, das sich als Merkmal der polyphonen Struktur des Textes verstehen lässt: Sein Kaleidoskop unterschiedlicher sozialer Sprachen, das alle Sprachen beinhaltet, stellt die Sprache als Übermittlerin von Botschaften in Frage und kann sich nur noch auf der Ebene der Zeichen oder des Buches der kommunikativen Funktion der Literatur versichern. Man hat es hier mit der Symptomatik einer Spaltung zu tun, die sich in unterschiedlichen Formen im Text wiederfinden lässt und etwa als Operation der Hybridisierung die poetologische Signatur des Romans kennzeichnet.

[84] Die Erstausgabe setzt zudem das französische Gespräch zwischen Hans Castorp und Clawdia Chauchat in Antiqua, was in späteren Ausgaben nicht übernommen wurde (vgl. dazu Bernhard J. Dotzler: Der Hochstapler. Thomas Mann und die Simulakren der Literatur. München 1991, S. 120–135). Man kann dies mit ein wenig Aufwand jedoch auch der These unterordnen, dass nur in Antiqua ernst gesprochen wird: Diese Passage, die selbst davon berichtet, dass sie wie ein Traum ist, stellt einen Intertext zu den *Wahlverwandtschaften* dar. In diesen können sich Ottilie und Charlotte nur auf Französisch angemessen unterhalten (vgl. GKFA 5.2, S. 261). Folglich wäre die Änderung der Formatierung auch hier als Hinweis darauf zu verstehen, dass es sich um das ›Eigentliche‹ handele. Die Formatierung wäre so auch wieder als Symbolisierung zu sehen und zwar nicht als bloße Emphase, sondern als Emphase der Emphase (ob in der Passage oder im Einzelwort) – und damit als eine Trope.

Wenn man den Roman auf seine Hybridität hin befragt, versucht man damit, eines der grundlegenden *Probleme der Zauberberg-Interpretation* zu akzentuieren. Unter diesem Titel erschien ein Aufsatz von Hans Wysling, in welchem er auf die hybride Konstitution des Werkes aufmerksam machte. Seine Lesart geht dabei davon aus, dass der Roman viele Leerstellen aufweise und dass sich diese nur mit dem Rückgriff auf die Biographie des Autors erklären ließen.[85] Zusätzlich schließt Wysling die Leerstellen des Textes nicht nur durch den Rückgriff auf die Lebensgeschichte Thomas Manns, sondern auch durch den Rückgriff auf ein künstlerisches Ingenium, das die unterschiedlichen im Text verarbeiteten Realitätspartikel zusammenhalte:

Wenn der, der das *finis operis* schreibt, nicht identisch ist mit dem, der das *initium* entwarf, kann dann das Werk das gleiche bleiben? Es kann es, wenn der Autor sich als Gralsgüter des Werkgedankens sieht, wenn er, allen äußeren Einflüssen zum Trotz, an der Bewertung der Dinge festhält. Es kann es, wenn alles, was dem Autor aus irgendeinem Bereich neu zugeführt wird, fugenlos in die Werkstruktur eingeht.[86]

Das Skandalon der Nicht-Identität wird gelöst durch den Rekurs auf einen externen Referenten, den »Werkgedanken«, der sich im Autor gewissermaßen verkörpert. Nun zeigt Wysling in seinem Aufsatz allerdings auf, dass Thomas Mann gerade nicht an der »Bewertung der Dinge« festhält, sondern die »Dinge«, egal ob man darunter Figuren oder Ideenkomplexe versteht, im Laufe des Entstehungszeitraums stets anders betrachtet. Dies trifft ebenso auf »das *initium*« zu: Legt man die Formulierung »*finis operis*«, die im Roman tatsächlich als Schlussformel auftaucht, zugrunde, legt dies nahe, dass damit der tatsächliche Romananfang gemeint ist. Doch allein dieser wurde im Laufe des Romanentwurfs mehrfach geändert: Stand zunächst Hans Castorps Jugendgeschichte zu Beginn des Romans, wurde diese in das zweite Kapitel gerückt und stattdessen die Ankunft und der erste Abend Castorps im Sanatorium an den Anfang gesetzt, wovor dann wiederum der »Vorsatz« (9) gestellt wurde.[87] Wysling impliziert also

[85] Beispielsweise in Bezug auf die Affäre zwischen Chauchat und Castorp: Hans Wysling: Probleme der *Zauberberg*-Interpretation. In: TMJ 1 (1988), S. 12–26, hier S. 20: »Es scheint, daß den rätselhaften Verlauf dieser Liebesgeschichte nur der verstehen kann, der den Rückgriff auf den Autor nicht scheut. Ein solcher Rückgriff scheint mir vor allem dann angezeigt, wenn ein Werk Leerstellen aufweist, die nur mit Vermutungen aus dem werkexternen Bereich ausgefüllt werden können«.

[86] Wysling: Probleme der *Zauberberg*-Interpretation, S. 14.

[87] Vgl. Hans Rudolf Vaget: The Making of the *Magic Mountain*. In: Thomas Mann's *The Magic Mountain*. A Casebook. Hg. von Hans Rudolf Vaget. Oxford 2008, S. 13–30.

bereits den Gedanken eines geschlossenen Werkes, der von der Romangenese schlichtweg nicht gedeckt wird.

Diese Ausführungen zeigen, dass es durchaus Möglichkeiten gibt, den Roman als Hybride zu verstehen, wenn man eben nicht dem Monolog der Ironie (insofern die Ironie nicht bereits in sich gespalten ist), der Interpretation über die reale Figur des Autors oder einem Künstlergeheimnis folgt, wenn man also keine Vereinheitlichungstechniken unterstellt oder konstruiert. Die Hybridisierung stellt die Schattenseite der Monologisierung dar und sich auf die Hybridität eines Textes zu konzentrieren eine Lektüreeinstellung. Und diese Einstellung setzt eine Entscheidung voraus, die deshalb gut begründet ist, weil die Forschung schon immer auf die Hybridität des Textes hingewiesen, sich dieser aber nicht ausführlicher gewidmet hat.

Hybridität wurde meistens – wie auch im Fall Wyslings – durch die Übertragung äußerer Faktoren auf den Text begriffen und als das Vorhandensein unterschiedlicher, wiedererkennbarer Elemente. Der Roman ist eine Mischung in den Text eingeflossener, werkgeschichtlich mithin konkurrierender weltanschaulicher und literarischer Intentionen der Verfasserseite. Dieses Zustandekommen wurde allerdings nicht begründet als ein dynamisches Verweisungsnetz, sondern immer vor der Folie phantasmatischer, als abgeschlossen gedachter Konzeptionen. Die Ursprungsidee wäre dabei die Fiktionalisierung persönlicher Eindrücke[88] als Transposition des *Todes in Venedig* ins Humoristische. Der Roman belehnt ein weites Feld intertextueller Referenzen, neben Manns eigener Sanatoriumserzählung *Tristan*[89] wurden Texte Friedrich Nietzsches, Richard Wagners und Johann

[88] Katja Mann war Patientin eines Sanatoriums in Davos, wo Thomas Mann sie besuchte. Dieses Erlebnis hielt er retrospektiv für den Auslöser des Textes. Vgl. Thomas Mann: Einführung in den ›Zauberberg‹. Für Studenten der Universität Princeton. In: GW XI, S. 602–617, hier S. 604–607.

[89] Vgl. dazu Vaget: The Making of the *Magic Mountain*, S. 18: »[H]e [Thomas Mann, B.M.] seems to have projected a ›Davos-Novelle‹ with three distinct features. First, it was indeed to have the dimensions of a novella, a long short story, of which both *Tristan* and *Death in Venice* are such outstanding examples. Second, it was to be a satirical counterpart to Gustav von Aschenbach's Venetian tragedy – lighter in tone and akin, perhaps, to kind of *Burleske* he had accomplished with *Tristan* [...]. Third, the story was to be called ›Der verzauberte Berg‹ [...] – another oblique allusion to Wagner, specifically to the ›Venusberg‹ [...], where Tannhäuser has been lingering for longer than he cares to remember«. Vgl. dazu auch J. T. Reed: »Der Zauberberg«. Zeitenwandel und Bedeutungswandel 1912–1924. In: Besichtigung des Zauberbergs. Hg. von Heinz Sauereßig. Biberach a.d.R. 1974, S. 81–139, hier S. 81: »›Der Zauberberg‹ ist Thomas Manns komplexeste Schöpfung. Er stellt die Summe seines Lebens, seines Denkens und seiner technischen Vervollkommnung im Alter von fünfzig Jahren da [...]. Er ist zugleich geistige Autobiographie, Konfession und Apologie, eine hochentwickelte Allegorie, eine Art historischer Roman, eine Analyse des Menschen und eine Deklaration der Voraussetzungen für einen praktischen Humanismus. Der Roman erscheint als eine Parodie des deutschen Bildungsromans [...,] ist aber in Wirklichkeit ein Bildungsroman im guten Ernst«.

Wolfgang von Goethes ebenso herangezogen. Auch sein Genre-Einflüsse sind vielfältig; er verwendet Elemente des historischen Romans, des Entwicklungs- und des Bildungsromans.[90] War der Roman zunächst als eine Erzählung ohne konkreten zeitgeschichtlichen Weltbezug geplant, wird in einer bereits frühen Überarbeitungsphase der Erste Weltkrieg als Romanabschluss gedacht.[91] Die unterschiedlichen weltanschaulichen Positionen Manns sorgen jedoch für neue Handlungsstränge, neues Personal, die Veränderung älterer Figurenkonzeptionen, ohne dass die Kontraste vollständig geglättet würden. Versuche, einer Überfrachtung des Textes entgegenzuwirken, indem eine reiche Zahl entlastender Paratexte von Mann verfasst wurden,[92] haben zwar die Textlänge beeinflusst, doch auch sie können in den Gesamt-Text *Zauberberg* eingerechnet werden und bilden eine zumindest dialogisierende Hintergrundfolie.[93]

[90] Vgl. zu einigen dieser Einflüssen GKFA 5.2, S. 55–102 und Daniela Langer: Thomas Mann. Der Zauberberg. Stuttgart 2009, S. 296–318.

[91] Vgl. zum Vergleich mit dem *Tod in Venedig* Reed: »Der Zauberberg«, S. 84f.: »Beide Mannschen Helden beginnen mit dem Plan, einen kurzen Abstecher aus ihrem geordneten Leben zu machen, sie wollen erfrischt, aber im wesentlichen unverändert, zurückkehren. Beide finden sich in eine geschlossene, aber kosmopolitische Gesellschaft versetzt und sind verstört durch klimatische und kulturelle Einflüsse und Begegnungen mit seltsamen, ja sogar grotesken Charakteren. Keinem von beiden gelingt es, aus dem schicksalhaften Milieu zu entfliehen, obwohl sie beide gewarnt sind und einen Fluchtversuch unternehmen beziehungsweise in Erwägung ziehen. Sie werden aber durch eine Leidenschaft festgehalten, die auf unterschiedliche Weise im Gegensatz zu Vernunft und Gewissen steht und daher vom Bewußtsein verdrängt wird. In beiden Fällen handelt es sich um die Liebe zu einem (slawischen) Menschen [...]. Beide empfinden eine ausschweifende Freude an ihrem erhöhten psychologisch-körperlichen Zustand [...]. Beide gestehen sich schließlich ein, daß sie sich verliebt haben [...]. Beide werden in ihrer Entwicklung von Merkur begleitet [...]. Aschenbach stirbt schließlich, Hans Castorp ... doch bis der Augenblick kam, wo über den Ausgang von Hans Castorps Geschichte entschieden werden sollte, war aus dem Satyrspiel längt etwas völlig anderes geworden«.

[92] Vgl. Thomas Mann: Brief an Paul Amann (25.03.1917). In: Thomas Mann: Briefe II. 1914–1923. Ausgewählt und herausgegeben von Thomas Sprecher, Hans R. Vaget und Cornelia Bernini (= GKFA 22). Frankfurt a.M. 2004, S. 178–182, hier S. 180: »[D]er Roman, in dem ich unterbrochen wurde, hatte ein pädagogisch-politisches Hauptmotiv [...] ... Sehen Sie? Und die Betrachtungen muß ich nur deshalb schreiben, weil infolge des Krieges der Roman sonst intellektuell unerträglich überlastet worden wäre«.

[93] Damit sind jene Texte gemeint, die in einem sehr strengen (allerdings autorzentrierten) Sinn als Paratexte begriffen werden können, weil sie offenkundige Probleme des Romans thematisieren, also namentlich die *Betrachtungen eines Unpolitischen*, *Von deutscher Republik*, *Goethe und Tolstoi*, *Versuch über die Ehe* und *Okkulte Erlebnisse* (vgl. Kurzke: Thomas Mann. Epoche – Werk – Wirkung. 3., neu überarbeitete Aufl. München 1997, S. 181–211). In einem erweiterten Sinn können sämtliche während der Entstehungszeit vollendeten oder projektierten Texte so begriffen werden, in einem sehr weiten Sinn – der dann wieder die Idee einer Werkgeschlossenheit mit sich führe – sämtliche Texte des Autors. Vgl. zur Problematik der Paratexte (worunter etwa auch die nicht autorzentrierten Textsorten wie Buchbesprechungen und Einband zählen) Gérard Genette: Paratexte. Das Buch vom Bei-

In diese Textüberlegungen intervenieren andere Vorstellungen in eine ursprüngliche, vorgängige Idee, die sich als solche erst durch die Interventionen, die sich ihrerseits aber nur in anderen Texten wiederfinden lassen, erkennbar macht. Die Texte kommentieren sich gegenseitig. Zudem wurde auch der Roman als sein eigener Kommentar begriffen, der alle Lücken, die sich weltanschaulich für den Autor ergaben, vollschrieb. Die Aufgabe der Forschung bestand dann auch darin, diese Lücken, die zugeschrieben wurden, überhaupt wieder sichtbar zu machen, indem man die Konfliktfelder skizzierte und die unterschiedlichen Konzeptionsstufen aufzeigte – in Bezug auf das Œuvre oder den Autor. Die Berufung auf externe Referenten führt zu der paradoxen Ansicht, den Roman als auswuchernden Text zu begreifen, der zugleich jedoch Geschlossenheit und Stimmigkeit aufweist.

Die Vorstellung eines Eingreifens der Realität in den Text, die durch den Autor kompensiert werden muss, legt die Idee einer Monologisierung nahe, bei der die Elemente und der dadurch entstehende Textdialog unter einem Text subsumiert werden. Doch dies ist nicht notwendig, es scheint vielmehr entweder von einer gewissen Thomas-Mann-Bewunderung auszugehen oder zeigt einen Widerwillen gegenüber dem Paradox, dass ein geschlossener Text in sich offen sein könnte.

Es ist allerdings auch eine Perspektive denkbar, die den Konflikt selbst zur poetologischen Struktur des Romans macht. Bernhard Dotzler etwa liest den Roman als Bühne der Spannung zweier medienkultureller Paradigmen, nämlich der »Aufschreibesysteme« von 1800 und von 1900.[94] Die an Friedrich Kittler geschulte Lektüre transponiert die im weitesten Sinn weltanschaulichen und entstehungsgeschichtlichen Konflikte auf poetologische und ästhetische Ebenen: Einerseits orientiere sich der Roman noch immer an dichterischen Konzepten aus der Goethezeit wie etwa dem Bildungsroman mit den damit zusammenhängenden Vorstellungen einheitlicher Menschenbilder und realisierbarer Lebenskonzepte – wie etwa der Liebe und der Bildung –, andererseits thematisiere er den Verfall dieser Strukturen unentwegt durch seine Verknotung mit Diskursen des

werk des Buches. Mit einem Vorwort von Harald Weinrich. Aus dem Französischen von Dieter Hornig. Frankfurt a.M. 2001. Als Beispiel für diesen Zusammenhang können die Ausführungen von Terence J. Reed zu den *Betrachtungen eines Unpolitischen* gelten: J. T. Reed: »Der Zauberberg«, S. 83: »Statt sich also auf feste Positionen verlassen zu können, um darauf die Struktur des Romans zu errichten, mußte er [Thomas Mann, B.M.] diese Positionen selbst einbeziehen, aber jetzt um sie zu relativieren und zu verwerfen. Das Material der ›Betrachtungen‹ mußte also weitgehend verwendet werden, so daß die intendierte ›entlastende‹ Funktion des Kriegsbuches aufgehoben wurde. Eben in diesem Sinne, einem weitaus komplexeren als Thomas Mann beabsichtigt hatte, gehören die beiden Werke zusammen«.

[94] Vgl. Dotzler: Der Hochstapler. Vgl. für das Konzept Friedrich A. Kittler: Aufschreibesysteme 1800/1900. München 1985.

Fin-de-siècle und der Aufbietung neuer Medien, welche in diesem neuen Aufschreibesystem die Funktionen bewusster menschlicher Operationen einnähmen.[95]

Der Roman besetzt, nimmt man diese Lesarten zusammen, selbst wiederum einen poetologischen und werkgenetischen *third space*, ein Zugleich entgegengesetzter Intentionen, literarischer Traditionen, Narrative und Symbolisierungspraktiken. Auch thematisch lässt sich das Sanatorium in Davos als ein *third space* begreifen, als ein Zugleich entgegengesetzter Lebensentwürfe, trifft hier doch die von Hans Castorp internalisierte Kultur des norddeutschen Bürgertums auf ein Anderes, das anscheinend nichts mit den Bräuchen von Castorps Heimatort gemein hat. Es lässt sich daraus anhand der »Basisantithese Form – Unform« ein Dichotomie organisieren.[96] Doch diese Dichotomie, die auf die Untersuchung Børge Kristiansens zurückgeht,[97] übersieht eine poetologische Qualität des Romans. Denn Kristiansen liest den Roman, damit Thomas Mann folgend,[98] als Initiationsroman, als einen, der einen abschließenden Eintritt in eine andere Welt zeigt. Dass es sich dabei um eine Welt des Todes handelt und dass es sich nicht um einen Bildungsroman, sondern einen »*Entbildungs*-Prozess«

[95] Nach Kittler stehen die drei Medien Grammophon, Film und Schreibmaschine für die psychoanalytischen Kategorien des Realen, Imaginären und Symbolischen. Vgl. dazu auch Friedrich A. Kittler: Grammophon, Film, Typewriter. Berlin 1986.

[96] Hermann Kurzke: Thomas Mann. Epoche – Werk – Wirkung, S. 197: »Das ›allegorisierende‹ Beziehungssystem des Romans [...] konfrontiert die bürgerliche Welt der Arbeit, der Form, der Zeitökonomie, der Vernunft, des Fortschritts, des Lebens, des Individuums, der ›Vorstellung‹ mit den unbürgerlichen Mächten der Triebhaftigkeit, der Formauflösung, der Zeitlosigkeit, des Rausches, des Stillstands, des Todes, der Entindividuation und des ›Willens‹. Die Leitmotive lassen sich entsprechend antithetisch gruppieren (Basisantithese Form – Unform [...]): bürgerliche Form, Settembrini, Westen (Europa), Flachland, Gesundheit, Licht anmachen, Siezen, Plastisch artikulieren, gute Manieren, Nichtraucher, Arbeit, Land, Bewußtsein, Politik, Disziplin usw. [vs.] unbürgerliche Unform, Chauchat, Hippe, Osten (Asien), Sanatorium, Krankheit, Dämmerlicht, Finsternis, Duzen, Lallen, russisch sprechen, Türenwerfen, Nägelkauen, Raucher, Faulheit, Maria Mancini, Meer, Schnee, Traum, Rausch, Musik, Sich gehenlassen usw.« Und ähnlich formuliert es Kurzke auch in seiner Thomas-Mann-Biographie: Hermann Kurzke: Thomas Mann. Das Leben als Kunstwerk. München 2001, S. 329 »Der Roman ist eine gewaltige Entgrenzungsphantasie, voller Lust an der Flucht aus Haltung und bürgerlicher Form, aber auch voller Entsetzen davor«.

[97] Børge Kristiansen: Unform – Form – Überform. Thomas Manns *Zauberberg* und Schopenhauers Metaphysik. Eine Studie zu den Beziehungen zwischen Thomas Manns Roman *Der Zauberberg* und Schopenhauers Metaphysik. Kopenhagen 1978, S. 295: »Mit ›Ost‹ und ›West‹ ist der den *Zauberberg* hindurchziehende Urwiderspruch zwischen ›Form‹ und ›Unform‹, zwischen der Welt der *ratio* und der Welt der *irratio* und schließlich zwischen *Welt als Wille und Vorstellung* angegeben. Dieser Urwiderspruch stellt der eigentliche ideelle [!] Gegenstand des Romans dar, er ist das *Grundproblem*, das im *Zauberberg* einer epischen Reflexion unterzogen wird« (H. i. O.).

[98] Vgl. GW XI, S. 616: »Mit einem Worte, der ›Zauberberg‹ ist eine Abwandlung des Tempels der Initiation, eine Stätte gefährlicher Forschung nach dem Geheimnis des Lebens«.

handelt,[99] ändert nichts daran, dass die teleologische Lesart, nun aber ins Negative gewendet, noch immer Gültigkeit beanspruchen soll. Aber es handelt sich dabei nur um *einen* narrativen Strang. Der Roman thematisiert jedoch weniger die Initiation als die Schwelle selbst. Dabei sollte der Schwellenzustand nicht gedacht werden als negativer, noch unvollendeter Zustand, dessen Überwindung zu einer neuen Formierung der Persönlichkeit führt. Auch die Schwelle ist ein Ort eigener Regelhaftigkeit, sie wird literarisch produziert. Michail Bachtins Lektüren der Texte Dostojewskis heben an ihnen diesen Charakter hervor; diese inszenierten eine Welt »im Augenblick des unabgeschlossenen Übergangs«, in der das »Thema der *Schwelle*« eine herausragende Rolle besetze.[100] Dostojewskis Literatur wird als karnevaleske Literatur ausgezeichnet. Diese beruhe auf vier Kategorien: dem *»freie[n], familiäre[n] Kontakt«*, der *»Exzentrizität«*, den *»karnevalistischen Mesalliancen«* und der *»Profanierung«*,[101] also der hierarchischen Gleichstellung, der Hervordrängung, der ungewöhnlichen Kombination und der Umkehrung.[102] Zugleich wird diese Literatur besonders durch ihre Gattungsvorbilder, den »sokratischen Dialog[]« und die »menippeische[] Satire«,[103] charakterisiert, die spezielle Merkmale aufweisen, welche Renate Lachmann so zusammenfasst:

> Diese Merkmale, die nicht immer gekoppelt und mit unterschiedlicher Dominanz auftreten können, sind das Parodistische (als Schaffung eines »erniedrigenden Doppelgängers«, als Erzeugung der »umgestülpten Welt«), das Lachelement selbst, die experimentelle Phantastik, die gewissermaßen freie, unmotivierte, sich an keinem Wahrscheinlichkeitskode orientierende Wahl des Sujets, der Synkretismus der Form, die Exzentrik der Thematik: Behandlung der letzten Fragen, Darstellung von Schwellensituationen, Beschreibung von Anomalien, Manien, Psychopathien, Skandalen; sodann die utopische, aufs Universale zielende Ausrichtung.[104]

Damit einher gehen auch unterschiedliche Motive, die Schwellensituationen charakterisieren: Die Darstellung von Orten des Übergangs, Orten mit eigener Zeitordnung, von Träumen oder von Spielkonfigurationen, in denen die normierte Ordnung verhandelt und gewendet wird, in der Aspekte dieser Ordnung als Wetteinsatz eingebracht werden können.[105]

99 Kristiansen: Unform – Form – Überform, S. 55 (H. i. O.).
100 Bachtin: Probleme der Poetik Dostoevskijs, S. 189 und 198 (H. i. O.).
101 Bachtin: Probleme der Poetik Dostoevskijs, S. 137f. (H. i. O.).
102 Vgl. Lachmann: Vorwort, S. 31.
103 Vgl. zu diesen beiden Gattungen Bachtin: Probleme der Poetik Dostoevskijs, S. 122–133.
104 Lachmann: Vorwort, S. 30f.
105 Vgl. Bachtin: Probleme der Poetik Dostoevskijs, S. 122–132; vgl. auch S. 193: »Das Spiel [...] ist seinem Wesen nach karnevalistisch«.

Was die Bachtin'sche Analyse der menippeischen Satiren, der sokratischen Dialoge und der Texte Dostojewski vor Augen führt, ist, dass die Schwelle einen Ort »permanenter Prozessualität«[106] beschreibt. Der Stillstand ist nicht einfach die Abwesenheit von Handlung, sondern wird als solcher produziert, während des Stillstandes passiert etwas. Joseph Vogl hat versucht, Literatur zu identifizieren, die eine »Schwellenkunde« betreibt. In dieser werde nicht die Tat, sondern das »Zaudern« zum dominanten Betätigungsmerkmal. Während des Zauderns eröffne sich ein Reflexionsraum, der unterschiedliche Möglichkeiten durchspiele, der versuche, das Geschehene nicht von der Tat her nachträglich zu lesen, sondern dieses *in actu* und prospektiv zu interpretieren.[107]

Die Schwellenthematik ist in den *Zauberberg* vielfach eingeschrieben: Der Roman behandelt thematisch einen doppelten zeitlichen Zwischenbereich (für die historische Zeit kurz vor Weltkriegsausbruch und für Hans Castorp kurz vor Eintritt ins Berufsleben), der gerade nicht transitorisch in einen Bereich hinüberführt. Am Romanende steht eine Handlungsexplosion, ein »Donnerschlag«, der Hans Castorp »entzaubert, erlöst, befreit« (1079) und der wie das Aufwachen aus einem Traum wirkt, wenn Castorp wie der »Siebenschläfer [...] sich langsam aufrichtet[], bevor er s[itzt] und sich die Augen r[eibt]« (1078). Das Zauderartige der Situation, in die der Roman einführt, zeigt sich schon im verschleppten Anfang des Textes, der eben zweimal einsetzen muss, um zu beginnen, mit »Vorsatz« und Handlungsbeginn, und es zeigt sich auch in Castorps Ankunft, die eben nur eine nachträgliche und in Frage gestellte Ankunft ist: »Und plötzlich vernahm er [Castorp, B.M.] neben sich Joachim Ziemßens Stimme [...], die sagte: ›Tag, du, nun steige nur aus‹ [...][.] ›Ich bin aber noch nicht da‹, sagte Hans Castorp verdutzt und noch immer sitzend. ›Doch, du bist da.[‹]« (14f.). Zudem ist das Sanatorium ein Ort der Kontingenz; es geschieht zwar etwas, doch dies scheint keine Konsequenzen zu zeitigen und könnte deshalb ebenso gut anders geschehen: Der Beischlaf von Hans Castorp und Clawdia Chauchat wirkt ähnlich bedeutungslos wie das berühmte Urteil aus Castorps Schneetraum, das keine Konsequenz für die Handlung hat und von dem Protagonisten vergessen wird. Ähnlich werden wichtige Figuren aus dem Roman durch ihr Sterben verabschiedet, ohne dass dies Eindruck

[106] Achim Geisenhanslüke: Schriftkultur und Schwellenkunde? Überlegungen zum Zusammenhang von Literalität und Liminalität. In: Schriftkultur und Schwellenkunde. Hg. von Achim Geisenhanslüke und Georg Mein. Bielefeld 1998, S. 97–119, hier S. 114.

[107] Für ihn wären Beispiele etwa bei Friedrich Schiller (*Wallenstein*-Trilogie), Franz Kafka (*Das Schloß*) oder Robert Musil (*Der Mann ohne Eigenschaften*) zu finden. Vgl. Joseph Vogl: Über das Zaudern. 2. Aufl. Zürich und Berlin 2008. Zu Kafkas Schloß als »eine[r] Art Schwellenkunde« vgl. ebd., S. 79.

hinterließe. Das Sanatorium ist bevölkert von Zauderern, die sich entweder durch Entscheidungen zum Sich-nicht-Entscheiden und Ausprobieren (Castorp) oder durch den zwanghaften Versuch, sich entscheiden zu wollen, aber nicht zu können (Settembrini) auszeichnen. Es ist eine Welt, in der die Tüchtigsten und Entscheidungsfreudigsten sterben (Ziemßen, Naphta), aber auch eine, in der jene, die gar keinen Hang zur Tat haben oder Taten immer nur umkreisen, zu Tode kommen (die »Moribunden«, Peeperkorn). Hofrat Behrens, »die Seele des Ganzen« (201), befindet sich im Sanatorium Berghof wie in einem Zwischenlager. Heraufgeführt mit seiner sterbenskranken Frau, blieb er einfach dort und untersucht, handelt also, leitet aber ein System der Aufschiebungen, der Verlängerungen, das immer noch ein halbes Jahr des Aufenthalts von den Insassen verlangt. Doch selbst die Kranken sind nicht eindeutig einem Bereich zuzuordnen, sie sind morbide, befinden sich zwischen Leben und Tod. Selbst am Ende des Romans wird keine Eindeutigkeit sichergestellt, da es unentschieden bleibt, ob Castorp im Weltkrieg stirbt oder diesen überlebt.

Die sich hier zeigende Liminalität des Romans drückt sich auch in tatsächlichen Schwellen aus, die zentrale Bedeutung für die Handlung haben. So beginnt etwa Castorps Liebesgeschichte – wenn man sie denn so nennen will – mit Clawdia Chauchat damit, dass diese die Tür des Speisesaals zuschlägt und das Türeschmettern wird im Verlaufe des Textes ihr Charakteristikum. Die Liebesnacht am Karnevalsabend wird – zumindest im sogenannten *Yale-Manuskript* – dadurch angedeutet, dass Castorps Aufstieg »nicht über zwei Treppen führte, sondern nur über eine«.[108] Und Chauchats Abreise beobachtet Castorp durch ein »Korridorfenster« (526).

Auch wenn Castorp innerhalb der Dichotomie bürgerlich/unbürgerlich *prima facie* die bürgerliche Sphäre repräsentiert, bewegt er sich zwischen diesen Bereichen, mit je nachdem stärkeren oder schwächeren Ausschlägen in die eine oder andere Richtung. Hans Castorp wird vom Roman bereits in ein dialogisches Verhältnis zu seiner Epoche gesetzt. Seine Handlungen scheinen gerade die kontrastierende und relativierende fremde Sprache zu sein, die der Hochkultur entgegensteht, da »sie [die Epoche, B.M.] sich ihm als hoffnungslos, aussichtslos und ratlos heimlich zu erkennen gibt und der bewußt oder unbewußt gestellten […] Frage nach einem letzten, mehr als persönlichen, unbedingten Sinn aller Anstrengung und Tätigkeit ein hohles Schweigen entgegensetzt« (54). Indem also die Zeit keine harmonisierende Antwort auf den angestrengten Dialog bereithält, ist die »lähmende Wirkung« (54) zwar eine Antwort, aber die Lähmung als Aus-

[108] Vgl. GKFA 5.2, S. 263.

halten einer Schwellensituation ist nicht notwendigerweise ein Nichtstun. Die Handlungen Castorps können als Teile dieses Dialogs begriffen werden, sie werden kontrastiert von einer gleichzeitig erwartungsvollen wie sprachlosen Epoche. Hier lässt sich eine Verknüpfung zwischen Dialogisierung und Karnevalisierung erkennen, denn Hans Castorps Handlungen entbehren der Folgerichtigkeit: »[U]nd als es sich dann entschied [...], fühlte er wohl, daß es sich ebensogut anders hätte entscheiden können« (55). Er wird von Clawdia Chauchat als »prince Carnaval« bezeichnet (520), als Vertreter einer Gegenkultur, die gerade durch das Ausbleiben eines Dialogs zustande kommt und deshalb die Dialogisierung eigenständig hervorruft.

Der Text zeigt hier sein Potential, als Ort der Schwellen zugleich Verhandlungsort kultureller Leitunterscheidungen zu werden. Er wird zu einem Möglichkeitsraum, unterschiedliche Optionen werden durchgespielt. Nicht nur drängt die Folgenlosigkeit von Handlungen Alternativen geradezu auf, während der Sanatoriumszeit kann Hans Castorp verschiedene biographische Möglichkeiten ausprobieren: Er wird zum Forscher in der Lektüre von biologischen Lehrbüchern, er wird zum Sammler von Blumen, setzt sich mit Astronomie auseinander, wird zum Arrangeur von Platten und lebt eine Tendenz »Geistlicher werden [zu] können« (398) in der Umsorgung der todgeweihten »Moribunden« aus.

Der Text ist als Schwellenraum der Ort, an dem verschiedene Möglichkeiten zugleich nebeneinander bestehen, ohne sich vollständig zu konkretisieren. Darüber hinaus wird die Schwellenthematik mit einer Thematik der Grenze in Spannung gesetzt: Grenzen werden gezogen, die Vorstellung von Abschließbarkeit wird nicht verabschiedet – der Roman bemüht beide topographischen Logiken. Liminalität ist ein Merkmal der Hybridisierung, weil sie den Zustand der Simultaneität und inneren Spaltung ausdrückt, und zugleich auch ein Merkmal karnevalesker Literatur.

Das Verhältnis von Dialogizität und Karnevalisierung ist jedoch nicht einfach zu bestimmen. Laut Sylvia Sasse ist es »synchron betrachtet, ein Verhältnis der Überschneidung von Merkmalen, diachron betrachtet ein Verhältnis von Ermöglichung und Speicherung«.[109] Der polyphone Roman bei Bachtin ist eine Erfindung Dostojewskis. Er entsteht durch die Hybridisierung zweier Gattungstraditionen: Romane mit starker dialogischer Prägung wie die der englischen Humoristen und den karnevalesken Grundgattungen des sokratischen Dialogs und der menippeischen Satire. Man kann als Hauptmerkmal des polyphonen Romans deshalb eine, um

[109] Sasse: Michail Bachtin zur Einführung, S. 175.

ein Wort Sasses zu verwenden, »karnevalisierte Dialogizität«[110] ausmachen. Wenn die Hybridisierung ein Spezialfall des Dialogischen ist, ist sie notwendigerweise auch in allen polyphonen Romanen vorhanden. Dann ließen sich auch karnevalisierende Elemente überprüfen, weil Polyphonie und Karneval zusammengehören.

Dass der Text nicht nur Schwellen, sondern auch Grenzen produziert, ist Teil seiner hybridisierenden Poetik. Dabei stehen sich die Bereiche jedoch nicht stabil entgegen, sie gehen ineinander über und können sich gegenseitig bedingen: Die Konfrontation dieser topographischen und semantischen Operationen geht nicht bruchlos vonstatten und wird im Text reflektiert. Das zeigt auch, dass die Dichotomie Form-Unform keine Lehre oder Botschaft des Textes darstellt. Dass Abgrenzungen stattfinden durch rhetorische Operationen der Übertreibung und Metaphorisierung, konnte im vorherigen Kapitel gezeigt werden – und damit auch die literarische Produktivität solcher Grenzziehungen und Monologisierungen. Dabei ist das Andere, gegen das die unökonomische Krankheit ausgespielt wird, nur marginal präsent und hauptsächlich aus der Thematisierung des Ökonomischen im Mann'schen Frühwerk rekonstruierbar. Doch auch innerhalb der schlechten Ökonomie werden Binnendifferenzierungen gezogen, die ihrerseits jedoch nicht stabil bleiben – und dies liegt am Mechanismus der Grenzziehung selbst, nämlich der Leitmotivik, die die eindeutige Semantisierung, die sie zu erzeugen vorgibt, gar nicht erzeugen kann. Das Leitmotiv ist selbst abgeschlossen und offen, überschreitend und limitierend.

In der vorliegenden Untersuchung wird es um ein wiederholtes Aufzeigen der Konfliktfelder, der Grenzziehungen und der Hybridisierungen, die solche Grenzen verwischen und erzeugen, gehen. Damit wird, paradox gewendet, die Formlosigkeit zur Form des Textes erklärt, die Hybridisierung das poetologische Prinzip, das als Begriff zwar eine Geschlossenheit in der Betrachtung des Textes aufscheinen lassen mag, jedoch eine solche keineswegs behauptet. Die Offenheit des Romans bei gleichzeitiger äußerer Geschlossenheit ist die Grundkonfiguration, die in der Betrachtung des Romans immer wieder hervortreten wird.

Mit dieser Perspektivierung lässt sich auch der Aufbau des Textes erklären, etwa in der Signifikantenlogik, die die Textur über ihr Buchstabenmaterial organisiert und dabei auf der syntagmatischen Handlungsebene im Sinne der Schließung instrumentalisiert wird. Es soll aber nicht behauptet werden, dass die sich daraus ergebende Ordnung jemals abgeschlossen

[110] Sasse: Michail Bachtin zur Einführung, S. 174.

wäre. Vielmehr wird eine Kippfigur beleuchtet: Die durch Vermischungen entstehenden Bedeutungsauflösungen führen zu kreativen Textgestaltungsstrategien, die aber keine endgültige Bedeutung festzuschreiben vermögen.[111] Geschlossenheit ist nicht der teleologische Abschluss des Unabgeschlossenheit, sondern nur eine Zwischenstufe, die wiederum zur Offenheit führt.

Hybridisierung und Störung

Wenn also diese Offenheit in der Geschlossenheit betrachtet, wenn die Hybridisierung in ihrer Funktion für den Text untersucht werden soll, braucht es ein Analyseverfahren, um Hybridisierungen überhaupt erst zu erkennen.

Im Rahmen einer Betrachtung der Hybridisierung kommt dem Begriff der *Störung* eine wichtige Rolle zu. Der Begriff wurde prominent in der Kommunikations- und Informationstheorie Claude E. Shannons eingeführt. Shannons – wohlgemerkt: asemantische – Vorstellung von Kommunikation beruht auf einer als rein verstandenen Kommunikation zwischen Sender und Empfänger, wobei die gesendete Information stets einer Wahlmöglichkeit entspricht. Durch eine von außen hinzutretende Störung, die von einer zweiten Signalquelle ausgeht,[112] wird die Kommunikation problematisch. Es tritt also etwas Neues, für das System selbst Fremdes, hinzu. Gibt es bereits Lösungsmechanismen, dies herauszufiltern, spricht man von einer bloßen »Verzerrung«.[113] Eine Störung ist dann erreicht, wenn eine gewisse, von Fall zu Fall jeweils andere, Grenze überschritten wird, die einen Dekodierungsakt unmöglich macht, ihn also unterbricht. Man hat es

[111] Folglich wird auch keine Interpretation des Romans angestrebt, die den Einfluss werkexterner Philosopheme der für Mann gewichtigen Denker wie Arthur Schopenhauer oder Friedrich Nietzsche aufweisen möchte. Solche Untersuchungen gibt es bereits: Einerseits in Bezug auf Schopenhauer prominente die Ausführungen von Kristiansen über die Konzepte »Unform«, »Form« und »Überform« im Roman, andererseits zahlreiche Untersuchungen zu dem Einfluss von Konzepten der nietzscheanischen Philosophie. Vgl. Kristiansen: Unform – Form – Überform; Erkme Joseph: Nietzsche im »Zauberberg« (= TMS 14). Frankfurt a. M. 1996; Pütz: Thomas Mann und Nietzsche.

[112] Diese Nobilitierung der Störungsquelle als einer zweiten Quelle ist eine wichtige Innovation des Modells. Vgl. Erhard Schüttpelz: Eine Ikonographie der Störung. Shannons Flußdiagramm der Kommunikation in ihrem kybernetischen Verlauf. In: Transkribieren. Medien/Lektüre. Hg. von Ludwig Jäger und Georg Stanitzek. München 2002, S. 233–280.

[113] Claude E. Shannon: Die mathematische Theorie der Kommunikation. In: Claude E. Shannon und Warren Weaver: Mathematische Grundlagen der Informationstheorie. München und Wien 1976, S. 41–143, hier S. 77.

hier also mit einer doppelten Grenzüberschreitung zu tun: einem Eindringen und einer Überschreitung der Angemessenheit der Vermischung. Shannons Modell lässt den Zusammenhang der Kippfigur von Vermischung und Auflösung, die der Reflexion über die Hybridität eignet, noch weiter konturieren, denn es handelt sich um die Frage von Über- und Unterdeterminiertheit: Indem das Fremdsignal zu stark in die Botschaft einwirkt, besteht das neue Hybridsignal aus zu viel Information – und erhöht deshalb die Wahlmöglichkeit und Unsicherheit so stark, dass die Dekodierung sehr anspruchsvoll bis unmöglich wird.[114] Das Phänomen hat viele Namen –»noise«,[115] »Rauschen«[116] oder »Störung«.[117] Es ist sowohl das, was eindringt, solange man es nicht bestimmen kann, als auch der Effekt für die Rezipienten, wenn sie die hybridisierte Botschaft betrachten: »Am physikalischen Phänomen des Rauschens [...] ist die Ambivalenz von Leere und Fülle, 0 und 1 aisthetisch nicht zu Gunsten der einen oder anderen Seite entscheidbar. [...] *Die Gleichzeitigkeit zweier sich logisch ausschließender Seinsmodi ist es gerade, was die unabweisbare und beunruhigende Insistenz des Rauschens ausmacht*«.[118]

Ein wortgeschichtlicher Zugang mag die weitere Facettierung des Begriffes der Störung zeigen: In dem *Deutschen Wörterbuch* werden »stören« zwei Bedeutungen zugeschrieben, zum einen »*ganz sinnlich*« und zum anderen »*im erweiterten Gebrauch*«. In der ersten Tradition bedeutet es »*in etwas herumstochern, mit einem werkzeug darin herumfahren* [...][,] *verblasster ›darin herumsuchen‹, wie sonst* stöbern [...], *doch leicht mit dem beisinn von ›unordnung, verwirrung dabei anrichten‹*«.[119] Stören bezeichnet also ein negativ konnotiertes Vermischen. Der Eintrag betont die Auflösung im Gegensatz zur Rekombination. In der zweiten erwähnten Tradition sind synonyme Formulierungen »*belästigen, beunruhigen, verwirren,*

114 Markus Rautzenberg erwähnt »Shannons Diktum, dass ein Höchstmaß an Information nicht von einem Höchstmaß an Störung unterschieden werden könne« (Markus Rautzenberg: Die Gegenwendigkeit der Störung. Aspekte einer postmetaphysischen Präsenztheorie. Zürich und Berlin 2009, S. 130). Für die Erklärung des Sachverhalts danke ich Charlotte Coch.

115 Vgl. Claude E. Shannon: The Mathematical Theory of Communication. In: Claude E. Shannon und Warren Weaver: The Mathematical Theory of Communication. Urbana 1964, S. 29–125, hier S. 75.

116 So wird es beispielsweise genannt von Bernhard Siegert: Die Geburt der Literatur aus dem Rauschen der Kanäle. Zur Poetik der phatischen Funktion. In: Electric Laokoon. Zeichen und Medien, von der Lochkarte zur Grammatologie. Hg. von Michael Franz u. a. Berlin 2007, S. 5–41, hier S. 12.

117 Claude E. Shannon: Die mathematische Theorie der Kommunikation, S. 79.

118 Rautzenberg: Die Gegenwendigkeit der Störung, S. 128 (H. i. O.).

119 Jacob und Wilhelm Grimm: Deutsches Wörterbuch. Hg. von der Deutschen Akademie der Wissenschaften zu Berlin. 10. Bd., 3. Abt.: Stob–Strollen. Bearbeitet von Bruno Crome und der Arbeitsstelle des Deutschen Wörterbuches zu Berlin. Leipzig 1957, Sp. 385 (H. i. O.).

hemmen, hindern, unterbrechen, unterbinden«.[120] Das *Deutsche Wörterbuch* führt selbst eine Erklärung für die Herleitung der Unterbrechung aus dem Herumstochern an, mutmaßend, dies sei »*vielleicht entwickelt aus der bildlichen übertragung von 1* [also der ›sinnlichen‹ Bedeutung, B.M.] *und so ›in unordnung bringen‹*«.[121] Die nahegelegte begriffsgeschichtliche Evolution sieht durch die Vermischung eine Auflösung von Zusammenhängen begründet, die sich – von statischen auf dynamische Systeme übertragen – als die Unterbrechung eines Vollzugs verstehen lässt.[122]

Es lässt sich aufgrund dieser beiden Wortgeschichten behaupten, dass die Störung ein Phänomen beschreibt, dass zwei Aspekte – Hybridisierung und »Präsenz«[123] – umfasst. Eine forschungsgeschichtliche Fährte führt von dort aus in die Richtung einer ›postmetaphysischen Präsenztheorie‹ oder ›posthermeneutischer‹ Lesarten.[124] In diesen wird der Aspekt der Unterbrechung betont, kein Akt der Semiose oder des Verstehens gehe vollständig auf, gerade auch, weil das Nichtverstehen und das Nicht-Semiotisierbare notwendigerweise zu den Vollzügen des Verstehens und der Semiotisierung dazugehörten.[125] Diesen Prozessen eignet stets eine, so Markus Rautzenberg, »Materialität der Kommunikation, die Präsenz eines Mediums, die allerdings nicht mit Stoff oder Substanz verwechselt werden kann, da sie nicht in dinghafter Anwesenheit aufgeht. Ihr Modus ist vielmehr die paradoxe Anwesenheit in der Abwesenheit, Vollzug im

[120] Grimm: Deutsches Wörterbuch, Bd. 10, 3. Abt., Sp. 387 (H.i.O.). Noch deutlicher wird diese Semantik durch den sprachgeschichtlich älteren Eintrag bei Adelung. Johann Christoph Adelung: Grammatisch-kritisches Wörterbuch der Hochdeutschen Mundart mit beständiger Vergleichung der übrigen Mundarten, besonders aber der Oberdeutschen. Mit D.W. Soltau's Beyträgen, revidirt und berichtiget von Franz Xaver Schönberger. Vierter Theil, von Seb–Z. Wien 1808, Sp. 407f., wo »stören« erläutert wird als »[d]ie Fortdauer einer Sache auf eine unerlaubte, oder doch unangenehme Art unterbrechen« und »[v]ernichten, den Zusammenhang aller Theile eines Dinges gewaltsam unterbrechen«.

[121] Grimm: Deutsches Wörterbuch, Bd. 10, 3. Abt., Sp. 387 (H.i.O.).

[122] Bemerkenswert ist, dass die Störung, wie sie sich in ihrer »sinnlich[en]« Wortgeschichte darbietet, eine Vermischung aus Komponenten des ruhenden Urzustandes darstellt. Die Einwirkung von außen besteht bloß in einem Anstoß, ohne ein neues Element dazuzugeben. Es wäre höchstens dieser Anstoß, der als Neues eindringt. Überträgt man dies auf die Vorstellung einer Hybridisierung, die immer noch die Bestandteile der Vermischung erkennen lässt, würden die einzelnen Bestandteile, aus denen die Vermischung besteht, auch erst durch die Vermischung selbst sichtbar werden. Die Vorstellung einer vorgängigen Reinheit ist somit noch gar nicht gegeben.

[123] Rautzenberg hebt »*die im Rauschen stattfindende Erfahrung radikaler Alterität*« hervor (Rautzenberg: Die Gegenwendigkeit der Störung, S. 128, H.i.O.) und damit »[d]as Erscheinen oder Erleben einer Präsenz« (ebd., 129).

[124] So der Untertitel des Buches von Markus Rautzenberg und der Titel des Buches von Dietmar Mersch: Posthermeneutik. Berlin 2010, S. 131–199.

[125] Zum Verstehen vgl. Mersch: Posthermeneutik, S. 131–199.

Entzug«.[126] Rautzenbergs Argumentation beruht auf der Auseinandersetzung mit Martin Heideggers Konzeption einer Störung als *»Störung der Verweisung«*:[127] Indem Gegenstände bei Heidegger die »Modi der Auffälligkeit, Aufdringlichkeit und Aufsässigkeit« annehmen, unterbrechen sie den geregelten Bezug zur Umwelt und machen dadurch *ex negativo* auf die Verweisung selbst aufmerksam.[128] Allerdings müssen bei Heidegger auch Zeichen, damit sie als solche überhaupt wahrgenommen werden können, selbst auffallen.[129] Rautzenberg kann deshalb folgern: *»Aufsässigkeit und Auffälligkeit sind zwei Bezeichnungen für denselben Vorgang: Nicht nur in der Störung erweist sich Zeug als unzuhanden, sondern auch und gerade im ›problemlosen Vollzug‹ von semiosis«*.[130]

Durch diese Hervorhebung einer Insistenz des Zeichens in der Materialität ist zugleich auch die Nicht-Arretierbarkeit des Sinns sprachlicher Äußerungen hervorgehoben. Man könnte dieses Phänomen auch als Rhetorizität oder Poetizität bezeichnen, und zwar bereits in einem grundlegenden, klassisch rhetorischen Sinn: »Für die ungestörte Verständigung muß die Sprache also bleiben, was sie ist: ein Unbewußtes. Literatur als Sprache, die sich ihrer Mittel – und das heißt: ihrer selbst – bewußt und des ›Vollzugs‹ müde wird, ließe sich von daher begreifen als gestörte Rede, ja als ein Spracherwachen«.[131] In dem Moment, in dem man – und nicht unbedingt die Sprache »ihrer selbst« – sich der rhetorischen Verfasstheit der Sprache bewusst wird, unterbricht dies den unbewussten Vorgang der Wahrnehmung, des Lesens – und rückt die rhetorischen Strategien der Sprachmodellierung in den Vordergrund. Es tritt also auch hier eine Widerständigkeit des Materials auf, was eine Fokussierung auf die Materialität im Sinne der Zeichenhaftigkeit der Sprache zur Folge hat. Ob bei rhetorischen Figuren

[126] Rautzenberg: Die Gegenwendigkeit der Störung, S. 18.

[127] Martin Heidegger: Sein und Zeit. 10., unveränderte Aufl. Tübingen 1963, S. 74 (H. i. O.).

[128] Vgl. Heidegger: Sein und Zeit, S. 74: »Die Modi der Auffälligkeit, Aufdringlichkeit und Aufsässigkeit haben die Funktion, am Zuhandenen den Charakter der Vorhandenheit zum Vorschein zu bringen. [...] In der Auffälligkeit, Aufdringlichkeit und Aufsässigkeit geht das Zuhandene in gewisser Weise seiner Zuhandenheit verlustig«.

[129] Vgl. Heidegger: Sein und Zeit, S. 80: »Der eigenartige Zeugcharakter der Zeichen wird an der ›Zeichenstiftung‹ besonders deutlich. Sie vollzieht sich in und aus einer umsichtigen Vorsicht, die der zuhandenen Möglichkeit bedarf, jederzeit durch ein Zuhandenes sich die jeweilige Umwelt für die Umsicht melden zu lassen. Nun gehört aber zum Sein des innerweltlich nächst Zuhandenen der beschriebene Charakter des ansichhaltenden Nichtheraustretens. Daher bedarf der umsichtige Umgang in der Umwelt eines zuhandenen Zeugs, das in seinem Zeugcharakter das ›Werk‹ des *Auffallenlassens* von Zuhandenem übernimmt. Deshalb muß die Herstellung von solchem Zeug (der Zeichen) auf deren Auffälligkeit bedacht sein« (H. i. O.).

[130] Rautzenberg: Die Gegenwendigkeit der Störung, S. 170 f. (H. i. O.).

[131] Groddeck: Reden über Rhetorik, S. 13.

oder bei Tropen, der Blick richtet sich dabei zunächst nicht auf den Sinn der Aussage, sondern das Arrangement von Buchstaben.

Insofern lässt sich auch behaupten, dass die Aufgabe der Literaturwissenschaft von jeher war, sich mit Störungen auseinanderzusetzen oder zumindest Texte als Störungen zu lesen,[132] gerade auch in ihrer Bedeutung als Über- und Unterdeterminiertheit:[133] Denn indem ein Zeichen auffällt, fügt es sich nicht in den Sinnzusammenhang seines Kontextes ein und liefert keinen – bzw. als einzelnes Wort selbst – zu viel Sinn. Und Texte auf ihre Rhetorik hin zu lesen bedeutet auch, diese unter einen unbeschränkten Sinnverdacht zu stellen, der letztlich stets auch Aporien einbezieht, mit der Folge, »daß die rhetorische Lektüre keineswegs zu einem kontinuierlichen Zuwachs an Einsicht in den Text führen muß, sondern daß sie, wenn sie ihr analytisches Geschäft so redlich als möglich betreibt, einem unberechenbaren Wechsel von Begreifen und Nichtverstehen ausgesetzt ist, ja daß sie auch mißlingen kann«.[134]

Das Verstehen der Kunst als Störung hängt damit zusammen, dass einer ästhetisch hochwertigen Kunst stets auch ein subversives, reflexives Potential zugesprochen wird, ein störender Charakter. Sie steht in einem Spannungsverhältnis zur Gesellschaft; in ihrem gleichzeitigen »Doppelcharakter [...] als autonom und als fait social«[135] zeigt sie ihre Zugehörigkeit zur Gesellschaft dadurch, dass sie ihr opponiert. Wenn die Kunst durch »ihr bloßes Dasein«, wie Theodor W. Adorno meint, die Gesellschaft »kritisier[e]«, mag man an eine Bildlichkeit des Heraustretens aus gesellschaftlichen Vollzügen denken. In Adornos Diktum stecken jedoch auch Anklänge eines karnevalistischen Literaturverständnisses: »Vielmehr wird sie zum Gesellschaftlichen durch ihre Gegenposition zur Gesellschaft, und jene Position bezieht sie erst als autonome«[136] Kunst steht in einem dialogi-

[132] Vgl. dazu auch Hörisch: Kopf oder Zahl, S. 37: »Poetische Texte [sind] funktional auf Verhinderung von Verständigung, auf Störung von erfolgreicher Kommunikation und eben dadurch auf Stimulierung von problem- und konfliktverliebter, ja scheiternder Dauerkommunikation spezialisiert«.

[133] Vgl. hierzu auch Hörisch: Kopf oder Zahl, S. 41, der »*eine* systematische Funktion von Literaturgeschichtsschreibung« identifiziert: »[S]ie neigt in aller Regel dazu, die von Literatur beobachteten Paradoxien zu entschärfen und über die poetisch induzierten Kommunikationsstörungen hinwegzuführen«.

[134] Groddeck: Reden über Rhetorik, S. 280.

[135] Theodor W. Adorno: Ästhetische Theorie. In: Theodor W. Adorno: Gesammelte Schriften, Bd. 7. Hg. von Gretel Adorno und Rolf Tiedemann. Frankfurt a. M. 1970, S. 7–387, hier S. 16.

[136] Vgl. Adorno: Ästhetische Theorie, S. 335: »Gesellschaftlich aber ist Kunst weder nur durch den Modus ihrer Hervorbringung, in dem jeweils die Dialektik von Produktivkräften und Produktionsverhältnissen sich konzentriert, noch durch die gesellschaftliche Herkunft ihres Stoffgehalts. Vielmehr wird sie zum Gesellschaftlichen durch ihre Gegenposition

schen Verhältnis zur Gesellschaft, tritt deshalb als Gegenposition aus der Gesellschaft heraus, oder – und vielleicht lassen sich die beiden Erklärungen nicht trennen, sondern müssen immer als Paradox zusammengedacht werden – besetzt qua Kritik einen Platz im Gesellschaftlichen, das nun nicht mehr ungestört, monologisch, operieren kann.

Trotz einer allgemeinen Störungsaffinität der Kunst lässt sich, ausgehend von der rhetorischen Betrachtung der Sprache, dennoch ein in der Forschung propagiertes literaturhistorisches Gefälle wahrnehmen, das eine historische Zäsur markieren soll. Texte würden im Laufe der Evolution der Literatur hin zu einer anwachsenden Modernität zunehmend ambiguisiert. Christoph Bode führt Dieter Wellershoff an: »Ein durchgehender Zug der modernen Kunst und Literatur ist die verweigerte Verfestigung der Erscheinungen und Bedeutungen; immer neue Störtaktiken werden erfunden, die das scheinbar Bekannte, das repräsentativ werden möchte, auflösen in Vieldeutigkeit und Bewegung«.[137] Diese Texte der »Moderne« (etwa von James Joyce, Franz Kafka oder Samuel Beckett) seien solche, die sich besonders durch ihre »Selbstbezüglichkeit« auszeichneten und deshalb die Unterlegenheit einer bloß »mimetisch-realistischen« Lektüre offenbarten.[138]

Ambiguität, also (logische und sprachliche) Mehrdeutigkeit, die einem Zusammenhang mehrere Bedeutungen zukommen lässt, welche mehr oder weniger klar voneinander zu trennen sind (was bis zur Unentscheidbarkeit reicht), ist für die Entziffernden oder Interpretierenden (semantisch gesehen) eine Hybridisierung, die ein Zuviel und Zuwenig an Sinn produziert. Aber es handelt sich um eine Lektüreentscheidung, ob man einen Text mimetisch-realistisch oder mehrdeutig lesen möchte: Es wäre durchaus möglich, auch *Ulysses* ganz eindeutig realistisch zu lesen. Das Argument Bodes zur Konstatierung der tatsächlichen Mehrdeutigkeit von Texten ist, dass es solche gibt, die es einem gar nicht mehr ermöglichten, sie nicht ambig zu lesen oder einem zumindest, wenn man sie so liest, das Gefühl vermittelten, nicht angemessen gelesen zu haben.[139]

zur Gesellschaft, und jene Position bezieht sie erst als autonome. Indem sie sich als Eigenes in sich kristallisiert, anstatt bestehenden gesellschaftlichen Normen zu willfahren und als ›gesellschaftlich nützlich‹ sich zu qualifizieren, kritisiert sie die Gesellschaft, durch ihr bloßes Dasein«.

[137] Dieter Wellershoff: Literatur und Lustprinzip. Essays. Köln 1973, S. 12; zitiert nach Christoph Bode: Ästhetik der Ambiguität. Zu Funktion und Bedeutung von Mehrdeutigkeit in der Literatur der Moderne. Tübingen 1988, S. 1.

[138] Vgl. Bode: Ästhetik der Ambiguität, S. 380 und 381.

[139] Das »Bedeuten« moderner literarischer Texte, schreibt Bode im Fazit seiner Studie, »scheint noch nicht ausgemacht, und der ›offene‹ Text, eine Art Bedeutungsgenerator, lädt den Leser zur Teilnahme an einem unabgeschlossenen (wohl auch unabschließbaren) Semiosis-Prozeß ein, läßt ihn m.a.W. bewußt den normalerweise automatisch ablaufenden Vorgang

In solche Lektüreentscheidungen spielen verschiedene Faktoren hinein – seien es mentalitätsgeschichtliche Tendenzen, sei es die Persönlichkeit oder die Lebenssituation des oder der Lesenden, eine ›unterlegene‹ Lektüre gibt es jedoch nicht. Würde man etwa behaupten, im *Ulysses* gehe es vor allem um die Sprachmacht und das Bedeutungsspiel und nicht um eine Geschichte, diese sei hingegen sehr schnell erzählt – die Darstellung eines Tages in Dublin –, so ließen sich alle Sprachexperimente und die außerordentliche Detailgenauigkeit der Beobachtung auch verstehen als Effekte, die eine mimetisch-realistische Lesart gerade begünstigen sollen und den Leser/die Leserin[140] darauf – wenn auch mit Anstrengung – hinarbeiten lassen, diese zu realisieren. Diese Lesart wäre forciert, ließe aber nicht die Entscheidung zu, welche der beiden Lesarten angemessener wäre.[141]

Die Inversion dieses Arguments kann man auf den *Zauberberg* anwenden, nämlich dass er eine sehr einfache Geschichte erzählt: »Der Handlungsfaden dieser ›Geschichte‹ [...] ist locker und wenig sensationell, eher schon ein wenig skurril«.[142] Das Gegenteil davon zu behaupten, also die Ambiguität des Textes zu fokussieren, nicht nur seinen Botschaftsgehalt, sondern das Inventar der Störtechniken, ist vielmehr die Entscheidung für eine Haltung beim Lesen, welche die Mehrdeutigkeiten des Textes nicht zugunsten einer hermeneutisch naheliegenden, mimetisch-realistischen Lesart auflösen möchte. Auch wenn Manns Text beim ersten Lesen vielleicht den Eindruck vermittelt, ihn durchaus angemessen zu lesen, indem man ihn mimetisch-realistisch liest, so schließt dies ein breiteres Interpretationsspektrum nicht aus. Stefan Börnchen hat dies in einem Aufsatz zu *Buddenbrooks* als Problem der Offenheit und Geschlossenheit eines Textes auf Mann rubriziert:

So betrachtet, liegt der Unterschied zwischen einem Text, dem »alle Offenheit abgeht« und einem Text von höchster Offenheit lediglich darin, das letzterer sich

der Konstitution symbolischer Sprache erleben. Die in solchen Fällen auftretende potenzierte Mehrdeutigkeit, die sich darin zeigt, daß über die so gelockerten Signifikanten jeweils mehrere gleich-gültige ›interpretative grids‹ (Interpretations-Raster) gelegt werden können, wurde Ambiguität zweiter Ordnung genannt und tentativ als Echtheitsmerkmal der literarischen Moderne apostrophiert« (Bode: Ästhetik der Ambiguität, S. 380, H. i. O.).

140 Im Folgenden wird ausschließlich die maskuline Form verwendet werden.

141 Vgl. zur Frage, wie ›modern‹ die Ambiguität ist und ob die Möglichkeit oder Unmöglichkeit der Paraphrasierbarkeit ein Modernekriterium darstellt Eckhard Schumacher: Die Ironie der Unverständlichkeit. Johann Georg Hamann, Friedrich Schlegel, Jacques Derrida, Paul de Man. Frankfurt a. M. 2000, S. 57–81.

142 Hugh Ridley und Jochen Vogt: Thomas Mann – ›Der Zauberberg‹. In: Kindlers Literatur Lexikon. 3., völlig neu bearbeitete Auflage. Hg. von Heinz Ludwig Arnold. Stuttgart, Weimar 2009 (Kindlers Literatur Lexikon – Aktualisierungsdatenbank: www.kll-online.de; letzter Aufruf: 01.10.2014).

auf den ersten Blick *allen* möglichen Deutungen verschließt, ersterer hingegen *allen bis auf eine einzige*, man könnte auch sagen: fast allen. *Hermeneutisch* ist also aus dieser Perspektive der Unterschied zwischen ›offenen‹ und ›geschlossenen‹ Texten minimal[.][143]

Methodisch folgt daraus eine Lektüre als »[f]orciertes Lesen«, das sich den Details widmet und Beziehungen zwischen Textelementen herstellt, die auf den ersten Blick abseitig erschienen.[144]

Welchen Aspekten der Hybridisierung nach Bachtin kann man bei Thomas Mann also begegnen? Aus dem Hybridisierungsbegriff Bachtins lassen sich so unterschiedliche Aspekte wie die Untersuchung von Intertextualität, der Zitathaftigkeit der Literatur und des Sprechens, der Theatralität als Maskenspiel und als Arena der Aussagen (also die Inszenierung von Machtspielen der Monologisierung und Dialogisierung), der Aufhebung von geschlossenen Figuren- bzw. Sprecheridentitäten, der Literatur als Aufzeichnungsmedium und »Gedächtnisort« ableiten.

Dass der *Zauberberg*-Roman sich eines großen Textkorpus bedient, dieses wörtlich oder in Anspielungen ausschöpft, ist in der Forschung öfters gezeigt worden[145] und wird durch den Kommentarband der *Großen Kommentierten Frankfurter Ausgabe* belegt. Dass es sich bei dem Roman um eine Text-Hybride handelt, kann also vorausgesetzt werden und benötigt keiner eingehenden Untersuchung. Der Nachweis der Dialogisierung mit anderen Texten wird, wo er geschieht, deshalb nur der Perspektivierung anderer Aspekte des Romans dienen und keinen eigenen Untersuchungsgegenstand darstellen.

Ebenso wenig wird die Rolle des Romans als »Gedächtnisort« eine Rolle spielen. In der Beschreibung der Facettierung der Erzählerfigur wird das Phantasma der Schrift als Aufbewahrungsmedium zur Sprache kommen,[146] doch es stellt keinen gesonderten Gegenstand der Untersuchung dar. Dies liegt auch daran, dass Thomas Mann eben diese Ebene seines Romans selbst hervorgehoben hat: »Er ist ein Zeitroman in doppeltem Sinn: […] histo-

[143] Stefan Börnchen: »Die Ordnung läßt zu wünschen übrig.« Chaos und Gesetz in der Schule der »Buddenbrooks«. In: Apokrypher Avantgardismus. Thomas Mann und die Klassische Moderne. Hg. von Stefan Börnchen und Claudia Liebrand. München 2008, S. 67–115, hier S. 75 (H. i. O.).

[144] So Börnchens Ausführungen in der Interpretation des *Doktor Faustus*; Börnchen: Kryptenhall, S. 66 f.

[145] Vgl. Eckhard Heftrich: Zauberbergmusik. Über Thomas Mann. Frankfurt a. M. 1975 (vor allem zum Einfluss Goethes); Michael Maar: Geister und Kunst: Neuigkeiten aus dem Zauberberg. Wien 1995 (vor allem zum Einfluss Andersens); Herwig: Bildungsbürger auf Abwegen (vor allem zum Einfluss naturwissenschaftlicher Schriften).

[146] Vgl. das Kapitel *Experimente*.

risch, indem er das innere Bild einer Epoche, der europäischen Vorkriegszeit, zu entwerfen versucht«.[147] Das »innere Bild einer Epoche« lässt an das »Bild der Sprache« erinnern, das Bachtin als Merkmal der Dialogizität im Roman herausstellte und das den Roman zu einem Aufzeichnungsmedium macht. Folgt man dieser Ähnlichkeit, fokussiert man nicht mehr rhetorische Strategien der Aufzeichnung oder ästhetische Konzeptionen der Bewahrung, sondern die Theatralität des Romans.

Der indirekte Beweis dieser Ähnlichkeit über rhetorische Strategien der Aufzeichnung oder ästhetische Konzeptionen der Bewahrung wird nicht eingeschlagen, sondern der direkte – und dieser führt zur Betrachtung der Theatralität des Romans.

Theatralität und die Aufhebung der Identitäten hängen in Thomas Manns Werk eng miteinander zusammen. Thomas Manns Verhältnis zum Theater ist primär rezeptionsorientiert: Seine dramatischen Versuche scheitern und zeigen eine überbewertete sprachliche Gestaltung, also keine Handlungsorientierung. Im *Versuch über das Theater* legitimiert Mann dann auch nachträglich diese Schwäche und degradiert Drama und Lyrik im Vergleich zum Roman.[148]

Aufgrund dieser programmatischen Abkehr vom Dramatischen fokussiert die Forschung das Theatrale nicht im Hinblick auf eine Textgestaltung, die sich am Drama orientiert – etwa in Raum- und Zeitaufteilung oder Figurenzeichnungen –, sondern im Hinblick auf philosophische Zusammenhänge. So kann die Welt vom Personal der Mann'schen Texte als Bühne wahrgenommen werden. Dies wird mit Thomas Manns Rezeption der Philosophie Schopenhauers erklärt: Indem es nur einen Wille gebe, der sich im *principium individuationis* in Einzelfiguren manifestiere, gebe es letztlich keine Individuen. Identität finde sich nur auf der Ebene des Willens.[149] Angesichts dessen spielten alle Individuen ihre Identität nur wie

[147] GW XI, S. 611 – und zum zweiten, »weil die reine Zeit selbst sein Gegenstand ist« (ebd.).

[148] Vgl. Thomas Mann: Versuch über das Theater. In: Thomas Mann: Essays I. 1893–1914. Hg. und textkritisch durchgesehen von Heinrich Detering unter Mitarbeit von Stephan Stachorski (= GKFA 14.1). Frankfurt a. M. 2002, S. 123–165, hier S. 128: »[S]ind im Roman nicht Lyrik und Drama beschlossen, so gut wie im Drama Epos und Lyrik? [...] Bietet er nicht die lyrische Kontemplation des Monologs und die stürmische Bewegung der Wechselrede?« Vgl. dazu auch Heide Eilert: Thomas Mann und das Theater. In: Thomas-Mann-Handbuch. Hg. von Helmut Koopmann. 3., aktualisierte Aufl. Stuttgart 2001, S. 534–618.

[149] Vgl. Arthur Schopenhauer: Die Welt als Wille und Vorstellung. I und II. Nach den Ausgaben letzter Hand hg. von Ludger Lütkehaus. 3. Aufl. München 2005, S. 487f.: »Ist nun aber dieses Durchschauen des *principii individuationis*, diese unmittelbare Erkenntniß der Identität des Willens in allen seinen Erscheinungen, in hohem Grade der Deutlichkeit vorhanden; so wird sie sofort einen noch weiter gehenden Einfluß auf den Willen zeigen«. Vgl. zum Verhältnis Mann/Schopenhauer Børge Kristiansen: Thomas Mann und die Philo-

Schauspieler eine Rolle. Den Mann'schen Künstlerfiguren ist die Einsicht in diesen Zusammenhang und der kreative Umgang mit ihm vorbehalten.[150] So fokussiert, wird die Frage zu einer ethischen, nämlich einer Frage nach Verhaltens- oder Klugheitslehren. Der Künstler kann eine spielerische Auseinandersetzung mit der Welt initiieren, die als kreativer Weltumgang der existentiellen Sinnlosigkeit Lebenswerte abgewinnt.

Die theatrale Situation bei Mann ist durch den Einfluss Schopenhauers noch auf eine zusätzliche Weise konturiert: Aufgrund der Aufhebung der Einzelexistenzen in der Identität des Willens lassen sich individuelle Differenzen in einer Einheitsphantasie nivellieren. Dies lässt sich auch auf die Künstlerthematik übertragen, denn der Künstler, der eine andere Rolle spielt, mit den Masken kreativ umzugehen weiß, sehnt sich danach, alle Rollen spielen zu können oder die eine große, die alle beinhaltet.[151] Thomas Manns Texte sind in dieser Sichtweise von einer »Einheitssehnsucht«[152] dominiert, die solche Aufhebungen in die Texte einschreibt oder offen propagiert. Es ließe sich mit Bachtin auch sagen, Thomas Mann sei ein Monologisierer. Richtet man den Blick auf Einheitsphantasien, ist eine Betrachtung des Textes als Arena irrelevant, weil sich die Differenzen in höheren Ordnungen auflösen. Die theatrale Situation der Mann'schen Texte würde also, so perspektiviert, entweder durch die Fokussierung auf ethische oder im weitesten Sinne metaphysische Figurationen nicht ernst genommen werden.

sophie. In: Thomas-Mann-Handbuch. Hg. von Helmut Koopmann. 3., aktualisierte Aufl. Stuttgart 2001, S. 259–283, hier S. 276–282.

[150] Vgl. Hans Wysling: Narzissmus und illusionäre Existenzform. Zu den Bekenntnissen des Hochstaplers Felix Krull (= TMS 5). Bern und München 1982, S. 145: »Der gesellschaftliche Raum wird dabei durchaus als Theater erfahren. Es ist von Schauplätzen, Szenen und Bühnenbildern die Rede. Die Figuren haben ihre Aufttritte und ihre Abgänge, sie bewegen sich in Kulissen und tragen Kostüme: Sie spielen eine Rolle. Diese Rollen sind in der Equipagenwelt weitgehend klischiert und entbehren nicht der operettenhaften Züge: Die gesellschaftliche Wirklichkeit wird zur Komödie der Gesellschaft. Krull ist in diesem theatrum mundi bald Zuschauer, bald Mitspieler, bald Regisseur. Er steht also bald vor dem Spiel, bald darin, bald darüber. Drei Haupteinstellungen lassen sich unterscheiden [...]: 1. Kritik: Krull durchschaut den Cliché-Charakter der sozialen Rollen. [...] 2. Sehnsucht und Anpassung: Krull verhält sich dieser sozialen Wirklichkeit gegenüber affirmativ-konservativ. [...] 3. Degagiertheit und utopisches Engagement: Er sucht die soziale Wirklichkeit zu überspielen, indem er ins Beziehungslose evadiert und sich als Märchen- und später als Hermeskind eine schwebende Überlegenheit sicher«.

[151] Vgl. Thomas Mann: [Einführung in ein Kapitel der ›Bekenntnisse des Hochstaplers Felix Krull‹]. In: GW XI, S. 704–706, hier S. 704f.: »Sein [Krulls, B.M.] eigentliches Anliegen, sein tiefstes Ungenügen an der eigenen Individualität geht aber weiter. Es ist ein Verlangen aus sich heraus, ins Ganze, eine Welt-Sehnsucht, die, auf ihre kürzeste Formel gebracht, als *Pan-Erotik* anzusprechen wäre« (H. i. O.).

[152] So Wysling: Narzissmus und illusionäre Existenzform, S. 85, über Felix Krull: »Einheitssehnsucht und Vermischungsinstinkt stecken auch hinter seinem grenzenlosen Verlangen nach Rollenwechsel und Verwandlung«.

Eine weitere Einheitsphantasie lässt sich auf einer diachronen Ebene finden: Der Gedanke einer Typologisierung, einer Wiederholung mythologischer Grundstrukturen, die als Wiederholungsfigur zwar bereits im *Zauberberg* wirkt, in ihrer mythologischen Konturierung ihre stärkste Ausformulierung jedoch in den *Joseph*-Romanen findet, in welchen die Geschichte zu einer Bühne rekurrenter Muster wird, die individuelle Differenzen auflösen. Zugleich ist in den *Joseph*-Romanen Typologisierung bereits prekär, weil die Wiederholung stets auch in eine Veränderung, und damit Iteration, umkippen kann.[153]

Dieses Argument der Iteration ließe sich auch auf die synchrone Ebene verlagern: Indem sich zwar in jeder Figur der Willen ausdrückt, tut er es doch stets auf eine besondere Weise. Das Maskenspiel der Bühne sollte eingedenk dessen ernst genommen, die kreativen Effekte, die es hervorbringt, sollten beobachtet werden. Dabei ist es nicht notwendigerweise als dramatisch anzusehen, aber es besitzt, weil es eine Arena konkurrierender Ausdrücke herbeiführt, eine theatrale Dimension.

Es gibt Gründe, diesem Ansatz noch weiter zu folgen. Kristian Larsson hat gezeigt, dass die *Masken des Erzählens* bei Thomas Mann keine letztbegründenden Erzählerfiguren als Monologisierungsinstanzen produzieren. Diese kontrollierten zwar das Geschehen, seien jedoch unzuverlässig.[154] Relativierend sei angemerkt, dass Unzuverlässigkeit ein problematischer Erzählterminus ist, weil grundsätzlich keine Erzählerfigur auf Zuverlässigkeit festgelegt ist und sie auch nicht notwendigerweise die Souveränität der Erzählerfigur antastet.[155] Jedoch lässt sie sich zumindest als Hinweis dazu verstehen, dem Maskenspiel des Romans verschärfte Aufmerksamkeit zu widmen. Astrid Lange-Kirchheim hat darauf hingewiesen, dass die literarische Strategie des Maskenspiels als performativer Akt zu begreifen ist. Dies ist ein Ansatz, dem Bachtin bereits vorgreift, insofern bei ihm das Anlegen der sprachlichen Maske als je singulärer Akt verstan-

[153] Vgl. Eckhard Heftrich: Joseph und seine Brüder. In: Thomas-Mann-Handbuch. Hg. von Helmut Koopmann. 3., aktualisierte Aufl. Stuttgart 2001, S. 447–474, hier S. 470: »Erfährt die Wiederholung eine Abwandlung, wird das Muster nicht verleugnet, sondern zum Beginn von Neuem«. Heftrichs Aussage hebt hervor, dass das Wiederholungsmuster als solches durch die Iteration nicht negiert wird.

[154] Vgl. Kristian Larsson: Masken des Erzählens. Studien zur Theorie narrativer Unzuverlässigkeit und ihrer Praxis im Frühwerk Thomas Manns. Würzburg 2011, S. 34–37. Larsson hebt »vier Mann'sche Strategien der Maskierung und narrativer Unzuverlässigkeit« hervor: »narrative Inkompetenz«, »Pseudo-Auktorialität«, »simulierte Fokalisierung« und die »Verschlüsselung von Sinnzusammenhängen mit Konsequenzen für die Fiktionswelt und die Figuren« (ebd., S. 34–37).

[155] Vgl. zu dieser Problematik Christoph Bode: Der Roman. 2., erweiterte Aufl. Tübingen und Basel 2011, S. 261–272.

den wird.[156] Dass bei Mann Masken als Camouflagen verstanden werden, die homoerotisches Begehren verdecken, kann mit einer performativitätsorientierten Perspektivierung der Maske insofern eng geführt werden, als solche Deckfiguren eine kreative Umsemantisierung festgeschriebener Muster ermöglichen.[157] Wurde dies bislang geschlechtstheoretisch erfasst, ließe es sich auch auf den hier skizzierten Problemzusammenhang einer Bühnenhaftigkeit der Welt ausweiten: Indem Figuren jeweils singulär zu Sprachträgern werden, zeigen sie den kreativen Umgang mit der Sprache und ein jeweils eigenes künstlerisches Potential. Der Roman ist, darauf hat Timo Ogrzal hingewiesen, von Performativitätsphantasien durchzogen, welche die räumliche, zeitliche und kausale Organisation des Textes stets aufs Neue außer Kraft setzen.[158]

Dass der singuläre Akt immer ein eigenes kreatives Potential beinhaltet, wird am Beispiel der als Erzähler noch nicht in den Blick genommenen Figuren Hans Castorp, Karoline Stöhr und Pieter Peeperkorn dargelegt werden. Durch Eigen- und Fremdkommentare und die Leitmotivik werden im Roman Differenzen zwischen Figuren hergestellt und durch diese Grenzziehungen Einheitsphantasien unterstützt. Die Grenze scheint zunächst einer Idee der Aufhebung von Identitäten in der Einheit entgegenzustehen, denn erst die Grenze konstituiert Identitäten und privilegiert Figuren. Indem Grenzen aber durch Grenzüberschreitungen markiert

[156] Vgl. Pross: Gespaltene Stimme, groteske Gestalt, S. 158: »Denn wenn sprachlicher Sinn sich nur in Bezug auf den konkreten Kontext der Äußerung bestimmen läßt, bedeutet dies auch, daß die personifizierenden ›Gestaltwerdungen‹ ihrerseits einmalige und unwiederholbare Ereignisse sind«.

[157] Vgl. Astrid Lange-Kirchheim: Maskerade und Performanz – vom Stigma zur Provokation der Geschlechterordnung. Thomas Manns »Der kleine Herr Friedemann« und »Luischen«. In: Apokrypher Avantgardismus. Thomas Mann und die Klassische Moderne. Hg. von Stefan Börnchen und Claudia Liebrand. München 2008, S. 187–224, hier S. 188: »Während bei Thomas Mann die Maske auf einen zu schützenden Kern bezogen ist, versteht sich die Gender-Maskerade als Imitation ohne Original, weist also die Vorstellung eines von Außen unterschiedenen und eventuell höher gewerteten Zugrundeliegenden, eines inneren Kerns oder Wesens, ab. Die Geschlechtsidentität sei vielmehr ein Effekt von Performanz, das heißt der Wiederholung geschlechterdifferenter Akte, Gesten, mimischer und anderer Anschauungs- und Verhaltensweisen. Zwischen diesem Verständnis von Maskerade und der Maske als Verhüllung gibt es jedoch die produktive Verknüpfung, dass die Maskerade Thomas Manns der quasi ablösbaren Masken (sc. Zeichen) von Weiblichkeit und Männlichkeit bedarf, um sie für die Tarnung des homosexuellen Begehrens einzusetzen. Die vestimentären, gestischen, mimischen, allgemeiner gesprochen die performativen Akte, die Männlichkeit und Weiblichkeit konstituieren, treten in den Dienst der Maskerade als Camouflage«; vgl. auch S. 189: »Der Zwang zur Camouflage entwickelt also aus sich heraus den produktiven Effekt, Gegenordnungen zu entwerfen«.

[158] Vgl. Timo Ogrzal: Kairologische Entgrenzung. *Zauberberg*-Lektüren unterwegs zu einer Poetologie nach Heidegger und Derrida. Würzburg 2007, S. 22–24.

sind, sind sie stets labil. Der Roman differenziert zwischen unterschiedlich privilegierten Maskenträger, doch da alle das Diskursgefüge des Romans mitgestalten, sollten sie auch alle in ihrer unterstützenden Rolle zur Konstitution desselben wertgeschätzt werden. Als das poetologische Paradigma des Romans figuriert jedoch nicht das Theater, denn die Problematik der Grenze verweist auf einen anderen Bereich, jenen von Immunisierung und Pathologisierung.

Krankheit spielt eine wichtige Rolle in Manns Werk, er wurde sogar als »Philosoph der Krankheit« verstanden.[159] Künstlerische Leistung ist – und hier formuliert Mann ein bekanntes Kunstverständnis aus – durch Krankheit motiviert und insofern auch krank. Doch schreibt sich in Manns Werk eine Figur ein, die in der Forschung durch den Begriff der ›Immunisierung‹ gefasst wird.

Immunisierung beschreibt den Vorgang, sich durch den Kontakt mit potentiell Schädlichem für die Zukunft gegen zerstörerische Reaktionen abzusichern. Es bezeichnet keine rein exkludierende Praxis, sondern eine Praxis, die durch den Einschluss ausschließt.[160] Man kann die Strategie der Immunisierung in der Literatur bis in die Antike zurückverfolgen. Johannes Türk hat gezeigt, dass die Literatur sich über das Thema der Immunisierung selbst reflektiert: Diese biete Modelle, negative Ereignisse zu integrieren, also Bewältigungsstrategien und Optionen für die Zukunft aufzuzeigen.[161] Wie Immunisierung in unterschiedlichen literarischen Epochen entworfen wurde, hat die Forschung dargelegt: Die Klassik als eine Epoche der Reinheit werde gerade durch Immunisierungsvorstellungen entworfen,[162] der Realismus entwerfe eine Poetik der Gefühllosigkeit und bändige Affekte.[163]

[159] Vgl. Fernand Hoffmann: Thomas Mann als Philosoph der Krankheit. Versuch einer systematischen Darstellung seiner Wertphilosophie des Bionegativen. Nancy 1970. Vgl. zur Krankheit im *Zauberberg* auch Jeffrey Meyers: Disease and the Novel 1880–1960. London und Basingstoke 1985, S. 39–61; Auf dem Weg zum »Zauberberg«. Die Davoser Literaturtage 1996. Hg. von Thomas Sprecher (= TMS 16). Frankfurt a.M. 1997; Hermann J. Weigand: The Magic Mountain. A Study of Thomas Mann's Novel *Der Zauberberg*. Chapel Hill 1965, S. 39–58, der hervorhebt, dass das Thema der Krankheit auf ein Vorherrschen dieser in Nietzsches Schriften zurückzuführen sei; C.A.M. Noble: Krankheit, Verbrechen und künstlerisches Schaffen bei Thomas Mann. Bern 1970, S. 136–157.

[160] Vgl. Cornelia Zumbusch: Die Immunität der Klassik. Berlin 2012, S. 18: »Das Immunisierungsgebot moderner Gesellschaften hingegen besagt, daß sie ihren Schutz nicht durch den rigiden Ausschluß jeder Gefährdung, sondern nur durch deren strategischen Einschluß bewerkstelligen«.

[161] Vgl. Türk: Die Immunität der Literatur, S. 12–18.

[162] Vgl. Zumbusch: Die Immunität der Klassik.

[163] Vgl. Martin von Koppenfels: Immune Erzähler. Flaubert und die Affektpolitik des modernen Romans. München 2007.

Man kann dabei zwei Formen der Immunisierung unterscheiden: Die Kompensation der als bedrohlich wahrgenommenen Komplexe, etwa von Affekten wie dem Pathetischen, erfolgt durch Ausstellung derselben (so etwa in der Klassik); und die Kompensation der Affekte erfolgt durch Transformationsleistungen an zentralen Textstellen, wodurch die Gefühllosigkeit gerade als Ausdruck des Gefühls zu lesen ist (so im Realismus). Im ersten Fall drängt das Unerwünschte direkt an die Oberfläche, im zweiten wird es verhüllt. Beide Konstellationen zeigen, dass es sich bei Immunisierung stets auch um Pathologisierung, um Ansteckung, handelt[164] – mit der Konsequenz, dass der immunisierte Zustand selbst wiederum pathologische Züge, eine Mangeldisposition, ausbilden kann.[165]

Die spezifische Form der Mann'schen Immunisierungsphantasmen lässt sich – und dies gezeigt zu haben, ist das Verdienst Yahya Elsaghes – einerseits in der Errichtung eines *cordon sanitaire* erkennen, der Unerwünschtes radikal ausschließt und dadurch also Störungen markiert; andererseits gibt es auch zur Immunisierung führende Kontaktvorstellungen, die Johannes Türk beleuchtet hat. Für ihn ist *Der Zauberberg* ein »Wissensroman«.[166] In diesem spiele die Figur der Immunisierung insofern eine Rolle, als Hans Castorp bereits immunisiert sei, wenn er das Sanatorium besuche und das erneute Hervorbrechen der Krankheit vielmehr den Protagonisten in ein neues »wissenschaftliches Paradigma einführ[e]«: »Es ist der klinische Blick, der sich ihm eröffnet und in dessen Raum auch Bakteriologie und Immunologie ihren Ort finden«.[167]

Immunisierung ist nur unter der Prämisse eines linearen Zeitverständnisses, also der Anlegung eines Fortschrittsnarrativs, vorstellbar. Nicht zuletzt erwähnt Türk auch, dass es sich im Falle Castorps um eine »prototypische Initiation«[168] handle. Insofern ist das Immunisierungsnarrativ hier auf eine epistemische Ebene übertragen. Die grundsätzliche Verknotung von Immunisierung und Pathologisierung lässt sich nicht auflösen, sie

[164] Vgl. Zumbusch: Die Immunität der Klassik, S. 19: »Die poetologischen und literarischen Texte Schillers und Goethes [...] bewegen sich im Horizont dieser modernen Immunisierungen«.

[165] Vgl. von Koppenfels: Immune Erzähler, S. 223: »Doch er [Flaubert, B. M.] ist nicht nur der Prophet der Affektabwehr. Er stellt zugleich [...] die Kehrseite dieser Abwehr mit dar: Immunität als Krankheit. [...] [D]as Gefühl der Gefühllosigkeit, das Flaubert als einer der ersten in die Literatur eingeführt hat, [repräsentiert] einen Zustand übergroßer psychischer Immunität: die Nemesis einer in ihrer schieren Wirksamkeit zerstörerisch gewordenen seelischen Abwehr, die Krankheit, die darin besteht, nicht mehr zu erkranken. Im gesicherten Raum jenseits der hysterischen Lösung (die durch die Bildung zählebiger Symptome eben auch die darin aufgehobenen Affekte bewahrte), zeichnet sich ein depressives Schicksal ab«.

[166] Türk: Die Immunität der Literatur, S. 194.

[167] Vgl. Türk: Die Immunität der Literatur, S. 231.

[168] Türk: Die Immunität der Literatur, S. 231.

erfordert eine Lektüreentscheidung und diese lässt sich mit dem Innovationspotential einer Fokussierung auf die Infektion begründen.

Eine produktive Rolle der Krankheit wurde von Elisabeth Strowick in ihrer Untersuchung über *Sprechende Körper* vertreten: Zeichen können anstecken, können als je performative Akte unvermittelt andere Bereiche eines Textes infizieren und Narrative können eben nicht nur der Immunisierung, sondern auch der Krankheit verpflichtet sein, der Verunreinigung oder Hybridisierung. Indem sie dies auf die Inszenierung der Performativität der Körpersprache bezieht, kann sie, an Bachtin anschließend, den jeweiligen Inszenierungscharakter von Sprache herausarbeiten.[169] Insofern richtet Strowick ihren Blick auch auf die theatral-performative Dimension des Romans, eben in der Ausstellung des Handlungs- und Aufführungscharakters von Sprache in den performativen Effekten, die zwischen Figuren vermitteln und als Ansteckungsphantasien den Text durchziehen. Sie hebt damit die Darstellung von Sprache als Material in der Literatur hervor und richtet ihren Blick auf die Übertragungswege konkreter Äußerungen. Sie beleuchtet eine poetologische Dimension des Romans, die seine Hervorbringung aus performativen Akten erfasst.[170]

Der Roman wird in der vorliegenden Untersuchung als Arena konzeptualisiert, als Text, der seine eigenen Monologisierungs- (oder Immunisierungsstrategien) entwirft, primär jedoch hybridisiert und dialogisiert: In jeder Monologisierung steckt eine Hybridisierung, in jeder Immunisierung steckt eine Pathologisierung, die diese erst hervorbringen und auch nach dem Erreichen dieser Zustände wirksam bleiben. Das Muster dieser Prozesse ist der Pathologisierungsvorgang, wie er innerhalb des Romans in der Lektüre medizinischer Schriften beschrieben wird. Weil dadurch auch die Dynamik des Schreibens und des Figurenarrangements, wie sie im Roman geschieht, erklärt werden kann, wird die Krankheit als poetologisches Paradigma betrachtet.

[169] Vgl. Strowick: Sprechende Körper, S. 224–227, besonders S, 226 f.: »Was die *freie indirekte/erlebte Rede* artikuliert, ist keine Vermischung verschiedener, als je einheitlich vorauszusetzender Einzelstimmen, sondern die grundlegende Differentialität jeder sprachlichen Äußerung/jeder Stimme in einem kollektiven Äußerungsgefüge« (H. i. O.).

[170] Vgl. zu Strowicks Programm *Sprechende Körper*, S. 195: »Literarische Inszenierungen von Infektionskrankheiten sind zum einen als Körperinszenierungen für die Untersuchung von Interesse; zum anderen erweist sich Ansteckung in je spezifischer Weise mit literarischen Sprechakten verknüpft. Im Sinne des theoretischen Anliegens dieser Untersuchung lässt sich Ansteckung als Schnittstelle von *sprechendem Körper* und *infektiösem Performativ* konzipieren und derart in ihrer poetologischen Funktion analysieren: Infektion ist je spezifisch in Bezug auf den Erzähl-/Schreibprozess inszeniert, womit Erzählen/Schreiben als infektiöser Akt lesbar wird. Über die strukturelle Verschaltung von krankem Körper und Sprachkörper wird Sprache als infektiöses Material in Szene gesetzt« (H. i. O.).

Insbesondere Thomas Manns *Einführung in den Zauberberg* illustriert das Autorinteresse, den Roman als in sich geschlossen zu präsentieren. Diese Lesart hat, das wurde bereits gezeigt, die Forschung aufgegriffen. Doch ist dieses Interesse nicht nur von außen an den Text herangetragen, es lässt sich auch innerhalb des Textes in den Strategien der Monologisierung, also ganz allgemein den Grenzziehungen und Abschließungen, der Vereindeutigung und Vereinheitlichung, ob sich diese nun in Operationen der Immunisierung, der Figurendiffamierung oder Metaphorisierungen ausdrücken, identifizieren. Man kann diese Konstruktion eines Selbstbildes des Textes als *Textpolitik* bezeichnen. Indem der Blick auf die Poetik der Hybridisierung gerichtet wird, werden die blinden Flecken dieser Politik, wird die Brüchigkeit dieser Grenzen gezeigt. Und es lässt sich dann etwa die Produktivität der bislang nicht oder kaum in den Blick genommenen, der ausgegrenzten, Aspekte des Romans zeigen – sei es in der Betrachtung von Figuren als Erzählfiguren oder in der Betrachtung der grotesken, karnevalisierten Körperbilder, die der Roman zur Darstellung bringt.

Hybridisierungen haben auch die Funktion, semantische Über- und Unterdeterminiertheit eines Textes zu erzeugen. Dadurch erhält die Sinnaussetzung der Störung wiederum einen Sinn auf einer höheren Beobachtungsebene als Strukturierungsmittel. In der Untersuchung wird eine solche Perspektive eingenommen und beobachtet, wie der Text Hybridisierungen inszeniert. Hybridisierungen werden verstanden als Vermischungen, die stets durch eine Grenzüberschreitung gekennzeichnet sind. Zu einer Rekonstruktion der Grenzüberschreitungen gehört folglich auch, die Grenzetablierungen zu beschreiben. Die Grenzen können erst durch ihre Überschreitung, durch Einmischungen, festgelegt werden. Die Interpretation fokussiert insofern eine Poetik der Hybridisierung, als sie die »Herstellung« des Textes fokussiert, seine »*poíēsis*«,[171] die in dem Zugleich von Affirmation und Durchkreuzung besteht und dieses Zugleich wird durch Hybridisierungen erzeugt. Indem dies in der vorliegenden Untersuchung auch auf die Darstellung von Erzählen und Sprechen im Roman bezogen und die grotesken Körperbilder im Roman als Krankheitsprodukte analysiert werden, ergibt sich die Möglichkeit, den Roman als polyphonen Text zu verstehen, da »karnevalisierte Dialogizität« ein Hauptmerkmal dieser Textsorte ist.

Auf zwei mögliche Kritikpunkte an der Untersuchung sollte in diesem Zusammenhang noch hingewiesen werden. Wie Oliver Kohns am Beispiel eines Vergleichs der Reinheitsüberlegungen von Mary Douglas und Fried-

[171] Kluge. Etymologisches Wörterbuch der deutschen Sprache. Bearbeitet von Elmar Seebold. 24., durchgesehene und erweiterte Aufl. Berlin und New York 2002, S. 710.

rich Nietzsche herausstellt, kann es keine Rede über Reinheit und Unreinheit geben, welche nicht die Kategorien, die sie zu erklären versucht, selbst verwendet. Insofern ist die Rede über das Reine selbst unrein.[172] Kohns stellt die Nähe zu Jacques Derridas Einsicht her, dass es keine Möglichkeit gibt, etwas aus der Rede zu eliminieren, ohne es zugleich zu verwenden: »[D]as jeweils als parasitär Ausgeschlossene [muss] noch im Sprechen über das Parasitäre wirksam sein«.[173] Wenn also über Grenzen, Grenzverwischungen oder der Nivellierung von Erzählerfiguren gesprochen wird, wird die Argumentation nicht ohne das Ziehen und Verwischen von Grenzen und die argumentationsbasierte Orientierung an der Erzählerfigur auskommen können.

Eine andere Kritik ließe sich im Hinblick auf die Anwendung Bachtins finden bzw. in der Interpretation Bachtins durch Kristeva hinsichtlich der Spannung von Monologisierung und Dialogisierung: Kristeva hebt hervor, dass der ›realistische‹ Roman »das [A]llgemeine, [...] vom [B]esonderen ausgeh[end]«[174] suche und durch seine mimetisch-realistische Darstellungsweise dem bürgerlichen Publikum die Möglichkeit liefere, sich mit der Handlung zu identifizieren.[175] Insofern ließe sich auch sagen, dass diese Textgattung mit Symbolisierungen operiert. Der polyphone Roman tut das für Kristeva nicht bzw. tut das nicht, ohne Repräsentationen nicht zugleich auch in Frage zu stellen. Eine Lektüre, welche die Krankheit als poetologisches Paradigma des Textes hervorhebt, liefe also Gefahr, als symbolerzeugend angesehen zu werden, insofern sie die Krankheit zur Metapher der Poetik des Textes machte. Doch genau hierin besteht ein wesentliches Charakteristikum der *Zauberberg*-Poetik: Da die beschriebene Pathologisierung im Roman zwar Formen erschafft, diese aber stets den

[172] Vgl. Oliver Kohns: Die Übertragung der Reinheit (Mary Douglas, Friedrich Nietzsche). In: Grenzräume der Schrift. Hg. von Achim Geisenhanslüke und Georg Mein. Bielefeld 2008, S. 23–47, hier S. 43: »Die Semantik der Reinheit erweist sich hier [bei Nietzsche, B.M.] als ein Phänomen der Übertragung in jeder Hinsicht: Es handelt sich um übertragene Sprache nicht allein im Sinn des Metaphorischen, sondern auch als Übertragung zwischen sprachlichen Bereichen, zwischen diskursiven Ebenen, als *Ansteckung* der Aussage durch das Ausgesagte. Es handelt sich demnach jederzeit um eine sowohl metaphorische als auch *kontagiöse* Übertragung: Ein vollkommen ›reines‹ Sprechen über Reinheit erweist sich als unmöglich. Es kann keine ›Theorie‹ der Reinheit geben, die den Gegenstand eindeutig auf objektiver Distanz zu halten vermöchte« (H.i.O.).

[173] Vgl. Kohns: Die Übertragung der Reinheit (Mary Douglas, Friedrich Nietzsche), S. 44.

[174] Kristeva: Bachtin, das Wort, der Dialog und der Roman, S. 361. Kristeva charakterisiert an dieser Stelle die »epische Logik«, die sich bei ihr mit dem ›realistischen‹ Roman den Hang zur Monologisierung teilt.

[175] Vgl. Kristeva: Bachtin, das Wort, der Dialog und der Roman, S. 370, wo sie hervorhebt, dass der ›realistische‹ Roman gerade die »moderne (bürgerliche) Gesellschaft« angesprochen habe.

Trieb zur Auflösung in sich tragen, kann die Krankheit als Metapher nie ein geschlossenes Symbol erzeugen. Es entsteht die Paradoxie einer offenen Geschlossenheit.[176]

Der Aufbau der Arbeit ist folgender: Wurde im ersten Kapitel der diskursgeschichtliche Ort der Tuberkulose im *Zauberberg* beschrieben, wird im nächsten die Erzählsituation untersucht werden. Anschließend wird es um die Signifikantenlogik des Textes gehen, seine infektiöse Textur. Danach wird der parodierende, parasitierende Sprachgebrauch von Romanfiguren in seiner erzählerischen Innovation dargelegt. Zuletzt werden die ästhetischen Konsequenzen der Hybridisierung betrachtet, die grotesken Körperbilder, die ebenfalls als Produkte der Krankheit verstanden werden können. Aus diesem Aufbau folgt, dass unterschiedliche Zugriffe gewählt werden müssen: War das Anfangskapitel beispielsweise diskursanalytisch orientiert, werden andere Kapiteln erzähltheoretisch argumentieren. Dennoch beruht die Untersuchung auf Sparsamkeit der theoretischen Voraussetzungen und einer Betonung der Lektüre, was sich mit der These, dass sich der Code zum Lesen des Textes in diesem finden lasse, deckt. Die einzelnen Kapitel erproben unterschiedliche in der Forschung diskutierte Begriffe an dem Text und treiben so die Argumentation voran. Diese Lektüren werden durch den Rekurs auf die Darstellung der Pathologisierung bzw. der Infektion im Roman und den daraus entwickelten Begriff der Hybridisierung zusammengehalten. In diesem Kapitel wurde gezeigt, wie sich das Konzept der Hybridisierung – und der mit ihr verbundenen Störung – jeweils erzähltheoretisch, kommunikationswissenschaftlich, präsenztheoretisch und rhetorisch äußert. Bedenkt man, dass Thomas Manns Texte durch Metaphorisierungen gekennzeichnet sind, die unterschiedliche Bereiche miteinander in Verbindung setzen, erscheint es sinnvoll, in der Arbeit die unterschiedlichen Begriffsfacetten – wo sie angebracht sind – für Lektüren zu nutzen.

Einen Text als hybriden Text zu betrachten, legt es darauf an, ihm zusätzliche Facettierungen abzugewinnen und damit *lebendiger* zu machen, um ein Merkmal des dialogischen Textes nach Bachtin anzuführen.[177] Rüdiger Campe behauptet: »The days when Thomas Mann's *Magic Mountain* was seen as the quintessentially modern German novel of the twentieth century

[176] Vgl. dazu auch das Kapitel *Textur: Infektion und Iteration*, in der die Mechanismen der Selbstsymbolisierung ausführlicher besprochen werden.

[177] In *Das Wort im Roman* schreibt Bachtin etwa: »In den rhetorischen Formen eröffnen sich – bei richtiger und unvoreingenommener Analyse – in aller Anschaulichkeit diejenigen Aspekte jedes Wortes (die innere Dialogizität des Wortes und die sie begleitenden Erscheinungen), welche zuvor weder genügend gewürdigt noch in ihrem ungeheuren spezifischen Gewicht im Leben der Sprache verstanden wurden« (Bachtin: Das Wort im Roman, S. 162).

are gone, and they are probably gone for good«.[178] Die vorliegende Untersuchung erhebt nicht den Anspruch, den *Zauberberg* als »quintessential [...] novel« zu restituieren, aber sie zeigt, dass der Charakter des »artistic play«, der laut Campe seine Zuschreibung zur literarischen Moderne mitbegründete,[179] noch nicht ausschöpfend behandelt wurde.

Diesem Zugang liegt eine Vorentscheidung zugrunde, die den Status der Literatur, »*unendlich sinnvoll* zu sein«,[180] annimmt. Kann die Reflexion über Literatur nie abgeschlossen werden, weil der Gegenstandsbereich einen eigenen Reflexionsgehalt besitzt und nie vollständig lösbar ist, lassen sich daraus drei Folgerungen ziehen. Man kann erstens von diesem Befund ausgehen und eine *Paradigmeninnovation* unternehmen, die neue Strukturen in die Forschungsdebatte einführt. Man könnte zweitens auch die Unabschließbarkeit als Impuls verstehen, diese fortzuführen und kreativ weiterzuschreiben und letztlich selbst – in Form eines *anything goes* – Literatur zu schreiben. Man kann aber auch einen dritten Weg gehen und diese Unabschließbarkeit im Reden über den Gegenstand stets neu ausstellen und andere Wege begehen, um sie zu beschreiben. Dies könnte man eine *Darstellungsinnovation* nennen – und eine solche zu unternehmen versucht diese Untersuchung.

Hermeneutischer Kristall und monströse Lektüre

Die Rechtfertigung eines besonders lektürebasierten poetologischen Zugangs lässt sich zusätzlich mit einer produktionsästhetischen Metapher begründen. Thomas Mann benutzte häufig das Bild des ›Kristalls‹, um den literarischen Entstehungsprozess zu erklären.[181] Es handelt sich dabei um

[178] Rüdiger Campe: Body and Time. Thomas Mann's *The Magic Mountain*. In: Thomas Mann. Neue kulturwissenschaftliche Lektüren. Hg. von Stefan Börnchen, Georg Mein und Gary Schmidt. München 2012, S. 213–232, hier S. 213.

[179] Vgl. Campe: Body and Time, S. 213.

[180] Winfried Menninghaus: Lob des Unsinns. Über Kant, Tieck und Blaubart. Frankfurt a.M. 1995, S. 14 (H.i.O.).

[181] Vgl. zum Motiv des Kristalls in Thomas Manns Werk Stefan Hesper: Kristalle des Lebens. Ein Motiv des Vitalismus in Literatur und Philosophie. In: Gilles Deleuze. Fluchtlinien der Philosophie. Hg. von Friedrich Balke und Joseph Vogl. München 1996, S. 287–303, hier S. 300: »Im Kristall zeigt sich bei Thomas Mann immer wieder exemplarisch der Beginn einer Allianz von Regelmäßigkeit, Wachstum, fehlender Lebendigkeit und ewigem Leben. Am Kristall erfährt das menschliche Leben eine unterscheidbare Grenze, eine Beschränkung, die einen Genuß der eigenen exklusiven Metastabilität provozieren kann und zugleich einen unheimlichen Übergang in das Reich des Anorganischen weist. Der Kristall zeugt für Mann von einem unvermeidbaren Diabolismus der Vernunft und des Menschseins, der

eine morphologische Beschreibungsfigur. In *Meine Arbeitweise* erläuterte Mann: »Das Anschwellen der Komposition beruht auf einem doppelten Vorgang, einem Bohrungsprozeß und einem Ankristallisieren und Einbezogenwerden auf außen«.[182] Literarische Werke werden bei Mann konsequent nach der Logik dieser Metapher verstanden, so etwa *Der Tod in Venedig*:

Aber die Dinge – oder welches dem Begriff des Organischen nähere Wort hier sonst einzusetzen wäre – haben ihren eigenen Willen, nach dem sie sich ausbilden [...]. In Wahrheit ist jede Arbeit eine zwar fragmentarische, aber in sich geschlossene Verwirklichung unseres Wesens, über das Erfahrungen zu machen solche Verwirklichung der einzige, mühsame Weg ist, und es ist kein Wunder, daß es dabei nicht ohne Überraschungen abgeht. Hier schoß, im eigentlichen kristallinischen Sinn des Wortes, vieles zusammen, ein Gebilde zu zeitigen, das, im Licht mancher Facette spielend, in vielfachen Beziehungen schwebend, den Blick dessen, der sein Werden tätig überwachte, wohl zum Träumen bringen konnte. Ich liebe dies Wort: Beziehung. Mit seinem Begriff fällt mit der des Bedeutenden [...] durchaus zusammen.[183]

Hieran lässt sich bereits eine hermeneutische Dimension der Metapher erkennen: Die Gestalt des Kristalls mit seinem – so heißt es in *Von deutscher Republik* – »Stock[] und Kern[], an den das Neue anschießen und um den es in schönen Formen sich bilden könne«,[184] erzeugt einen referentiellen Zusammenhang, nämlich »Beziehungen«. Und da die Elemente der Dichtung zwar nicht unbedingt untereinander, aber durch den »Kern« miteinander verbunden sind, verweisen diese Elemente aufeinander und sind – zeichentheoretisch verstanden – gedeckt, erzeugen das »Bedeutende[]«. Damit entspricht dem Kristall als produktionsästhetische Metapher

immer wieder aufgelöst und dialektisch aufgehoben werden muß. Kristalle sind wie Kunst der Durchgang zu einer Welt, deren Einheit aus Schein und Wirklichkeit, aus Vortäuschung von Lebendigkeit, Organizität und anorganischer Symmetrie man jeweils erst analysieren muß. Der Kristall ist in der Poetik und im Weltplan des Schreibers Thomas Mann der jederzeit mögliche Durchgang zu einer problematischen Auflösung von bekannten Formen und Unterscheidungen hin zu Ambivalenzen, zu ungewöhnlichen Korrespondenzen und Zweideutigkeiten«. Der Kristall als Form wird nicht nur im *Zauberberg* selbst Gegenstand der Reflexion, in *Lotte in Weimar* wird er zum Ausdruck des Kunstwerks und Symbol des Todes. Vgl. Thomas Mann: Lotte in Weimar. Roman. Hg. und textkritisch durchgesehen von Werner Frizen (= GKFA 9.1). Frankfurt a. M. 2003, S. 354–359.

[182] Thomas Mann: [Meine Arbeitsweise]. In: Thomas Mann: Essays II. 1914–1926. Hg. und textkritisch durchgesehen von Hermann Kurzke unter Mitarbeit von Jöelle Stoupy, Jörn Bernder und Stephan Stachorski (= GKFA 15.1). Frankfurt a. M. 2002, S. 807 f., hier S. 807.

[183] GW XI, S. 123 f.

[184] Thomas Mann: Von deutscher Republik. Gerhart Hauptmann zum sechzigsten Geburtstag. In: GKFA 15.1, S. 514–559, hier S. 534.

der hermeneutische Zirkel als Metapher der Auslegung: Durch die einzelnen Teile kann auf das Ganze geschlossen werden und von dort wiederum auf das Einzelne.[185] Auch den *Zauberberg* wird Thomas Mann in der Rückschau mit der Metapher des Kristalls beschreiben.[186] Während seiner Entstehungszeit hingegen verwendet Mann Ausdrücke, die eine geringere Geschlossenheit des Textes implizieren: So ist der Text zunächst ein »Roman-Untier«[187] und ein »Monstrum, sui generis, phänomenal, aber möglicherweise unlesbar«.[188]

Diese Bezeichnungen sind anschlussfähig an Manns vorige Äußerungen: Auch hier überwacht ein tätiger Autor das Entstehen des Werks und auch hier hat das Werk einen eigenen Willen, jedoch einen Willen, der nicht mehr durch die Leistung des Autors kontrolliert werden kann: Das Werk wächst, wuchert aus und entwickelt ein Eigenleben, wird »Untier« und »Monstrum«.[189] Das Werk fällt dadurch aus der Norm und kombiniert

[185] Die Diskussion um eine Lektüre von ›kristallinen‹ Texten wird angerissen bei Umberto Eco: Das offene Kunstwerk. Aus dem Italienischen von Günter Memmert. Frankfurt a.M. 1973, S. 15f.: »Besteht Strukturalismus darin, das Kunstwerk wie einen ›Kristall‹ zu analysieren und zu beschreiben, als reine signifikante Struktur, jenseits der Geschichte seiner Interpretation – dann ist Lévi-Strauss im Recht, wenn er gegen das *Das offene Kunstwerk* polemisiert [...]: mit dem Strukturalismus haben unsere Untersuchungen nichts zu tun«. Als eine in sich geschlossene Verweisungsstruktur wäre auch eine Signifikantenkette als Kristall zu beschreiben, jedoch schließen sich solche Ketten, wie auch noch gezeigt werden wird, nie ab.

[186] Vgl. Thomas Mann: Lübeck als geistige Lebensform. In: GW XI, S. 376–398, hier S. 395: »Es ist mir mit dem ›Zauberberg‹ nicht anders ergangen als mit dem ersten Roman, mit ›Buddenbrooks‹. Wie damals war die Konzeption bescheiden. Was ich plante, war eine groteske Geschichte, worin die Faszination durch den Tod, die das Motiv der venezianischen Novelle gewesen war, ins Komische gezogen werden sollte: etwa wie ein Satyrspiel also zum ›Tod in Venedig‹. Dann ging es wie schon einmal: das Buch schwoll mir unter den Händen, wurde zweibändig, wie jenes; es hielt Winterschlaf gleichsam im Kriege, kam wieder in Fluß, zeigte sich aufnahmefähig wie ein Schwamm, schoß zusammen wie ein Kristall aus allen Erlebnissen der Zeit«.

[187] Thomas Mann: Brief an Ernst Bertram (10.03.1923). In: GKFA 22, S. 483–486, hier S. 485.

[188] Thomas Mann: Brief an Philipp Witkop (08.07.1924). In: Thomas Mann: Briefe III. 1924–1932. Ausgewählt und herausgegeben von Thomas Sprecher, Hans R. Vaget und Cornelia Bernini (= GKFA 23.1). Frankfurt a.M. 2011, S. 73.

[189] Vgl. etwa zur Theorie des Monströsen Hans Richard Brittnacher: Ästhetik des Horrors. Gespenster, Vampire, Monster, Teufel und künstliche Menschen in der phantastischen Literatur. Frankfurt a.M. 1994, S. 183f.: »Eine Gemeinsamkeit der vielen als ›monströs‹ apostrophierten Wesen besteht in ihrer exzessiven Abweichung von der Norm physischer Integrität. Im körperlichen Extremismus des Monstrums verschränken sich die Sphären des Menschlichen und des Tierischen und wird die Idee eines in Arten geordneten Tierreichs revoziert. [...] Wo diese Abweichung mehr als graduell ist, wo sie den Abstand zu anderen Niveaus biologischer Organisationen überschreitet, also zu einem Skandal in der Ordnung der Lebewesen wird, begreift man diese Abweichung als Deformation und das von ihr entstellte Wesen als Monstrum«.

zusammenhangslose Elemente. Diese Konzeption des literarischen Produkts als Monster ist bereits bei Horaz zu finden:

Wollte zum Kopf eines Menschen ein Maler den Hals eines Pferdes fügen und Gliedmaßen von überallher zusammengelesen, mit buntem Gefieder bekleiden, so daß als Fisch von häßlicher Schwärze endet das oben so reizende Weib: könntet ihr da wohl, sobald man euch zur Besichtigung zuließ, euch das Lachen verbeißen, Freunde? Glaubt mir, Pisonen, solchem Gemälde wäre ein Buch ganz ähnlich, in dem man Gebilde, so nichtig wie Träume von Kranken, erdichtet, so daß nicht Fuß und nicht Kopf derselben Gestalt zugehören.

Aus diesem Beispiel folgt die Gegenforderung: »Kurz, sei das Werk, wie es wolle, nur soll es geschlossen und einheitlich sein«.[190]

Das Monster hat – im Gegensatz zum Kristall – nicht nur einen Kern, sondern unterschiedliche Kerne oder womöglich auch gar keinen. Ein hermeneutisches Modell, das sich einem als monströs begriffenen Text nähert, wäre eher dem der »Lektüre« ähnlich. Dieses setzt das »Lesen« mit der »Interpretation« in Kontrast. Während »Interpretation« noch einem Totalitätsdenken verpflichtet ist, wird das »Lesen« als eine »Entteleologisierung« begriffen,[191] das sich »auf die Materialität des Textes«[192] und »Momente[] desselben, die sich dem hermeneutischen Zugriff entziehen« fokussiert.[193] Diese Begrifflichkeit ist umstritten,[194] zumindest eignet der »Lektüre« als Interpretationshaltung aber die Verabschiedung von der Idee eines geschlossenen Werkverständnisses.

Lektüren betrachten Texte also stets als monströs und sind für einen Text, dessen Zuschreibung als Kristall oder Monster changiert, insofern ein angemessener Zugriff. Monströse Texte sind immer ›verstört‹, sie besitzen ein Zuviel an Aspekten und deshalb auch ein Zuwenig an konzentrierter Information. Damit kann die Spur der Ökonomie aufgegriffen werden: Dass im Text die Krise einer referentiellen Funktion und ein Eigenleben

190 Quintus Horatius Flaccus: Ars Poetica. Die Dichtkunst. Lateinisch/Deutsch. Übersetzt und mit einem Nachwort hg. von Eckart Schäfer. Bibliographisch ergänzte Ausgabe. Stuttgart 2008, S. 5.

191 Vgl. David Wellbery: Interpretation versus Lesen. Posthermeneutische Konzepte der Texterörterung. In: Wie international ist die Literaturwissenschaft? Methoden- und Theoriediskussion in den Literaturwissenschaften: kulturelle Besonderheiten und interkultureller Austausch am Beispiel des Interpretationsproblems (1950–1990). Hg. von Lutz Danneberg und Friedrich Vollhardt in Zusammenarbeit mit Hartmut Böhme und Jörg Schönert. Stuttgart 1990, S. 123–138, hier S. 129.

192 Wellbery: Interpretation versus Lesen, S. 130.

193 Wellbery: Interpretation versus Lesen, S. 132.

194 Vgl. dazu Simone Winko: Lektüre oder Interpretation? In: Mitteilungen des deutschen Germanistenverbandes 49,2 (2002), S. 128–141.

der Körper angenommen wird, lässt sich auf den Text übertragen, der selbst auswuchert und eine unkontrollierbare Reihe von Diskursen versammelt – was zur Hybridisierung und Dialogisierung dazugehört. Auch wenn im Text die abschätzige Wertung dieser Prozesse zunächst klar erscheint, so lässt sich diese Beobachtung im *Zauberberg* umkehren und der Roman philologisch gerade hinsichtlich dessen betrachtet werden, was vordergründig eine Abwertung erfährt. Es wird sich im Laufe der Untersuchung deshalb auch wiederholt zeigen, dass gerade ausgegrenzten Figuren die Funktion des Erzählens zukommt.

Man kann der Figur Karoline Stöhr auch noch eine zusätzliche Bedeutungsfacette neben der einer Repräsentantin der Krankheit beilegen: Sie ist – gerade auch aufgrund ihres sprechenden Namens – eine Allegorie der Störung, die ein Zuviel an Zeichen – seien diese nun körperlicher oder sprachlicher Natur – mit einem Zuwenig an Aussage kombiniert. Als ›ungebildete‹ Person ist sie nicht nur ›dumm‹, sondern zugleich auch ›amorph‹. In der Abwertung der Figur findet die Bannung eines unerwünschten Werkgedankens statt, eine Bannung, die sich auch aus dem Scheitern eigener Schreibversuche Manns erklären lässt: Einen geplanten Großessay mit dem Titel *Geist und Kunst* konnte der Schriftsteller nicht vollenden und ließ Auszüge daraus als »amorphe Notizenmasse«[195] veröffentlichen. Und wollte man eine biographische Lesart bemühen, so ist es auch aus der Perspektive Manns verständlich, dass ein Text, der in seiner langen Entstehungszeit unterschiedlichen Motivationen entsprang, die sich nicht nur in einem, sondern in einer Vielzahl von Texten – bezieht man die Paratexte mit ein – ausdrückten, ein Roman gleichsam mit ›vielen Köpfen‹ ist, die, mit Horaz verstanden, nicht immer zum Körper passen. Es lässt sich sogar sagen, dass Ausstaffierung (»mit buntem Gefieder bekleiden«), Zusammenfügung (»von überallher zusammengelesen«) und Perspektivwechsel (»von häßlicher Schwärze endet das oben so reizende Weib«), die für Horaz Beispiele des negativen Kunstwerkes sind, literarische Produktionsstrategien des Textes bezeichnen, nämlich das sprachliche Dekor,[196] den Alexandrinismus[197] und die Präsentation konfligierender Weltansichten.

[195] Thomas Mann: Der Literat. In: GKFA 14.1, S. 354–362, hier S. 354.

[196] Vgl. dazu Werner Frizen: Thomas Manns Sprache. In: Thomas-Mann-Handbuch. Hg. von Helmut Koopmann. 3., aktualisierte Aufl. Stuttgart 2001, S. 854–874, hier S. 859: »Amphibolien, Paradoxe, Oxymora, Hyperbeln, Litotes erzeugen ein irisierendes Flimmern statt eindeutiger Farbtöne«. Die Interpretation wird diese ›monströsen‹ Aspekte der Mann'schen Sprache wiederholt hervorheben.

[197] Vgl. dazu Heftrich: Zauberbergmusik, S. 214. Heftrich nennt den Roman einen »alexandrinische[n] Bildungsroman«.

Dass Karoline Stöhr als amorphe Figur beschrieben wird und dabei unterschiedliche Lebewesen kombiniert (Mensch, Fisch, Hase, Maus), macht sie nicht nur zu einer Allegorie der Störung, sondern des gestörten, monströsen Textes selbst. Eine Untersuchung, die den Roman unter dem Blickwinkel seiner Verstörtheit betrachtet, wird nicht umhin kommen, diese Figur immer wieder in den Blick zu nehmen.

EXPERIMENTE

Störung und/oder Irritation

Am Nachmittag des vierten Tages von Hans Castorps Aufenthalt im Sanatorium Berghof unternehmen er und sein Vetter Joachim Ziemßen einen Ausflug nach Davos-Dorf – der Neuankömmling möchte sich dort eine »Kamelhaardecke[]« (146) kaufen. Das Kapitel trägt den Titel »Notwendiger Einkauf« (143) und evoziert eine Stimmung der Umbrüche: Das Wetter wechselt etwa, was den Grund für den Kauf der Decken darstellt. Es handelt sich um einen »schreckliche[n] Wettersturz« (143), der auf einer »schöne[n] Konfusion« beruht, denn, so erläutert es Ziemßen seinem Vetter, »die Jahreszeiten hier [...] vermischen sich sozusagen und halten sich nicht an den Kalender« (145). Erscheint dieser auf einer Vermischung beruhende Wechsel als kontingent, so ist er – als Handlungsmotivation – insofern ›notwendig‹, weil er überhaupt erst Castorps Kauf und damit seine sich schleichend vollziehende Aufnahme in die Patientengemeinschaft motiviert. Veränderungen scheinen aber auch in einem ganz allgemeinen Sinn ›notwendig‹ zu sein; zumindest legt Lodovico Settembrini dies nahe, den die beiden auf ihrem Rückweg treffen: Der Italiener spricht über andere Veränderungen, für ihn humanistisch ›notwendige‹, nämlich über die »Arbeit«, die einen »Kampf« gegen überkommene Vorstellungen aus »abergläubisch zerknirschten Zeiten« darstelle (151). Und in dieses Ensemble der Umwendungen rückt das bewusste Provozieren von Veränderungen – das »Placet experiri« (150), wie Settembrini es nennt. Er bezeichnet damit Überlegungen Hans Castorp, die ausgelöst werden durch die Erinnerung an Karoline Stöhr. Karoline Stöhr figuriert auch hier als allegorisierte Störung, als ein Ereignis, das nicht erfasst werden kann und Unsicherheit produziert:

[M]anchmal *weiß* man nicht recht, wo man hinsehen soll, wenn sie so plappert. [...] Das ist so sonderbar, – krank und dumm – ich *weiß* nicht, ob ich mich richtig ausdrücke [...]. Man *weiß* absolut nicht, was man für ein Gesicht dazu machen soll [...]. Aber wenn nun immer die Dummheit dazwischen kommt mit ›Fomulus‹ und ›kosmische Anstalt‹ und solchen Schnitzern, da *weiß* man wahrhaftig nicht mehr, ob man weinen oder lachen soll[.] (149, Hervorhebungen B. M.)

Hans Castorps Erläuterungen umkreisen die »Widerständigkeit der Störung«,[1] also das Problem, dass sich Störungen nicht fassen lassen und zu einem Aussetzen sinnvoller Vollzüge führen, worauf die wiederholte Konstatierung von Castorps Unwissen hinweist. Die Passage macht klar, dass Karoline Stöhr für Hans Castorp eine Störung darstellt, eine Einmischung, die »dazwischen kommt«. Eine weitere Textstelle unterstreicht dies: »Wenn irgend etwas den jungen Hans Castorp in seinen redlich gemeinten geistigen Bemühungen störte, so war es das Sein und Wesen dieser Frau« (451).

Doch nicht nur Karoline Stöhr »stört[]«, auch andere Romanfiguren werden als »störend« bezeichnet. Lodovico Settembrini begegnet beispielsweise Hans Castorp »›störend‹, wie es von jeher seine Sendung gewesen« (959). Gerade die Tatsache, dass der Ausdruck hier in Anführungszeichen gesetzt wird, unterstreicht, dass es sich um eine Wahrnehmung Castorps handeln soll. Dieser träumt etwa davon, wie er versucht, Settembrini zu vertreiben und dabei die Worte ruft: »Fort mit Ihnen! Sie sind nur ein Drehorgelmann, und Sie stören hier!« (141) Auch Mynheer Peeperkorn gehört in diese Figurenreihe, indem er »als Clawdia Chauchats Reisebegleiter und also als gewaltige Störung auf den Plan tr[itt]« (869). Dieser sei »störend in der Tat auf viel derbere Weise, als etwa Herr Settembrini ›hier gestört‹ hatte, in alten Tagen« (839). Diese Figuren sind in Castorps Perspektive Störfaktoren, weil sie seinen sorglosen Aufenthalt im Sanatorium unterbrechen und in Unruhe bringen: Karoline Stöhr, indem sie Albernes ausführt; Lodovico Settembrini, indem er Hans Castorp mit seiner humanistischen Ideologie traktiert und die Ernsthaftigkeit ins Extrem treibt, »eifrig bis zum Störenden und Lästigen« (703); Mynheer Peeperkorn, indem er Hans Castorp Kontaktaufnahme mit Clawdia Chauchat behindert. Diese Störenfriede machen ein kontrolliertes, verlustfreies Handeln Castorps unmöglich, auch wenn diese Figuren zugleich eine Faszination auf den Protagonisten ausüben. Aber gerade diese unterschiedlichen, wenn auch in der Wahrnehmung des Protagonisten ähnlichen, Motivationslagen sprechen dafür, die Implikationen der Rubrizierung als Störung zunächst allgemein – das bedeutet hier: erzähltechnisch – zu fassen.

Gerade anhand der Figur Pieter Peeperkorns lässt sich der Unterschied zwischen Figuren- und Erzählerwahrnehmung beobachten.[2] Zu Beginn des Kapitels, das ihn einführt, erläutert die Erzählerfigur:

[1] Rautzenberg: Die Gegenwendigkeit der Störung, S. 14.

[2] Luca Crescenzi hat eine Interpretation vorgelegt, in der er den Roman als einen Traum Hans Castorps deutet. Dies hat Konsequenzen für die Einschätzung der Erzählerfigur: »Denn ist der Erzähler von Hans Castorps Traum im Traum selbst, wie gesagt, zu Hause, so kann er nur mit Hans Castorps Unbewusstem identisch sein«. Thomas Mann mache sich hier

Und wenn dieser Abschnitt unserer Erzählung, wie ein früherer, die Überschrift »Noch jemand« tragen könnte, so braucht deshalb niemand zu besorgen, daß hier abermals ein Veranstalter geistiger und pädagogischer Konfusion auf den Plan tritt. Nein, Mynheer Peeperkorn war keineswegs der Mann, logische Verwirrung in die Welt zu tragen. Er war ein völlig anderer Mann, wie wir sehen werden. Daß gleichwohl schwere Verwirrung von seiner Person auf unseren Helden ausging, begreift sich aus folgendem. (827f.)

Die Erwähnung der Kapitelüberschrift »[n]och jemand« spielt auf das Auftreten Leo Naphtas an (556). Von beiden Figuren geht »Konfusion« und »Verwirrung« aus. Die Konfusion ist, wie am Beispiel des Kapitels »Notwendiger Einkauf« gesehen, die Folge einer Vermischung, einer Verwirrung von Kategorien. Der Ort, an dem die Störung greift, ist dabei Hans Castorps Bewusstsein – die eingeführten Figuren provozieren diesen Eindruck bei der Figur.

Die Passage macht auch klar, dass Peeperkorn eine von der Erzählerfigur fokussierte Figur ist. Es gäbe theoretisch auch anderes Personal, welches auf Castorp einwirken könnte, etwa eine »ägyptische Prinzessin« oder eine »rumänische[] Jüdin« (827).[3] Peeperkorn ist eine speziell hervorgehobene Figur, die auftritt und eine störende Wirkung auf Hans Castorp ausübt.

Man kann den Unterschied zwischen der Verwirrung Castorps und dem Auftretenlassen durch die Erzählerfigur als eine grenzstabilisierende Systemdifferenz beschreiben, nämlich als die zwischen Homo- und Heterodiegese, also der An- oder Abwesenheit der Erzählerfigur in der Erzählung. Dieser Unterschied lässt sich konkret fassen anhand des Unterschieds zwischen Störung und Irritation. Die Behandlung von Störungen im Roman führt also zu einer Betrachtung grundlegender narrativer Fragen nach der Erzählsituation.

Carl du Prels Traumvorstellung zunutze: »Wie bereits dargelegt, spaltet sich in einem solchen Traum das Ich des Träumenden in zwei einander entgegengesetzte Teile, welche simultan dem Bewusstsein und dem Unbewussten Ausdruck geben. Diese dramatische Spannung wird im Roman als Entzweiung des Erzählers und des Erzählten realisiert. Der Roman als Produkt des inneren Lebens Hans Castorps erhält somit die Form eines dramatischen Traums, der vom Träumer selbst als das Abenteuer eines Anderen erzählt werden kann. Die dramatische Spaltung erlaubt es, dass der Traumroman Gestalt annimmt« (Luca Crescenzi: Wer ist der Erzähler des *Zauberberg*? Und was weiß er eigentlich von Hans Castorp? In: Freiburger literaturpsychologische Gespräche. Jahrbuch für Literatur und Psychoanalyse, Bd. 31: Thomas Mann. Hg. von Ortrud Gutjahr. Würzburg 2012, S. 167–182, hier S. 174). Dies lässt sich mit späteren Ausführungen zur Textur des Romans gut vereinbaren, macht aber noch immer eine Unterscheidung zwischen Systemaußen und -innen möglich. Auch die Unterscheidung zwischen Hans Castorp und Erzählerfigur kann noch gefällt werden.

[3] Vgl. S. 827: »[D]enn du großer Gott, in was für Tinten und Abschattungen spielte nicht die Gesellschaft des bewährten Instituts, das Hofrat Behrens in vielzüngiger Redensartlichkeit ärztlich leitete«.

Die Differenz, die sich aus der Unterscheidung von Störung und Irritation ergibt, trennt ein Systeminnen von einem Systemaußen: Von außen werden bewusst Irritationen nach innen eingeschleust und die sich daraus ergebenden Effekte beobachtet. In der Diegese sind solche Interventionen Störungen. Es ergeben sich Dichotomien von Vollzug und Unterbrechung der Handlung, von Unsichtbarkeit und Sichtbarmachung figuraler und epistemischer Konfigurationen und von Nähe und Distanz im Verhältnis zu den Irritationen/Störungen. Man kann diese Konfiguration als ein *Experimentalsetting* beschreiben, in dem ein externer Experimentator eine vollständige Kontrolle über ein System innehat, dieses durch gezielte Irritationen in Unruhe bringt und die dabei stattfindenden Reaktionen beobachtet.

Im Folgenden soll der Roman als ein solches Experimentalsetting gelesen und dessen erzähltechnische Implikationen herausgestellt werden. In diesem Experimentalsetting, in dieser Inszenierung eines »literarischen Menschenversuchs«, lassen sich Störungen als Grenzüberschreitungen begreifen. Durch die Beschreibung von Störungen wird aber zunächst keine Hybridisierung und Ambiguisierung erzeugt, sondern es werden gerade erst die Grenzen zwischen Erzählerfigur und Handlungspersonal festgeschrieben. Die Störung ist eine unerwünschte Grenzüberschreitung, die in den Nahbereich von Figuren eindringt und dadurch Kompensationsstrategien erforderlich macht. Eine Interpretation auf der Basis des Experimentalsetting-Modells ermöglicht, den Blick auf diverse Konfigurationen des Romans zu werfen. Allerdings werden im Verlauf der Interpretation die Beschränkungen eines solchen Romanverständnisses hervortreten, da vor allem die für ein solches Setting nötige absolute Kontroll- und Beobachterposition der Erzählerfigur nicht gewährleistet ist. Deshalb soll im Anschluss vorgeschlagen werden, den Text als ein »Experimentalsystem«[4] zu begreifen, das keine absoluten Zuschreibungsinstanzen mehr kennt, sondern vielmehr unentwegt Hybridisierungen produziert und die Grenzen zwischen einzelnen Figuren durch Ansteckungsprozesse verunsichert.

Die beschriebene Szene aus dem Kapitel »Notwendiger Einkauf« lässt sich im doppelten Sinn mithilfe einer Experimentalkonfiguration verstehen: Erstens nennt Lodovico Settembrini Hans Castorps Überlegungen zum Verhältnis von Krankheit und Dummheit »Placet Experiri« und charakterisiert sie damit als ein vorbehaltsloses und unverbindliches Ausprobieren. Zweitens wird dargestellt, wie eine Störung, sobald versucht wird, sie in Begriffe zu übersetzen (»krank und dumm«), zu Verunsicherung und

[4] Rheinberger: Experimentalsysteme und epistemische Dinge, S. 90.

Reflexion führt: Hans Castorp wird der Störung ausgesetzt und diese verursacht bei ihm Veränderungen.

Das Experimentalsetting des Romans

Literatur und Experiment: Positionen

Das Verhältnis zwischen Literatur und Experiment lässt sich auf unterschiedliche Weise perspektivieren: »Die erste betrifft die Adaption physikalischer oder chemischer Versuchsanordnungen durch literarische Texte«.[5] Literatur kann Experimente explizit thematisieren und dabei den Platz des Reflexionsortes kultureller Praktiken besetzen: Erkenntnismöglichkeiten dieser Praxis können ebenso besprochen wie stillschweigende Präsumtionen aufgedeckt werden. Die Menschenversuche des Arztes in *Woyzeck* liefern etwa weniger Wissen über eine experimentelle Methode, als dass sie diese als Absurdität kennzeichnen und die menschenverachtende Einstellung der damaligen Medizin bloßlegen.[6] Das chemische Modell der Wahlverwandtschaft, welches in Goethes Roman das Modell eines sozialen Versuchs liefert, sagt wenig über die zeitgenössische Wissenschaft aus oder soll der Literatur einen spezifischen Wissensstatus beimessen (denn es geschieht ziemlich genau dies, was in dem Modell vorgegeben ist), es liefert allerdings eine Reflexionsfolie für das Geschehen des Textes und provoziert eine Auseinandersetzung mit ihm.[7]

Eine andere Perspektivierung des Verhältnisses »zielt auf ein experimentelles Verständnis der formalen Dimensionen von Literatur, vornehmlich in Avantgarde-Ästhetiken«.[8] Diese Perspektive stellt den experimentellen Charakter eines literarischen Werkes heraus, d. h. sein Bemühen um eine innovative Vertextung und/oder ausgefallene Thematik. Der Begriff ›Experiment‹

[5] Markus Krause und Nicolas Pethes: Zwischen Erfahrung und Möglichkeit. Literarische Experimentalkulturen im 19. Jahrhundert. In: Literarische Experimentalkulturen. Poetologien des Experiments im 19. Jahrhundert. Hg. von Markus Krause und Nicolas Pethes. Würzburg 2005, S. 7–18, hier S. 7.

[6] Vgl. Pethes: Literatur- und Wissenschaftsgeschichte. Ein Forschungsbericht. In: IASL 28,1 (2003), S. 181–231, hier S. 218: »Literarische Darstellungen von Ärzten – etwa in Büchners *Woyzeck*, Kafkas *Landarzt* oder Thomas Manns *Zauberberg* – kritisieren zumeist in satirischer Überspitzung die Verobjektivierung des Menschen in der modernen Medizin«.

[7] Vgl. zum Experimentieren in den *Wahlverwandtschaften* Pethes: Zöglinge der Natur, S. 315–322.

[8] Krause und Pethes: Zwischen Erfahrung und Möglichkeit, S. 7.

wird dabei so gedacht, dass er traditionelle Formen des Schreibens, der Gattung oder der Thematik an eine Grenze treibt und dadurch Destabilisierungen bewirkt, die zu Neuentwicklungen führen. In dieser Bildsprache ist der Text zugleich Experiment als sprachliche Leistung und Ausprobung wie Ort des Experiments als Bühne der Aufführung der sprachlichen Innovation.

Die dritte Position »bezeichnet den Entwurf imaginärer Welten und vergleichbarer Gedankenspiele als Experimente«.[9] Die Perspektive der Science-Fiction oder der kontrafaktischen Realität entwirft auf der Basis technologischer Innovationen phantastische Szenarien, die ausschließlich in der Kunst verfügbar gemacht werden können.[10] Dieser Zusammenhang lässt sich jedoch auch als eine Inhaltsinnovation analog zur Forminnovation verstehen: Solche Literatur probiert auch aus, allerdings spielt sie dabei nicht mit dem Material der Sprache, sondern mit ihrer Weltreferenz. Zudem weist sie auf ein Problem hin, das sich in der Überlagerung der Terme ›Experiment‹ und ›Literatur‹ stets ergeben kann, nämlich die letztlich unergiebige Verallgemeinerbarkeit der Gleichsetzung beider Konzepte. Literarische Welten sind nie real und deshalb unterscheidet sich Science-Fiction von der übrigen *fiction* nur in ihrer Thematik. Es ließe sich womöglich argumentieren, dass kontrafaktische Weltentwürfe die Weltreferenz gerade in ihrer Durchstreichung hervorheben, jedoch ist dies nicht ihr Hauptmerkmal. Während Experimente die Produktion von Referenz anstreben,[11] setzen literarische Texte Bedeutungsspiele in Gang, setzen auf »Vieldeutigkeit und semantische Offenheit«.[12]

Insofern wurde die Indienstnahme des Experimentbegriffs für eine Beschreibung der Literatur auch kritisiert, da sie wenig über Literatur aussage und ein unangemessenes Verständnis von Experimentalität ausdrücke: »Der irrtümliche Schluß vom wissenschaftlichen auf den ästhetischen Versuchsvorgang verwechselt somit ›künstlich‹ mit ›künstlerisch‹«.[13]

[9] Krause und Pethes: Zwischen Erfahrung und Möglichkeit, S. 7.

[10] Vgl. dazu Annette Wunschel und Thomas Macho: Zur Einleitung: Mentale Versuchsanordnungen. In: Science & Fiction. Über Gedankenexperimente in Wissenschaft, Philosophie und Literatur. Hg. von Thomas Macho und Annette Wunschel. Frankfurt a.M. 2004, S. 9–14.

[11] Vgl. dazu Burkhardt Wolf: Erzählen im Experiment. Narratologie und Wissensgeschichte am Kreuzweg der zwei Kulturen. In: Experiment und Literatur. Themen, Methoden, Theorien. Hg. von Michael Gamper. Göttingen 2010, S. 208–235, hier S. 229: »Genauer betrachtet, ist die experimentelle Konstitution eines ›epistemischen Objekts‹ jedoch ein komplexer Darstellungsvorgang, bei dem nicht einfach eine Tatsache festgehalten, sondern allererst eine Referenz produziert wird«.

[12] Michael Gamper: Einleitung. In: Experiment und Literatur. Themen, Methoden, Theorien. Hg. von Michael Gamper. Göttingen 2010, S. 9–14, hier S. 13.

[13] Gunhild Berg: Zur Konjunktur des Begriffs ›Experiment‹ in den Natur-, Sozial- und Geisteswissenschaften. In: Wissenschaftsgeschichte als Begriffsgeschichte. Termi-

Es lässt sich aber noch eine vierte Option des Verhältnisses von Literatur und Experiment bestimmen, nämlich die, dass die Handlung des literarischen Textes wie ein Experiment konstruiert ist oder dass Vorstellungen des experimentellen Ablaufs in die Handlung eingehen. Dieses Modell hat Nicolas Pethes für seine Untersuchung zum »literarischen Menschenversuch« im 18. und beginnenden 19. Jahrhundert aufgezeigt. Literarische Texte dieser Zeit entwürfen unterschiedliche Szenarien jener Operationen des Experiments, die Pethes erarbeitet hat, nämlich des Isolierens, Irritierens, Observierens, Protokollierens und Interpretierens, die erst »im Laufe des 19. Jahrhunderts zu medizinischen und psychologischen Menschenversuchen zusammengefügt w[ü]rden«.[14]

Damit werde von den Autoren der Versuch unternommen, literarischen Texten eine Rolle als Wissen generierende Komponenten in der Diskussion um das Wesen und die Ausbildung des Menschen zuzusprechen. Es handele sich deshalb gerade um Bildungs-, Entwicklungs- und Erziehungsromane, welche diese Muster inszenierten.[15] Pethes' spezifische historische Verortung im »pädagogische[n]«, »literarische[n]«, »anthropologische[n]« und »proto-experimentelle[n]« 18. Jahrhundert,[16] liefert ihm dabei die Möglichkeit zu einer Perspektivierung, die ein tatsächliches Wissen in der Literatur vor der systematischen Ausdifferenzierung zwischen Kunst und Wissenschaft beschreibbar macht. Durch diese diskursive Verortung entgeht Pethes der Gefahr der Ubiquität des Experimentellen und schreibt eine Wissensgeschichte, die gerade auf die Erzeugung des Referenten »Mensch« durch die Literatur abhebt.[17]

nologische Umbrüche im Entstehungsprozess der modernen Wissenschaften. Hg. von Michael Eggers und Matthias Rothe. Bielefeld 2009, S. 51–82, hier S. 54f.: »Das künstlerische Experiment zeichnet sich demzufolge dadurch aus, daß ihm [...] alle Merkmale der naturwissenschaftlichen Experiment-Definition [...] fehlen. [...] Zwar schafft der Experimentator im Labor Versuchsbedingungen, die nicht den in der Natur vorfindlichen gleichen, doch bedeutet sein Segmentieren und Isolieren eines Wirklichkeitsausschnitts nicht dessen freie Gestaltung. Ablauf und Resultat des Forschungsexperiments bleiben immer den Naturgesetzlichkeiten unterworfen; im Unterschied zum Kunstexperiment, dessen Materialität zwar ebenfalls auf diese Weise gebunden ist, dessen eigentliches Ergebnis, das sinnhaft-ästhetische Kunstprodukt in seiner spezifischen Form, aber nicht auf die Einhaltung dieser Grenzen festgelegt, vielmehr daraufhin angelegt ist, sie zu überschreiten«.

[14] Vgl. Pethes: Zöglinge der Natur, S. 28.

[15] Vgl. Pethes: Zöglinge der Natur, S. 11: »Um ein genuin literarisches Wissen handelt es sich in allen Fällen insofern, als die Durchführung und versuchsweise Verbindung dieser proto-experimentellen Operationen zeitgenössisch nur mit fiktionalen, narrativen und rhetorischen Mitteln – Gedankenexperimenten, Fallgeschichten, Metaphern – durchexerziert werden können«.

[16] Vgl. Pethes: Zöglinge der Natur, S. 15–30.

[17] Vgl. Pethes: Zöglinge der Natur, S. 24: »›Der Mensch‹ ist um 1800 weder bloß philosophisches Konzept noch Bündel empirischer Beobachtungen, sondern ein ›epistemisches

Wenn sich also historisch nach der Differenzierung der Disziplinen die Literatur im 19. Jahrhundert wieder des Experiments annimmt, etwa bei Émile Zola oder Wilhelm Bölsche, durchstreicht sie die theoretische Ergebnisoffenheit der experimentellen Operation und gleichzeitig die Ambiguisierungsstrategien der Literatur und ersetzt sie durch einen von jeher festgelegten Ablauf einer sozialen Gesetzmäßigkeit des Milieus.[18] Solche Literatur begreift das Experiment als »Beweis eines Sachverhaltes und das Ausprobieren einer Hypothese«,[19] wobei der Ausdruck »Ausprobieren«, versteht man einen Text als Produkt einer Intention, hinfällig wird: Man hat es dann nur noch mit einer Beweisführung zu tun.

Versteht man ein Experiment hingegen »in seinem modernem Verständnis [als] die Eröffnung eines Möglichkeitsraumes und ergebnisoffene[s], zu differentieller Reproduktion fähige[s] Versuchssystem[]«,[20] lässt sich die dem Experiment eignende Forschungsleistung, also die tatsächliche Herleitung einer neuen Erkenntnis, zwar besser fassen, die Übertragung auf die Literatur bleibt jedoch (vorerst) vage: Übernähme man etwa diejenigen Operationen, die Pethes für die proto-experimentellen Menschenversuche des 18. Jahrhunderts herausgearbeitet hat, kann jeder Text in gewisser Weise als Versuchsanordnung begriffen werden, weil sich in so gut wie jedem Konflikte oder Kontingenzen (Irritation), Beobachtungsverhältnisse (Observation), Figurenfokussierungen (Isolation), Verschriftlichung (Protokoll) und Erzähler- oder Figurenkommentare (Interpretation) finden lassen. Ein heuristischer Nutzen wäre im Hinblick auf eine Wissensgeschichte, die also den Erkenntnisgewinn als primäre Funktion der Technik des Experimentierens fokussiert, nur durch eine diskursive Einbettung möglich, welche wahrscheinlich auch mit einer Änderung der jeweiligen Operationen einherginge.

Eine weitere Option, den Begriff des Experiments literaturwissenschaftlich zu nutzen, lässt sich allerdings mit Verweis auf Pethes selbst extrapolieren: »Der literarische Menschenversuch ist stets zugleich narratives Szenario, dessen Topoi und Deutungsweisen sich literaturhistorisch verfolgen lassen, und Wissensform, deren Ordnung und Regelmäßigkeit beschrieben werden kann«.[21] Begreift man das Experiment als

Ding‹, das diskursiv und technisch hervorgebracht werden muß. Im Zusammenhang der vorliegenden Untersuchung ist diese Technologie die *Experimentalisierung in Form von Fiktionalisierung des Wissens über Natur und Erziehung des Menschen*« (H. i. O.).

[18] Vgl. zu den Einflüssen der Naturwissenschaft auf die Literatur Pethes: Literatur- und Wissenschaftsgeschichte, S. 210–222.

[19] Krause und Pethes: Zwischen Erfahrung und Möglichkeit, S. 14.

[20] Krause und Pethes: Zwischen Erfahrung und Möglichkeit, S. 14.

[21] Pethes: Zöglinge der Natur, S. 21.

einen »literarische[n] Menschenversuch« und diesen als »narratives Szenario«, so ist zumindest eine Perspektive gewonnen, welche die Übernahme der unterschiedlichen Operationen legitimiert. Die Vagheit der Beschreibung ließe sich durch den Rekurs auf eine Gattungstradition beheben und die Ähnlichkeiten mit und Differenzen zu einer solchen ließen sich beschreiben.

Der Zauberberg *als literarischer Menschenversuch*

Experimentelles Romanverständnis

Dass *Der Zauberberg* als Bildungs-, Erziehungs- oder Entwicklungsroman gelesen werden kann, heben bereits Thomas Manns Selbstaussagen hervor. Seine wirkmächtige *Einführung in den Zauberberg* hat diesen Zusammenhang für die Forschung festgeschrieben: Hans Castorp werde im Roman durch die »fieberhafte[] Hermetik des Zauberberges« geschickt und erfahre dadurch eine »Steigerung«.[22] Er gehöre in die Tradition des »deutsche[n] Bildungsroman[s]«.[23] Eine Einschätzung von Hans Castorps Persönlichkeitssteigerung ist jedoch im Zusammenhang der vorliegenden Untersuchung nicht gewinnbringend.[24]

Pethes hat herausgestellt, dass Bildungsromane stets auch ein experimentelles Setting bemühen: Die Bildungsgeschichte der Protagonisten[25] werde anhand einer Reihe herbeigeführter Provokationen erzählt, die nur auf die Helden kontingent wirkten, letztlich aber auf eine Erzähl- oder Wissensinstanz zurückgingen. Es handele sich dabei um eine »pädagogische[] Fallgeschichte«, auch wenn das Ganzheitlichkeitskonzept »Bildung« als Gegenbegriff zur »Erziehung« verstanden werden könne.[26] Bereits in dem

[22] Vgl. GW XI, S. 612.

[23] Vgl. GW XI, S. 616.

[24] Vgl. zu der Diskussion um Hans Castorps Entwicklung Jürgen Jacobs und Markus Krause: Der deutsche Bildungsroman. Gattungsgeschichte vom 18. bis zum 20. Jahrhundert. München 1989, S. 207–223.

[25] Man hat es in der kanonisierten Literatur zumeist mit männlichen Protagonisten zu tun, was allerdings wenig über die Qualität der Texte und viel über die Prozesse der Kanonisierung aussagt.

[26] Vgl. Pethes: Zöglinge der Natur, S. 300, bezogen auf die Debatte um die Gattungszuschreibung von *Wilhelm Meisters Lehrjahre*: »›Bildung‹, die allgemeine und ausgewogene Ausbildung aller Vermögen eines Individuums im Zeichen idealer Humanität, will nichts mit dem Tagesgeschäft der Erziehung zu schaffen haben, die dem Zögling Verhaltensmaßregeln und vereinzelte Wissensbruchstücke vermittelt. Und dennoch teilt die Erzählung von Wilhelms Lebensweg [...] einiges mit der narrativen Struktur einer pädagogischen Fallgeschichte«.

vermeintlich ersten Bildungsroman, Christoph Martin Wielands *Geschichte des Agathon*, werde ein Irritationsszenario entworfen, in dem der Protagonist auf unterschiedliche Einwirkungen reagieren müsse.[27] Und auch und gerade *Wilhelm Meisters Lehrjahre* präsentierten ein pädagogisches Kontrollszenario in Form der »Turmgesellschaft«. Dabei ist das Verhältnis von Turmgesellschaft und Erzähler verschränkt: Der Roman trägt den gleichen Titel wie die Schriftrolle, die sich im Archiv der Gesellschaft befindet und sei deshalb »mithin selbst die ›Beobachtungsgeschichte‹, derer Wilhelm im Buch ansichtig wird«.[28] Aber eben weil Wilhelm ihrer ansichtig werde, gehe der Roman auch darüber hinaus und erwecke so den Eindruck, sein eigenes Gelesenwerden erfassen zu können. Insofern inszeniere der Roman selbst das Szenario einer »panoptischen Kontrolle«,[29] welche sich für den Protagonisten an die Stelle des »Schicksal[s]« setze und eine »steuernde und wissende Instanz [verkörpere], die Sinn und Zusammenhang der vermeintlich kontingenten Widerfahrnisse verwalte[ ]«.[30]

Die Position, die in der Perspektive des Protagonisten das Schicksal ausfüllt, die tatsächlich aber von der Turmgesellschaft besetzt wird, die als Kontroll-, d.h. Beobachtungs-, Schreib- und Provokationsinstanz[31] figuriert und dabei zugleich den zu lesenden Roman produziert, lässt sich deshalb auch als die Erzählposition auffassen. Wenn der Bildungsroman ein gewisses Aufschreibesystem präsentiert, das sich selbst bedingt – »Techniken der Macht und des Schreibens müssen zusammenkommen, um eine neue narrative Gattung zu erzeugen«, wie Friedrich Kittler meint[32] –, gehört dazu auch die Festsetzung eigener Erzählpositionen. Damit soll nicht gesagt sein, dass es die auktoriale Erzählsituation – und eine solche dominiert Bildungsromane im Allgemeinen – nicht schon bereits vor dem

[27] Vgl. Pethes: Zöglinge der Natur, S. 198: »Meine These ist, daß der Roman [*Geschichte des Agathon*, B.M.] durchaus ein einheitliches Prinzip des Erzählens benennt, aus dem dann allerdings heterogene und wechselhafte Handlungsverläufe und ein unentschiedenes Schlußszenario entspringen. Dieses Erzählprinzip folgt nicht der Unterscheidung von Idealismus oder Empirismus, sondern der Methode, mittels derer diese Unterscheidung im Roman beobachtet wird. Und diese Methode besteht darin, Personen gezielte Reize zuzuführen, sie bestimmten Situationen auszusetzen und die Konsequenzen dieser Irritation zu beobachten«.

[28] Vgl. Pethes: Zöglinge der Natur, S. 310.

[29] Pethes: Zöglinge der Natur, S. 305.

[30] Vgl. Pethes: Zöglinge der Natur, S. 311.

[31] Das pädagogische Programm der Gesellschaft rückt Wilhelm stets in eine beabsichtigte Richtung, lässt diesen aber durch Ausprobieren auch eigene Fehler machen (vgl. Pethes: Zöglinge der Natur, S. 306–308).

[32] Friedrich A. Kittler: Über die Sozialisation Wilhelm Meisters. In: Dichtung als Sozialisationsspiel. Studien zu Goethe und Gottfried Keller. Hg. von Gerhard Kaiser und Friedrich A. Kittler. Göttingen 1977, S. 13–124, hier S. 107.

Aufkommen der Bildungs-, Entwicklungs- und Erziehungsromane gegeben habe, doch als literarische Menschenversuche benötigen diese Gattungen eine auktoriale Erzählsituation, die die Position des Experimentators besetzt, um die »Figur des gelenkten Zufalls«[33] als Prinzip des Erzählens ermöglichen zu können. Diese Rolle wird im *Wilhelm Meister* durch die Charakterisierung der Turmgesellschaft festgeschrieben.

Thomas Mann hat die Figur der Lenkung bereits ähnlich beschrieben und damit das Verhältnis von Bildungsroman und Experimentieren teilweise vorweg genommen, wenn auch auf das Verhältnis von Autor und Figur bezogen. In dem Großessay *Goethe und Tolstoi*, der zu den prägnanten Paratexten des *Zauberberg*-Romans gezählt wird, liefert Mann eine Interpretation des Bildungsromans, die man auch als eine Auseinandersetzung mit dem *Zauberberg* verstehen kann:

> Und eben dies Gefühl der Verbesserungs- und Vervollkommnungsbedürftigkeit, diese Empfindung des eigenen Ich als einer *Aufgabe*, einer sittlichen, ästhetischen, kulturellen Verpflichtung, *objektiviert* sich im Helden des autobiographischen Bildungs- und Entwicklungsromans, vergegenständlicht sich zu einem Du, an welchem das dichterische Ich zum Führer, Bildner, Erzieher wird – identisch mit ihm und zugleich ihm überlegen [...]; immer deutlicher wandelt sich in den »Lehrjahren« die Idee der persönlich-abenteuernden Selbstausbildung in die der Erziehung[.][34]

Der Wandel, von dem Mann spricht, bezieht sich nicht bloß auf eine etwaige Autorintention Goethes, sondern meint auch die Turmgesellschaft, durch die der pädadogische »Objektivierungsprozeß [fort]schreite[ ]«.[35] Das bedeutet nicht, dass aus Wilhelms Abenteuern erst zum Schluss, mit der Offenbarung der Turmgesellschaft, ein Erziehungsprogramm wird, sondern, dass die vermittelte Vorstellung der Ausbildung des Protagonisten sich von einer eigenständigen Selbstentwicklung zu einer angeleiteten Selbstentwicklung wandelt. Damit ist eine Scharnierstelle zwischen Bildungs-, Entwicklungsroman und Erziehungsroman beschrieben. Bei Mann sind die Experimente, die mit dem Protagonisten durch den Autor vollzogen werden, immer zu einem gewissen Grad Selbstexperimente, weil für ihn die Gattung per se autobiographisch ist. Der Bildungsroman als Gattung ist damit auch ein Zivilisierungsprojekt, das in der dargestellten Selbstausbildung ebenfalls die des schreibenden Subjekts (und womöglich auch des lesenden) impliziert.

[33] Pethes: Zöglinge der Natur, S. 303.
[34] Thomas Mann: Goethe und Tolstoi. Fragmente zum Problem der Humanität (Essayfassung). In: GKFA 15.1, S. 809–936, hier S. 910f. (H.i.O.).
[35] Vgl. GKFA 15.1, S. 911.

Das angeführte »dichterische Ich« ließe sich nicht nur als das Autor-Ich verstehen, man kann darunter ebenfalls die Erzählerfigur begreifen, nimmt sie doch die Position des dichtendes Subjekts ein. Der Aspekt der Selbstausbildung spiegelt sich auch auf der Handlungsebene. Mann vertritt die Vorstellung, »daß er [der Protagonist, B.M.] gelehrt ha[be], indem er lernte, daß er gebildet, erzogen, geführt, [...] geprägt ha[be]«, indem er durch die »geheimen Fäden« der Turmgesellschaft selbst geführt wurde.[36] Damit wird im Bildungsroman die Fremdkontrolle zum Mittel der Selbstsorge, die Instanz des Menschenversuch-Experimentators jedoch nicht innerhalb des Romans, sondern an der Schwelle zwischen Roman und Realität, in einem dichterischen Ich, teils Autor, teils Erzähler, verortet.[37]

Fasst man den Roman als literarischen Menschenversuch, wertet man damit eine Metaphorik auf, die mit anderen Beschreibungsmetaphern der Dynamik des Romans in Konkurrenz steht, besonders mit der des Theaters. In *Wilhelm Meisters Lehrjahre* wird die alles bestimmende Theatermetaphorik auch auf die Turmgesellschaft übertragen. Jarno sagt zu Wilhelm kurz vor der Auflösung des mit ihm erprobten Versuches: »Sie sind, wie es scheint, [...] prädestiniert, überall Schauspieler und Theater zu finden«.[38]

Das Theater als Bühne besitzt die wichtige Funktion der Selbstidentifikation im Bildungsroman, da der Held seine eigenen Erfahrungen in den Erfahrungen auf der Bühne spiegelt, sie dort verarbeitet findet und in der Reflexion auf das Gesehene Pläne zur Bewältigung des eigenen Lebens gewinnen kann.[39] Umgekehrt ließe sich daraus auch auf die Bühnenhaftigkeit des eigenen Lebens schließen, das als ein Theaterschauspiel aufgefasst wird. Und so scheint sich auch das Arrangement zu erklären, das die Turm-

[36] Vgl. GKFA 15.1, S. 912 und 911.

[37] In dem gleichen Aufsatz kommen tatsächliche Menschenexperimente auch vor. Pädagogisches Experimentieren wird explizit Leo Tolstoi zugesprochen und von dem »deutschen Idealismus und Humanismus« gesondert gedacht (GKFA 15.1, S. 912). Während bei Goethe »das Soziale aus der Kultur- und Bildungsidee organisch erwuchs«, sei bei Tolstoi die Bildung ein Gut, das an sozial Benachteiligte weitergegeben werden solle (ebd., S. 913). Dadurch wurde er zu einem Experimentator und die »Schule [...] zugleich ein Mittel der Erziehung und ein Experiment an der jungen Generation [...], das stets neue Resultate ergäbe; sie soll mit anderen Worten ein erzieherisches Laboratorium sein, worin das Experiment der pädagogischen Wissenschaft eine feste Basis schafft« (ebd., S. 915). Dass hier von tatsächlichen Menschenversuchen die Rede ist, schließt die literarischen Menschenversuche des Bildungsromans nicht aus, wenn auch bei Mann die Kontrollidee zugunsten der gesellschaftsbildenden Lehre des Bildungsromans zurücktritt.

[38] Johann Wolfgang von Goethe: Wilhelm Meisters Lehrjahre. In: Goethes Werke. Textkritisch durchgesehen und mit Anmerkungen versehen von Erich Trunz. Bd. 7: Romane und Novellen. 2. Band. 5. Aufl. Hamburg 1962, S. 8–610, hier S. 428.

[39] Vgl. Rolf Selbmann: Theater im Roman. Studien zum Strukturwandel des deutschen Bildungsromans. München 1981.

gesellschaft schafft: Auf der Bühne steht jeweils eine Figur, der Protagonist, und ihm werden jeweils neue Figuren zugeführt.

Es wäre allerdings verfehlt, daraus die Gegensätzlichkeit von Theater und Experiment zu folgern, denn sie stehen nicht in einem Ausschlussverhältnis zueinander; vielmehr entscheidet die Gewichtung in der Lektüre darüber, welches der beiden Modelle man bei der Interpretation anlegt. Auch bei Thomas Mann lässt sich der Topos des Theaters in seinen vermeintlichen Bildungsromanen finden: Zum einen in *Bekenntnisse des Hochstaplers Felix Krull*, einem Roman, der als Parodie der Genres des Bildungsromans und der Autobiographie konzipiert war.[40] Dort darf Felix Krull das Umkleidezimmer des Schauspielers Müller-Rosé betreten, wird dort dessen verpickelten Rückens ansichtig und gewinnt die Einsicht in die Maskenhaftigkeit der Existenz und ein Simulationsbedürfnis der Gesellschaft.[41] Im *Zauberberg* selbst gibt es zwar kein Theater, jedoch theaterähnliche Erfahrungen: der Besuch einer Kinovorführung wird gerade in Abgrenzung zu einem Theaterbesuch beschrieben und abgewertet.[42] Ließe sich daraus zunächst schließen, dass die neuen Medien und damit das neue Aufschreibesystem Romane alter Couleur unmöglich machen, weil sie die Bedingungen der Individualitätskonstitution außer Kraft setzten, ist es andererseits später gerade das Grammophon, das ein sich wiederholendes, gegenwärtig gemachtes Theatererlebnis ermöglicht: *Aida* etwa ist eine »Oper, die Hans Castorp gut kannte, die er wiederholt im Theater gehört und gesehen [hatte]« (980). Die Opern, die Hans Castorp hört und die ihm fast real erscheinen, weil die Sängerstimmen den Eindruck wirklich präsenter Körper erzeugen können,[43] werden für ihn

[40] Thomas Mann: [Vorrede zu einer Lesung aus »Felix Krull«]. In: GKFA 15.1, S. 171: »Es handelt sich also um einen Roman, der sich illusionsweise als die Autobiographie eines Schwindlers, eines Hochstaplers giebt. Wir haben in deutscher Sprache große Selbstbiographien, nichtwahr, – Dichtung u. Wahrheit z. B. oder autobiographische Bildungs- und Entwicklungsromane wie Kellers Grünen Heinrich«.

[41] Vgl. Thomas Mann: Bekenntnisse des Hochstaplers Felix Krull. Der Memoiren erster Teil. Hg. und textkritisch durchgesehen von Thomas Sprecher und Monica Bussmann in Zusammenarbeit mit Eckhard Heftrich (= GKFA 12.1). Frankfurt a.M. 2012, S. 40f.: »Welche Einmütigkeit in dem guten Willen, sich verführen zu lassen! Hier herrscht augenscheinlich ein allgemeines, von Gott selbst der Menschennatur eingepflanztes Bedürfnis, dem die Fähigkeiten des Müller-Rosé entgegenzukommen geschaffen sind«.

[42] Vgl. S. 480: »Wenn aber das letzte Flimmerbild einer Szenenfolge wegzuckte, im Saale das Licht aufging und das Feld der Visionen als leere Tafel vor der Menge stand, so konnte es nicht einmal Beifall geben. Niemand war da, dem man durch Applaus hätte danken, den man für seine Kunstleistung hätte hervorrufen können. Die Schauspieler, die sich zu dem Spiele, das man genossen, zusammengefunden, waren längst in alle Winde zerstoben; nur die Schattenbilder ihrer Produktion hatte man gesehen«.

[43] Vgl. S. 967: »[D]as herrliche Organ erscholl nach seinem vollen natürlichen Umfang

zum Anlass, seine eigene Geschichte im Sanatorium bis zu diesem Zeitpunkt zu reflektieren.

So ist das Theatererlebnis auch – gattungstypisch – im *Zauberberg* vorhanden und lädt den Roman kulturhistorisch auf. Die Theatermetaphorik wird auch im Roman zur Strukturierung der Handlung gebraucht; das Ende des sechsten Kapitels wird etwa so markiert: »Wir lassen den Vorhang fallen, zum vorletzten Mal« (815). Im siebten Kapitel heißt es: »[V]erdunkeln wir unser kleines Theater zum Szenenwechsel« (908). Insofern ist der Roman selbst als Bühne gedacht, in welchem unterschiedliche Figuren auftreten und die Erzählerfigur als Regisseur konzipiert, der über den Vorhang gebietet.

Die Meinung zu vertreten, die Funktionen als Regisseur und Experimentator schlössen sich kategorisch aus, geht von einem Experimentverständnis aus, das dieses als rein nüchterne, sterile, eben ›objektive‹ Angelegenheit betrachtet. Dabei wird übersehen, dass Experimenten von jeher eine theatrale Dimension zukommt: Indem die Beurteilung des Erfolgs eines Experiments auch davon abhängt, wie gut seine Ergebnisse anschaulich gemacht werden können, sind Techniken der Sichtbarmachung von jeher notwendiger Bestandteil der wissenschaftlichen Praxis. Die Außendarstellung der Wissenschaft als eines nützlichen Bereichs der Gesellschaft ist damit verbunden, dass ihre Ergebnisse auch Laien ersichtlich werden. Dies kann von ersten Spektakularisierungen eines Wissenstheaters mit dem Aufkommen der experimentellen Methode in der Frühen Neuzeit bis hin zu der sich zunehmend an neu aufkommende Medien koppelnden Wissenschaftspraxis des 19. Jahrhunderts reichen.[44] Auch die literarischen Menschenversuche des 18. Jahrhunderts lassen sich als Popularisierungstechniken, da als Literatur präsentiert, begreifen. Die Geschichte der Korrelation von Experiment und Spektakel lässt sich also nicht als ein immer größer werdender Unterschied zwischen wissenschaftlichem Anspruch und der Befriedigung des Publikumsgeschmacks begreifen, auch nicht als eine fortgesetzte Depravation eines ›hohen‹ wissenschaftlichen Anspruchs, sondern als stete

und Kraftinhalt, und namentlich wenn man in eines der offenen Nebenzimmer trat und den Apparat nicht sah, so war es nicht anders, als stände dort im Salon der Künstler in körperlicher Person, das Notenblatt in der Hand, und sänge«.

[44] Vgl. Helmar Schramm: Kunst des Experimentellen, Theater des Wissens. In: Spektakuläre Experimente. Praktiken der Evidenzproduktion im 17. Jahrhundert. Hg. von Helmar Schramm, Ludger Schwarte und Jan Lazardzig. Berlin und New York 2006, S. XI–XXXVIII; vgl. zum 19. Jahrhundert Helmar Schramm: Pyrophonie. Anmerkungen zur Theatralität des Experimentierens. In: Spektakuläre Experimente. Praktiken der Evidenzproduktion im 17. Jahrhundert. Hg. von Helmar Schramm, Ludger Schwarte und Jan Lazardzig. Berlin und New York 2006, S. 398–413.

Reaktualisierung einer intrinsischen Verknüpfung, die sich neuen medialen Gegebenheiten anpasst:

> Experimente sind anschauliche *Vorführungen* eines Beweisgangs und stehen als solche[,] gerade wenn sie zu didaktischen Zwecken eingesetzt werden[,] in unmittelbarer Nähe zur Praxis der theatralen Aufführung, wenn nicht des Vaudeville. Die Etablierung des Experiments als zentrale Methode der positiven Wissenschaften im 19. Jahrhundert erfolgt über die Erweckung öffentlicher Aufmerksamkeit für neues Wissen, die nicht zuletzt durch die spektakuläre Inszenierung des menschlichen Körpers erreicht wurde[.][45]

Insofern sind die Lesarten der Erzählerfigur als Regisseur, Experimentator und als Varieté-Conférenciere miteinander vereinbar. Er ist immer alles zugleich und die Schwerpunktsetzung liegt in der Lektüreentscheidung. Regisseur und Experimentator eignet die gleiche, umsichtige und kontrollierende Erzählposition, die literaturgeschichtlich an den Bildungsroman gekoppelt ist. Das Varieté, gleichwohl historisch jüngeren Datums, lässt sich in dieses Kontrolldispositiv einfügen.

Operationen des literarischen Menschenversuches

Der Unterschied zwischen Störung und Irritation affirmiert die Unterscheidung zwischen Homo- und Heterodiegese und bestätigt eine auktoriale Erzählposition. Dies fügt sich ein in die gängige Sichtweise des *Zauberbergs* als Roman, der auf vorbildliche Weise eine auktoriale Erzählsituation bemüht. In Einführungen in die Erzählforschung gilt der Roman als Paradebeispiel dieser Erzählsituation[46] und andere Einführungen in das Werk, etwas *Kindlers Literatur Lexikon*, weist darauf hin, dass man es mit einem »geradezu altväterlichen, aber auch ironiefähigen Erzähler[ ]« zu tun habe.[47] Demnach befindet sich der heterodiegetische, »[p]ersönliche[ ] Erzähler«[48] außerhalb der erzählten Geschichte, jedoch innerhalb der erzählten Welt. Liest man den Roman hinsichtlich der Operationen des literarischen Menschenversuchs (Isolieren, Irritieren, Observieren, Protokollieren, Interpretieren), lässt sich dieser Eindruck zunächst verstärken, stellt sich aber zunehmend als rhetorische Strategie heraus.

[45] Nicolas Pethes: Spektakuläre Experimente. Allianzen zwischen Massenmedien und Sozialpsychologie im 20. Jahrhundert. Weimar 2004, S. 19 (H. i. O.).

[46] Vgl. Bode: Der Roman, S. 142; und Franz K. Stanzel: Theorie des Erzählens. 6., unveränderte Aufl. Göttingen 1995, in seinem Typenkreis.

[47] Ridley und Vogt: Thomas Mann – ›Der Zauberberg‹.

[48] Stanzel definiert auf seinem Typenkreis den Erzähler des Zauberbergs als »[p]ersönliche[n] Erzähler« in »auktorialer Erz[ähl]sit[uation]«.

Das Setting des Sanatoriums Berghof lässt sich als ein isolierter Raum begreifen. In aller Ausgiebigkeit wird darauf hingewiesen, dass der Platz in den Schweizer Alpen als ein Ort verstanden werden soll, der in sich räumlich und zeitlich geschlossen und damit vor allem von der Außenwelt abgeschlossen ist. Die Metapher, mit der dieser Zustand verglichen wird, ist die der »Konserve«, mit »Weckgläser[n]«, an denen »das Zauberhafte [...] ist, daß das Eingeweckte der Zeit entzogen [ist]« (770). Der Zustand, den eine Wiederholung des gleichen Tagesablaufs kennzeichnet, wird als »stehendes Jetzt« (825) beschrieben und das Sanatorium selbst durch die Opposition zum »Flachlande« (215) zum Gegenort stilisiert. Deshalb behauptet Ludwig Völker, dass »die Hermetik von Raum und Zeit keineswegs Ausdruck selbstgenügsamer Artistik, sondern wesentlicher Bestandteil der experimentellen Grundanlage des Romans [sei]«.[49] Es wird im Text insistiert, dass eine Figur – Hans Castorp – in einen Bereich verreist, der abgeschnitten ist von der Außenwelt.[50] Dieser Entwurf eines Isolationsszenarios wurde in der Forschung bereits als »Heterotop« und »Chronotop« beschrieben.[51] Gerade Michel Foucaults Begriff der »Heterotopie« bietet sich zu einer Betrachtung an, weil diese Orte für ihn Räumlichkeit und Zeitlichkeit miteinander verbinden. Heterotopien sind bei ihm »gewissermaßen Orte außerhalb aller Orte, wiewohl sie tatsächlich geortet werden können«.[52] Die Heterotopie bringe mehrere, übli-

[49] Ludwig Völker: »Experiment«, »Abenteuer«, »Traum« in Thomas Mann Roman »Der Zauberberg«. Struktur – Idee – Tradition. In: Besichtigung des Zauberbergs. Hg. von Heinz Sauereßig. Biberach a.d.R. 1974, S. 157–182, hier S. 174.

[50] Und es gibt innerhalb dieser Isolation noch weitere Isolationen, etwa wenn Hans Castorp krank ist und deshalb nicht an den üblichen Ritualen der Patientenschaft teilnehmen kann: »Die Neugier des Isolierten ging dahin, zu wissen, ob etwa neue Gäste angekommen oder von den vertrauten Physiognomien jemand abgereist sei« (293).

[51] Vgl. Gerhard Neumann und Lothar Kammel: Thomas Manns *Zauberberg*. Eine Kulturtheorie der Liebe. In: Intermedialität. Studien zur Wechselwirkung zwischen den Künsten. Hg. von Günter Schnitzler und Edelgard Spaude. Freiburg i.Br. 2004, S. 11–35, hier S. 15–17. Neumann und Kammel knüpfen die Erfahrung der Heterotopie an die Theatralität des Romans: »Das Sanatorium also als ein medizinischer, erotischer und theatraler Grenzort; ein Ort, wo die Grenzüberschreitung erfahren und zugleich domestiziert werden kann; wo sie förmlich auf den Prüfstand der Reflexion gestellt wird« (S. 15). Auch wenn Neumann und Kammler mit dem »Chronotop« explizit Bachtin zitieren, soll dies hier keiner weiteren Betrachtung unterzogen werden, weil der Zusammenhang von Zeit und Raum in der Untersuchung eine nur untergeordnete Rolle spielt. Sie diagnostizieren damit eine »eigentümliche[] Struktur« des Romans: »Zwar bietet er die lineare Erzählung einer siebenjährigen Geschichte, die mit dem Auszug des Helden auf [...] Abenteuer beginnt und mit dessen Weg in den Krieg endet; aber dieser Weg erweist sich mehr und mehr als ein Prozeß ohne Interpungierung; ein sich schrittweise erweiternder Sinnraum, ein Chronotop [...]. Kein Prozeß also, sondern eine Konfiguration, die sich nicht entwickelt, deren Code nicht entzifferbar ist« (ebd., S. 17f.).

[52] Michel Foucault: Andere Räume. In: Aisthesis. Wahrnehmung heute oder Perspektive einer anderen Ästhetik. Hg. von Karlheinz Barck u.a. Leipzig 1990, S. 34–46, hier S. 39.

cherweise unvereinbare Räume zusammen und sei an Zeitschnitte gebunden, an »Heterochronien«, die mit der »herkömmlichen Zeit br[ä]chen«.[53] Die Heterotopie ist in dieser Theorie weniger als tatsächlicher Ort relevant, denn als Schauplatz, als eine Bühne, die »die wirklichen Plätze innerhalb der Kultur gleichzeitig repräsentiert, bestr[eitet] und [wendet]«.[54] Die Welt der Schweizer Alpen lässt sich als Ort konzeptualisieren, der so randständig zur Kultur steht, dass er die Möglichkeit liefert, diese durch unterschiedliche »Repräsentanten«[55] zu reflektieren.

Bedenkt man das – auch laut »Vorsatz« des Romans – doppelte Interesse der Erzählerfigur, gleichzeitig Hans Castorps Geschichte und eine Zeitgeschichte zu berichten,[56] wird das Isolationsszenario zwar auf die Figur Castorps hin fokussiert, jedoch betrifft die Isolation auch die übrigen Figuren, die alle Gegenstand der Beobachtung des Experimentators, hier der Erzählerfigur, werden. Dabei wird das Isolieren als aktive Operation jedoch nicht betont, es wird also nicht davon berichtet, dass die Erzählerfigur die übrigen Figuren in isolierte Bereiche schickt. Durch ihre Fokussierungen der Geschichte, also besonders durch ihre Observationsleistung, wird aber stets ein »gerichtetes Interesse«[57] nahegelegt, etwa wenn sie berichtet, »in was für Tinten und Abschattungen [...] die Gesellschaft des bewährten Instituts [spielt]« (827), um dann gerade den Eindruck, den Mynheer Peeperkorn auf Hans Castorp macht, in den Blick zu nehmen.

Zu diesem Eindruck eines geleiteten Experiments trägt auch der »Vorsatz« bei, der als eine Hypothese gelesen werden kann. Das Wort »Vorsatz« ist bereits ambivalent, da es sowohl als ›Vorwort‹ als auch als ›Absicht‹ verstanden werden kann. In diesem werden das Subjekt, der Versuchsleiter, nämlich der »Erzähler« und das Versuchsobjekt, »Hans Castorp« eingeführt (9). Die experimentellen Bedingungen werden reflektiert, indem die Sprache auf die »Zeit« kommt: »[S]ie [die Geschichte, B.M.] verdankt den Grad ihres Vergangenseins nicht eigentlich der *Zeit*« (9, H.i.O.). Die Methode wird beschrieben: »Wir werden sie ausführlich erzählen, genau und gründlich« (10). Eine Prognose über die Dauer des Experiments wird aufgestellt: »Im Handumdrehen also wird der Erzähler mit Hansens

53 Vgl. Foucault: Andere Räume, S. 43.

54 Foucault: Andere Räume, S. 45.

55 Die Formulierung entstammt der *Einführung in den Zauberberg*, GW XI, S. 612.

56 Vgl. S. 9: »Die Geschichte Hans Castorps, die wir erzählen wollen, – nicht um seinetwillen (denn der Leser wird einen einfachen, wenn auch ansprechenden jungen Menschen in ihm kennenlernen), sondern um der Geschichte willen, die uns in hohem Grade erzählenswert erscheint (wobei zu Hans Castorps Gunsten denn doch erinnert werden sollte, daß es *seine* Geschichte ist, und daß nicht jedem jede Geschichte passiert)« (H. i. O.).

57 Bode: Der Roman, S. 219.

Geschichte nicht fertig werden. Die sieben Tage einer Woche werden dazu nicht reichen und auch sieben Monate nicht« (10).

Durch diese Prognose wird jedoch auch deutlich, dass es sich eben nicht nur um einen literarischen Menschenversuch handelt, der von einer einzigen Instanz bewertet wird, denn der Leser wird zur Ko-Instanz, die als einzige die Prognose verifizieren kann: Zwar kann sie nicht entscheiden, wie lange das Erzählen der Geschichte benötigt,[58] aber sie kann immerhin bewerten, wie lange sie benötigt, um die Geschichte zu lesen. Damit ist der implizierte Beweis aber keiner, der für Hans Castorps Entwicklung gilt, sondern für seine »Geschichte« und damit ist das experimentelle Setting gedoppelt: Einerseits geht es um eine Figur, die isoliert und unterschiedlichen Reizen ausgesetzt wird, die sich beobachten und interpretieren lassen, andererseits geht es um das Experiment des Erzählens selbst. Denn der »[E]rzähler[]« ist, darauf weist der »Vorsatz« hin, schon längst überholt: »Es steht jedoch so mit ihr [der Geschichte, B.M.], wie es heute auch mit den Menschen und unter diesen nicht zum wenigsten mit den Geschichtenerzählern steht: sie ist viel älter als ihre Jahre« (9). Mensch, Geschichte und Erzählen werden miteinander parallelisiert und es lässt sich nach dem bisher Gesagten schließen, dass dies die unterschiedlichen Erkenntnisgegenstände sind, welchen sich das Experiment widmet. Bernhard Dotzler sieht den Roman deshalb auch als eine große Experimentalanlage, welche versucht, unter den Bedingungen des ›Aufschreibesystems 1900‹ so zu erzählen, als befinde man sich im ›Aufschreibesystem 1800‹.[59] Deshalb ist die Gattungsbestimmung als Bildungsroman auch nur eine teilweise zutreffende: »Auf diese Weise bewegt sich der *Zauberberg* zwischen der klaren Absage an den Bildungsroman und dessen beständiger Wiederaufnahme«.[60] Dies spricht für die innerlich gespaltene, eben hybride, Anlage des Romans. Da für Dotzlers Interpretation, wie schon der Titel sagt, »Simulakren« zentral sind, kann man sagen, der Roman simuliere sich unentwegt als Bildungsroman, so verstanden, dass er ein gattungshistorisch bedingtes Muster auf einen diesem entgegengesetzten Zeitraum projiziert. Der Roman stellt damit auch die Verwerfungen dar, die sich aus diesem Konflikt ergeben. Dies bedeutet jedoch nicht, dass man den Roman nicht auch als literarischen Menschenversuch lesen kann, er geht eben nicht vollends in der heuristischen Hypothese auf. Die Zwiespältigkeit des Untersuchungsge-

[58] Das Schreiben des Textes benötigte mit Unterbrechungen immerhin gute zwölf Jahre.

[59] Dies ist die Hauptthese von Dotzlers Buch. Das Wort »Experiment« taucht bei ihm mehrmals, wenn auch in uneinheitlicher Bedeutung, auf, etwa auf den Seiten 67, 73, 88 und 98.

[60] Dotzler: Der Hochstapler, S. 70.

genstandes, welche der »Vorsatz« als Hypothese entwirft, lässt sich als ein erstes Signal dafür deuten, dass das Erklärungsmuster an seine Grenzen stößt. Dies zeigt sich auch, wenn man die übrigen Operationen des Experimentierens an ihm exemplifizieren möchte.

Die Technik des Protokollierens wird im Roman vielfältig reflektiert, ohne dass jedoch eine Antwort darauf gegeben werden kann, welche Instanz denn eigentlich die Geschichte notiert. Das Kapitel »Fragwürdigstes« präsentiert unterschiedliche Séancen, an denen die Gesellschaft des Sanatoriums teilnimmt. In mehreren wird durch das »Medium« Elly Brand ein »[S]pirit« mit dem Namen »Holger« beschworen, der sich selbst als »Dichtr« (1003) ausweist. Dieser Geist fabriziert ein, im Text auch dargelegtes, Gelegenheitsgedicht. Allerdings wird gerade von den Teilnehmern hervorgehoben: »[E]s sei [...] ewig schade, daß niemand mitgeschrieben habe [...]. Das nächste Mal wollte man rechtzeitig einen Schriftwart bestellen und zusehen, wie es sich schwarz auf weiß bewahrt und im Zusammenhang vorgetragen, wohl ausnehmen werde« (1007). Da das Gedicht eben doch als aufgeschriebenes im Text erscheint und da es dabei, anders als die Vortragstechnik es nahelegt,[61] keine Aneinanderreihung von Buchstaben, sondern distinkte Worte in Groß- und Kleinschreibung darstellt, ließe sich der Schluss ziehen, die Erzählerfigur sei als jene verschriftlichende Instanz eingesetzt, welche den Text protokolliert und ihn damit »bewahrt«. Andererseits definiert sich die Erzählerfigur selbst als »der raunende Beschwörer des Imperfekts« und damit als rein mündlich vermittelndes Medium, das viel eher zu der Gruppe der schriftlosen »Beschwörer« (1007) gehört, als welche die Teilnehmer der Séance klassifiziert werden. Gerade der »Vorsatz« thematisiert ausgiebig Topoi der Mündlichkeit. Zum ersten inszeniert sich die Erzählerfigur als klassischer Rhetoriker, der seine *elocutio* fast vorbildlich an der rhetorischen Lehre orientiert, die Wolfram Groddeck so zusammenfasst:

> Die sprachliche Gestalt einer Rede, um die es in der *Elocutio* geht, wird traditionellerweise nach vier *Stilqualitäten* beurteilt: *Puritas*, die »Reinheit«, *Perspicuitas*, die »Klarheit«, *Ornatus*, der »Schmuck« und *Aptum*, die »Angemessenheit«. Manchmal kommt noch eine fünfte Stilqualität hinzu, die *Brevitas*, die »Kürze«[.][62]

Eben jene Aspekte spricht die Erzählerfigur an: Rein soll diese Geschichte sein, nämlich »genau und gründlich«; angemessen soll sie erzählt werden, nämlich »ausführlich« und »[o]hne Furcht vor dem Odium der Peinlichkeit«

[61] Bei diesem Vortrag fährt der Geist mit einem Glas auf einem ausgelegten Alphabet umher; das Gedicht erscheint den Teilnehmern also ohne Leerzeichen.

[62] Wolfram Groddeck: Reden über Rhetorik, S. 103 (H. i. O.).

(10). Auch auf *perspicuitas* und *brevitas* geht die Erzählerfigur ein: »Um aber einen klaren Sachverhalt nicht künstlich zu verdunkeln« (9), betrifft als Aussage die Klarheit des Erzählens. Und die Frage danach, ob »je die Kurz- oder Langweiligkeit einer Geschichte abhängig gewesen [sei] von dem Raum oder der Zeit, die sie in Anspruch nahm«, ebenso wie das Flehen darum, dass die Lesezeit »in Gottes Namen, ja nicht geradezu sieben Jahre« (10) umfassen werde, spricht die Kürze des Erzählens wie des Lesens an.

Zugleich belehnt die Erzählerfigur auch eine rhetorische Tradition, die seit Quintilian gilt:

> Als *Officia oratoris* werden aber auch [...] die drei Grund-Wirkungsweisen der Rede bezeichnet, die vom Redner zu leisten sind: »ut *doceat*, *moveat*, *delectet*«. Der Redner soll *belehren, erregen und unterhalten* können; hinter dieser Forderung stehen die Begriffe *Logik*, *Pathos* und *Ethos*.[63]

Die Erzählerfigur vermerkt nämlich, »daß nur das Gründliche wahrhaft unterhaltend sei« (10). Das Wahre, das Unterhaltsame und das Sterile verschränken sich in dieser Passage zum Ethos der Erzählerfigur. Sie inszeniert sich als eine Gegeninstanz zur Hybridität, zum Unreinen, und es lässt sich daraus folgern, dass es gerade diese als überwölbender Funktionsträger inszenierte Erzählinstanz ist, welche den Eindruck einer nicht-hybriden, monologischen Konstitution des Textes nahelegt.

Den Schmuck als Redekategorie scheint der »Vorsatz« hingegen auszulassen, spielt aber doch auch auf ihn an: Die »Geschichte Hans Castorps« sei »sozusagen schon ganz mit historischen Edelrost überzogen« (9). Diese Stelle ist insofern vertrackt, weil sie ihr eigenes Thema selbst ausführt. Durch die Markierung des »sozusagen« wird signalisiert, dass es sich um eine Metapher handelt, und damit auch um Redeschmuck, um eine Trope. Dieser Redeschmuck ist aber bereits selbst Schmuck, nämlich »Edelrost« und damit eine Metapher der Metapher.

Aber gerade weil die Erzählerfigur sich so dezidiert als Rhetoriker ausweist, durchstreicht sie die Absicht der Rhetorik auch wieder, denn bei dieser handelt es sich um eine manipulative Strategie, die ihr eigenes Verfasstsein gerade nicht offen thematisiert. Das Erzählen führt in eine Aporie und inszeniert damit zugleich auch die Krise des Erzählens, welche im »Vorsatz« auf die überholte Figur des Erzählers bezogen wird.

Folglich bricht sich die klare Zuschreibung der Erzählerfigur in mehreren Aspekten, etwa im Hinblick auf ihr Verhältnis zur *perspicuitas*. Denn im »Vorsatz« agiert sie bereits mehrfach verdunkelnd, etwa wenn sie auf die Zeit »im Vorbeigehen an[spielt] und hin[weist]« (9), worauf sie freilich ihr Diktum

[63] Wolfram Groddeck: Reden über Rhetorik, S. 95 f. (H. i. O.).

vom »klaren Sachverhalt« äußert, oder indem sie auf die Gattungsbeziehung zum »Märchen« mehr anspielt als dass sie diese konkretisiert: »Zudem könnte es sein, daß die unsrige [Geschichte, B.M.] mit dem Märchen auch sonst, ihrer inneren Natur nach, das eine und andre zu schaffen hat« (10).[64]

Die Erzählerfigur redet also von *perspicuitas*, vertritt aber *obscuritas*:

> Die *zweite Stilqualität* ist die *Perspicuitas*, das meint die Klarheit der Rede. Ihr Gegenteil ist die *Obscuritas*, die Dunkelheit der Rede, welche im Prinzip einen grundsätzlichen Fehler darstellt. Aber die Dunkelheit kann auch zur poetischen Qualität werden, und tatsächlich liegen hier die Anfangsgründe zu einer umfangreichen Poetologie des dunklen, des verdichteten, des dichterischen Ausdrucks.[65]

Die zitierten Passagen des »Vorsatz[es]« sind deshalb so bedeutsam, weil sie nicht nur eine Selbstbeschreibung der Erzählerfigur herausstellen, sondern zugleich auch deren Infragestellung. Dies macht auf das paradoxe Verhältnis zwischen Klarheit und Verdunkelung aufmerksam. Ein treffendes Beispiel für diesen Zusammenhang wird im Roman beim Eintritt von Lodovico Settembrini in Hans Castorps Krankenzimmer gegeben, bei welcher Gelegenheit der Italiener das Licht anschaltet, wodurch es »blendend hell« im Zimmer wird, weil das »Deckenlicht [...] von dem Weiß der Decke, der Möbel zurückgeworfen, den Raum im Nu mit zitternder Klarheit überfüllte« (293). Diese Szene stellt dar, wie die Aufklärung, für die Settembrini, der »plastische[]« (152) Redner, hier sinnbildlich steht, zugleich als eine Ideologie fungiert, die blenden kann. Im Analogieschluss kann man auch die vertretene Klarheit der Erzählerfigur als Deutungshoheit interpretieren, die andere mögliche Deutungen ausschließt.[66]

Führt die Anlehnung an die Rhetorik als Erzähltradition der Mündlichkeit in eine Aporie des Erzählens, finden zumindest noch drei andere Markierungen statt, welche das Erzählen in Beziehung zur Oralität setzen.[67]

[64] Und der Gestus des Verheimlichens wird vom Erzähler auch explizit erwähnt: »Wir wissen, was wir sagen, wenn wir – vielleicht etwas dunklerweise – hinzufügen, daß sein Schicksal sich anders gestaltet hätte, wenn sein Gemüt den Reizen der Gefühlssphäre, der allgemein geistigen Haltung, die das Lied auf so innig-geheimnisvolle Weise zusammenfaßte, nicht im höchsten Grade zugänglich gewesen wäre« (987).

[65] Wolfram Groddeck: Reden über Rhetorik, S. 104 (H.i.O.). Vgl. zum (historisch oft verschränkten) Verhältnis von *perspicuitas* und *obscuritas* Schumacher: Die Ironie der Unverständlichkeit, S. 26–43.

[66] Dass die Genauigkeit des Erzählers gerade nicht für Klarheit sorgt, sondern verdunkelt, wird im Kapitel *Parodien* ausgeführt.

[67] Stanzel: Theorie des Erzählens, S. 125, weist auf die Körperlosigkeit der Erzählerfigur hin: »Hier also liegt der entscheidende Unterschied zwischen Ich- und Er-Bezug in der Erzählung. Nicht der Aspekt der Persönlichkeit (Ich-Erzähler) und der Unpersönlichkeit (Erzählfunktion) des Erzählvorgangs ist ausschlaggebend [...], sondern das Maß der ›Leiblichkeit‹ des ›ich‹-sagenden Erzählers«.

Einerseits die Anrufung Gottes: »Es werden, in Gottes Namen, ja nicht geradezu sieben Jahre sein«. Die Anrufung greift gerade durch ihre Positionierung am Textbeginn die Schöpfungsgeschichte und das Thema der Inspiration auf. Der Anfang der Geschichte kann erst nach dieser Anrufung erfolgen – »[u]nd somit fangen wir an« (10) – und ruft parallel zur Erschaffung der Welt auf Gottes Geheiß die Erschaffung der Romanwelt auf. Da dies in der *Genesis* gerade an die Befehlsform und damit einen performativen Sprechakt gebunden ist, ließe sich die Erschaffung der Romanwelt als ein solcher performativer Sprechakt der Erzählerfigur verstehen.

Die zweite Markierung besteht in einer Metonymie, die nach dem Kontiguitätsverhältnis von Ursache und Wirkung konstruiert ist. Die Formulierung »[i]m Handumdrehen also wird der Erzähler mit Hansens Geschichte nicht fertig werden« (10) stellt bildlich die Lektüre als das Umblättern von Seiten und also als Umdrehen der Hand dar. Da die Erzählerfigur gerade nicht die Hand umdreht, also gerade nicht liest – und damit auch keinesfalls schreibt, wäre zum Schreiben ebenso ein solches Umdrehen notwendig –, spricht sie.

Drittens ist die »Geschichte« laut Erzählerfigur »[v]erflossen[]« (9), was sich ebenfalls in Abgrenzung zur Schrift lesen lässt: Dieses flüssige Medium bewahrt nicht ausschließlich, sondern es löst zugleich auch auf.

Oralität und Skripturalität sind im Roman in eine Spannung gebracht, welche gerade das Protokollieren als Operation des Experiments in der Schwebe hält, weil zwar geschrieben wird, es jedoch unklar ist, welche Instanz dafür verantwortlich zeichnet, was folglich die Erzählerfigur als zentrale Kontrollinstanz des Erzählens relativiert.

Dieser gespaltene Eindruck lässt sich auch als eine Spannung unterschiedlicher Aufschreibesysteme konzeptualisieren, zwischen einerseits einer Personifikation des »Dichters« als produktionsästhetischem Paradigma ›um 1800‹, dessen Dichtung von der Materialität der Zeichen losgelöst sein will und andererseits dem Schreiben ›um 1900‹, welches sich nicht mehr von der Materialität der Zeichen und ihrer medialen Bedingtheit lösen kann.[68] Diese Spannung wird im *Zauberberg* gerade dadurch vorgeführt, dass der Text seinerseits Schriftbildlichkeit thematisiert.

[68] Vgl. dazu Kittler: Aufschreibesysteme. Zur Problematik von Kittlers These des ›Aufschreibesystems 1900‹ vgl. Geoffrey Winthrop-Young: Friedrich Kittler zur Einführung. Hamburg 2005, S. 93–108, hier S. 93: »In der zweiten Hälfte des 19. Jahrhunderts kommt es zu einer folgenreichen Verknüpfung der Erforschung menschlicher Wahrnehmungs- und Denkprozesse einerseits und der Entwicklung technischer Medien andererseits, die dem Aufschreibesystem 1800 und allen Großerzählungen von Geist, Bildung und Mensch ein Ende bereiten. […] Je näher man hinschaut, desto schwerer fällt es, die von Kittler angedeuteten Wechselwirkungen nachzuvollziehen«.

Denn gerade nach dem »Vorsatz«, der sich explizit einem mündlichen Erzählen widmet, beginnt »Ankunft«, das offiziell erste Kapitel, mit einem allegorisierten Schreibprozess. Hans Castorps Zugfahrt nach Davos geht »hinauf«, »hinunter«, »bergauf und bergab«, »über [...] springende[] Wellen hin, dahin über Schlünde«, doch zunächst in »direkten Linien«, »verzettelt« sich nun, ein Zugwechsel ist vonnöten in eine »Schmalspurbahn«, deren »jäher und zäher Aufstieg [...] nicht enden zu wollen scheint« (11).[69] Konstitutiv für diese Reise ist ihre poetologische Dimension, bezeichnet sie doch vor allem den Eintritt in eine Textwelt. Dafür sprechen die »direkten Linien« und die ›schmalen Spuren‹, vor deren Hintergrund das Auf und Ab des Weges sich als ein Schriftbild lesen lässt. Indem die Geschichte Hans Castorps zugleich wie Schrift erscheint, wird sie dadurch auch »schwarz auf weiß bewahrt« und damit der Flüchtigkeit des mündlichen Erzählens enthoben. Castorps Geschichte steht unter unterschiedlichen skripturalen Vorzeichen, die gegenläufig bestimmt werden. Nachdem sie über Hans Castorps Kindheits- und Jugendgeschichte aufklärt und dessen Verhältnis zur bürgerlichen Sphäre seiner Heimatstadt verortet, schließt die Erzählerfigur mit der Wendung: »Hans Castorp, dies unbeschriebene Blatt« (59). Lodovico Settembrini hingegen, kurz nachdem er die Formulierung »Placet experiri« erstmalig verwendet, erläutert seinen Bildungsansatz mit den Worten:

> Der begabte junge Mensch ist kein unbeschriebenes Blatt, er ist vielmehr ein Blatt, auf dem gleichsam mit sympathetischer Tinte alles schon geschrieben steht, das Rechte wie das Schlechte, und Sache des Erzieher ist es, das Rechte entschieden zu entwickeln, das Falsche aber, das hervortreten will, durch sachgemäße Einwirkung auf immer auszulöschen. (154)

Es lässt sich, unabhängig von einer Einschätzung der unterschiedlichen Positionen,[70] zumindest festhalten, dass beide Positionen Castorps Per-

[69] Heinz Sauereßig hat darauf hingewiesen, dass die Streckenführung historisch sehr verwunderlich sei, da zum Zeitpunkt von Castorps Reise – also 1907 – bereits eine direkte Bahnverbindung zwischen Hamburg und Zürich bestand (Vgl. Heinz Sauereßig: Lübeckische Anklänge im Zauberberg. In: Thomas Mann, geboren in Lübeck. Hg. von Jan Herchenröder und Ulrich Thoemmes. Lübeck 1975, S. 125–129, hier S. 126). Der Kommentar befindet, dies lasse sich als Hinweis darauf lesen, dass das »realistische Detail [...] hier den mythopoetischen Erfordernissen angepasst« sei (GKFA 5.2, S. 129). Zumindest lässt sich festhalten, dass die irreale Bahnstrecke ein besonderes Augenmerk auf die Route lenkt; allerdings handelt es sich auch um einen literarischen Text, selbst die echte Bahnstrecke wäre nicht weniger fiktional als die fingierte.

[70] Zur Entwicklungsgeschichte als Geschichte von Bildung aus dem Geiste der Fotographie und Parapsychologie und Settembrini als fotographischem Entwickler vgl. Eric Downing: Paraphotography and the Ent-wicklung of Bildung in Thomas Mann's *Der Zauberberg*. In: The Germanic Review 76 (2001), S. 172–191; Eric Downing: The Technology of

sönlichkeit – und damit auch deren Veränderungen – an ein Verschriftlichungsmodell knüpfen und damit die Operation des Protokollierens thematisieren.

Hans Castorps Aufnahme in die Patientenschaft ist die Aufnahme in eine Welt der Schrift. Nachdem Hans Castorp das Thermometer von der Oberin Adriatica von Mylendonk erworben hat, wird eine Szene beschrieben, welche die Irritationen der Anlernung dieser neuen Kulturtechnik ausstellt,[71] insofern diese Urszene von einer eklatanten Zeitverwirrung begleitet wird. Castorp beginnt seine erste Messung um »sechs Minuten nach halb zehn. Und er begann, auf den Ablauf von sieben Minuten zu warten« (257). Erster Effekt ist, dass »[d]ie Zeit schlich, die Frist schien endlos«. Wahrlich minutiös beschreibt die Erzählerfigur alles, was Castorp unternimmt, um sich die Zeit zu vertreiben und versucht dabei, erzählte Zeit und Erzählzeit zur Deckung zu bringen: »Mit Mühe und Anstrengung, unter Schieben, Stoßen und Fußtritten gleichsam, waren sechs Minuten vertrieben«. Plötzlich aber beginnt Castorp zu »[t]räumen [...] und seine Gedanken wandern [zu lassen]«, worauf sich anschließt: »[S]o verhuschte die letzte noch übrige [Minute, B.M.] unvermerkt [...], eine neue Armbewegung offenbarte ihm ihr heimliches Entkommen, und es war ein wenig zu spät, die achte lag schon zu einem Dritteile im Vergangenen« (258). Es ist also 09:43 Uhr. Nun wird in einem kurzen Absatz beschrieben, wie Castorp zunächst Probleme hat, den Quecksilberstand zu identifizieren – er »drehte es [das Instrument, B.M.] hin und her und erkannte nichts«, doch »[e]ndlich, nach einer glücklichen Wendung, wurde ihm das Bild deutlich [...], Hans Castorp hatte 37,6«.

In erlebter Rede wird dieses »Fieber als Folge einer Infektion, für die er aufnahmelustig gewesen« erneut zeitlich verortet: »[a]m hellen Vormittag zwischen zehn und halb elf Uhr 37,6« (259). Folgt man der realistischen Lektüreaufforderung des Romans, so ist es äußerst fragwürdig, dass Hans Castorp mindestens siebzehn Minuten benötigte, um seinen Temperaturstand zu entziffern. Diese zeitliche Ungleichmäßigkeit lässt die ›Unzuverlässigkeit‹ der präsentierten Informationen besonders stark hervortreten.[72]

Development: Photography and Bildung in Thomas Mann's *Der Zauberberg*. In: DVjs 77 (2003), S. 91–129.

[71] Zur wechselvollen Geschichte des Fiebermessens vgl. Volker Hess: Der wohltemperierte Mensch. Wissenschaft und Alltag des Fiebermessens (1850–1900). Frankfurt a.M. 2000.

[72] Hier sei noch einmal auf Christoph Bodes Kritik der Kategorie der »Unzuverlässigkeit« hingewiesen (vgl. Bode: Der Roman, S. 261–272). Sie wird hier dennoch verwendet, weil die Erzählerfigur sich im »Vorsatz« als äußerst zuverlässig präsentiert (und sich von der erwähnten zeitlichen Fragwürdigkeit auch nicht distanziert). Allerdings geht es in der vorliegenden Untersuchung nicht darum zu fragen, welcher Figur man am meisten ›trauen‹ kann, sondern dass der Roman mehrere Vermittlerinstanzen schafft und zu Wort kommen lässt. Der in den Überlegungen zum Experimentalsetting beschriebene Erzähler lässt sich im

Der febrile Status Castorps wird wiederholt durch »Erregungen«, also durch Irritationen und Störungen, ausgelöst. So zeigt das Thermometer Castorps bei der ersten Messung »37,6« an, »[n]ach Tische stieg das schimmernde Säulchen auf 37,7, verharrte abends, als der Patient nach den Erregungen und Neuigkeiten des Tages sehr müde war, auf 37,5, und zeigte in der nächsten Morgenfrühe gar nur 37, um gegen Mittag die gestrige Höhe wieder zu erreichen« (268). Beim Briefschreiben an seine Verwandtschaft misst er »37,8« (342). Diese Temperatur bleibt konstant (»Merkurius stieg nicht mehr«, 355) und erhöht sich, nachdem Clawdia Chauchat ihn eines Tages zurückgrüßt: »Er [Merkurius, B.M.] stieg [...] auf rund 38 Grad« (358). Bei der Rückfahrt seines Vetters hat sich die Temperatur anscheinend bei »37,8« stabilisiert (auch ohne die Anwesenheit Clawdia Chauchats): »[E]r habe 37,8, er könne sich nicht als rite entlassen fühlen« (636).[73]

Man hat es also hier mit einer Verlaufskurve zu tun. Solche »Fieberkurve[n]« (270) müssen die Patienten ausfüllen und die Ärzte lesen sie als innere Topographien der Körper: »›Komma 7, Komma 9, Komma 8‹, sagte Behrens, die Wochenkarten durchblätternd« (271). Hans Castorps Erkrankung wird durch eine Rückversicherung durch Notation sichtbar gemacht. Die Szene des ersten Fiebermessens präsentiert die Probleme der Einführung in ein klinisches Zeichensystem.[74]

Dieses Zeichensystem wird auch vertreten von einem personifizierten Zeichen, nämlich von dem Assistenzarzt Dr. Edhin Krokowski, der bei

Übrigen auf keines der von Larsson: Masken des Erzählens, S. 34–37, beschriebenen Schemata Mann'scher Unzuverlässigkeit eindeutig anwenden: Er wäre zugleich pseudo-auktorial, simulierte Fokalisierungen und erschüfe Ambivalenzen.

[73] Wobei die Formulierung »rite« auf das verweist, was auch schon Jochen Hörisch erwähnte, nämlich dass Hans Castorp, H. C., eben ›honoris causa‹ Patient sei. Vgl. Hörisch: »Extremitätenkult« – die öffentliche und die unsichtbare Hand.

[74] Vgl. zur Geschichte Hans Castorps als Einführung in neue Formen des Sehens Türk: Die Immunität der Literatur, S. 210–213, und Sara Danius: Novel Visions and the Crisis of Culture: Visual Technology, Modernism, and Death in The Magic Mountain. In: boundary 27,2 (2000), S. 177–211, hier S. 185 f.: »Generally speaking, the sanatorium harbors two major regimes of sight, both of which can be divided into several subregimes. [...] On the one hand, vision emerges as *aisthesis*, that is, as a form of corporealized and individualized perception, often libidinally inflected. Vision, then, is a means of leisurely activity, pleasure, and pain. [...] On the other hand, vision emerges as a matter of *theoria*, that is, as a means of gathering systematic knowledge (definition, classification, typology). Or rather, theoretical vision reveals itself as a vehicle of a signifying system that maps a certain knowledge onto an object seen. This second visual regime encompasses at least three modalities: social scanning, the medical gaze, and the mechanical eye. As we shall see, these visually determined signifying systems all bear on the formation of the protagonist, mediating his experiences at the sanatorium. At the same time, however, these visual regimes are all riddled with contradictions, ambivalences, and blurred boundaries. Not only do they contest and compete with one another; they also reveal themselves as subject to the vicissitudes of interpretation«.

allen Patienten eine tägliche Visite unternimmt und als Eindringling in Castorps Zimmer erscheint:

Und so beschränkte sich denn die Dauer der großen Liegekur schließlich und eigentlich wieder auf eine Stunde, – die übrigens an ihrem Ende vermindert, weggestutzt und gleichsam apostrophiert wurde. Der Apostroph war Dr. Krokowski. Ja, Dr. Krokowski beschrieb auf seinem selbständigen Nachmittagsrundgang keinen Bogen mehr um Hans Castorp. Dieser zählte nun mit, er war nicht länger ein Intervall und Hiatus, er war Patient, er wurde gefragt und nicht links liegengelassen[.] (290)

Krokowski verkörpert das Zeichensystem des Sanatoriums nicht bloß metaphorisch als »Apostroph«, weil er die Restminuten, die zur vollen Stunde fehlen, elidiert, sondern wörtlich, da sein Aussehen – »schwarzbleich, breitschultrig und stämmig« (290) – an ein Apostroph erinnert. Hans Castorp Aufnahme in das System wird dadurch kenntlich gemacht, dass er nicht mehr als eine Leerstelle – als »Intervall und Hiatus« – figuriert, sondern diese Leerstelle besetzt wird. Dies macht bei Castorp, da Krokowski durch die Balkontür eintritt, als sei dieser »erschienen«, einen »sonderbaren und sogar etwas entsetzlichen Eindruck« (290). Dadurch wird nicht nur die Anbindung an ein neues Zeichensystem als gewaltsamer Akt gekennzeichnet, die Szene markiert auch das wortwörtliche ›Eindrücken‹ in die Materie des »unbeschriebene[n] Blatt[es]«.[75] Als persiflierende Bezugnahme auf die Ausführungen Settembrinis lässt sich deshalb auch die Formulierung, Castorp werde »nicht links liegengelassen« verstehen.[76] Indem er sich nun nicht mehr links befindet, befindet er sich (wahrscheinlich) rechts und die Aufnahme in das Sanatorium durch Krokowski ist, eingedenk der Faszination für die Krankheit, die Castorp zeigt, auch so zu verstehen, dass dadurch, »das Rechte entschieden [...] entwickel[t]« wird.

Der literarische Menschenversuch bedeutet nicht nur eine Vorlage, die der Roman ausführt oder kopiert, sondern eine Reflexionsfolie, vor deren Hintergrund sich im Text Fragen der Schriftlichkeit aufwerfen lassen. Die Operation des Protokollierens wird im Rahmen des literarischen Menschenversuchs also aufgegriffen, reflektiert und auf den Protagonisten bezogen, jedoch nicht an die Erzählerfigur delegiert, da diese als rein ora-

[75] Die Metapher des ›Eindrückens‹ wäre bei einer Wachstafel womöglich angebrachter als bei einem Blatt Papier, jedoch ist jeder Prozess des Aufschreibens auch zugleich einer der Einschreibung, ist »*gráphein*« doch etymologisch mit dem »Griffel« und damit dem Werkzeug des Einritzens verbunden (vgl. dazu Kluge. Etymologisches Wörterbuch der deutschen Sprache, S. 373).

[76] Links befindet sich auch Hans Castorps frisches Krankheitssymptom: »Denn außer Dämpfungen [...] haben Sie da links oben auch eine Rauhigkeit, die beinahe schon ein Geräusch ist und zweifellos von einer frischen Stelle kommt, – ich will noch nicht von einem Erweichungsherd reden, aber es ist bestimmt eine feuchte Stelle« (277).

les Medium figuriert. An welche Instanz das Aufschreiben delegiert wird, bleibt unklar.

Wird somit die gesicherte Position der Erzählerfigur als Experimentator durch die fragwürdige Verantwortlichkeit für das Isolieren und Protokollieren verunsichert, verstärkt sich diese Deprivilegierung auch dadurch, dass es mehrere Experimentatoren im Roman gibt. Settembrini ist als Erzieher, der Castorp bei seinen »Übungen und Experimenten ein wenig zur Hand« geht (306), ebenfalls als ein solcher zu klassifizieren, weil er sich als Korrektiv eines eigenständig ablaufenden Experimentalprozesses, den er durch seine Bezeichnung »Placet experiri« in Gang gesetzt hat, versteht. Aber auch Hans Castorp ist ein Experimentator und zwar nicht nur in dem Sinn, dass er selbst Versuche unternimmt – er führt im Roman zusätzlich selbst Situationen herbei, die er beobachtet: Er bringt seinen »buntscheckigen Freundeskreis[]« (877), bestehend aus einer Reihe von Personen, mit denen er mehr oder weniger regen Austausch hegt, zusammen. Dabei ist ihm besonders daran gelegen, Pieter Peeperkorn, Leo Naphta und Lodovico Settembrini aufeinandertreffen zu lassen: »[Er war] nicht wenig begierig gewesen [...], den königlichen Stammler [Peeperkorn, B.M.] mit seinen beiden ›Regierungsräten‹ [Settembrini und Naphta, B.M.] [...] zusammenzubringen und den Effekt zu studieren« (879f.). Das sorgt bei Settembrini für »pädagogische Unruhe« (881). Castorp provoziert also selbst unerwünschte Eintritte, Störungen.

Als Experimentatoren werden die Figuren auch stets zu Interpretatoren, die das Geschehen – also sowohl die Geschichte als auch die Geschichte Hans Castorps – zu deuten versuchen. Gehört dies im Falle der Erzählerfigur per definitionem zu einer auktorialen Erzählsituation und ist dies bei Settembrini aufgrund seiner unentwegten ideologischen Ausführungen auch zu erwarten – die Bezeichnung von Castorps Versuchen als »Placet experiri« etwa gehört bereits dazu –, rückt auch Castorp in die Position eines Interpreten, der versucht, »die Eindrücke und Abenteuer so vieler Monate zu überschlagen und alles zu bedenken« (585) und dies auf seine eigene Lebensgeschichte zu beziehen als »Überdenken seines Lebenskomplexes« (587). Die Interpretationen der einzelnen Experimentatoren erhellen sich nur bedingt gegenseitig; sie machen vor allem deutlich, dass sich im Text konkurrierende Interpretationen gegenseitig relativieren und dass der Text ostentativ seine eigene Lektüre und sein eigenes Interpretiert-werden-Wollen ausstellt: Der Roman zeigt durch das permanente Auslegen des eigenen Inhalts gerade die Grenzen einer hermeneutischen Totalerfassung auf.[77]

[77] Vgl. zu dieser Thematik das Kapitel *Textur: Infektion und Iteration.*

Es lässt sich deshalb auch nicht mehr sagen, dass die Erzählerfigur als Rückzugsinstanz die allgemeingültige Interpretation des Geschehens liefert; sie ist nur eine Stimme unter vielen, die sich mit dem Textgeschehen auseinandersetzen.

Dass die Grenzen der erzählerischen Kontrolle unscharf sind, lässt sich zuletzt auch an der Irritation als Experimentaloperation zeigen. Sind einige Figuren für Hans Castorp Störungen, die von der Erzählerfigur als Experimentator auf die Bühne des Romangeschehens gestellt werden, gibt es genügend andere unerwünschte Grenzüberschreitungen, für die kein Agent verantwortlich zeichnet. Es gibt entweder keinen Auslöser oder keine bewusste Intention, vielmehr erscheinen sie als kontingente Erfahrungen.

Dies zeigt sich bereits zu Anfang des Romans in der Beschreibung von Hans Castorps Anreise:

> Neben ihm auf der Bank lag ein broschiertes Buch namens »Ocean steamships«, worin er zu Anfang der Reise bisweilen studiert hatte; jetzt aber lag es vernachlässigt da, indes der hereinstreichende Atem der schwer keuchenden Lokomotive seinen Umschlag mit Kohlepartikeln verunreinigte. (12)

Der Staub ist nicht nur eine Störung, weil er Abfall ist, nämlich »[P]artikel«; er ist auch eine, weil er Grenzen übertritt, indem er in Castorps »Abteil« (12) eindringt und sich mit den darin befindlichen Gegenständen vermischt, für Unreinheit sorgt. Die Störung ist aber zugleich als Krankheitseffekt markiert, denn die »schwer keuchende[] Lokomotive« figuriert als Metapher der lungenkranken Patientenschaft. Dass die Krankheit ökonomische Prozesse behindert, zeigt sich daran, dass »Ocean Steamships«, das ›Kapital‹ Castorps, weil es zu seiner Ausbildung als Schiffsbauingenieur gehört und damit sein späteres Einkommen sichern soll, »auf der Bank« liegt und von dem Staub bedeckt wird. An dem verstaubten Buch zeigt sich die Ausformulierung der wörtlichen Bedeutung von ›Infektion‹, stammt das Wort doch aus dem Lateinischen für »vergiften, verpesten, anstecken, beflecken«.[78] Krankheit und Störung sind in dieser Passage in Verbindung

[78] Ausführliches Lateinisch-Deutsches Handwörterbuch. Aus den Quellen zusammengetragen und mit besonderer Bezugnahme auf Synonymik und Antiquitäten unter Berücksichtigung der besten Hilfsmittel ausgearbeitet von Karl Ernst Georges. 11. Aufl. Nachdruck der 8. verbesserten und vermehrten Auflage von Heinrich Georges. Bd. 2: I–Z. Basel 1962, Sp. 238–239, hier Sp. 238 f.: »[I]inficio, feci, fectum, ere (facio), mit etwas anmachen, d.h. mit etwas so vermischen, daß es dessen Geschmack od. Farbe annimmt u. so seine natürliche Beschaffenheit wenn nicht verliert, doch verändert [...]. [...] [M]it etwas Schädlichem, mit Gift usw. anmachen, tränken = vergiften [...]. 2.) übtr., vergiften, verpesten, anstecken, beflecken«.

gebracht. Der Infektionsvorgang wird metaphorisiert und kann Handlungen beschreiben. Die Frage nach einer primären Infektion wird damit hinfällig: Ob Hans Castorp sich bereits angesteckt hat oder nie ansteckt, ob die Ansteckung im Sanatorium, in der Schulzeit oder im Zugabteil stattfindet, spielt keine Rolle – die Welt des Romans ist eine Welt ubiquitärer infektiöser Vorgänge, die sich auf nahezu alles übertragen lassen.

In diesem Beispiel geht die Störung von der »keuchenden Lokomotive« als Metapher der Tuberkulosekranken aus. Im Roman ist Störung das grundlegende Charakteristikum der Erfahrung von Krankheit und zwar nicht nur als Effekt der kranken Figuren, sondern im Prozess und der Beschreibung der Krankheit selbst. Der recht hilflose Diagnosebefund von Hofrat Behrens zur Castorps Erkrankung lautet deshalb auch folgendermaßen:

> Die Möglichkeit ist mir aufgegangen, daß Ihre Symptome von jeher nicht ausschließlich auf tuberculosis zurückzuführen gewesen sind, und ich leite diese Möglichkeit aus der Wahrscheinlichkeit ab, daß sie heute überhaupt nicht mehr darauf zurückzuführen sind. Es muß eine andere Störungsquelle vorhanden sein. Nach meiner Meinung haben Sie Kokken. (949)

In der Lektüre medizinischer Schriften wird die Entstehung der Krankheit als die Konsequenz einer Grenzüberschreitung aufgefasst: Die »Infektionsgeschwülste« entstehen »durch das Eindringen fremdartiger Zellen in einen Organismus, der sich für sie aufnahmelustig erwiesen hatte und ihrem Gedeihen auf irgendeine Weise – aber man mußte wohl sagen: auf eine irgendwie liederliche Weise – günstige Bedingungen bot« (431 f.). Die Störung als Krankheitsmerkmal wird auch dadurch hervorgehoben, dass der Text vorführt, dass das »Flachland[]« von Umgangsformen geprägt ist, die Störungen gerade nicht wirksam werden lassen – als Grund für Hans Castorps ausgelassenen Militärdienst wird berichtet: »Auch mochte wohl sein, daß Stabsarzt Dr. Eberding [...] von Konsul Tienappel gesprächsweise gehört hatte, daß der junge Castorp in der Nötigung sich zu bewaffnen eine empfindliche Störung seiner soeben auswärts begonnenen Studien erblicken würde« (57).

Die Einmischung ist die Bedingung der Krankheit und die Krankheit figuriert als das poetologische Paradigma des Romans: Der Pathologisierungsvorgang wird zum Muster für Zeichen und Handlungen, wird in diesen aber nicht festgeschrieben, sondern zerstreut in seine unterschiedlichen Erscheinungsformen. Die Störung als unerwünschte Grenzüberschreitung stellt folglich auch ein Muster bereit, das im Roman wiederholt vorkommt. Nicole A. Thesz hat deshalb auch behauptet, dass die »Pathogenese der Tuberkulose im *Zauberberg* auf Manns politisches und ästhetisches Spiel mit Grenzen« bezogen werden kann.[79] Thesz argumentiert, dass Manns Text »das Paradox [verdeutliche], dass gerade die Grenze den Kontrast und die Überschreitung zum Fremden – und damit die exotische Faszination – erst ermöglich[e]«.[80] Wie gezeigt werden konnte, lässt sich jedoch keine Vorgängigkeit der Demarkation gegenüber der Einmischung behaupten: Die Grenzziehung geht stets mit ihrer Überschreitung einher, ist mit ihr verschränkt. Die Krankheit wird zum Modell der Grenzüberschreitung. Es ließe sich noch eine Grenze *ex negativo* annehmen, diese würde sich aber zugleich auch erst durch die Überschreitung konstituieren; beide Praktiken – Immunisierung und Infektion – befinden sich in einem Wechselspiel.

Der Roman führt damit vor, dass jede Grenzziehung zugleich ihre Überschreitung beinhaltet. In dem Moment, in dem Demarkationen als »Denkhilfen«[81] aufeinandertreffen, gehen sie zugleich ineinander über. Im Roman wird dies auch anhand der Vermittlung von Wissen ausgestellt, indem sich die entgegengesetzten Positionen von Settembrini und Naphta gegenseitig stören:

> Ach, die Prinzipien und Aspekten kamen einander beständig ins Gehege, an innerem Widerspruch war kein Mangel, und so außerordentlich schwer war es zivilistischer Verantwortlichkeit gemacht, nicht allein, sich zwischen den Gegensätzen zu entscheiden, sondern auch nur, sie als Präparate gesondert und sauber zu halten, daß die Versuchung groß war, sich kopfüber in Naphtas »sittlich ungeordnetes All« zu stürzen. Es war die allgemeine Überkreuzung und Verschränkung, die große Konfusion, und Hans Castorp meinte zu sehen, daß die Streitenden weniger erbittert gewesen wären, wenn sie ihnen selbst nicht beim Streite die Seele bedrückt hätte. (705)

Dass die Meinungen der beiden Kombattanten in wissenschaftlicher Laborsprache beschrieben werden, als »Präparate«, die üblicherweise »gesondert und sauber« auftreten müssten, parallelisiert Disput und Krankheit. Zugleich verweist es aber auch darauf, dass sich hier die beiden Figuren, unabhängig von einem direkten Eingreifen der Erzählerfigur, gegenseitig stören; sie sorgen für Vermischungen, für »allgemeine Überkreuzung und Verschränkung, [für] die große Konfusion«.

Lässt sich im Roman ein Spiel mit der Grenzziehung ausmachen, so scheint eine Destabilisierung der Grenzen, die im Roman durch das Expe-

[79] Vgl. Nicole A. Thesz: Thomas Mann und »Die Welt vor dem großen Kriege«: Abgrenzung und Dialektik auf dem *Zauberberg*. In: Monatshefte 98 (2006), S. 384–402, hier S. 385.

[80] Vgl. Thesz: Thomas Mann und »Die Welt vor dem großen Kriege«, S. 395.

[81] Thesz: Thomas Mann und »Die Welt vor dem großen Kriege«, S. 394.

rimentalsetting eingezogen werden, zur Poetik des Romans zu gehören – es geht im Roman also gerade um Hybridisierung und weniger um Immunisierung.

Die Reihe der nicht von der Erzählerinstanz verantworteten Irritationen lässt sich besonders an den unterschiedlichen Geräuschen beobachten, die konstitutiv für die Krankheit sind. Im Roman werden die Körper der Patienten zu performativen Ereignissen, zu, wie Elisabeth Strowick es nennt, »[s]prechende[n] Körper[n]«. Die Körper sind im Roman nicht bloß als Zeichen präsent, denen eine medizinische Symptomatik eingeschrieben ist, sie erzeugen eine eigene »Geräuschkulisse«, die etwa Effekte bei Hans Castorp provozieren.[82]

Die Geräusche können stets die Körpergrenzen überschreiten, weil die Ohren stets offen stehen – sie sind also gewissermaßen »aufnahmelustig«. Im Sanatorium ist es allerdings auch so gut wie nie ruhig. Selbst das Liegen auf den Balkonlogen wird noch von der Musik aus dem zu Fuße des Berges liegenden Davos-Dorf begleitet.[83] Auch Hans Castorps Wanderungen in die Einsamkeit der Postkartenidylle einer Bachlandschaft werden mit Wasserrauschen unterlegt – es handelt sich um »[r]auschende Abgeschiedenheit« (182). Wenn Geräusche und Rauschen permanent auftauchen, ist die Hervorhebung von Stille ein besonderes Kontrastmittel. Und eine solche Stille gibt es im Roman tatsächlich mehrmals;[84] besonders auffällig ist sie in dem bekannten »Schnee«-Kapitel, weil sie dort kontrastiv zum Rauschen gesetzt wird:

> Die Stille, wenn er regungslos stehen blieb, um sich selbst nicht zu hören, war unbedingt und vollkommen, eine wattierte Lautlosigkeit, unbekannt, nie vernommen, sonst nirgends vorkommend. Da war kein Windhauch, der die Bäume auch nur aufs leiseste gerührt hätte, kein Rauschen, nicht eine Vogelstimme. Es war das Urschweigen, das Hans Castorp belauschte [...]; und still und unablässig schneite es weiter darin, ruhig hinsinkend, ohne einen Laut. (717)

Dass nicht einmal die Körper Geräusche machen, deutet an, dass hier ein Todesszenario aufgerufen wird, es handelt sich um »Totenstille« (716). Die Identifikation der Textstelle als Kontrafaktur von Clemens Brentanos *Hörst du, wie die Brunnen rauschen?* unterstützt diese Lesart. Heißt es dort »[s]tille, stille, lass uns lauschen,/ [s]elig, wer in Träumen stirbt«,[85] so wird

[82] Vgl. für Beispiele Strowick: Sprechende Körper, S. 261–267 (das Zitat S. 261).

[83] Etwa auf S. 412, wo beschrieben wird, dass »bis elf Uhr Musik [läuft] [...], die von näher und ferner her aus dem Tale heraufdr[i]ng[t]«.

[84] Beispielsweise in Castorps Kahnfahrt, wo er sich auf »stillen Wassern« befindet (236), oder auf dem Friedhof, wo »Stille, Abgeschiedenheit, Ungestörtheit« herrscht (486).

[85] Clemens Brentano: Hörst du, wie die Brunnen rauschen? In: Gesammelte Werke. Hg.

Castorp im Verlauf des Kapitels träumen, wird in diesem Traum wiederum vom Tod träumen und wird diesen Traum als Nahtoderlebnis deuten, denn das Einschlafen hätte unter allen meteorologischen Bedingungen, die um ihn herum herrschten, auch zu seinem Tod während des Träumens führen müssen. Die Betonung der Stille in der Schneelandschaft, in welcher Castorp zu einer kurzzeitigen Erkenntnis kommt, stellt diese Szene kontrastiv zu den zahlreichen Irritationsszenarien des Romans, in welchen Geräusche auf ihn einwirken.

Bei einem dieser »Geräusche« handelt es sich um den Beischlaf der Nachbarn, den Castorp am ersten Morgen seines Aufenthalts zu hören bekommt:

> Hörbares, Geräusche, die aus dem Nachbarzimmer zur Linken [...] kamen und gleichfalls nicht zu dem heiteren, frischen Morgen passen wollten, sondern ihn irgendwie klebrig zu verunreinigen schienen. [...] Es war eine Jagd um die Möbel herum [...], es gab ein Klatschen und Küssen, und hierzu kam, daß es nun Walzerklänge waren, die verbraucht melodiösen Phrasen eines Gassenhauers, die von außen und fernher die unsichtbare Szene begleiteten. Hans Castorp stand, das Handtuch in Händen, und horchte wider besseren Willen. (63)

In dieser Szene ist »das Erotische ein Störgeräusch«,[86] weil es die Zimmergrenze überschreitet und damit zur unerwünschten Irritation wird. Die Konsequenz davon ist Hybridität, nämlich »[V]erunreinig[ung]«. Die Zimmergrenze wird akustisch doppelt verletzt: Zunächst durch die Geräusche aus dem Nebenzimmer, alsdann durch die Musik, die über den Balkon eindringt, was die Szene eigenwillig grundiert. Damit wird zugleich eine Verbindung zwischen Geräuschen und Musik hergestellt, die sich im Roman wiederholt findet und in die Beschreibung der Krankheit eingeht: Geräusche sind zwar einerseits im Roman das Insignifikante, aber dennoch immer noch – wenn auch ziemlich schlechte – Musik.[87] In der Beschreibung der Krankheit wird dies insofern ausgedrückt, als die Infektion davon ausgeht, dass der Wirt dem Parasiten »auf eine irgendwie liederliche Weise [...] günstige Bedingungen [bietet]«. Liest man dies ganz wörtlich, dann signalisiert ›-lich‹ als Adjektivierungssuffix, dass es sich um Bedingungen handelt, die ›in der Art von Liedern‹ sind, also eine gewisse Ähnlichkeit zu Musik haben; die Musik wiederum wird, da im

von Heinz Amelung und Karl Viëtor. Bd. 1: Gedichte und Erzählungen. Kleine Schriften. Frankfurt a. M. 1923, S. 121.

[86] Strowick: Sprechende Körper, S. 206.

[87] Vgl. Strowick: Sprechende Körper, S. 264: »Das Pfeifen [...] mit dem Pneumothorax erinnert Hans Castorp an Musik, zwar an eine Musik besonderer Art [...], immerhin aber an *Musik*. Die traditionelle Opposition von Pfeifen und Musik sieht sich angesichts des tuberkulösen Körpers unterlaufen« (H. i. O.).

Roman auch als »[p]olitisch verdächtig« (168) gebrandmarkt, als moralisch nicht einwandfrei bewertet. Es überrascht folglich auch nicht, dass die Körper der Patienten bei der Auskultation »an[ge]spiel[t]« (274) werden. Dieser Zusammenhang von Musik und Krankheit wird in der Szene, in der Castorp seine Zimmernachbarn hört, zumindest angedeutet durch die gleichzeitigen, jeweils separat störenden, aber als Störeffekte sich harmonisierenden, Geräusche.

Die Grenzüberschreitung findet aber nicht bloß topographisch durch das Eindringen von Geräuschen in Hans Castorps Zimmer statt, sondern auch sensuell: Aus dem Hören wird ein Sehen und die zunächst »unsichtbare Szene« wird zu einer ganz sichtbaren, denn beim tatsächlichen Geschlechtsakt tritt das ein, »was er [Castorp, B.M.] deutlich hatte kommen sehen«. Das Auditive wird zu einem Visuellen und schließlich sogar zu einer Hautempfindung, wenn »die Röte, die ihm vorhin in die frisch rasierten Wangen gestiegen war, nicht daraus weichen wollte, oder doch nicht das Wärmegefühl, wovon sie begleitet gewesen« (64).[88] Dass die Geräusche, und die Körper, von denen diese Geräusche ausgehen, Performativa sind, die also tatsächliche Wirkungen auf andere Körper ausüben können, zeigt, dass der Roman gerade die beiden Aspekte der Störung – Hybridisierung und Präsenz – in Szene setzt: Störungen sorgen für Verunreinigungen, bringen die Sinneswahrnehmung ins Stocken und kreieren Effekte, die nie vollständig verstanden werden können; Hans Castorp »wundert[]« sich darüber, dass die Geräusche des Nebenzimmers seine »Gesichtshitze« wieder auslösen (64). In diesem Sinn wird das Türschlagen Clawdia Chauchats zur Metapher der unerwünschten Grenzüberschreitung, jenes »Geräusch, das Hans Castorp auf den Tod nicht leiden konnte« und welches »sein Gesicht [...] peinlich verzerrt« (72).

Hinter Hans Castorps Neugierde steht auch die Lust an den Dingen, die ihn abschrecken. Gerade die Betonung, mit welcher einige Phänomene und Figuren verachtet werden, indiziert ein hohes Maß an Gefühlsaufkommen und also eine so starke Abwehrreaktion, weil von ihnen eine Faszinationskraft ausgeht. Es findet eine »Reaktionsbildung« statt.[89] Dies zeigt sich etwa am Türschlagen Clawdia Chauchats, das Castorp missfällt, welches aber dennoch ein Faszinosum für ihn darstellt, nach welchem er sich sehnt, weil es mit der Figur Chauchats verbunden ist. Die Störung, die

[88] Vgl. zu dieser Stelle auch Strowick: Sprechende Körper, S. 266f.: »Auch hier fungiert das ›liederliche‹ Geräusch als Performativ«.

[89] Vgl. zur Rolle der Reaktionsbildung bei Sigmund Freud J. Laplanche und J.-B. Pontalis: Das Vokabular der Psychoanalyse. Aus dem Französischen von Emma Moersch. Frankfurt a.M. 1973, S. 422–424.

Castorp abstößt, ist zugleich auch ein Faszinationsmoment. Weil sie sich aufdrängt, aufsässig ist, zwingt sie zur Auseinandersetzung mit ihr. Die störendsten Figuren des Romans – Settembrini, Chauchat, Naphta, Peeperkorn, Stöhr – sind für Hans Castorp zugleich auch die faszinierendsten.

Zwischen Geräuschen und den Körpern entsteht so ein kontagiöses Verhältnis, das als eine permanente Irritation Castorps dargestellt wird.[90] Die infektiöse Verschränkung ist jedoch nicht nur auf Phänomene des Körpers bezogen, sie betrifft auch Sprache und Wahrnehmung, wie ein anderes Beispiel zeigt, das ebenfalls zu Beginn von Castorps Aufenthalt stattfindet. Dieser hat gerade sein Zimmer inspiziert und begibt sich mit seinem Vetter zum Abendessen, als er seinem Gang Einhalt gebietet, »festgebannt von einem vollkommen gräßlichen Geräusch, das in geringer Entfernung hinter einer Biegung des Korridors vernehmlich wurde, einem Geräusch, nicht laut, aber so ausgemacht abscheulicher Art, daß Hans Castorp eine Grimasse schnitt und seinen Vetter mit erweiterten Augen ansah«. Dieser »Husten« wird beschrieben »wie ein schauerlich kraftloses Wühlen im Brei organischer Auflösung«. Hans Castorp kann von diesem Geräusch nicht loskommen, es sei für ihn »völlig neu«, denn es sei »ja gerade, als ob man dabei in den Menschen hineinsähe, wie es da aussieht, – alles ein Matsch und Schlamm« (24 f.).

Die Wiederholung des Wortes »Geräusch« rückt es in Beziehung zu anderen Geräuschen wie dem Türschlagen oder dem Sexualakt. Und welcher Art dieses Geräusch ist, wird durch die überbordende Wiederholung des Wortes »Husten« markiert: »Es war Husten, offenbar, – eines Mannes Husten; aber ein Husten, der keinem anderen ähnelte [...], mit dem verglichen jeder andere ihm bekannte Husten eine prächtige und gesunde Lebensäußerung gewesen war, – ein Husten ganz ohne Lust und Liebe« (25). Und auch Castorps Rede wiederholt das Wort »Husten« wiederum drei Mal.[91]

Dieses Geräusch ist unrein, nämlich »Matsch und Schlamm«, und es setzt Ansteckungen in Gang, nämlich sensuelle und sprachliche. Kurz darauf erhalten Castorps »reisemüden Augen einen erregten Glanz« (25): »Hans Castorp hustet nicht, wie es einer hysterischen Identifizierung wohl anstünde; stattdessen glänzen seine Augen, er fiebert«.[92] Der Husten über-

[90] Dies drückt sich etwa in der Selbstständigkeit des Herzens aus, das oft unwillkürlich schlägt und sogar selbst als fremdes Störgerausch im Außen wahrgenommen wird: »[E]s erwies sich, daß sein Herz es war, dessen Schlag er außer sich und weit fort im Freien hörte« (138).

[91] Vgl. S. 25: »Es gibt so vielerlei Husten, trockenen und losen [...]. Aber so ein Husten, wie dieser, war noch nicht da, für mich wenigstens nicht, – das ist ja gar kein lebendiger Husten mehr«.

[92] Strowick: Sprechende Körper, S. 263.

schreitet, ähnlich wie die Geräusche des Beischlafs von Hans Castorps Nachbarn, die Grenze zwischen Auditivem und Visuellem: Es ist Castorp, »als ob man dabei in den Menschen hineinsähe« (25) und dies macht sich bei ihm durch einen »Glanz« der Augen bemerkbar. Dass es dabei jedoch nur »Matsch und Schlamm« zu sehen gibt und deshalb keine anschaulichen Bilder, weist laut Elisabeth Strowick darauf hin, dass der »tuberkulöse Husten das ›Ende‹ von Evidenz, die Grenze von Anschaulichkeit/Darstellbarkeit [markiere]«.[93] Dies ist jedoch nur richtig, wenn man es auf die Inhaltsebene bezieht, denn der Ansteckungsprozess überschreitet in dieser Szene die Grenze zwischen Inhalt und sprachlicher Darstellung. In der Beschreibung des Hustens des Herrenreiters beginnt der Text nämlich selbst zu ›husten‹, allerdings nicht analog zu dem Husten des Herrenreiters als ein »Wühlen«, sondern »in richtigen Stößen« (25): Das stete Neuansetzen der Definition des Hustens, die wiederholten Gedankenstriche signalisieren, dass der Textfluss selbst mehrmals unterbrochen wird und sich nur stockend fortbewegt.

Die Textstelle präsentiert und performiert Ansteckungsprozesse zwischen den Figuren, dem Herrenreiter und Castorp und dem Herrenreiter und der Erzählerfigur, die sich nicht nur ohne Körper-, sondern sogar ohne Sichtkontakt vollziehen: Das Geräusch kommt aus einer Quelle, die sich in »geringer Entfernung hinter einer Biegung des Korridors« befindet (24).

Literaturwissenschaftlich lässt sich hier von einer »Logik der Signifikanten« sprechen.[94] Dieser Logik gemäß schreiben sich Texte aus ihrem Zeichenmaterial her, bilden also ein sich selbst immer weiter fortpflanzendes Zeichensystem.[95] Eine solche Logik wird gerade für klassisch moderne Literatur als paradigmatisch angesehen und lässt sich etwa in aller Ausgiebigkeit am Beispiel der Texte Franz Kafkas illustrieren. *Ein Landarzt* beispielsweise organisiert sich als Text anhand einer Signifikantenkette, die die Buchstabenkombination »rosa« verschiedentlich durchspielt: Der Arzt verlässt sein Dienstmädchen »Rosa«, welches von einem Knecht vergewaltigt wird, der in einem Schweinestall schläft, also dort, wo naturgemäß »›rosa‹farbene Tiere« unterkommen; bei seinem Patienten angekommen, findet er eine »rosa Wunde« vor, an der sich bereits »rosige« Würmer güt-

[93] Vgl. Strowick: Sprechende Körper, S. 263.

[94] Vgl. Liebrand: Im Kabinett der Spiegel, S. 280.

[95] Und sind damit nicht bloß als geordnete Darstellung von Gedanken aufzufassen, die Gedanken sind durch die Übertragungsverhältnisse zwischen den Worten wiederum durchkreuzt. Wie man sieht, ist ein sich über seine Signifikanten fortpflanzender Text eher monströs als kristallin zu nennen.

lich tun[96] – der Text wird, um Claudia Liebrand zu zitieren, »am Signifikantenmaterial entlanggeschrieben«.[97]

Eine Signifikantenlogik privilegiert ein asemantisches Textverständnis: Ein Text wird nicht deshalb geschrieben, weil er Bedeutungsträger arrangiert, sondern Zeichen, die sich gleichsam eigenständig fortschreiben. Signifikanten verweisen stets nur auf neue Signifikanten und sind durch Isotopie- und Synonymiemerkmale austauschbar. Damit ist der Zusammenhang zwischen den Wörtern in einem gewissen Maße kontingent, weil er nicht durch eine vermittelnde Sinndimension, sondern durch die ›bloße‹ Zeichenhaftigkeit motiviert ist. In der *Zauberberg*-Passage, in welcher der Husten des Herrenreiters selbst zu einem Husten des Textes führt, wird der Signifikant ›Husten‹ so wirkungsvoll, dass er getrennt voneinander scheinende Bereiche (Aussage und Sprachperformanz, unterschiedliche Figuren) in Beziehung setzt.

Die Signifikantenlogik ist gerade deshalb, weil sie auf Kontingenzen beruht, dazu geeignet, Grenzüberschreitungen zu inszenieren. Dass im Fall Castorps der Husten des Herrenreiters bei Castorp zu einem Glänzen der Augen führt und ihn selbst infiziert, beruht auf einer Übertragung des Signifikants ›Krankheit‹, der isotopisch – oder auch synekdochisch – mit ›Husten‹ und ›fiebrigen Augen‹ verbunden ist, von einer Figur auf die andere.

Die Kontingenz der Ansteckung wird im Roman dadurch eingeholt, dass Hans Castorp als vergangener Tuberkulosepatient nachträglich durch den Hofrat bestimmt wird, der »Dämpfungen[,] beruhen[d] auf veralteten Stellen« (276) diagnostiziert. Für Behrens ist es die »Luft«, welche »die latente Krankheit zum Ausbruch [bringt]« (277). Die erste Krankheit lässt sich jedoch nur nachträglich bestimmen, was auf die kontingente materiallogische Verknüpfung bezogen werden kann, deren Ansteckungsverhältnisse »ein[] Spiel[] mit ›reversiblen‹ Signalen«[98] in Gang setzen. Damit soll nicht behauptet werden, dass der Husten des Herrenreiters (und etwa auch die Sexualgeräusche der Nachbarn) die Krankheit bei Hans Castorp ausschließlich hervorbringt (was jedoch nicht unmöglich ist), er aktualisiert sie und verweist in letzter Konsequenz nur auf einen nicht zu bestimmen-

[96] Vgl. Hans H. Hiebel: Franz Kafka: Form und Bedeutung. Formanalysen und Interpretationen von Vor dem Gesetz, Das Urteil, Bericht für eine Akademie, Ein Landarzt, Der Bau, Der Steuermann, Prometheus, Der Verschollene, Der Proceß und ausgewählten Aphorismen. Würzburg 1999, S. 164.

[97] Liebrand: Im Kabinett der Spiegel, S. 280 (H. i. O.). Liebrand führt als Beispiel für Kafka den Beginn des »Heizer«-Kapitels aus *Der Verschollene* an. Sie liefert zudem Interpretationen der in *Lotte in Weimar* wirkenden Signifikantenlogik. Vgl. zu einer Analyse der Signifikantenlogik im *Zauberberg* das Kapitel *Textur: Infektion und Iteration*.

[98] Hiebel: Franz Kafka, S. 167.

den Anfang. Die Krankheit wird im Roman beispielsweise gleichgesetzt mit Castorps Liebe zu Pribislav Hippe, die sich in der Liebe zu Clawdia Chauchat aktualisiert. Sie lässt sich aber auch auf die Familiengeschichte Castorps beziehen. So legt es zumindest die Anamnese von Behrens nahe, der die Erkrankung Joachim Ziemßens und die Lungentode von Castorps männlichen Verwandten als prädisponierende Ereignisse versteht. Es ist jedoch nicht möglich, die Ursache der Krankheit letztgültig zu bestimmen, gerade die unterschiedlichen Zuschreibungen zeigen, dass genealogische Verhältnisse keine finale sinnstiftende Funktion gewinnen können. Verführerisch und symptomatisch zugleich ist die Begründungskette, die Behrens entwirft: Die »Temperatur [...] 37,6 [...] entspricht so ziemlich den akustischen Wahrnehmungen«, das »Fieber« beruht wiederum auf dem »Katarrh« und dieser auf der »latente[n] Krankheit« (277). Gerade weil die Reihenfolge so schlüssig ist, motiviert sie ihre Fortsetzung: Worauf beruht die latente Krankheit? Etwa auf der homoerotischen Zuneigung zu einem Mitschüler? Und worauf beruht diese ihrerseits? Es werden immer weiter Erklärungen durch Erklärungen ersetzt, oder anders gesagt: Signifikanten durch Signifikanten ausgetauscht, die dadurch synonymisiert werden.

Als weiteres Beispiel einer ›ansteckenden‹ Sprache, die als Übertragung zwischen zwei Figuren und als Auslösung durch das Sprachmaterial verstanden werden kann, kann eine Szene zu Romanbeginn herangezogen werden. Auf der Hinfahrt zum Sanatorium berichtet Joachim Ziemßen Hans Castorp von unterschiedlichen Praktiken, die die Sanatorien im Umkreis von Davos betreiben, unter anderem von dem Abtransport der »Leichen per Bobschlitten« und Doktor Krokowskis »Seelenzergliederung«, deren Erwähnung dazu führt, dass bei Hans Castorp die »Heiterkeit überhand« gewinnt (20). Im Sanatorium angekommen meint dieser nun: »›Ich bin ganz entzwei und erschöpft vor Lachen‹ [...]. ›Du hast mir soviel tolles Zeug erzählt ... Das mit der Seelenzergliederung war zu stark[‹]« (21). Der Bericht Ziemßens von der ›Zergliederung‹ führt bei Castorp – bloß qua Bericht – dazu, dass dieser seinerseits ›zergliedert‹ wird, nämlich »entzwei« gerät.

An anderer Stelle erinnert sich Hans Castorp an seine Schulzeit und wie er sich damals von seinem Mitschüler Pribislav Hippe einen Bleistift lieh. Dieser ermahnte ihn, jenen »nicht entzwei« (188) zu machen. Dass diese Passage erzählzeitlich nach der ersten Erwähnung des Wortes kommt, jedoch chronologisch zuvor stattfindet, illustriert den sich stets fortschreibenden Signifikantenprozess einleuchtend: Ob Castorp über die »Seelenzergliederung« so stark lachen muss, weil sie ihn an Hippe erinnert, oder ob Hippe in Castorps Erinnerung »entzwei« sagt, weil Castorps mittlerweile die »Seelenzergliederung« kennt, ist nicht zu beantworten und auch nicht wichtig, weil es das Wissen um die Signifikantenstruktur des Textes nicht berührt. Stattdessen führt dies vielmehr die Unentscheidbarkeit von Vor- und Nachträglichkeit vor Augen, die mit einer Signifikantenlogik einhergeht. Lodovico Settembrini etwa, der von all dem – im Rahmen der Figurenpsychologie – nichts weiß, wirft Leo Naphta, insofern ganz logisch, »Weltentzweiung« (570) vor.

Zur Illustrierung der Bandbreite der Signifikantenlogik ließe sich auch die bereits erwähnte Textstelle anführen, die von den Wetten der Witwe Hessenfeld handelt (vgl. 449). In dieser wird ausgiebig mit dem Buchstabenmaterial gespielt, denn die ganze Stelle ist von einer Vorliebe für Wörter mit Buchstabenverdopplung gekennzeichnet:

> Witwe He*ss*enfeld [...] we*tt*ete mit den He*rr*en, we*tt*ete auf a*ll*es und um a*ll*es, we*tt*ete auf das We*tt*er, das eintreten, die Gerichte, die es geben würde, [...] auf gewi*ss*e Bobs, Eisschli*tt*en, Schli*tt*schuh- oder Ski-Champions bei sportlichen Konku*rr*enzen, auf den Verlauf sich anspi*nn*ender Liebesgeschichten unter den Gästen [...], we*tt*ete um Schokolade [...], um Geld, um Kinobi*ll*ets und selbst um Kü*ss*e, zu gebende und zu nehmende, – kurzum, sie brachte mit dieser ihrer Pa*ss*ion viel Spa*nn*ung und Leben in den Speises*aa*l, nur daß ihr Treiben den jungen Hans Castorp natürlich sehr ernst nicht dünken wo*ll*te[.] (449, Hervorhebungen B. M.)[99]

Hier scheint sich der Text anhand einer Buchstabenkonstellation entlangzuschreiben, die den Namen der Figur mit ihrer Tätigkeit, dem Gegenstand ihrer Tätigkeit und letztlich dem Beobachter dieser verbindet.

Irritationen gehen im Roman von Körpern, Geräuschen, Worten und Buchstaben aus und können zwischen einzelnen Figuren – und sogar zwischen den Handlungsfiguren und der Erzählerfigur – hergestellt werden. Die Erzählerfigur ist also nicht bloß die zentrale Steuerungsinstanz des Erzählens, die Impulse einspielt und diese beschreibt, die einzelnen Figuren irritieren sich gegenseitig. Dies kann von der Erzählerfigur zwar beschrieben werden, lässt sie jedoch – wie das Beispiel des Hustens des Herrenreiters zeigt – selbst nicht unbeteiligt, sondern kann auf sie zurückwirken.

[99] Man kann diese Vorliebe für Buchstabenverdopplung mit einer allgemeinen sprachlichen Vorliebe des Romans für Verdoppelungen verstehen. Vgl. Crescenzi: Wer ist der Erzähler des *Zauberberg*?, S. 178: »Natürlich ist im *Zauberberg* alles oder fast alles doppelt. Sogar der Titel des Romans enthält die Verdoppelung des Morphems ›ber‹. Und Verdoppelungen enthalten viele andere Namen im Roman: Clawdia Chauchat, Mynheer Peeperkorn, Popów, usw. Zwei Unterkapitel des zweiten Romankapitels weisen zwei Doppeltitel auf [...]. Das dreiundzwanzigste Unterkapitel [...] trägt einen dreifachen Doppeltitel [...]. Die Gesamtsumme der Unterkapitel selbst (49) setzt eine Doppelerscheinung der Nummer 7 (7 × 7) voraus [...]. Und das dritte und vierte Unterkapitel des sechsten Kapitels sind wieder doppelt«.

Der Roman als Experimentalsystem

Der literarische Menschenversuch als erzählerisches Experimentalsetting wird im *Zauberberg* zwar zitiert, doch geht der Roman nicht darin auf. Von einer bloßen Parodie zu sprechen, wäre jedoch auch verfehlt, weil dadurch die Kreativität der Umschrift nicht erfasst wird. Der literarische Menschenversuch wird zu einer Reflexionsfolie und zum Spielgegenstand des Textes. Die im Text präsentierte Konstellation lässt sich eher mit einer anderen Modellierung des Experimentbegriffs erfassen. Dieses wurde bereits in der Darstellung der unterschiedlichen Literatur-Experiment-Verhältnisse berührt. In diesem Verständnis, das von Hans-Jörg Rheinbergers Überlegungen zu »Experimentalsysteme[n]« herrührt, ist das Experiment die »Eröffnung eines Möglichkeitsraumes und ergebnisoffene[s], zu differentieller Reproduktion fähige[s] Versuchssystem[ ]«.[100]

Im Unterschied zu dem klassischen Verständnis von Experimenten als »wohldefinierte[n] empirische[n] Prüfverfahren [...], die in einen ebenso wohldefinierten theoretischen Rahmen eingebettet sind und [...] dazu dienen, bestimmte Hypothesen [...] entweder zu bestätigen oder zu widerlegen«, hebt Rheinberger, im Anschluss an Ludwig Fleck, den »Werkstattcharakter«[101] des Experimentierens hervor, das auch immer vor dem Hintergrund zeitgenössischer Wissenschaftskulturen betrachtet werden muss.[102] Seine Ziele sind Historisierung, Kulturalisierung und Pragmatisierung in der Betrachtung des Experiments; Experimentieren wird als Bastelei verstanden.[103] In dieser Konzeption ist das Experiment keine deduktive, einer klaren theoretischen Vorgabe folgende Reihung von Kausalitäten, sondern von Ereignissen, die provoziert werden und deren Möglichwerden überhaupt erst gesichert werden muss. Das Experiment wird nur als Reduktion eines komplexen Interaktionsspiels begriffen, des »Experimentalsystems«, das zwar ein mehr oder weniger geschlossenes, aber ausfransbares System definiert, in dem unterschiedliche Praktiken, Personen, Vorstellungen und Dinge aufeinandertreffen und dieses immer wieder neu konstituieren.[104] Die leitende Vorstellung dieses Szenarios ist nicht mehr

[100] Vgl. Krause und Pethes: Zwischen Erfahrung und Möglichkeit, S. 14.

[101] Vgl. Rheinberger: Experimentalsysteme und epistemische Dinge, S. 23 f.

[102] Die historische Bedingtheit von Erkenntnissen für Rheinberger *in extenso* in seinem Buch *Historische Epistemologie zur Einführung* (Hamburg 2007) aus.

[103] Vgl. Rheinberger: Experimentalsysteme und epistemische Dinge, S. 34: »Wissenschaftler sind vor allem ›Bastler‹, Bricoleure, weniger Ingenieure«.

[104] Vgl. Rheinberger: Experimentalsysteme und epistemische Dinge, S. 90: »Der reproduktive Charakter des Experimentalprozesses hängt damit zusammen, daß er eine nicht abreißende Kette von Ereignissen darstellt, durch welche die materiellen Bedingungen zur

ein hierarchisches Experimentalsetting *top down*, in welchem dem Experimentator die alleinige Verfügungsgewalt über den Ablauf zukommt, sondern eine »rhizomatische[] Struktur«,[105] die gleichberechtigte Handlungsträger zulässt. Ein Experimentalsystem ist deshalb auch per se »hybride«,[106] da es Gegenstände aus unterschiedlichen Phänomenbereichen miteinander in Kontakt treten lässt.

Ein Experimentalsystem muss offen genug gehalten sein, um »sich differentiell reproduzieren [zu] können«: Es gibt zwar ein stabiles Setting »technischer Dinge«, welche die Experimentalsituation überhaupt rahmen, doch das Ziel eines Experimentalsystems ist die Erzeugung »epistemischer Dinge«, also von Resultaten, die aber noch keine Finalität beanspruchen müssen.[107]

In dem sich ergebenden Ereignisnetz, das permanente Rekontextualisierungen und Rekonfigurationen zulassen soll, wird der Experimentator entmachtet, jedoch nicht abgeschafft. Seine Rolle besteht aber weder darin, »im Buch der Natur« zu lesen noch, die Wirklichkeit zu »konstruieren«;[108] das Arrangement lässt sich weder durch einsinnige Beziehungen noch als ein Zufallsprodukt verstehen.[109] Die Rolle des Experimentators lässt sich durch die privilegierte Position, die er einnimmt, beschreiben:

> Der Wissenschaftler ist autorisierter Sprecher, aber er ist nicht Herr des Spiels. Als bescheidenes Subjekt ist er gefangen in einem unauflösbaren inneren Ausschlußverhältnis zu seinen Objekten. Er *macht* sie, aber nur insofern die Objekte machen, daß er *sie* macht. Diese Extimisierung wird ständig rekursiv eingeholt von ihren eigenen Hervorbringungen.[110]

Fortsetzung eben dieses Experimentalprozesses erhalten bleiben. Ein Experimentalsystem zu reproduzieren heißt Bedingungen aufrechterhalten – epistemische Objekte, Registriervorrichtungen, Modellorganismen, verkörpertes Wissen, Erfahrenheit –, auf deren Basis es weiter proliferieren kann«.

[105] Rheinberger: Experimentalsysteme und epistemische Dinge, S. 227.

[106] Rheinberger: Experimentalsysteme und epistemische Dinge, S. 9.

[107] Vgl. Rheinberger: Experimentalsysteme und epistemische Dinge, S. 29: »Um in einen solchen Prozeß des operationalen Umdefinierens einzutreten, benötigt man jedoch stabile Umgebungen, die man als Experimentalbedingungen oder als technische Dinge bezeichnen kann; die epistemischen Dinge werden von ihnen eingefaßt und dadurch in übergreifende Felder von epistemischen Praktiken und materiellen Wissenskulturen eingefügt. [...] Die technischen Bedingungen bestimmen nicht nur die Reichweite, sondern auch die Form möglicher Repräsentationen eines epistemischen Dings; ausreichend stabilisierte epistemische Dinge wiederum können als technische Bausteine in eine bestehende Experimentalanordnung eingefügt werden«.

[108] Vgl. Rheinberger: Experimentalsysteme und epistemische Dinge, S. 282.

[109] Vgl. Rheinberger: Experimentalsysteme und epistemische Dinge, S. 228: »Solche Ensembles [von Experimentalsystemen, B.M.] entziehen sich den einfachen Begriffen der linearen Verursachung, des Einflusses, der Dominanz und Unterordnung. Sie fügen sich aber auch nicht einfach dem Begriff eines rein zufälligen oder stochastischen Prozesses«.

[110] Rheinberger: Experimentalsysteme und epistemische Dinge, S. 284 f. (H. i. O.). Den Be-

Damit das Experimentalsystem ein »Eigenleben«[111] entwickeln kann, ist es notwendig, dass es einen Experimentator gibt, der über genügend »Erfahrenheit« verfügt, um diesen selbstständigen Prozess im Laufen zu halten, durch »erworbene Intuition«.[112]

Nach Rheinbergers Überlegungen soll sich der Forscher also selbst so weit wie möglich unsichtbar machen und einen Prozess initiieren, der immer wieder modifiziert werden kann, idealerweise jedoch eigenständig ablaufen soll – das Experimentieren profitiert von den Handlungen des Forschers wie der Forscher von den Vollzügen des Experiments. Dass ein Experiment auch überhand nehmen und ein destruktives Eigenleben entwickeln kann, ist dabei nicht ausgeschlossen.

Eine Adaption Rheinbergers zur Untersuchung literarischer Zusammenhänge erscheint jedoch zunächst problematisch, weil das Experimentalsystem trotz seiner grundsätzlichen Ergebnisoffenheit klaren Einschränkungen unterliegt. So ist ein Experimentalsystem etwa auf einen Rahmen technischer Begrenzungen und auf eine Regelhaftigkeit der differentiellen Reproduzierbarkeit angewiesen. Der Literatur hingegen sind keine solchen Grenzen gesetzt.[113] Wollte man eine produktionsästhetische Werkstattanalyse unternehmen, könnte sich der Begriff des Experimentalsystems anbieten, würde dabei jedoch einen argumentativen Zirkelschlusses begünstigen: Rheinberger erwähnt in seiner Analyse gerade, dass seine Betrachtung gegenüber Experimenten eine Perspektive einnehmen will wie sie »Gegenständen der Kunst« schon lange zugetragen werde.[114]

Des Weiteren beruht die Innovation von Rheinbergers Untersuchung darauf, im weitesten Sinne poststrukturalistische Theorien für seine Analy-

griff der »Extimisierung« übernimmt Rheinberger von Jacques Lacan, der ihn als »intime Exteriorität« definiert. Die »Extimisierung« beschreibt den paradoxalen Zustand gleichzeitiger An- und Abwesenheit, etwas, das sich im Zentrum einer Sache befindet und dennoch seine äußere Grenze markiert. Bei Lacan ist dies der Ort des »*Dings*« und er benutzt dafür die Metapher der »Vakuole«. Vgl. Jacques Lacan: Die Ethik der Psychoanalyse. Textherstellung durch Jacques-Alain Müller. Übersetzt von Norbert Haas. Weinheim 1996, S. 171–184 (H. i. O.).

111 Rheinberger: Experimentalsysteme und epistemische Dinge, S. 174. Vgl. auch ebd., S. 20: »Je mehr er [der Forscher, B. M.] lernt, mit seiner Experimentalanordnung umzugehen, desto stärker spielt sie ihre eigenen inhärenten Möglichkeiten aus. In einem gewissen Sinn macht sie sich von den Wünschen des Forschers unabhängig«.

112 Vgl. Rheinberger: Experimentalsysteme und epistemische Dinge, S. 92 f.

113 Vgl. Rheinberger: Experimentalsysteme und epistemische Dinge, S. 281: »Experimentalsysteme sind die Basiseinheiten des wissenschaftlichen Spurenlegespiels. Im Rahmen von technischen Dingen, die zu einem bestimmten Zeitpunkt als gegeben angenommen werden, liefern sie die Bedingungen für die Erzeugung epistemischer Dinge. Experimentalsysteme müssen sich differentiell reproduzieren können, um als Maschinerie zur Erzeugung von Zukunft zu dienen und zu funktionieren«.

114 Vgl. Rheinberger: Experimentalsysteme und epistemische Dinge, S. 280.

se von Laborsituationen nutzbar zu machen: Begriffe wie »Archäologie«,[115] »*Historialität*« oder »*différance*«[116] sind Teile eines Analyseinstrumentariums, welches bereits in den Literatur- und Kulturwissenschaften angewendet wurde. Rheinbergers Theorie also zu übernehmen, ohne ihre Herkunft in Rechnung zu stellen, simulierte vielmehr einen Innovationsschub und reflektierte ebenso wenig, dass Literatur stets ein höheres Eigenreflexionsniveau besitzt als durch Theorien an sie herangetragen werden kann. Sinnvoll anwenden lässt sich das Experimentalsystem als Konzept nur durch eine vernetzende Kontextualisierung.

Zunächst ist Rheinbergers Konzeption zwar als ein in gewissem Maß überzeitliches Konzept zu verstehen, geht jedoch von den Überlegungen einer »Historischen Epistemologie« aus. Gemäß dieser sind Erkenntnisse an ihre historischen »Denkstil[e]« gebunden[117] und das, was als allgemeines, naturwissenschaftliches Wissen gilt, ist nur unter den Bedingungen gewisser technischer und institutioneller Rahmungen und einer eigenen wissenschaftlichen Rhetorik möglich.

Der Zauberberg erwähnt das Thema einer nicht zu erreichenden Objektivität mehrfach. Gerade Lodovico Settembrini nimmt einerseits die Existenz objektiver Gegebenheiten an, nämlich die der »voraussetzungslose[n] Forschung [..., der] reine[n] Erkenntnis« (599), findet sie praktisch jedoch im Sanatorium nicht eingelöst: »Wissen Sie, daß die photographische Platte oft Flecken zeigt, die man für Kavernen hält, während sie bloß Schatten sind, und daß sie da, *wo* etwas ist, zuweilen *keine Flecken* zeigt?« (H. i. O.). Settembrini führt das Beispiel eines »Numismatiker[s]« an, der durch die Behandlung im Sanatorium an der »Phthisis« gestorben war, weil er in Wirklichkeit »Kokken« gehabt hatte (298). Dass jemand, der Münzen sammelt, unmöglich an einer ökonomischen Krankheit leiden kann, bekräftigt noch einmal die Logik der verschwenderischen Krankheit und liefert die Vorgeschichte dafür, dass Hofrat Behrens Hans Castorp ebenfalls auf »Kokken« (949) hin untersucht. Die Kritik an einer wissenschaftlichen Objektivität wird wiederholt auch implizit zum Ausdruck gebracht: Das Fieber des Thermometers misst vor allem Emotionen und weniger Krankheit; die Flecken der radiologischen Diapositive können positiv als auch negativ gelesen werden, zeigen aber vor allem Innerlichkeit

[115] Rheinberger: Experimentalsysteme und epistemische Dinge, S. 15.
[116] Rheinberger: Experimentalsysteme und epistemische Dinge, S. 11 (H. i. O.).
[117] Der Ausdruck stammt von Ludwik Fleck. In seinem Buch *Historische Epistemologie zur Einführung* schreibt Rheinberger: »Ein Denkstil verkörpert sich also, wie ich es nenne, in einem Experimentalsystem« (Rheinberger: Historische Epistemologie zur Einführung, S. 53).

an;[118] die Psychoanalyse ist eine fragwürdige Wissenschaft, weil ihr einseitige Interpretation andere Faktoren außer Acht lässt. Damit beweist sich Mann als ein impliziter Wissenschaftskritiker. Dennoch: Auch wenn die Röntgenbilder und etwa die »Gaffky-Skala« (522) auf spezielle historische Praktiken hinweisen, wäre es zu forciert zu behaupten, der Roman entwerfe eine Historische Epistemologie, denn die Relativität der Erkenntnisse in Abhängigkeit von ihrer historischen Situation wird kaum vorgeführt. Die Gespräche zwischen Settembrini und Naphta zeigen zwar, wie unterschiedliche Epochen jeweils aufgrund ihrer ideologischen Prägungen unterschiedlich gedacht haben (also paradigmatisch Aufklärung/Humanismus und Mittelalter), beide Epochen werden von ihnen jedoch auf das beginnende 20. Jahrhundert projiziert und sind insofern überhistorisch. Zudem ist es nicht so, dass ihre Gespräche tatsächlich zu Erkenntnissen führten, stattdessen sorgen sie bei Hans Castorp für »Konfusion« (583). Der Roman formuliert stattdessen vielmehr eine, durch den Kontrast mit früheren Epochen allerdings als zeithistorisch interpretierbare, Absage an stabile Epistemologien im Zeitalter der Dekadenz, auf den Punkt gebracht von Leo Naphta:

> Guter Freund, es gibt keine reine Erkenntnis. [...] Der Glaube ist das Organ der Erkenntnis und der Intellekt sekundär. Ihre voraussetzungslose Wissenschaft ist eine Mythe. Ein Glaube, eine Weltanschauung, eine Idee, kurz: ein Wille ist regelmäßig vorhanden, und Sache der Vernunft ist es, ihn zu erörtern, ihn zu beweisen. Es läuft immer und in allen Fällen auf das ›Quod erat demonstrandum‹ hinaus. Schon der Begriff des Beweises enthält, psychologisch genommen, ein stark voluntaristisches Element. (599)

Die Nähe zwischen Naphta und Rheinberger lässt sich in dieser Passage anhand der Unterscheidung von »Kasualität« und »Kausalität« ausmachen. Rheinberger führt aus, dass Experimentalsysteme stets »Konstellationen« hervorbrächten, die nicht durch »Ursache und Wirkung« gekennzeichnet seien, aber »eine Art struktureller Kopplung« aufwiesen.[119] Naphtas Interpretation der Wissenschaft hebt ebenfalls das Moment einer nachträglichen Zuschreibung von Kausalität hervor, sämtliche »Fälle[]« werden nur mit dem Beweissatz unterlegt, auf dessen Fundierung es ankomme, und eben nicht auf den Beweis einer Tatsache. Darin drückt sich die Vorstellung aus,

[118] Vgl. Türk: Die Immunität der Literatur, S. 205 f., der einen Bezug zu Wilhelm Diltheys Definition des Bildungsromans herstellt.

[119] Vgl. Rheinberger: Experimentalsysteme und epistemische Dinge, S. 166 f. Dort findet sich auch die Formulierung »Sie [die Konstellationen, B. M.] beruhen also auf Kasualität, nicht auf Kausalität«.

dass wissenschaftliches Arbeiten darauf beruhe, die eigenen epistemologischen Bedingungen zu affirmieren und sich – das wäre weitergedacht – so in den wissenschaftlichen Diskurs einzuschreiben. Dass diese Praktiken historischen Wandlungen unterworfen sind, scheint angenommen zu werden, ist aber für Naphtas Argumentation irrelevant.[120]

Der Zauberberg präsentiert damit auch eine Epistemologie-Kritik wie sie in den wissenschaftstheoretischen Überlegungen Rheinbergers auftaucht, der sich seinerseits unter anderem auf Theoretiker des frühen 20. Jahrhunderts beruft. Das Experimentalsystem, als welches sich der Roman interpretieren lässt, kann im Zusammenhang mit dieser Wissenschaftskritik verstanden werden: Zentrale Steuerungsinstanzen sind ebenso obsolet wie gesichertes Wissen. Auch wenn der Roman die Reflexion über Epistemologien nicht historisiert, ist er als zeitgeschichtliches Dokument Teil einer historischen Tendenz, absolute Deutungsansprüche zu relativieren und wäre insofern selbst Gegenstand einer möglichen historisch-epistemologischen Untersuchung. Die Epistemologie-Kritik zeigt sich im Text thematisch und formal. Die Fragen, die sich an den herausgearbeiteten Befund einer Kritik von Wissensansprüchen und einer Relativierung der Erzählerinstanz anschließen werden, betrachten die produktiven Verfahren, mit denen der Text die Konfiguration eines Experimentalsystems durch- und ausspielt. Da Literatur nicht nur Botschaften kommuniziert und zu Erkenntnisse anregt, sondern stets auch ein »Sprachspiel« inszeniert,[121] nach dessen Regeln Wissensansprüche sich beständig aufstellen und durchkreuzen, erscheint es nur folgerichtig, dass ein theoretisches Design, das ein Experimentalsystem einem Experimentalsetting bevorzugt, passgenauer ist. Dies ist deshalb keine Banalität, weil im Roman die absolute Steuerungsinstanz eines Erzähler-Experimentators aufgerufen und zugleich zum Gegenstand von Reflexion und Kritik wird. Dass dieser jedoch in seiner Rolle als Textfabrikant und Figurenarrangeur nicht alleine ist, da sich im Text Aussagen und Themen hybridisieren und da andere Figuren ebenfalls als Experimentatoren firmieren, wurde bereits gezeigt und soll an späterer Stelle noch weiter ausgeführt werden.[122] Die Lesart des Romans als Experimentalsystem macht heuristisch also nur dann Sinn, wenn sie mit der anderen des

[120] Seine Ausführungen behandeln anschließend das Verhältnis von Naturwissenschaft und Philosophie; vgl. S. 600 und 601: »Die Argumentation des heiligen Offiziums gegen Galilei lautete dahin, daß seine Sätze philosophisch absurd seien. Eine schlagendere Argumentation gibt es nicht«. »[W]as den Menschen in Finsternis geführt hat und immer tiefer führen wird, ist vielmehr die ›voraussetzungslose‹, die aphilosophische Wissenschaft«.

[121] Vgl. Literaturwissenschaft. Einführung in ein Sprachspiel. 2., überarbeitete Aufl. Hg. von Heinrich Bosse und Ursula Renner. Freiburg i. Br., Berlin und Wien 2010.

[122] Vgl. das Kapitel *Parodien*.

Experimentalsettings, welches die Vorstellung einer allwissenden, alles steuernden Erzählerfigur evoziert, kontrastiert wird. Das Experimentalsetting wird als poetologisches Phantasma im Roman beschworen, jedoch nicht eingelöst.

Der Text wird im Folgenden nunmehr als Netz und Gewebe erscheinen, in welchem sich der Prozess seiner Verfertigung nicht auf die Schultern einer Erzählerfigur stützt. Diese ist eine Figur unter vielen, die zum Entstehen des Textes beiträgt. Hier lässt sich erneut das Zitat Rheinbergers anbringen, der über den Experimentator schrieb, dieser sei »autorisierter Sprecher, aber [...] nicht Herr des Spiels«. Mit dieser Formel ist die Rolle der Erzählerfigur im Roman am treffendsten beschreiben.[123]

[123] Als weiterführende Gedanken zur Adaption von Rheinbergers Konzeption ließe sich im Roman etwa ein Tausch der Rollen zwischen »technischen« und »epistemischen Dingen« beschreiben: Ist die »Zeit« zunächst als ein »technisches Ding« zu fassen, das den Rahmen und den Verlauf der Geschichte Hans Castorps stabilisiert, wird sie auch selbst zum Gegenstand der Reflexion, etwa auf S. 816: »Kann man die Zeit erzählen, diese selbst, als solche, an und für sich? Wahrhaftig, nein, das wäre ein närrisches Unterfangen!« Im weiteren Verlauf des Kapitels »Strandspaziergang« geht die Erzählerfigur dieser Frage nach, die sich auch als eine verkappte Frage nach der »Erzählung« darstellt: »Die Zeit ist das *Element* der Erzählung, wie sie das Element des Lebens ist« (ebd., H. i. O.). Doch auch Hans Castorp, der zum Untersuchungsgegenstand des literarischen Menschenversuchs wird, rückt im Handlungsverlauf aus der Rolle des epistemischen Dings in die des Experimentators, provoziert Handlungen und wird so zum Verursacher von Handlung und Geschichte.

TEXTUR: INFEKTION UND ITERATION

Ansteckung

Bislang wurde der Ausdruck der *Ansteckung* verwendet, um die (vor allem materiallogischen) Übertragungsmechanismen zu bezeichnen, die sich als eine Überschreitung von Grenzen (zwischen Aussage und Sprachperformanz, einzelnen Figuren, unterschiedlichen Sinnesbereichen) manifestieren. Diesem Ausdruck soll nun weiter nachgegangen werden. Dabei kann man schnell in die »Metaphernfalle« geraten, die Mirjam Schaub und Nicola Suthor identifizieren: »Ein *terminus technicus* erhält metaphorischen Wert und das heißt immer, daß er ganz bestimmte Eigenschaften verliert, während andere nun im neuen Kontext überpointiert werden«.[1] Dieses Problem wird die Untersuchung auf zwei Wegen zu umgehen versuchen: Zunächst wird ein Überblick über die Verwendung des Ausdrucks in literaturwissenschaftlichen Untersuchungen geliefert und dieser anschließend aus der Thematik der Infektion im Roman selbst hergeleitet. Im Roman taucht das Wort »Ansteckung« bloß ein einziges Mal auf, und dies auch nicht im Zusammenhang mit Krankheit, sondern als affektiver Übertragungsprozess der Trauer anderer Personen auf Castorp am Grab seines Großvaters.[2] Selbst im Zusammenhang mit dem Rauchen, das von mehreren Personen im Roman betrieben wird, wird das Lexem ›anstecken‹ – bis auf ein Beispiel – zugunsten von »anzünden« gemieden.[3] Gerade die sprachliche Abwesenheit dieses so dominanten Themas zieht Aufmerksamkeit auf sich.

[1] Mirjam Schaub und Nicola Suthor: Einleitung. In: Ansteckung. Zur Körperlichkeit eines ästhetischen Prinzips. Hg. von Mirjam Schaub, Nicola Suthor und Erika Fischer-Lichte. München 2005, S. 9–21, hier S. 10.

[2] Vgl. S. 45 f.: »Unkundig der praktischen Bedeutung der Ereignisse für sein Leben oder auch kindlich gleichgültig dagegen [...], hatte er an den Särgen [seiner Familienmitglieder, B. M.] eine gewisse ebenfalls kindliche Kühle und sachliche Aufmerksamkeit an den Tag gelegt, welche beim drittenmal durch das Gefühl und den Ausdruck erfahrener Kennerschaft noch eine besondere, altkluge Abschattung erhielt, – häufiger Tränen der Erschütterung und der *Ansteckung* durch andere als einer selbstverständlichen Rückwirkung nicht weiter zu gedenken« (Hervorhebung B. M.).

[3] Etwa auf S. 123: »indem er sich eine frische Zigarette *anzündete*«; oder auf S. 384: »Einige Zurückhaltung im Verkehr wird empfohlen, man kann nicht eine an der anderen *anzünden*, das geht über Manneskraft«. Das eine Beispiel zu ›anstecken‹ stammt von Leo Naphta. Er spricht dabei über die christliche »Krankenpflege: Königstöchter hatten die stinkenden Wunden Aussätziger geküßt, hatten sich gerade mit Absicht an Leprosen *angesteckt* und die Schwären, die sie sich zugezogen, dann ihre Rosen genannt« (678, Hervorhebungen B. M.).

Im Roman wird die Ansteckung im Sinne von ›Infektion‹ oder ›Entzündung‹ und im Sinne von ›(An-)Zündung‹ unentwegt dekliniert. Dies haben die Beispiele der Entzündungen hervorrufenden Grenzüberschreitungen gezeigt, und dies lässt sich auch an den bereits erwähnten an Entzündlichkeit und Brennbarkeit erinnernden Namen der Insassen ersehen. Die Infektion als Entzündung ist auch immer eine Reizung, gewissermaßen eine Zündung.

Bei ›Ansteckung‹ handelt es sich zwar nicht um einen literaturwissenschaftlichen Fachbegriff, es handelt sich dabei aber um einen Begriff, der in der Erzähltheorie häufiger Verwendung findet.[4] Franz K. Stanzel spricht in seiner *Theorie des Erzählens* von einer »Ansteckung der Erzählsprache durch die Figurensprache, eine Art des indirekten Zitats«. Zu finden sei dieses erzählerische Mittel »bei den viktorianischen Romanautoren«, aber auch bei Thomas Mann – er zieht *Buddenbrooks* als Beispiel heran[5] – und »bewirk[e] meistens eine leichte Ironisierung der ›zitierten‹ Figuren«.[6] Im Rahmen des Stanzel'schen Typenkreises bezeichnet die Ansteckung dabei eine Personalisierung der auktorialen Erzählinstanz. Ist diese als ›reine‹ Instanz definiert, als ein allwissender Beobachter, so verschiebt sich durch Prozesse der Ansteckung diese Position hin zu einer persönlicheren, den Fokus einer Figur einnehmenden, insofern eine Meinung, die einer Figur zugesprochen wird, nun vom auktorialen Erzähler geteilt wird.[7]

Der Begriff, darauf weist Stanzel hin, entstammt einem Aufsatz Leo Spitzers, dessen Veröffentlichung in die Zeit der Publikation des *Zauberbergs* fällt. Bei Spitzer ist Ansteckung noch pejorativ gemeint und ist Mittel einer Pathologisierung schriftstellerischer Stilmittel. Als Gegenstand seiner Analyse zieht Spitzer die Schriften Alfred Kerrs heran, der vor allem dialektale Einsprengsel einbaute:

Ein Schriftsteller wie Kerr, der sprachlich ungemein beeinflußbar ist, hat an dieser sprachlichen Ansteckung besonders zu leiden; wir kennen ja aus dem täglichen Umgang Menschen […], die nie sie selbst sind, sondern stets wie mit Anführungszeichen reden, indem sie jemand nachahmen, bis ihnen das Anführungszeichen gleichsam abhanden kommt, d.h. bis ihnen diese sprachliche Nachahmungslust zur zweiten Natur geworden ist […]: wie diese sprachlichen Assimilanten nicht

[4] Vgl. Strowick: Sprechende Körper, S. 227, die auf das Auftauchen des Begriffes bei Stanzel und Bachtin im Zusammenhang mit dem Phänomen der erlebten Rede hinweist.

[5] Daran sieht man, dass Ansteckung als erzählerisches Prinzip im *Zauberberg* nicht genuin neu ist, es wird aber im Roman durch die thematische Omnipräsenz zu einer zentralen Darstellungskategorie. Die Denkfigur der Vermischung ist im *Zauberberg* bedeutsamer.

[6] Vgl. Stanzel: Theorie des Erzählens, S. 248 f.

[7] Folglich wird das Kapitel zur Ansteckung bei Spitzer als Übergangsphänomen von der auktorialen zur personalen Erzählsituation eingeordnet.

die stärksten Persönlichkeiten sind, so sind auch die Schriftsteller vom Kerrschen Typus Opfer ihrer Eindrücke, Opfer der Ansteckung durch das Gehörte.[8]

Spitzer geht davon aus, dass diese Dialekte »aus der *gesprochenen* Sprache in die geschriebene Literatur eindr[ä]ng[en]«,[9] »in den Text des Schriftstellers hinüberdr[ä]ng[en]«,[10] sich »einmisch[t]en«[11] und damit die »Sprachreinheit« zerstörten.[12] Er beschreibt also ganz eindeutig einen Hybridisierungsprozess, der eine unerwünschte Grenzüberschreitung aus der gesprochenen in die Schriftsprache enthält. Nun ist in dieser Analyse die Ansteckung nicht ausschließlich negativ konnotiert,[13] sie wird jedoch als impliziter pathologischer Terminus eingeführt, besitzt also noch Rückbindungen an die wissenschaftliche Fachsprache.[14]

In Spitzers Text tauchen mehrere zentrale Probleme auf, die mit der Ansteckung zusammenhängen, am vordringlichsten jener der »Sprachmischung« oder auch »Sprachmengerei«.[15] Christoph Bode, der in seiner Einführung in die Romananalyse Stanzels Ausdruck der Ansteckung übernimmt, beschreibt diese als ein »Mischungsverhältnis[] [...] innerhalb eines Textes«.[16] Und auch in der Übersetzung von Michail Bachtins *Ästhetik des Wortes* steht die »Ansteckung« in unmittelbaren Zusammenhang mit der »Hybridisierung«.[17]

[8] Leo Spitzer: Sprachmischung als Stilmittel und als Ausdruck der Klangphantasie. In: GRM 11 (1923), S. 193–217, hier S. 201 f.

[9] Spitzer: Sprachmischung als Stilmittel, S. 193.

[10] Spitzer: Sprachmischung als Stilmittel, S. 195.

[11] Spitzer: Sprachmischung als Stilmittel, S. 193.

[12] Spitzer: Sprachmischung als Stilmittel, S. 205.

[13] Vgl. Spitzer: Sprachmischung als Stilmittel, S. 209: »Die Sprachmischung, so weit sie okkasionell bleibt, ist ein wirkungsvolles Stilmittel«.

[14] Kerr ist für Spitzer vor allem ein impressionistischer Dichter und diesen fehle allgemein die Fähigkeit zur Gestaltung. Vgl. Spitzer: Sprachmischung als Stilmittel, S. 205: »Die Freude am Fremden aber ist nur *eine* Äußerung der Freude am Dinglichen, mit dem die Bezeichnung verknüpft ist; jener Freude am impressionistischen Nacherzeugen des Originals, die nun einmal unserem Beschreibestil anhaftet und uns etwa goethische, selbst romantische Beschreibung, die nur die Dinge wie Ingredienzien nennt, statt sie zu *erzeugen*, die nur Linien zieht, nicht malt, manchmal etwas dünn erscheinen läßt; ein Ausdruck jener komplizierten und überladenen Technik, der wir im wissenschaftlichen Zeitalter auf allen Lebensgebieten zustreben« (H. i. O.).

[15] Spitzer: Sprachmischung als Stilmittel, S. 205.

[16] Bode: Der Roman, S. 198.

[17] Vgl. Bachtin: Das Wort im Roman, S. 209: »Solche Hybridisierung, Vermischung der Akzente, Verwischung der Grenzen zwischen Autorrede und fremder Rede wird auch durch andere Formen der Wiedergabe der Rede der Helden erreicht. Obgleich es hier nur drei syntaktische Schablonen (direkte Rede, indirekte Rede, erlebte Rede) gibt, läßt sich mittels verschiedener Kombinationen dieser Schablonen und – vor allem – mittels verschiedener Verfahren ihrer erwidernden Einrahmung und Umschichtung durch den Autorkontext ein vielfältiges Spiel von Reden, ihrer wechselseitigen Verflechtung und Ansteckung, anzetteln«.

Als erzähltheoretisches Äquivalent der Hybridisierung kann die »erlebte Rede« bzw. »*free indirect speech*« gelten, welche die Sprache einer handelnden Figur aus der Perspektive der Erzählerfigur wiedergibt.[18] Eine Übertragung von erlebter Rede auf das, was als Ansteckung bezeichnet werden kann, also die Übernahme einer bereits als jemandem zugehörig markierten Rede in eine eigene, wodurch die Redeteile als sich gegenseitig fremd ausgestellt werden, ist möglich. Die Ansteckung soll ebenso die Vielstimmigkeit des Sprechens herausstellen wie es die erlebte Rede tut: Durch Ansteckung, unter die also sowohl die Kolloquialisierung, als auch die erlebte Rede, als auch das Zitat, als auch – mit Spitzer gesprochen – das Zitat ›ohne Anführungszeichen‹ fällt, wird monologisches, autoritatives und letztbegründend-verlässliches Sprechen aufgehoben: »Infektion/Ansteckung meint dabei gerade nicht die Vermischung verschiedener Stimmen/Subjekte, sondern deren performative Hervorbringung als in sich different«.[19] Und die »free indirect speech« lässt sich ebenfalls als ein Zitat begreifen: Die als dominant präsentierte Sprecherfigur zitiert die Stimme der anderen Figur, mit der sie eine neue Konstruktion eingeht, die keine eindeutige Verortung mehr zulässt.

In der indirekten Rede zeigt sich ein Merkmal der Hybridisierung, das Elisabeth Strowick im Anschluss an Gilles Deleuze und Felix Guattari herausgestellt hat: Sobald eine Vermischung eingetreten ist, kann die Frage der klaren Trennbereiche, die vermischt wurden, irrelevant sein. Die Vermischung als sprachliches und erzählerisches Phänomen steht für die Einsicht in die unhintergehbare Vielstimmigkeit der Kultur und die Differentialität der Sprache: »Was die *freie indirekte Rede/erlebte Rede* artikuliert, ist keine Vermischung verschiedener, als je einheitlich vorauszusetzender Einzelstimmen, sondern die grundlegende Differentialität jeder sprachlichen Äußerung/jeder Stimme in einem kollektiven Äußerungsgefüge«.[20] Es sind also zwei Perspektiven auf Hybridisierungen möglich: Eine, die die einzelnen Bereiche

[18] Die »erlebte Rede« wird auch erwähnt bei Stanzel: Theorie des Erzählens, S. 247–255; Spitzer: Sprachmischung als Stilmittel, S. 199; Bachtin: Das Wort im Roman, S. 209; Bode: Der Roman, S. 200: »Das schon mehrfach erwähnte Verfahren der erlebten Rede kann als gelungene Mischung aus auktorialer Erzählerrede und personalem Reflektormodus gedeutet werden«. »Erlebte Rede« und »*free indirect speech*« bezeichnen das gleiche Stilmittel (vgl. dazu auch Strowick: Sprechende Körper, S. 224–227).

[19] Strowick: Sprechende Körper, S. 227.

[20] Strowick: Sprechende Körper, S. 227 (H. i. O.). Dies lässt sich in Analogie setzen zu Mirjam Schaubs und Nicola Suthors Wiedergabe der Überlegungen Roberto Espositos; vgl. Schaub und Suthor: Einleitung, S. 12 f.: »Wunder Punkt sei seit jeher weniger die Reinheit, als vielmehr die Uneinigkeit des Eigenen mit sich selbst. In Rückgriff auf Rudolph Virchows Zellularpathologie stellt Esposito fest, daß die offene, unhierarchische Struktur des Organismus eine Abschließung gegen das Außen verunmöglicht«.

in ihrer nie zu erreichenden Geschlossenheit zu identifizieren versucht, und eine, die die von ihr erzeugte innere Spaltung des Ausdrucks hervorhebt.

Deshalb lässt sich in der Diskussion um die Ansteckung auch immer wieder die Konstatierung ihres kulturkritischen Impetus finden: Für Leo Spitzer entsteht bei Alfred Kerr durch den übermäßigen Gebrauch der Sprachmischung »Wortphantastik« und er schließt daraus: »Damit ist aber die Wirklichkeit verneint, ja vernichtet«.[21] Die impressionistische Darstellung richte sich stets nur auf das Spezielle, nie auf das »Allgemein-Menschliche[]«.[22] Für Christoph Bode lässt sich dieses Erzählverfahren jeweils auf die Inhalte der Texte beziehen, in welchen es auftaucht und in denen es um eine »fundamentale Relativierung verschiedener individueller und kultureller Standpunkte« gehe.[23] In der Ansteckung drücke sich eine »De-Privilegierung des auktorialen Erzählers« aus.[24] Weil die Stimme der Erzählerfigur als vermischt mit anderen Stimmen erscheint, wobei die Grenzen zwischen den Stimmen durch die Ansteckung ihrerseits verwischt werden, wird sie stets als in sich gespalten inszeniert und taugt deshalb nicht zur absoluten Sprech- und Kontrollinstanz.

Das Phänomen der Stimmenmischung wird in der *Zauberberg*-Forschung unter dem Begriff des »Transpersonalismus« behandelt. Francis Bulhof, der diesen Begriff in Bezug auf Thomas Mann prägte, greift den Terminus der Ansteckung in seinen Ausführungen zum Roman nicht explizit auf, beide Phänomene gleichen sich aber insofern, als sie die Bewegung von Wörtern und Ausdrücken zwischen unterschiedlichen Figuren und Erzählebenen bezeichnen. Dies bedeutet, dass die Erzählerfigur Aussagen der Figuren explizit oder implizit übernimmt, dass sich analoge Aussagen zwischen ihr und anderen Figuren finden lassen, dass die Figuren wiederum Erzähleraussagen übernehmen, aber dass diese auch ›unwissentlich‹ Aussagen einander entlehnen.[25] Daraus folge »eine gewisse Desintegration des Erzählers und der Personen, weshalb weder der Erzähler noch die Personen vollkommen geschlossene Figuren [seien]«.[26]

Franz Stanzel, der Bulhof zitiert, sieht darin eine »Personalisierung der Erzählfigur«:

[21] Vgl. Spitzer: Sprachmischung als Stilmittel, S. 216.
[22] Vgl. Spitzer: Sprachmischung als Stilmittel, S. 206.
[23] Vgl. Bode: Der Roman, S. 199. Bode macht dies an dem Beispiel von E. M. Forsters *A Passage to India* klar.
[24] Vgl. Bode: Der Roman, S. 198.
[25] Vgl. Francis Bulhof: Transpersonalismus und Synchronizität. Groningen 1966, S. 164–179.
[26] Vgl. Bulhof: Transpersonalismus und Synchronizität, S. 175.

Transpersonalismus bezeichnet demnach die Teilhabe eines Individualbewußtseins an einem umfassenderen, überindividuellen Bewußtsein bzw. die Aufhebung der Grenzen, die ein Individualbewußtsein von einem anderen absondern. Für unseren Zusammenhang interessiert besonders das Fließen von Vorstellungen und Motiven aus einem »narrationalen«, d.i. auktorialen Bewußtsein in das personale Bewußtsein einer Romanfigur und umgekehrt. Hier zeigt sich nämlich eine Parallele zum Vorgang der Personalisierung der Erzählfigur.[27]

Die Funktionen des Transpersonalismus lägen dabei in einer Reaktualisierung von Textpassagen im Leser[28] und in einer ironischen Distanzierung der Erzählerfigur gegenüber anderen Figuren[29] – doch vor allem sei er ein »Mittel zum Abbau von Individualität«.[30]

Es gibt also im Roman keine absoluten Vermittlungsinstanzen.[31] Die Erzählerfigur kontrolliert das Geschehen nicht souverän wie ein sich außerhalb des Systems befindlicher Experimentator. Sie hat stattdessen, mit den Worten von Bulhof, »[ihren] Platz in der fiktionalen Welt«.[32]

Für Bulhof ist dies deshalb wichtig, weil durch die Ansteckung als erzähltechnisches Phänomen überhaupt erst die »Textur« des Romans erzeugt werde: Denn die übertragenen, wiederholten Worte und Ausdrücke würden aufgrund ihrer Wiederholung zu Leitmotiven. Da der Roman ausschließlich aus diesen wiederholten Elementen bestehe und diese untereinander wiederum aufeinander verwiesen, erreiche der Text dadurch »Synchronizität« und strebe letztlich danach, seine Chronologie aufzulösen.[33] Dies entspricht ziemlich genau der Bestimmung des Leitmotivs durch Thomas Mann, der meinte, es handle sich bei ihm um eine »vor- und zurückdeutende magische Formel«. Zugleich sollten die Leitmotive der »inneren Gesamtheit [des Textes] in jedem Augenblick Präsenz [...] verleihen«.[34] Bulhof löst das Problem der Gleichzeitigkeit von offener Textur, die gerade Phantasmen von Geschlossenheit durchstreicht und geschlossener Synchronizität durch den Rekurs auf eine alles überwölbende »Erzählfunktion«, den im Roman auch auftretenden »Geist der Erzählung« (1081).[35] Seine Vorstellung vom erzählerischen Geschehen des Romans stellt er durch Vergleich mit

[27] Stanzel: Theorie des Erzählens, S. 232.

[28] Vgl. Bulhof: Transpersonalismus und Synchronizität, S. 164.

[29] Vgl. Bulhof: Transpersonalismus und Synchronizität, S. 175.

[30] Bulhof: Transpersonalismus und Synchronizität, S. 164.

[31] Zu überprüfen, ob es diese absolut verlässlichen Vermittlungsinstanzen in der Geschichte der Literatur objektiv jemals gab, ist nicht die Aufgabe dieser Untersuchung, zumindest widerspricht die Ansteckung aber einem Selbstbild der Erzählerfigur.

[32] Bulhof: Transpersonalismus und Synchronizität, S. 180.

[33] Vgl. Bulhof: Transpersonalismus und Synchronizität, S. 189–197.

[34] Vgl. GW XI, S. 603.

[35] Vgl. Bulhof: Transpersonalismus und Synchronizität, S. 187.

Ulysses heraus: Ließe sich der Roman als »Bewusstseinstrom eines gewissen ›Ulysses‹« begreifen, könnte man dies auf den *Zauberberg*, der ähnlich texturiert sei wie der Roman von Joyce, übertragen: »Vielleicht läßt sich der *Zauberberg* ebenfalls als ein Bewußtseinsstrom betrachten, und zwar als ein auktorialer. Soll für den ›auctor‹ ein Name gesucht werden, so würden wir [...] den Namen ›Zauberer‹ vorschlagen«.[36] Diese Lesart versucht, die Grenzen zwischen auktorialem, personalem und Ich-Erzählen[37] einzuebnen: Der innere Monolog, der bereits eine Mischung aus personalem und Ich-Erzählen ist, wird durch die Perspektive eines allwissenden Erzählers erweitert. Es wird eine Erzählsituation geschaffen, die gleichzeitig »*ab*[]-*bildet*« und »*erzählt*«.[38]

Man hat es bei der so von Bulhof proklamierten Leitmotivik mit einer Signifikantenlogik zu tun, mit einer offensichtlichen, ausgestellten Wiederholung des Wortmaterials. Sie kann folglich auch den materialitätslogischen Mechanismen der Ansteckung unterliegen. Denn dass die Übertragung von Ausdrücken einem pathologischen Prozess gleichkommt, wird von Lodovico Settembrini in Worte gefasst. Nachdem sich Hans Castorp über den Zusammenhang von Krankheit und Dummheit geäußert hat, spricht der Italiener davon, dieser habe »gleichsam nur eine der möglichen und in der Luft schwebenden Anschauungen auf[ge]griffen, um sich unverantwortlicherweise einmal darin zu versuchen« (150). Die Passage legt zumindest eine Ähnlichkeit zwischen Ideen und Erregern nahe, die, wie bei einer Miasmen-Infektion, durch topographische Eigenheiten festgelegt sind und die Bewohner der Orte infizieren können. Da die Passage zudem

[36] Vgl. Bulhof: Transpersonalismus und Synchronizität, S. 188. Bulhof bezieht sich dabei auf Stanzels Interpretation des *Ulysses*, die dieser allerdings nicht in der *Theorie des Erzählens* ausführt, sondern in seinen Überlegungen über *Die typischen Erzählsituationen im Roman*. In der *Theorie des Erzählens* geht Stanzel seinerseits auf Bulhof ein und kritisiert dessen Gleichsetzung von *Zauberberg* und *Ulysses*; vgl. Stanzel: Theorie des Erzählens, S. 233: »In beiden Fällen werden Äußerungen von Romancharakteren von der jeweiligen Erzählinstanz und in leicht veränderter Gestalt auch mit ironischer Hinterwanderung des ursprünglichen Sinns reproduziert. Im Rahmen der auktorialen ES [Erzählsituation, B.M.] des Romans *Der Zauberberg* vollzieht sich das in einer für den Leser einschaubaren Weise; in der vorherrschend personalen ES des ersten Teils des *Ulysses* ist dieser Vorgang mit dem Konzeptions- und Abfassungsvorgang so vollständig verschmolzen, daß er nur noch erschlossen werden kann«. Luca Crescenzis Ansicht einer Traumtextur, welche Dialoge zwischen Hans Castorp und der Erzählerfigur ermöglicht, lässt sich ähnlich verstehen, nur dass der »Zauberer« hier durch Hans Castorp ausgetauscht wird.

[37] Diese Kategorien sind für Stanzel in seiner gesamten Untersuchung zentral. Christoph Bode hat auch ausgehend vom inneren Monolog eine Kritik an Stanzels Typenkreis geäußert; vgl. Bode: Der Roman, S. 198–206.

[38] So unterscheidet Christoph Bode den inneren Monolog von der auktorialen Erzählsituation (vgl. Bode: Der Roman, S. 161, H. i. O.).

durch das Wort »gleichsam« bereits als Metapher markiert ist, verweist sie selbst auf den Vorgang der Übertragung zwischen Bildfeldern und lässt das fehlende Vermittlungsglied, das hier die Krankheit wäre, mitdenken.[39] Noch deutlicher wird die pathologische Dimension der Sprache, wenn Hans Castorp davon spricht, dass er sich einen »Liegesack« kaufen müsse, weil dieser zumindest »für vier bis sechs Monate« eine sinnvolle Investition sei, woraufhin Settembrini ihn schilt, dass er in so großzügigen Zeiträumen denke: »Reden Sie nicht, wie es in der Luft liegt, junger Mensch, sondern wie es Ihrer europäischen Lebensform angemessen ist! Hier liegt vor allem viel Asien in der Luft [...]! Diese Leute [...], lassen Sie sich von ihren Begriffen nicht infizieren« (368). Auch wenn Castorp bei seinen Worten keinen Mitpatienten direkt zitiert, ist die Praxis der medizinischen Leitung, den Insassen stets neue Monate zur Erholung aufzubürden, ein wiederkehrendes Thema, das am prägnantesten von Karoline Stöhr ausgedrückt wird: »Man tut zwei Schritte vorwärts und drei zurück, – hat man fünf Monate abgesessen, so kommt der Alte und legt einem ein halbes Jahr zu« (229). Für Settembrini ist die Übernahme von Begriffen eine Störung, da sie einen Einfluss des Fremden auf eine abgeschlossene Einheit beschreibt: »[S]etzen Sie vielmehr ihr Wesen, Ihr *höheres* Wesen gegen das ihre [der Patienten, B.M.], und halten Sie heilig, was Ihnen, dem Sohn des Westens, des göttlichen Westens [...] nach Natur und Herkunft heilig ist« (368, H.i.O.). Seine Vorstellung positiver Vermischung nimmt eine damit einhergehende ultimative Konzentration an: »Nehmen Sie unsere großen Städte als Sinnbild, diese Zentren und Brennpunkte der Zivilisation, diese Mischkessel des Gedankens! In demselben Maße, wie [...] Raumverschwendung zur Unmöglichkeit wird, in demselben Maße [...] wird dort auch die Zeit immer kostbarer« (369). In seinen Aussagen wird die Doppelcodierung der Vermischung greifbar: Sie kann zu Konzentration und zu Auflösung führen. Und es ließe sich sagen, dass die Fokussierung auf Konzentration eine monologisierende Lesart darstellt. Diese Kippung ist der Krankheit durch die Infektionsbeschreibung inhärent.

Die Infektion ist ein Prozess, bei der die

> parasitische[] Zellvereinigung und d[ie] Infektionsgeschwülste [...] hervorgerufen [werden] durch das Eindringen fremdartiger Zellen in einen Organismus, der sich

[39] Zumbusch: Die Immunität der Klassik, S. 15, weist auf eine mögliche Verbindung zwischen Impfung und Metapher hin: »Die Impfung läßt sich zuletzt auch als Metapher für das metaphorische Sprechen selbst lesen. Aristoteles' Definition der Metapher als *onomatos allotrion epiphora*, also als Hinübertragen einer fremden Bezeichnung, hat in der Impfung ein erstaunlich treffendes Analogon. So wie die Impfung einem Körper Pockenmaterie einsetzt, inseriert die Metapher der Rede ein fremdes Wort«.

für sie aufnahmelustig erwiesen hatte und ihrem Gedeihen auf irgendeine Weise – aber man mußte wohl sagen: auf eine irgendwie liederliche Weise – günstige Bedingungen bot. Weniger, daß der Parasit dem umgebenden Gewebe Nahrung entzogen hätte; aber er erzeugte, indem er, wie jede Zelle, Stoff wechselte, organische Verbindungen, die sich für die Zellen des Wirtsorganismus als erstaunlich giftig, als unweigerlich verderbenbringend erwiesen (431 f.).

Am Ende dieses Prozesses steht, dass »der Organismus [...] in Hochtemperatur, mit wogendem Busen, sozusagen, [...] seiner Auflösung entgegen[taumelt]« (432). Der Krankheitsverlauf zielt also auf eine »Auflösung«, die durch eine Störung, eine unerwünschte, aber doch »irgendwie« motivierte Grenzüberschreitung angeregt wird.[40] Diese Störung wird nun als Grundlage für die Entstehung des Neuartigen angesehen: Das »Leben« wird als »infektiöse Erkrankung der Materie« verstanden, basierend auf einer »Reizwucherung des Immateriellen«, bei dem eine »unbekannte[] Infiltration« eine »Dichtigkeitszunahme des Geistigen« bewirkt (433). Das »Leben« seinerseits wird definiert als »Organisation« (428). Organisation und Organismus werden zu adäquaten Begriffen, die durch Wiederholungsstrukturen definiert sind.

Die Figur der Wiederholung durchzieht das Kapitel. Zunächst im biologischen Kontext, indem das Verhältnis von Onto- und Phylogenese am Beispiel des Embryos verdeutlicht wird: »[U]nd sein Werden erschien einer Wissenschaft [...] als die flüchtige Wiederholung einer zoologischen Stammesgeschichte« (423 f.). Dann epistemisch, indem sich für Castorp in der Lektüre die Beziehungen zwischen Technik, Wissenschaft und Dichtung als Konstituenten einer anthropologischen Ausrichtung der Kulturerzeugnisse darstellen:

Es wäre wohl kindlich gewesen, zu meinen, daß die Ingenieurswissenschaften, die Regeln der Mechanik auf die organische Natur Anwendung gefunden hätten, aber ebensowenig konnte man sagen, daß sie davon abgeleitet worden seien. Sie fanden sich einfach darin wiederholt und bekräftigt. (425)

Bei Hans Castorp motiviert dies die Erkenntnis, »zur organischen Natur [...] in dreierlei Verhältnis [zu] stehen: dem lyrischen, dem medizinischen und dem technischen« (425). Indem gerade auch auf ein »lyrische[s]« Verhältnis hingewiesen wird, kann dies als Hinweis darauf gelesen werden, dass im Narrativ die Poetik des Romans reflektiert wird.

[40] Perspektiviert man die Motivation aus der Sicht des Autors oder der Erzählerfigur, böte sich als Erklärung dafür, dass die Störung doch wieder erwünscht sei, an, dass sie ermöglicht, sich an den dadurch gezogenen Grenzen abzuarbeiten.

Die Wiederholungen werden in diesem Kapitel in stets wachsende Maßstäbe eingetragen: Sind sie anfangs auf den einzelnen Körper bzw. die Entwicklungsgeschichte des Menschen bezogen, beziehen sie sich später auf Erkenntnisbereiche und werden schließlich auf das Universum selbst übertragen:

> Die Stadt, der Staat, die nach dem Prinzip der Arbeitsteilung geordnete soziale Gemeinschaft war dem organischen Leben nicht nur zu vergleichen, sie wiederholte es. So wiederholte sich im Innersten der Natur, in weitester Spiegelung, die makrokosmische Sternenwelt [...]. Hatte nicht die träumerische Kühnheit eines Forschers von »Milchstraßentieren« gesprochen, – kosmischen Ungeheuern, deren Fleisch, Bein und Gehirn sich aus Sonnensystemen aufbaute? War dem aber so, wie Hans Castorp dachte, dann fing in dem Augenblick, da man geglaubt hatte, zu Rande gekommen zu sein, das Ganze von vorn an! Dann lag vielleicht im Innersten und Aberinnersten seiner Natur er selbst, der junge Hans Castorp, noch einmal, noch hundertmal[.] (430 f.)

Die ausgestellte Wiederholungsstruktur in immer größeren Maßstäben, die alles umfasst, lässt sich auf das Gesamte des Textes, den Roman selbst beziehen. Dieser beruht auf einer Wiederholungsstruktur. Darin kann man auch die iterative Struktur des Romans qua Ansteckung erkennen.[41]

Denn der Schwerpunkt der zitierten Passagen liegt nicht in den wiederholten Inhalten, sondern in der Wiederholung selbst. Es gibt zwischen den erwähnten Bereichen keinen Zusammenhang außer der Performanz des Vollzugs in der Wiederholung. Die Zusammenhänge sind nicht kausal motiviert, sondern vielmehr kasual und korrelational. Die Wiederholung wird zudem selbst wiederholt und dies auch nicht in angrenzenden Bereichen, sondern überträgt sich in Ähnlichkeitsverhältnissen auf neue Kontexte, nämlich die Entwicklungsgeschichte, die Wissensorganisation, die Politik und den Makrokosmos.

Hans Castorp, bzw. die Erzählerfigur in indirekter Rede, formuliert an chronologisch späterer Stelle, dass diese Iterabilität auf eine Reversibilität hinausläuft: »[Castorp] sprach von den ausdehnungslosen Wendepunkten, aus denen der Kreis von seinem nicht vorhandenen Anfang bis zu seinem nicht vorhandenen Ende bestehe« (956). Darin drückt sich die Vorstellung aus, dass die Wiederholung des Immer-Gleichen gleichzusetzen sei mit einer Stillstellung, verstanden als die »Eulenspiegelei des Kreises und [die] Ewigkeit ohne Richtungsdauer, in der alles wiederkehrt« (561).[42] Dies

[41] Ursula Reidel-Schrewe spricht ebenfalls von einem »iterative[n] Erzählen« des Romans. Vgl. Ursula Reidel-Schrewe: Die Raumstruktur des narrativen Textes. Thomas Mann: »Der Zauberberg«. Würzburg 1992, S. 134.

[42] Vgl. auch das Kapitel »Strandspaziergang«, S. 825: »[I]n ungemessener Monotonie des Raumes ertrinkt die Zeit, Bewegung von Punkt zu Punkt ist keine Bewegung mehr, wenn

widerspricht anderen Modellen prozessualer Entwicklung. Diese kann etwa als iterative Rekursion verstanden werden, in der durch Inkorporierungen von Andersartigkeiten Formen gewonnen werden, so wie etwa gerade der Organismus als homöostatisches Gebilde begriffen wird. Diese kann auch als eine unbeherrschte Auswucherung verstanden werden, die unkontrollierbare Elemente generiert. Beide Modelle gehen davon aus, dass Geschlossenheit unmöglich oder höchstens als hypersensibler temporärer Zustand möglich ist, denn auch rekursive Prozesse befinden sich stets im Fluss, benötigen angepasste Korrekturmechanismen und sind kaum in der Lage, sämtliche eingespeisten Daten zu verarbeiten.[43]

Der Roman *Der Zauberberg* vertritt hingegen das Phantasma, dass durch eine primäre Einspeisung – die Störung – ein Prozess in Gang gesetzt wird, der in seiner unentwegten Wiederholung Geschlossenheit erzeugt. Die Wiederholung zehrt gerade nicht aus, sondern »bekräftigt« (425).

In Bezug auf die Ansteckung kann man dies als »Rezitierbarkeit« von Textstellen begreifen,[44] die dann als Leitmotive letztlich die Stillstellung, Geschlossenheit bzw. »Präsenz« der Erzählung begründen sollen. Dass dabei die Quelle irrelevant sein kann, drückt sich in der Formulierung »unbekannte[] Infiltration« aus. Das Phantasma der Geschlossenheit impliziert aber auch eine Gleichbedeutsamkeit der wiederholten Elemente. Zum Abschluss der Untersuchung zur Ansteckung soll diese Vorstellung an drei Beispielen dekonstruiert werden: zunächst am Beispiel des »reversiblen« Textes, wie er forschungsgeschichtlich bereits anhand Franz Kafkas expliziert wurde; dann am Beispiel der Thematisierung des Schließens wie es auf syntagmatischer Ebene in der Selbstlektüre des Romans präsentiert wird; und zuletzt auf paradigmatischer Ebene in der Schließungsfigur des »Geist[es] der Erzählung«, der die im Roman präsenten Stimmen und Sprachen unter eine Sprache subsumieren soll.

Einerleiheit regiert, und wo Bewegung nicht mehr Bewegung ist, ist keine Zeit. Die Lehrer des Mittelalters wollten wissen, die Zeit sei eine Illusion, ihr Ablauf in Ursächlichkeit und Folge nur das Ergebnis einer Vorrichtung unsrer Sinne und das wahre Sein der Dinge ein stehendes Jetzt«.

[43] Mit solchen rekursiven Prozessen setzt sich die Kybernetik auseinander. Vgl. etwa W. Ross Ashby: Einführung in die Kybernetik. Frankfurt a. M. 1974.

[44] Vgl. Uwe Wirth: Der Performanzbegriff im Spannungsfeld von Illokution, Iteration und Indexikalität. In: Performanz: zwischen Sprachphilosophie und Kulturwissenschaften. Frankfurt a. M. 2002, S. 9–60, hier S. 19: »Derrida setzt dem Begriff des Parasitären den der *Iteration* als infiniter *Rezitierbarkeit* und indefiniter *Rekontextualisierbarkeit* entgegen« (H. i. O.).

Der reversible Text und die Traumtextur

Hans H. Hiebels Interpretation von Franz Kafkas *Ein Landarzt*, die im Zusammenhang mit der Signifikantenlogik des *Zauberberg*-Textes bereits Erwähnung fand, ist für die Argumentation deshalb interessant, weil sie eine Beschreibungssprache für die Textur des Romans liefert. Hiebels Analyse ähnelt Thomas Manns Eigenaussagen zum *Zauberberg* in überraschend vielen Punkten, zeigt aber dabei auf, dass Symbolisierung und Umkehrbarkeit gerade keine Geschlossenheit implizieren. Eine Parallellektüre von Hiebels Kafka-Interpretation und der *Einführung in den Zauberberg* kann die ähnlichen Konzeptionen und unterschiedlichen Konsequenzen der beiden Texte beleuchten. Hiebels Interpretation präsentiert eine Logik der Signifikanten und zeigt, wie ein Signifikant – in diesem Fall »rosa« – nicht nur die syntagmatische Organisation des Textes motiviert – der Text schreibt sich an dem Signifikanten entlang.[45] Er folgert daraus auf ein »*Paradigma* der Erzählung [...], das sich [...] *vertikal* oberhalb der linearen Folge des Textes zusammenfindet und gewissermaßen einen Raum, ein atemporales Konglomerat, eine *Synchronie* bildet«.[46] Denn indem sich das Zeichen auf unterschiedliche Figuren und Zusammenhänge übertragen ließe und damit das Material gleite, verschöben sich auch die »*Konnotation[en]*«[47] auf neue Kontexte und sorgten für »*Paradoxien*«.[48] Die Konsequenz auf Rezipientenseite bestehe darin, die Widersprüche durch die »Konstruktion eines Paradigmas und eines logischen Zusammenhangs« zu lösen.[49] Dieser Lösemechanismus könne aber nur in einer »zirkuläre[n] Ersatzbildung«[50] sich gegenseitig begründender Zusammenhänge bestehen, die dann auf Stillstellung bzw. »Synchronie« hinauslaufe. Der Text wäre dann auch nicht mehr in einer zeitlichen Struktur erfassbar, weil diese auf sich selbst verweist, sondern als ein Prozess wiederholter Ersetzungen zu begreifen, die nicht nach-, sondern übereinander zu arrangieren wären.[51]

[45] Vgl. zur Erläuterung dieses Beispiels das vorherige Kapitel *Experimente*.

[46] Hiebel: Franz Kafka, S. 164 (H.i.O.). Dass die rhetorischen Figuren zugleich eine räumliche Organisation implizieren, behauptet Reidel-Schrewe: Die Raumstruktur des narrativen Textes, S. 171: »Umbennung [!] (Metonymie) ist ein *diastolischer* Vorgang: es konnte immer wieder darauf hingewiesen werden, wie der Diskurs sich in stets neuen Umbenennungen des gleichen Sachverhalts *ausdehnte*. Symbolisierung (Metapher) ist ein *systolischer* Vorgang: aus den Metonymien ließen sich Hinweise ablesen, die sich zu einer abstrakten, nicht bezeichneten Beteutung [!] *zusammenzogen*« (H.i.O.).

[47] Hiebel: Franz Kafka, S. 166 (H.i.O.).

[48] Hiebel: Franz Kafka, S. 173 (H.i.O.).

[49] Vgl. Hiebel: Franz Kafka, S. 170.

[50] Vgl. Hiebel: Franz Kafka, S. 170.

[51] Vgl. Hiebel: Franz Kafka, S. 69.

Die Ähnlichkeit zu der sowohl im Roman als auch in Thomas Manns Romankommentar geäußerten Texturlogik ist frappierend. Auch in der *Einführung in den Zauberberg* wird davon gesprochen, dass »[d]as Buch [...] durch seine künstlerischen Mittel die Aufhebung der Zeit an[strebe]«.[52] Das »Leitmotiv« ist in Manns Lesart »die vor- und zurückdeutende magische Formel«,[53] weshalb es ihm auch angebracht erscheint, den Roman »zweimal zu lesen«.[54] Und auch *Ein Landarzt* wird durch die Umkehrbarkeit in der Lektüre charakterisiert: »Der Text ist nun [...] reversibel: Er kann – in gewissem Sinn – von vorn nach hinten und von hinten nach vorn gelesen werden, er kennt keine eindeutige Ausrichtung mehr, kein Ziel«.[55] Indem die Chronologie in gewissem Sinn austauschbar sei, indem die gleichen Zeichen unterschiedliche Zusammenhänge beschrieben und indem sie als Aussagen auch anderen Figuren zugesprochen würden – so wie die ›ansteckenden‹ Wörter –, komme es »zu einer Auflösung bzw. Verdoppelung der Identitäten«. Hiebel folgert: »Damit löst sich die Kategorie des *epischen Ichs* – als einer zentralen und geschlossenen Identität – auf«.[56] Die Grenzen zwischen Figuren werden aufgelöst und die Identitäten vermischen sich. Deshalb ist es auch irreführend, wenn Bulhof behauptet, die Übernahme von Figurenaussagen durch die Erzählerfigur, bevor diese sie geäußert haben, lasse darauf schließen, »daß der Erzähler in mißbräuchlich anmutender Ausnutzung seiner Allwissenheit den Wortlaut des Kompliments, das Hans Castorp gleich machen wird, vorbereitend vorwegnimmt«.[57] In einem reversiblen Text können die Aussagen zwischen den Figuren frei gleiten. Vorwegnahmen indizieren keine Machtverhältnisse in dem Sinn, dass einer Figur eine größere Verfügungsgewalt über Aussagen zukommt als anderen. Die Erzählerfigur besetzt eine privilegierte Sprechposition, weshalb ihre Aussagen auf der Rezipientenseite eine andere Einschätzung erhalten als die des übrigen Romanpersonals, doch sie ist nicht allwissend. Eine solche Allwissenheit würde ein Lesart als Experimentalsetting privilegieren, während der Roman sich ungezwungener als ein Experimentalsystem lesen lässt.

Dass die Auflösung der Identitäten im Roman auch von dem Romanpersonal wahrgenommen wird, zeigt sich an der Überlagerung, die in Castorps Wahrnehmung Clawdia Chauchat und Pribislav Hippe betrifft: »Wie

[52] GW XI, S. 612.
[53] GW XI, S. 603.
[54] GW XI, S. 610.
[55] Hiebel: Franz Kafka, S. 168. Den Ausdruck des ›reversiblen‹ Textes übernimmt Hiebel von Roland Barthes.
[56] Vgl. Hiebel: Franz Kafka, S. 167 (H. i. O.).
[57] Vgl. Bulhof: Transpersonalismus und Synchronizität, S. 173.

merkwürdig ähnlich er ihr sah, – dieser hier oben! Darum also interessiere ich mich so für sie? Oder vielleicht auch: habe ich mich darum so für *ihn* interessiert? Unsinn! Ein schöner Unsinn« (189). Die Deklaration solcher Überlegungen als »Unsinn«, die Klassifikation von Eindringlingen als Störungen affirmiert logische und erzähltechnische Grenzen, die dennoch permanent überschrittenen werden. Man kann dies als eine erzählerische Paradoxie beschreiben: Grenzen werden gezogen und durch diese – und umgekehrt – Störungen markiert. Die unerwünschte Grenzüberschreitung, als die die Störung ausgewiesen wird, ist als erzählerisches Mittel der Rezitierbarkeit jedoch durchaus erwünscht, erzählerisches Prinzip des Textes.

Die Leitmotive sollen laut Thomas Mann dafür sorgen, dass der Text »symbolisch [ge]steigert« werde, weshalb die Figuren zu »Repräsentanten« werden könnten.[58] Eine nicht-realistische, sondern »symbolische[]« Lesart folgert auch Hiebel für *Ein Landarzt*, da eine syntagmatische, chronologische Verknüpfung logisch nicht problemlos möglich sei.[59] Deshalb hält er fest: »[Das] Konzept[] der ›*Repräsentation*‹ – der realistischen Darstellung empirisch bekannter Ordnungen zeitlicher, örtlicher und logischer Natur – [...] [wird aufgelöst]. Hinter der Scheinbewegung der Handlungssequenzen eröffnet sich in Anspielungen und Korrespondenzen der Raum der uneigentlichen Oppositionen und Analogien«.[60] Folgt man Thomas Manns Einschätzung des *Zauberbergs*, so emanzipiert sich der Roman vom Realismus, indem er ihm folgt: »Sie [die Geschichte, B.M.] arbeitet wohl mit den Mitteln des realistischen Romans, aber sie ist kein solcher, sie geht beständig über das Realistische hinaus, indem sie es symbolisch steigert und transparent macht für das Geistige und Ideelle«.

Gerade diese »Steigerung«[61] ermögliche den Status von Figuren als »Repräsentanten«. Zu erklären wäre dies mit der Traumlogik des Textes: Manfred Dierks hat herausgearbeitet, dass sich in Thomas Manns Texten, beeinflusst durch die Lektüre der Texte Sigmund Freuds – besonders durch die Lektüre der Schrift *Der Wahn und die Träume in W. Jensens »Gradiva«* –, die Darstellung von Träumen, die Thematisierung von Identität und die poetologische Ausrichtung ändert: Träume folgten der von Freud beschriebenen Logik von »Verdichtung« und »Verschiebung«.[62] Die in

[58] Vgl. GW XI, S. 612.

[59] Vgl. Hiebel: Franz Kafka, S. 167.

[60] Hiebel: Franz Kafka, S. 165 (H.i.O.).

[61] GW XI, S. 612.

[62] Vgl. Manfred Dierks: Traumzeit und Verdichtung. Der Einfluß der Psychoanalyse auf Thomas Manns Erzählweise. In: Thomas Mann und seine Quellen. Festschrift für Hans Wysling. Hg. von Eckhard Heftrich und Helmut Koopmann. Frankfurt a.M. 1991, S. 111–

Freuds Text erwähnte »›Vermengung‹« zweier Figuren finde auch in Manns Texten Niederschlag und verweise auf einen mythologischen Typus, was von Mann in seinen Texten als beabsichtigte Mehrdeutigkeit realisiert wurde, indem einer Person unterschiedliche Attribute zugeschrieben wurden. Durch eine Verbindung der Einflüsse Schopenhauers und Freuds entwickle sich bei Mann die Vorstellung, dass die Aufhebung der Zeit die Identität von Personen aus unterschiedlichen Epochen verdeutliche und dadurch der »Typus« hervorgetrieben werde.[63] Dierks erwähnt in seiner Analyse auch die Überlagerung von Clawdia Chauchat und Pribislav Hippe. Durch diesen Effekt werde auf einen »Typus« hingewiesen: »Die Idee, der Typus, ist zeitlos. Unter diesem Aspekt philosophiert Hans Castorp schon ganz korrekt«.[64]

Man kann Thomas Manns Texte, zumindest die späteren, als Ausformulierungen einer Traumpoetik begreifen: Claudia Liebrand hat darauf hingewiesen, dass sich auch *Lotte in Weimar* als Traum des Kellners Mager begreifen lässt.[65] Es ließe sich mit ein wenig interpretatorischem Aufwand

137, hier S. 124f.: »Erst seit dem *Tod in Venedig*, besonders dann aber im *Zauberberg*[,] wird bei Thomas Mann bedeutsam und nach den Regeln der *Traumdeutung* geträumt. [...] Sie [die Träume, B.M.] haben grundsätzlich die Struktur, daß sich in ihnen ein frühes Urbild wiederholen will und sich dabei gegen die Entstellung durch die Traumzensur durchsetzen muß. Es ist die Wiederkehr des Verdrängten«. »Verdichtung« und »Verschiebung« finden sich als Termini ebd., S. 112. Laut Sigmund Freud sind die »Verdichtungsarbeit« und die »Verschiebungsarbeit« die zentralen Operationen der »Traumarbeit«. Sigmund Freud: Die Traumdeutung (1900). In: Sigmund Freud: Studienausgabe. Hg. von Alexander Mitscherlich, Angela Richards und James Strachey. Mitherausgeber des Ergänzungsbandes Ilse Grubrich-Simitis. Limitierte Sonderausgabe. Bd. X: Bildende Kunst und Literatur. Frankfurt a.M. 2000, S. 11–588, hier S. 282–304. Zu den Merkmalen dieser Tätigkeiten vgl. S. 282 für die Verdichtung: »Das erste, was dem Untersucher bei der Vergleichung von Trauminhalt und Traumgedanken klar wird, ist, daß hier eine großartige *Verdichtungsarbeit* geleistet wurde. Der Traum ist knapp, armselig, lakonisch im Vergleich zu dem Umfang und zur Reichhaltigkeit der Traumgedanken« (H.i.O.). Für die Verdichtung vgl. S. 305: »Was in den Traumgedanken offenbar der wesentliche Inhalt ist, braucht im Traum gar nicht vertreten zu sein. Der Traum ist gleichsam *anders zentriert*, sein Inhalt um andere Elemente als Mittelpunkt geordnet als die Traumgedanken. [...] Solche Träume machen dann mit gutem Recht einen ›*verschobenen*‹ Eindruck« (H.i.O.).

[63] Vgl. Dierks: Traumzeit und Verdichtung, S. 123, wo er unter anderem »die Gedankenverknüpfung ›Zeitentiefe – Antike/Mythos – Typus (Idee, Gattung)‹ bei Thomas Mann« hervorhebt. Auch Hiebel liest die synchrone Struktur der Zeit im reversiblen Text als Anzeichen für das Hervortreten eines »Mythos«: »Die Erzählung dreht sich sozusagen im Kreise, ihr Syntagma weist im Rahmen ihrer paradigmatischen Achse zurück an den Anfang. Aus der Erzählung wird ein ›reversibles‹ Gebilde, wird in gewissem Sinn ein ›Mythos‹, d.h. die Darstellung einer zeitlosen, synchronischen Struktur, eines dauernden, an-dauernden Konflikts, eines statischen Dilemmas, einer bleibenden existentiellen Konstellation« (Hiebel: Franz Kafka, S. 172).

[64] Dierks: Traumzeit und Verdichtung, S. 129.

[65] Vgl. Liebrand: Im Kabinett der Spiegel, S. 275: »Es ist zumindest nicht ausgeschlossen,

sogar behaupten, dass sich *Der Erwählte*, *Doktor Faustus* oder *Bekenntnisse des Hochstaplers Felix Krull* als Texte begreifen lassen, die mit den Träumen ihrer Erzählerfiguren – Clemens der Ire, Serenus Zeitbloom und Felix Krull – zusammenfallen.[66]

Wenn man nun – wie es in der vorliegenden Arbeit geschieht – das kulturkritische und kulturkreative Moment des Textes hervorhebt, das keine eindeutigen Benennenungen mehr zulässt, wäre dies noch immer insofern vereinbar mit dem Modell von Dierks, als bei ihm die Besinnung auf den Typus gerade als Rückzugsbewegung angesichts eines Versagens kultureller Zuschreibungsmechanismen verstanden werden kann. Allerdings hebt die Ansteckung, durch die Vermischung erzeugt wird, zusätzlich die Differentialität der Sprache selbst hervor. Auch dies ließe sich aber womöglich noch mit dem Modell erfassen, da Dierks von einer bewussten Mehrdeutigkeit der Sprache bei Thomas Mann ausgeht: Die »Repräsentanten« in Thomas Manns Text stünden zugleich für sich als Figuren und für überzeitliche Typen und der Text lasse sich als beides, realistische Darstellung und traumähnliche Typusreflexion, erfassen. Problematisch wird erst, dass Dierks von einem »festen Beziehungsnetz« spricht, das durch die Ambiguität erzeugt werde: »[Thomas Mann] gibt prinzipiell den mimetischen Wirklichkeitsbezug nicht auf. Seine Texte lösen sich nicht auf in Verdichtungsinseln und Assoziationsbrücken dazwischen, sondern werden im Gegenteil kohärenter«.[67]

Aber eben dies ist in einem reversiblen Text nicht mehr möglich: Der Verständnisprozess, der das Gleiten der Signifikanten und Signifikate durch eine paradigmatische Anordnung stillzustellen versucht, ist ein rekursiver Prozess, der jedoch, wie erwähnt, nie sämtliche Informationen einholen kann: »Der Text ›schließt‹ sich nicht, er vollführt einen unentwegten Sinn-Aufschub [...] – und damit aber auch eine permanente Sinn-Produktion, Sinn-Wucherung«.[68]

Die Traumlogik erzeugt eine Traumtextur, die sich mit direktem Rückgriff auf die von Sigmund Freud in der *Traumdeutung* beschriebenen Operationen der Traumdeutung erklären lässt. Luca Crescenzi etwa begreift

dass das, was diesen zwei Sätzen folgt (der Roman *Lotte in Weimar*), der Tagtraum eines Bildungsenthusiasten ist«. Liebrand weist auch darauf hin, dass es in der Mann-Forschung üblich ist, das abschließende Gespräch zwischen Charlotte Kestner und Johann Wolfgang von Goethe in der Kutsche als einen Traum Lottes zu lesen (vgl. ebd., S. 274).

[66] Es sei an dieser Stelle noch einmal an die Interpretation von Luca Crescenzi erinnert, der den ganzen Roman als Traum Hans Castorps liest (vgl. Crescenzi: Wer ist der Erzähler des *Zauberberg*?).

[67] Dierks: Traumzeit und Verdichtung, S. 112.

[68] Hiebel: Franz Kafka, S. 173.

den ganzen Roman *Der Zauberberg* als einen Traum des Soldaten Hans Castorp im Schützengraben des Ersten Weltkrieges und folgert daraus, dass »die Analyse [des Textes] [...] notwendigerweise die Form einer Traumdeutung an[nehmen müsse]«.[69] Es wäre allerdings zu kurz gegriffen, daraus die Konsequenz zu ziehen, dass es sich bei dem Text um einen Traum handle und dass dies eine kulturtheoretische Orientierung am Typus ermögliche, stattdessen sollte die Aufmerksameit auf eine Betonung der sprachlichen Verdichtungs- und Verschiebungsmechanismen dieser Traumtexte gerichtet sein. Dass Hans Castorps Träume im Sanatorium als Modellierungen nach Freuds Traumlehre begriffen werden können, die »Tagesrest[e]« symbolisierend transformieren, unterstützt diese Aufforderung nur noch.[70]

In einer Traumdeutung werden die einzelnen Symbolisierungen allerdings noch immer auf einen verstellten Sinn hin gelesen. Dierks' Formulierung vom »mimetischen Wirklichkeitsbezug« lässt sich so verstehen, dass Ambiguitäten zwar durchaus zugelassen werden, die Semiose aber durch den Wirklichkeitsbezug kontrolliert werde. Dies zeigt eine inhärente Spannung im Konzept des Leitmotivs auf. Es mag zwar eine realistische Erzähloberfläche geben, das Zeichenspiel macht aber die Künstlichkeit des Geschaffenen ersichtlich. Gerade die Betonung von Wörtern und Passagen durch ihre Wiederholung weist auf ihre Bedeutsamkeit hin, macht sie damit aber auch innerhalb des Zeichengefüges auffällig und stellt die Gemachtheit des Textes aus.[71]

Das Leitmotiv bei Thomas Mann ist die ästhetische Antwort auf eine Repräsentationskrise, und zwar auf eine Krise, welche die Letztversicherungsinstanzen der Weltdeutung ebenso in Zweifel zieht wie die Vorstellung einer Deckung von Zeichen und Bezeichnetem: Da sich das Signifikat nicht mehr durch einen Signifikanten darstellen lässt, müssen viele Signi-

[69] Vgl. Crescenzi: Wer ist der Erzähler des *Zauberberg*?, S. 180.

[70] Vgl. Ogrzal: Kairologische Entgrenzung, S. 190: »Trotz der zwielichtigen Darstellungen der Psychoanalyse auf der inhaltlichen Ebene des Textes ist die strukturelle Konzeption des *Zauberbergs* psychoanalytischen Kategorien und Verfahrensweisen verpflichtet: Motivreihen symbolisieren die Wiederkehr von Verdrängungen und die Traumsequenzen entsprechen genau den Bestimmungen Freuds [...]. Und nicht zuletzt sind es die großen Streitgespräche Settembrinis und Naphtas, die auf Hans Castorp wie eine Methode einwirken und sein Reflexionsvermögen steigern«. Ogrzals Aussage, dass »die Form und vor allem die Dynamik der Textualität dem Diskurs der Psychoanalyse verpflichtet [sei]«, ist beizupflichten.

[71] Vgl. zum Problem des Symbolisierungsvorgangs auch Børge Kristiansen: Das Problem des Realismus bei Thomas Mann. Leitmotiv – Zitat – Mythische Wiederholungsstruktur. In: Thomas-Mann-Handbuch. Hg. von Helmut Koopmann. 3., aktualisierte Aufl. Stuttgart 2001, S. 823–835, hier S. 830: »Durch die weitverzweigte Leitmotivik wird die realistisch dargebotene Wirklichkeit somit zur Maske und zur allegorisierten pictura, die für einen Sinn steht, der nicht – wie im Symbol – in den dargestellten Dinge selbst wesenhaft enthalten, sondern dem Dargestellten äußerlich und wesensmäßig fremd ist«.

fikanten die Aufgabe der Bezeichnung übernehmen. Der damit intendierte abschließbare Sinn ist jedoch keine Gegebenheit, sondern Lektüreentscheidung und wohnt der Zeichenkette nicht inne.

In der Prosa Thomas Manns ist das Leitmotiv Mittel eines Projekts der »Allegorisierung«: die Obsoletheit natürlicher Symbole wird durch ein Erzählen kompensiert, welches in der Kunst – durch Allegorien – diese symbolische Verknüpfung erneut herstellt.[72] Dazu muss der Text ein eigenes Bedeutungssystem erzeugen. Zum Gelingen der Allegorisierung sei es – so Reiß – unerlässlich, dass der Text deshalb seine eigene »Genese« thematisiere und die beabsichtigten Bedeutungen erkläre.[73] Die dadurch erschlossenen Kontexte sollen dann in der Lektüre bei jeder wiederholten Nennung erneut aufgerufen werden. Thomas Mann erwähnt diesen Glauben an die künstliche Herstellung einer – sozusagen – ›symbolischen Ordnung‹ in der *Einführung in den Zauberberg*, wenn er erwähnt, dass die Geschichte »beständig über das Realistische hinaus[gehe], indem sie es symbolisch steiger[e] und transparent mach[e] für das Geistige und Ideelle«.[74] Im Rahmen der Allegorisierungsprozedur kann jedem Signifikanten die Rolle eines Leitmotivs zukommen, denn die Signifikanten werden von ihrer konventionellen Bedeutung gewissermaßen gereinigt und recodiert. Dieser Prozess soll indes nur in einer syntagmatischen Leseerfahrung abgeschlossene Bedeutungen erzeugen. Das Leitmotiv parasitiert an den Kontexten, in welche es eingeführt wird und überträgt die bereits ihm zugehörigen in diese. So lassen sich immer weitere Signifikantenketten und Bedeutungsagglomerate erzeugen, die schließlich in einer Erfassung des Textganzen münden. Insofern soll der Leser auch eine paradigmatische Lektüreerfahrung machen, die in einer Erfahrung der Totalität des Kunstwerks mündet. Die Zerstörung der Identitäten ist durch das Leitmotiv also bereits beabsichtigt, allerdings im Sinne der Rettung einer Einheit des Romans.

Eine solche Recodierung der Signifikanten kann bereits als karnevalisierendes Verfahren begriffen werden, ist, so verstanden, allerdings als Mittel

[72] Vgl. Reiß: »Allegorisierung« und moderne Erzählkunst, S. 88: »Denn die Bedeutung ist keine symbolische mehr, die sich auf einen gemeinsamen Verstehenshorizont berufen könnte. Sie wird vielmehr erst durch den bewußten Akt des Erzählens in ihrer spezifischen Gestalt gestiftet und muß somit in dieser Eigenschaft gekennzeichnet werden«.

[73] Vgl. Reiß: »Allegorisierung« und moderne Erzählkunst, S. 111: »Der Erzählvorgang muß also eine Beschreibung des Zustandekommens dieser ›allegorischen Differenz‹ liefern. Das heißt aber, das ›allegorisierende‹ Erzählen bringt sich selbst zur Darstellung, indem es sein In-Beziehung-Setzen ›erzählt‹. Das Erzählen interpretiert sich selbst. [...] Das ›allegorisierende‹ Erzählen [...] ›erzählt‹ eine Differenz, die zugleich Genese dieser Differenz ist«. Vgl. auch S. 230, wo am Beispiel der *Buddenbrooks* die Codierung der Farbe ›gelb‹ illustriert wird.

[74] GW XI, S. 612.

der Erzeugung von Ordnung und nicht der Aufhebung aller Ordnungen instrumentalisiert.[75]

Wie prekär diese Ordnung ist, lässt sich aber geradewegs selbst aus einer Selbstthematisierung des Erzählens im *Zauberberg* erkennen und zwar am Beispiel der verbildlichten Parallelisierung von Krankheitsgenese und Schreibprozess. In der Beschreibung des »Lebens« wird ein Kontinuum von Vermischung, Verdichtung und Auflösung beschrieben:[76] Die »Dichtigkeitszunahme des Geistigen« ließe sich als Metapher des Schreibprozesses verstehen:[77] ›Dichte‹ und ›Dichtung‹ sind nicht nur durch ihr Zeichenmaterial ähnlich.[78] Die Literatur wird zwar im gleichen Kapitel durch den Unterschied zwischen geistiger und materieller Kunstfertigkeit gegenüber dem Leben in Stellung gebracht: »Denn diese Form und Schönheit [des Körpers, B.M.] war nicht geistgetragen, wie in den Werken der Dichtung und Musik [...]. Vielmehr war sie getragen und ausgebildet von der auf unbekannte Art zur Wollust erwachten Substanz« (418 f.). Allerdings beruht »Substanz«, gemäß der im Kapitel dargebotenen Informationen, gerade auf der Verdichtung des Immateriellen, der »Dichtigkeitszunahme des Geistigen«. Der Unterschied zwischen Leben und Dichtung ist also minimal und nicht kategorisch. Durch eine unbekannte Beigabe zum Geistigen findet eine Verdichtung statt, die jedoch bereits einen Prozess der Auflösung in

[75] Ein Beispiel dafür wie Ordnungen erschaffen werden können und wie der Text sich selbst liest, ist die anhand der Settembrini-Unterscheidung von Ost und West entwickelte Dichotomie von Form und Unform; vgl. Kurzke: Thomas Mann. Epoche – Werk – Wirkung, S. 197.

[76] Vgl. zum Motiv des Aufmerksamkeitsdefizits und der Zerstreuung um 1900 Petra Löffler: Schwindel, Hysterie, Zerstreuung. Zur Archäologie massenmedialer Wirkungen. In: Trancemedien und Neue Medien um 1900. Ein anderer Blick auf die Moderne. Hg. von Marcus Hahn und Erhard Schüttpelz. Bielefeld 2009, S. 375–401.

[77] Dass der Roman sich in dieser Leseszene selbst liest und seine eigene Form reflektiert, konstatiert auch Rüdiger Campe. Campe argumentiert, dass in der Präsentation des Organismus als Zellenstaat eine Form des Romans propagiert werde, die dem Konzept des Bildungsromans zuwiderlaufe, nämlich »the novel of the institution«. Diese Romantypen verabschiedeten sich von traditionellen Erzählungen der Individualitätsfindung als einer Formausbildung und zeigten stattdessen, dass Formen stets schon vorhanden seien oder sich nur auf der Grundlage von etwas entwickeln könnten, was bereits – immer schon – vorhanden sei. Dieses Vorgängige sei die Institution und das Lektürekapitel des *Zauberbergs* zeige eine nicht auf einen Anfang reduzierbare Genese des Gesellschaftlichen wie des Lebens. Da der Roman sich in der Frage seiner Form an dem in ihm präsentierten Leben orientieren müsse, weil ihm eine äußere Form fehle, werde das Leben – und damit der Roman – als Wiederholungsstruktur in sich präsentiert, die in einen immer schon vorhandenen Wiederholungszusammenhang eingebunden sei – Entwicklung oder Bildung als originärer Vorgang sei also nicht originär möglich, sondern nur im Rahmen der vorgegebenen Wiederholungen. Vgl. Campe: Body and Time, S. 226–232.

[78] Etymologisch sind die beiden Wörter nicht verwandt. Vgl. Kluge. Etymologisches Wörterbuch der deutschen Sprache, S. 198.

Gang setzt. Übertragt man dies auf den semantischen Prozess der Leitmotivik, wäre die Auflösung des Sinns, sobald ihm Buchstaben – »Materie« – beigegeben werden, nicht mehr aufzuhalten. Dem Verfahren der Leitmotivik, das gerade Buchstaben arrangiert, haftete damit schon immer seine eigene Zerstreuung an. Durch Bekräftigung in der Wiederholung, wie es die Lektüreszene propagiert, könnte der unaufhörlichen Bedeutungsauflösung entgegengewirkt werden. Das Kapitel greift Topoi von Stimme und Schrift in der Übertragung auf »Geist[]« (Stimme) und »Materie« (Schrift) auf, setzt diese aber nicht, wie es noch zu Beginn des Romans geschieht, in eine Spannung zwischen Oralität der Erzählerfigur und Skripturalität des Textes. Stattdessen deutet sich eine graduelle Beziehung an, in der der Geist zu Materie werden kann, diese aber stets die Auflösung in sich trägt, weil sie unrein ist und auswuchert.

In dieser Selbstthematisierung wird der Text auf seine »Genese« hin sichtbar, die aber zugleich eine – mit Kristeva gesprochen – »zerstörerische[] Genese« ist. Der Roman produziert also beabsichtigte Bedeutungswucherungen, eine finale Einfassung der Bedeutung ist jedoch nicht möglich. Dies lässt sich illustrieren anhand der Produktion von Paradoxien im Roman. Zum Spektakel, welches das Sanatorium für Hans Castorp bietet, gehört auch, dass Figuren und Zusammenhängen widersprüchliche Eigenschaften zugewiesen werden: Karoline Stöhr sei »krank und dumm« (149), Mynheer Peeperkorn »[r]obust und spärlich« (829), der Husten des Herrenreiters »nicht trocken, aber lose k[önne] man ihn auch nicht nennen« (25), die Zeit im Sanatorium vergehe »[s]chnell und langsam« (27) und Hofrat Behrens werde als »kranke[r] Arzt« zum »Paradoxon für das einfache Gefühl« (202f.).

Das Paradoxon wird im Roman ausführlich thematisiert; gerade Lodovico Settembrini und Leo Naphta bewerten es widersprüchlich: »›Gegensätze,‹ sagte Naphta, ›mögen sich reimen. Ungereimt ist nur das Halbe und Mediokre.[‹]« (609) Settembrini hingegen lehnt Paradoxa eindeutig ab:

> Ich verachte die Paradoxe, ich hasse sie! Lassen Sie sich alles, was ich Ihnen über die Ironie bemerkte, auch vom Paradoxon gesagt sein, und noch einiges mehr! Das Paradoxon ist die Giftblüte des Quietismus, das Schillern des faulig gewordenen Geistes, die größte Liederlichkeit von allen! (337)

Paradoxa sind nach Settembrini Ausdruck einer dekadenten, weil kranken, Geisteshaltung. Sie werden als Produkte »des faulig gewordenen Geistes« in so auffallender Weise mit den ›fauligen‹ Körpern der Kranken parallelisiert, dass die Produktion von Paradoxa wieder auf die Krankheit zurückgeführt werden kann, die also auch in diesem Kontext, und nicht nur in den zum Signifikantenüberschuss neigenden Äußerungen kranker Körper, in den Aussagen und dem Verhalten der Patienten bereits mangelnde logische Deckung erzeugt. Der kranke Körper ist durch »Fäulnis, Verwesung« (404) gekennzeichnet. Settembrinis Anmerkung verbindet Krankheit und Denken.

Die Verbindung von Krankheit und Schreiben produziert ihrerseits auch Paradoxa. Indem die infektiöse leitmotivische Verweisungsstruktur Unzusammenhängendes verbindet, erzeugt sie weniger Kohärenz, sondern logische Widersprüche. Nimmt man als ein Beispiel für das verwirrende Bezugsspiel des Textes etwa die Beschreibung des Todes von Hans Castorps Mutter, wirkt dieser zunächst in sich schlüssig und ganz und gar realistisch: »[Z]uerst [starb] die Mutter, vollkommen überraschend und in Erwartung ihrer Niederkunft, an einer Gefäßverstopfung infolge von Nervenentzündung, einer Embolie [...], die augenblicklich Herzlähmung verursachte, – sie lachte eben, im Bette sitzend, es sah so aus, als ob sie vor Lachen umfiele, und dennoch tat sie es nur, weil sie tot war« (34). Es wird zwar seitens des imaginierten Betrachters eine Verwirrung beschrieben, ob die Mutter nun umfalle, weil sie so stark lache, oder weil sie gestorben sei, doch die Verwirrung wird durch die medizinische Erklärung unzweifelhaft ausgeräumt. Eine referentielle Unsicherheit der Stelle findet sich dennoch: In der Formulierung »und dennoch tat sie *es* nur, weil sie tot war« ist das Pronomen un- bzw. überbestimmt. »[E]s« bezieht sich auf das Umfallen, kann sich jedoch auch auf das Lachen beziehen: »sie lachte eben [...], und dennoch tat sie es nur, weil sie tot war«. Diese Unsicherheit wird durch die gleitenden Signifikanten im Text verstärkt, denn Joachim Ziemßens Leiche »lacht[]« zwar nicht, aber sie »lächel[t]«: »Joachim nämlich, dessen Ausdruck bisher so ernst und ehrbar gewesen, hatte in seinem Kriegerbarte zu lächeln begonnen, und Hans verhehlte sich nicht, daß dieses Lächeln die Neigung zur Ausartung in sich trug« (814). ›Lächeln‹ ist die Diminutivform von ›Lachen‹. Wenn also der Tod selbst Lächeln motiviert, lacht dann Hans Castorps Mutter vielleicht, gerade *weil* sie tot war? Dies ist mit den Regeln der empirischen Welt und mit einer realistischen Darstellung vordergründig nicht vereinbar, doch gerade die Wiederholung der sprachlich verwandten Wörter ›lachen‹ und ›lächeln‹, besonders im Kontext des Sterbens, durchbricht eine realistische Lesart und lässt zunächst andere, im weitesten Sinn ›phantastische‹ Lesarten zu und erzeugt das Paradoxon der Lebensäußerungen nach dem Tod.[79]

[79] Im Roman wird auch erwähnt, dass Haare und Nägel nach dem Tod weiter wachsen (vgl. S. 111). Man könnte die oben erwähnte Textstelle auch so verstehen, dass sich der Tod (als Lachen) bereits im Leben äußere.

Der Text suggeriert eine Abgeschlossenheit und semantische Eindeutigkeit, die von seinem eigenen poetologischen Programm unterlaufen wird. Für einen abgeschlossenen Sinn wäre als letzte Instanz der Autor zu Rate zu ziehen, der in seiner *Einführung in den Zauberberg* auf die Leitmotivik insistierend hinweist und von dem Leser verlangt, dieser solle den Text ausführlich lesen, notfalls mehrmals, um das selbst eingebaute Rätsel lösen zu können. Der Leser ist aber, auch in Manns Konzeption, ein zweiter Autor, der sich seinen eigenen Sinn aus dem Text machen kann und soll.

Bei Mann ist es der Text bzw. die »Komposition«, die einen objektiv bestimmbaren Zusammenhang bietet, in welchem die »magische« Kraft des Leitmotivs wirksam werden kann. Gleichwohl überlässt Mann es dem Leser, das Gewebe zu erkennen. Mann baut damit seinem Text eine Rätselstruktur ein, deren Wirkung gerade durch die Hervorhebung ihrer Auflösbarkeit betont wird. Damit ist als letzte Instanz der Auslegung der Autor als Komponist des Ganzen in sein Recht gesetzt. Doppelbödig werden Manns Ausführungen dadurch, dass der Autor an anderer Stelle des Vortrags angesichts der Interpretation seines Textes als »Quester Myth« die – zugegebenermaßen selbstgefällige – Formulierung findet: »Possible que j'ai eu tant d'esprit?«[80] Der Ausdruck entmächtigt somit auch Manns eigene Interpretation der leitmotivischen Struktur seines Textes. Dies macht die Idee des Leitmotivs nicht obsolet für den Text, es relativiert jedoch die Auslegungsmacht des Autors durch eine ironische Geste und rückt den Rezipienten wieder in die Position der interpretierenden, und damit auch schaffenden, weil das Netz fortknüpfenden, Funktionsstelle. Die Komposition wird also auch von dem Leser fortkomponiert und stets aufs Neue erzeugt. Damit ist zwar noch nicht die Subjektivität der Leser radikalisiert, denn der Text als Werkzusammenhang wird noch immer bestätigt, doch lässt sich so zunächst eine gewisse Abgabe der Interpretationsautorität zugunsten einer subjektiven Verbindungserzeugung konstatieren. Das Leitmotiv wuchert selbst in Manns Lesart semantisch aus, Manns Interpretation versucht sich aber an der Herstellung eines Autor-Leser-Paktes, die Auslegung des Leitmotivs immer nur so weit zu treiben, wie es hermeneutisch billig sei und im Sinne der Autorabsicht hätte verstanden sein können. Das Fort- und Wiederneu-Schreiben des Textes, und damit sein Fortleben, wird hier durch die zumindest angedeutete Freiheit des Rezipienten gewährleistet. Dem Ausufern des Textes und seiner Zerstreuung wird durch die Rekurrenz auf *ein* Konzentrat, der »Präsenz«, welches alles Übrige erfasst, entgegengewirkt.[81]

[80] GW XI, S. 614.

[81] Das Leitmotiv als Geschlossenheit sichernde Signifikantenkette ließe sich zur Sammeltätigkeit über das Konzept der »Consensus-Reihe«, wie es von der Forschung vorgeschlagen

Die Freizügigkeit der Lektüre von Leserseite ist im Text vorgegeben und wird durch ihn wieder eingeholt: »Wie jedermann, nehmen wir das Recht in Anspruch, uns bei der hier laufenden Erzählung unsere privaten Gedanken zu machen« (349).

Dass die »privaten Gedanken« keine Kohärenz erzeugen, lässt sich ebenfalls demonstrieren. Noch vor Hans Castorps Ankunft im Sanatorium wird dieses als Bereich der Offenheit und Brüchigkeit beschrieben: »[D]orthin, wo auf niedrig vorspringendem Wiesenplateau, die Front südwestlich gewandt, ein langgestrecktes Gebäude mit Kuppelturm, das vor lauter Balkonlogen von weitem löcherig und porös wirkte wie ein Schwamm, soeben die ersten Lichter aufsteckte« (18). Über den ›Schwamm‹ ließe sich eine Signifikantenreihe benennen, die Porosität, Krankheit, Aufnahmefähigkeit, Vermischung und Auflösung in Beziehung setzt: In diese Kette gehören etwa die »schwammig[en]« (143) Arme Karoline Stöhrs, aber auch das ›Verschwimmen‹ in seiner Vergangenheitsform: »[D]as übrige, Menschen wie Dinge, verschwamm im Nebel, einem in Hans Castorps Hirn erzeugten Nebel, den Hofrat Behrens und Dr. Krokowski zweifellos als das Produkt löslicher Gifte angesprochen haben würden« (345).

Andererseits ließe sich der »Schwamm« nicht als Signifikant, sondern von seiner möglichen Bedeutung aus verstehen. Dann wäre er im innertextlichen Verweisungsnetz zu verbinden mit der Reinlichkeit, ist er doch ein Utensil, das zur Körperhygiene gebraucht wird und das gerade mit dem Sanatorium identifiziert wird. In diesem Fall gehörte er aber zu einer anderen, der Krankheit vordergründig entgegengesetzten Sphäre. Lösen ließe sich dieser Widerspruch dadurch, dass damit der prekäre Status kultureller Verhaltensmuster aufgezeigt und die Verknotung von Reinlichkeit und Verschmutzung illustriert wird, eine Verknotung, die sich etwa in der Bedingung zeigt, dass die Patientenzimmer gereinigt sein müssen, damit die Kranken darin ihren ›unreinlichen‹ Zustand ausleben können. Es lässt sich keine semantische Eindeutigkeit der Leitmotivketten behaupten und diese wird höchstens durch eine angeleitete Lektüre, jedoch nicht durch eine freie, ›private‹ erzeugt.

Eine Lektüre, die die Poetik des Romans aus der Beschreibung der Pathologie generiert, steht der Traumtextur des Textes nicht entgegen, sie radika-

wurde, in Beziehung setzen. Vgl. Bernd Hamacher: Poetologische Funktionen des Märchens bei Thomas Mann. In: Märchen und Moderne. Fallbeispiele einer intertextuellen Relation. Hg. von Thomas Eicher. Münster 1996, S. 69–113, hier S. 102: »Wahrheit [...] ist nicht mehr begrifflich, in ›eigentlicher Rede‹, formulierbar, sondern nur mehr in verschiedenen Wahrheitsrollen, die notwendigerweise an ihre jeweilige Kontingenz gebunden sind und daher allenfalls gemeinsam, in einer Consensus-Reihe, auf die Wahrheit verweisen«. In der ›Consensus-Reihe‹ werden »scheinbar völlig konträre und unzusammenhängende Quellen zu einer konsistenten intertextuellen Struktur [verbunden]« (ebd., S. 103).

lisiert diese nur in den Konsequenzen ihrer semantischen Auswucherung. Die Porosität der Figuren spiegelt sich in der Porosität des Textes, das heißt in seiner infektiösen Textur, weshalb die Schreibweise des Romans die Auflösung personaler Identitäten bedingt. Bei einem Vortrag Dr. Krokowskis wird beschrieben, wie der Staatsanwalt Paravant sich auf den Höhepunkt der Rede vorbereitet, in welcher die Äquivalenz von Liebe und Krankheit behauptet: »Staatsanwalt Paravant schüttelte rasch noch einmal sein Ohr, damit es im entscheidenden Augenblick offen und aufnahmefähig wäre« (196). »[O]ffen und aufnahmefähig«, diese Formulierung kann man als eine poetologische Grundbedingung des Romans ansehen: Die Figuren sind »offen« und deshalb »aufnahmefähig« für die Sätze und Gedanken anderer Figuren. »[A]ufnahmelustig«, und damit zur Aufnahme fähig, muss im Roman auch der »Organismus« (431) sein, damit er überhaupt infiziert werden kann.

Die Vermischung durch die Störung qua Infektion und die iterative Struktur des Textes beschreiben den gleichen Mechanismus – Krankheit figuriert als das poetologische Paradigma des Textes. Das Leitmotiv ist als eine moderne Schreibform aufzufassen, welche zwar einerseits die Iteration des Signifikantenmaterials radikal zur Textstrukturierung nutzt, dabei aber nicht der Materialität der Sprache den Vorzug vor der Autorität der Referenz gibt – Leitmotive beabsichtigen, indem sie Buchstaben organisieren, in erster Linie, Sinn zu organisieren. Wie der Vergleich mit der Lektüre von Texten Kafkas allerdings gezeigt hat, ist der Prozess gleitender Signifikanten und Signifikate jedoch nicht aufzuhalten und sorgt für ein Wuchern der Referenz. Der Roman entwirft zwar eine Traumtextur, diese orientiert sich aber zugleich an der Beschreibung der Krankheit und durchkreuzt die vom Autor nahegelegte Intention einer Sinnabschließung: Dass die Krankheit im Roman mit nicht ausreichend gedeckter Referentialität verbunden wird, kann durch ein allegorisierendes Verfahren der Selbstlektüre nicht eingeholt werden, sondern hebt vielmehr die Verwerfungen der infektiösen Poetik hervor.

Bei der Offenheit bzw. Porosität des Textes handelt es sich nicht um eine Vorstufe zur Geschlossenheit. Ein Text ist nicht teleologisch auf seine Schließung ausgerichtet, auch wenn er irgendwann – materiell – endet. Offenheit ist kein defizitärer Zustand auf dem Weg zu einer integrativen Interpretation. Geschlossenheit bezeichnet eine Vorstufe der Offenheit, ein Abbruch nie stillzustellender Repräsentationsbewegungen und ist deshalb immer nur vorläufig und prekär.

Um diesen prekären Status herauszustellen, soll deshalb ein Blick auf das Romanende geworfen werden und wie dieses einen hermeneutisch und erzählerisch befriedigenden Schluss zu entwerfen versucht, indem textuelle Ansteckung als Schließungsfigur, also als Monologisierungstechnik, verwendet wird.

Monologisierungen

Hermetik

Es lassen sich zwei Beispiele für Schließungsfiguren des Romans finden, die als solche gerade deshalb hervortreten, weil sie am Schluss des Romans zu finden sind. Anders als die durch Metaphorisierungen stattfindenden semantischen Schließungen, deren Prekarität bereits gezeigt wurde, versuchen diese hermeneutische, erzählerische und personale Schließungen zu produzieren. Beide Figuren werden am Ende des Romans aufgerufen: einerseits die Lesart der Geschichte als »hermetische Geschichte« (1085), andererseits die Einführung eines »Geist[es] der Erzählung«.

Die Lesart als »hermetische Geschichte« schließt an die Thematisierung der Selbstlektüre der Geschichte durch Hans Castorp und die Erzählerfigur an und beschreibt eine schrittweise Monologisierung. Als ihren Ausgangspunkt kann man ebenfalls die Lektüreszene des Kapitels »Forschungen« beschreiben: Diese Szene führt den für jeden Lektüregang zentralen Umgang mit Leerstellen vor.[82] Die Lesepassage thematisiert Lesen dreifach: Erstens stellt sie ganz offensichtlich den Protagonisten Hans Castorp aus der Außenperspektive als lesend heraus und beschreibt den Vorgang der Lektüre als Auseinandersetzung mit der Materialität des Buches: »Die Bände waren schwer, unhandlich; Hans Castorp stützte sie im Liegen mit dem unteren Rande gegen die Brust, den Magen. Es drückte, aber er nahm das in Kauf« (415). Die Passage zeigt aber nicht nur Castorp als Lesenden, sie präsentiert auch den Vorgang des Lesens, nämlich den Umgang mit Leerstellen. Castorp, der die Bände hintereinander liest, verknüpft das gewonnene

[82] Vgl. etwa Bernhard Dotzler: Leerstellen. In: Literaturwissenschaft. Einführung in ein Sprachspiel. 2., überarbeitete Aufl. Hg. von Heinrich Bosse und Ursula Renner. Freiburg i.Br., Berlin und Wien 2010, S. 211–229. Der *locus classicus* ist Wolfgang Iser: Der Akt des Lesens. Theorie ästhetischer Wirkung. München 1976, S. 280–355; für eine Definition vgl. S. 284: »Ergeben sich Leerstellen aus den Unbestimmtheitsbeträgen des Textes, so sollte man sie wohl Unbestimmtheitsstellen nennen [...]. Leerstellen indes bezeichnen weniger eine Bestimmungslücke des intentionalen Gegenstands bzw. der schematisierten Ansichten als vielmehr die Besetzbarkeit einer bestimmten Systemstelle im Text durch die Vorstellung des Lesers«.

Wissen und erzeugt selbst Schlussfolgerungen, die so nicht in den Vorlagen vorkommen.[83] Castorp wird damit zweitens als Lesender selbst zum Autor des Textes, indem er in seinem Lektüreprozess die Verbindungen herstellt, die im Text dargestellt werden – er liest aus den Büchern zusammen. Dieser Vorgang wird im Roman selbst – drittens – noch einmal anhand eines Lektürevorgangs gezeigt, nämlich dem der Wissenschaften, die Leerstellen durch neue Erklärungen ausfüllen, und damit wiederum neue Leerstellen schaffen. Der Text führt ein hermeneutisches Problem vor und weist darauf hin, dass die Wissenschaft diese Probleme benennt und zugleich produziert – wie jeder Lesende es mit einem Text tut, dessen Leerstellen er ausfüllt, aber eben nie vollständig ausfüllen kann.

Bedenkt man, dass »das Leben« im Roman durch eine »Dichtigkeitszunahme des Geistigen« entsteht und dass ›Dichte‹ auf ›Dichtung‹ und den literarischen Entstehungsprozess verweist, wird im Text eine spezifische Qualität der Literatur vorgeführt. Literatur kommt an dieser Stelle die Rolle zu, »Wunder« (418) selbst zu performieren und damit Wissenslücken zu schließen, das hermeneutische Problem einer nie zu erlangenden Letztbegründung zu lösen. Es ist deshalb geradewegs folgerichtig, dass Hans Castorp zum Ende seiner Lektüre eine Vision erscheint, »das Bild des Lebens«, welches sich als physiologisches Abbild Clawdia Chauchats begreifen lässt[84] und welches für Castorp eine sinnliche Qualität bekommt, spürt er doch »auf seinen Lippen die feuchte Ansaugung ihres Kusses« (433 f.).

Durch den Prozess des Lesens wird jenes »Wunder« produziert, das jeder Leseakt setzen muss und dieses wird nicht nur zu einem inneren Bild, sondern zu einer äußeren Projektion, die real greiflich wird. An dieser Stelle handelt der Text also auch von sich selbst und dem, was Thomas Mann als Idee seiner Leitmotivik entwickelt, dem Phantasma, dass Literatur eine tatsächliche »Präsenz« zu erzeugen im Stande sei.

Wenn Thomas Mann in seiner *Einführung in den Zauberberg* behauptet, der Leser solle den Roman »zweimal lesen«, um die leitmotivischen Zusammenhänge zu verstehen,[85] ist dies nicht bloß eine nachträgliche Zuschreibung, um den eigenen Roman zu nobilitieren. Die Technik des Lesens und Wiederlesens wird im Roman am Beispiel der Figur Hans Castorp mehrmals vorgeführt: als Leser naturwissenschaftlicher Schriften in dem Kapitel »Forschungen«, als allegorisierender Komponist seiner Geschichte in

[83] Vgl. zu den bearbeiteten Vorlagen GKFA 5.2, S. 220–235.

[84] Und dieses Abbild Chauchats wird wiederum mit dem Apollo von Belvedere überblendet. Vgl. Lange-Kirchheim: Zergliederte Jünglinge und Missgeburten, S. 248–252.

[85] Vgl. GW XI, S. 610.

dem Kapitel »Fülle des Wohllauts« und als tatsächlicher Wiederleser seines Lebens in Bezug auf das »Regieren« und die »alchimistisch-hermetische Pädagogik«.

Castorp übernimmt eine systematische Empfehlung Settembrinis, nämlich die, dass »Ordnung und Sichtung [...] der Anfang der Beherrschung [seien]« (373). Er nimmt die Forderung recht wörtlich, wenn er eine Tätigkeit beginnt, die er »Regieren« (589) nennt. Als Ort für diese Tätigkeiten sucht er eine Landschaftsidylle auf,

> um allein zu sein, um sich zu erinnern, die Eindrücke und Abenteuer so vieler Monate zu überschlagen und alles zu bedenken. Es waren ihrer viele und mannigfaltige, – nicht leicht zu ordnen dabei, denn sie erschienen ihm vielfach verschränkt und ineinanderfließend, so daß das Handgreifliche kaum vom bloß Gedachten, Geträumten und Vorgestellten zu sondern war. (585)

Das »Regieren« gilt ihm als eine »verantwortliche Gedankenbeschäftigung« (589), die ihm hilft, »›alles‹ zu überschlagen« (588) und mehrere »weitläufige Komplexe« (589) zu bedenken, etwa auch seinen »Lebenskomplex[ ]« (587). Das »Regieren« entwirft damit die Vorstellung einer Erfassung der Totalität der Ereignisse des Romans, die sich in dem Kapitel »Schnee« fortsetzt. Dort charakterisiert Hans Castorp seinen eigenen Traum, an dessen Ende die berühmte Aussage »*[d]er Mensch soll um der Güte und Liebe willen dem Tode keine Herrschaft einräumen über seine Gedanken*« steht, als »gut geträumt und gut regiert« (748, H. i. O.). Die Einsicht erwächst ihm durch die Traumvision, die ihm allegorisch den Widerstreit zwischen dem Tod und dem Leben vorführt, in Form der in ihrem Tempel ein Kind zerreißenden »graue[n] Weiber« (745) und den sich davor aufhaltenden »Sonnen- und Meereskinder[n]« (740). Der Prozess des »Regieren[s]« wird hier modelliert als das Auflösen von Widersprüchen in einer übergreifenden Synthese. Hans Castorp spricht zu sich:

> Man muß die andere Hälfte dazu halten, das Gegenteil. Denn alles Interesse für Tod und Krankheit ist nichts als eine Art von Ausdruck für das am Leben [...]. Tod oder Leben – Krankheit, Gesundheit – Geist und Natur. Sind das wohl Widersprüche? Ich frage: sind das Fragen? Nein, es sind keine Fragen [...]. Die Durchgängerei des Todes ist im Leben, es wäre nicht Leben ohne sie, und in der Mitte ist des homo Dei Stand – inmitten zwischen Durchgängerei und Vernunft [...]. Der Mensch ist Herr der Gegensätze, sie sind durch ihn, und also ist er vornehmer als sie. (746–748)

Dass Hans Castorp hier die unterschiedlichen weltanschaulichen Positionen zueinander führt und seine Erlebnisse synthetisiert, macht ihn zugleich zum monologisierenden Autor seiner eigenen Geschichte.

Dieses Phantasma wird in dem Kapitel »Fülle des Wohllauts« (963) weitergedacht. Hier kommt die allegorisierende Technik des Romans zusammen mit der Berufung auf die »Präsenz« stiftende Funktion der Literatur. Das Grammophon wird nicht bloß durch die emphatische Umschreibung als »Wundertruhe« (968) und »Epoche« (969) als bedeutsam markiert, seine Relevanz innerhalb des literarischen Zusammenhangs stiftet sein Name »Polyhymnia« (965). Durch den Namen rekurriert der Text auf den literarischen Topos der Musenanrufung. Musenanrufungen stehen üblicherweise zu Anfang eines Textes. Die Setzung einer Anfangsfigur an diese späte Textstelle lässt sich als Inversion verstehen, insofern die Muse nun nicht angerufen wird, um einen Text beginnen, sondern um ihn beenden zu können. Die ostentative Absicht einer Zusammenführung lässt sich noch dadurch unterstreichen, da hier die ›Polyphonie‹, also ›Vielstimmigkeit‹, in eine ›vielfache Tonfügung‹, also eine ›Polyhymnie‹ überführt wird.

Hans Castorp wird, indem er das Grammophon bedient, in die Rolle jenes Dichters versetzt, der an die Muse appelliert, ihn zu inspirieren. Die Aufgabe des Grammophons besteht nun weniger darin, Musik abzuspielen als Bilder zu erzeugen. Die Erzählerfigur hypertrophiert die rhetorische Figur der *evidentia*, indem ein optischer Apparat – ein Opernglas – dazu verwendet wird, die Wirkung der Musik zu erläutern.[86] Die Effekte der Mediennutzung, das Verschwinden im Erscheinen, das Medien auszeichnet, wird in der Passage durch die Thematisierung der Sichtbarkeit ebenso ausformuliert:[87] Wenn man das Gerät nicht sieht und damit den Effekt, die Stimme, von ihm entkoppelt, also wenn es tatsächlich verschwindet, dann erscheint auch wirklich der Sänger.

Der Clou des Grammophons besteht eben in der Produktivkraft der Bilderzeugung. Es besitzt die Fähigkeit, »die reich zusammengesetzten Klangkörper wiedererzeugen [zu können]« (972) und ist damit als ein poetischer Gegenstand zu verstehen, wenn man die griechische Bedeutung der *›poíēsis‹*, der ›Herstellung‹, zugrunde legt. Die Erzählerfigur bemüht

[86] Vgl. S. 966f.: »Der Klangkörper, unentstellt im übrigen, erlitt eine perspektivische Minderung; es war, wenn es erlaubt ist, für den Gehörsfall ein Gleichnis aus dem Gebiet des Gesichtes einzusetzen, als ob man ein Gemälde durch ein umgekehrtes Opernglas betrachtete, so daß es entrückt und verkleinert erschien, ohne an der Schärfe seiner Zeichnung, der Leuchtkraft seiner Farben etwas einzubüßen«. Darin zeigt sich eine Historisierung literarischer Formsprache: Alte, analoge Geräte sind bereits in die Beschreibungssprache der Literatur eingegangen und dienen als Figuren dafür, die neuen, noch nicht vereinnahmten Geräte zu erläutern.

[87] Vgl. S. 967: »[D]as herrliche Organ erscholl nach seinem vollen natürlichen Umfang und Kraftinhalt, und namentlich wenn man in eines der offenen Nebenzimmer trat und den Apparat nicht sah, so war es nicht anders, als stände dort im Salon der Künstler in körperlicher Person, das Notenblatt in der Hand, und sänge«.

in den Vorstellungen des Verschwindens des tatsächlichen Mediums des Grammophons und der Neu-Erzeugung der Klang-Körper abendländische Topoi zum Verhältnis von Stimme und Körper, laut denen »die Stimme dem Signifikat am nächsten«[88] sei und so ermögliche, Unbelebtes mit Leben zu erfüllen und »Präsenz«[89] herzustellen. Deshalb vermag das Grammophon auch »das geistige Ohr des Schläfers [zu füllen]« (972), also den Geist tatsächlich zu erreichen und vor allem einen – so gedachten – realen Eindruck im Ohr zu hinterlassen. Dadurch wird aber auch verständlich, weshalb es in dieser Szene keine musiktheoretischen Überlegungen im Sinne der Kompositionslehre gibt, wie Barbara Beßlich behauptet.[90] In einem weiteren Sinn wird tatsächlich Musiktheorie betrieben, nämlich eine, nach der der Effekt der Musik und ihre Funktion in der Vermittlung zwischen Geist und Körper theoretisiert werden, wobei die Musiktheorie zugleich eine Medientheorie ist und diese wiederum Übergänge zur Literatur möglich macht.[91] Es handelt sich bei dem Grammophon nämlich um ein »Instrument, das es [die Plattensammlung, B. M.] zu tönendem Leben weckte« (971). Das »tönende[] Leben« lässt sich verstehen als eine Anspielung auf den Begriff der »*persona*« in ihrer »populäre[n] Etymologie« als ›Hindurch-Tönen‹. In dieser Musiktheorie als Medientheorie steckt somit zugleich ein Kommentar über den Umgang der Literatur mit Stimmen und Figuren. Denn eine *persona* bezeichnet einen Schauspieler des antiken Theaters, der eine Maske trägt.[92] Und als solche Schauspieler werden die gehörten Stimmen erst zu handelnden Figuren, die »Darbietungen« (970) liefern und deren Taten deshalb narrativ gedeutet und von Castorp auf die eigenen Erfahrungen auf dem Sanatorium bezogen werden können.

Denn, und hier ist Beßlich völlig zuzustimmen, die Grammophon-Szene liefert eben keine musikalische Interpretation der behandelten Stücke, sondern eine narrative, die sich auf Handlungsszenarien konzentriert. Die in den Opern dargestellten Geschichten werden für Castorp zu Spiegelungen

[88] Jacques Derrida: Grammatologie. Übersetzt von Hans-Jörg Rheinberger und Hanns Zischler. Frankfurt a. M. 1983, S. 25.

[89] Derrida: Grammatologie, S. 35: »Das formale Wesen des Signifikats ist die Präsenz«.

[90] Vgl. Barbara Beßlich: Vom Nutzen und Nachteil des Grammophons für das Leben Hans Castorps. Narratologische, intermediale und reproduktionsästhetische Betrachtungen zum *Zauberberg*. In: Literatur intermedial. Paradigmenbildung zwischen 1918 und 1968. Hg. von Wolf Gerhard Schmidt und Thorsten Valk. Berlin und New York 2009, S. 153–166, hier S. 154: »[D]er Erzähler nähert sich der Musik in den seltensten Fällen über eine Kompositionsanalyse; es geht nicht um musikalische Strukturen, sondern um Figurenkonstellationen etc.«.

[91] Zu dem Verhältnis von Person, Prosopopöie, Musik und Dichtung am Beispiel des *Doktor Faustus* vgl. ausführlich Börnchen: Kryptenhall, S. 123–202.

[92] Vgl. Börnchen: Kryptenhall, S. 36 f., der auch die etymologische Problematik behandelt.

seiner Erlebnisse im Sanatorium.[93] Solche Reflexionsmomente erschaffen somit jeweils auch den Text, schreiben ihn mit und Castorp erzählt seine Geschichte weiter, indem er sie immer neu und immer anders vor dem Hintergrund neuer Eindrücke versteht. Deshalb lässt sich das Musikhören auch als Verlängerung des »Regieren[s]« verstehen, indem es ein Neuarrangement und eine Umschrift von Castorps Lebens-Text bietet.

Durch das Grammophon wird die Erzählfunktion, die Hans Castorp – etwa als Experimentator – schon im Laufe des Textes eingenommen hatte, zu einer Dichterinitiation und Castorp zu einem Produzenten und Kompilierer, der durch die Kombination der Platten arrangiert und reproduziert. Während die übrigen Insassen sich von der Musik nur verwöhnen lassen und genießend parasitieren,[94] wird Castorp zum »Laboranten« (972), also zu jemandem, der ›*labor*‹, einer ›Arbeit‹, nachgeht.

Die Abgrenzung seines Verhaltens zu dem der übrigen Insassen wird auch dadurch bekräftigt, dass diese als Agenten der Verwirrung dargestellt werden: »Sie ließen hinter sich alles stehen und liegen wie es mochte, die offenen Nadelbüchsen und Albums, die zerstreuten Platten« (969). Die Insassen betreiben eine Zerstreuung von Objekten und von Bedeutung und sie betreiben zusätzlich eine Verzerrung und Produktion von Geräuschen, »indem sie ein edles Stück mit Tempo und Tonhöhe hundertundzehn laufen ließen oder auch den Zeiger auf Null einstellten, so daß es ein hysterisches Tirili oder ein versacktes Stöhnen ergab« (973).

Castorps Umgang mit dem Grammophon und den Platten wird vielmehr in ökonomischen Metaphern als ein wertschätzendes, umsichtiges Bewahren beschrieben: Er ist der, »der den Plattenschatz in Ordnung h[ält]« (973). An dieser Stelle wird der Gegenstand des Umgangs selbst in der monetären Metapher des ›Schatzes‹ beschrieben und Castorp erhält den Schlüssel zu den »Alben und Nadeln« (973). Er wird somit zum Hüter des Schatzes – die Alberich-Allusion, die durch die Zeichenähnlichkeit zwischen ›Alberich‹ und den ›Alben‹ entsteht und im *Zauberberg* in der Figur der Zwergin Emerentia und ihrer Unterstützung der Verschwendung zugleich konterkariert wird, affirmiert hier die intertextuelle Belehnung Wagners im musikalischen Kontext.[95]

[93] Vgl. Barbara Beßlich: Vom Nutzen und Nachteil des Grammophons für das Leben Hans Castorps, S. 154: »[D]er Erzähler nähert sich der Musik in den seltensten Fällen über eine Kompositionsanalyse; es geht nicht um musikalische Strukturen, sondern um Figurenkonstellationen etc.«.

[94] Vgl. S. 968: »[D]ann aber, weil ihnen sehr wenig daran gelegen war, an der Quelle des Genusses tätig zu sein, statt sich bequem und unverbindlich damit bewirten zu lassen, solange es sie nicht langweilte«.

[95] Vgl. etwa zum textlichen Einfluss von Richard Wagners *Rheingold* auf *Königliche Hoheit* Schößler: »Aneignungsgeschäfte«, S. 261–267.

Die Metapher des Schatzes lässt darüber hinaus aber auch eine literarische Erweiterung zu, denn der ›Schatz‹ ist auch der ›Thesaurus‹ und somit lässt sich die Beschreibung »Hans Castorp sichtete das, ordnete das, übergab es, einsam hantierend, zu einem kleinen Teile dem Instrument, das es zu tönendem Leben weckte« (971) dahingehend lesen, dass die Leseschätze des Textes arrangiert werden.[96]

Eine positive Einschätzung von Castorps Verhalten ist jedoch nicht so eindeutig, wie es auf den ersten Blick erscheinen mag: Er agiert »als Verwalter und Kustos« (973), wodurch er mit der obersten ökonomischen Instanz des Sanatoriums, der Verwaltung, parallelisiert wird, die aber, wie bereits gezeigt wurde, eine gebrochen positive ökonomische Rolle spielt, da es ihr besonders um Gelderwerb geht und sie in dieser Hinsicht unersättlich ist. Castorp legt den Platten gegenüber nämlich auch ein parasitäres Verhalten an den Tag: »Er hatte Lieblinge in seinem Magazin [...], die zu hören er niemals satt wurde« (975).

Castorp arrangiert zwar, betreibt aber kein systematisches *sampling* in dem Sinne, dass die Platten unterschiedlich vermischt und durch Querlektüren interessante Verbindungen zwischen diesen hergestellt werden; die einzige Verbindung, welche die Sammlung zusammenhält, ist, dass es sich bei den vorgestellten Platten um »Hans Castorps Vorzugsplatten« (990) handelt.

Doch indem der Text neu gelesen wird und die Grammophonplatten eine tatsächliche Belebung von Figuren evozieren, führt das Kapitel vignettenartig die Handlungen, die im Roman stattfinden, zusammen, reflektiert diese und spricht durch die Musik über den Text. Das bedeutet aber zugleich auch, dass hiermit Schwerpunkte festgelegt werden, die durch Castorps Vorlieben motiviert sind, und seine Geschichte nicht auf jedes beliebige Musikstück übertragbar und damit verallgemeinerbar ist, sondern ausschließlich auf jene »Vorzugsplatten«, die ihren Status auch deshalb inne haben, weil sie gerade das tun, was Castorp in ihnen sieht: Sie erzählen seine eigene Geschichte.

Die Ordnung der Platten lässt sich ebenfalls auf den Inhalt des Romans beziehen, auf seine alexandrinische, weitreichende und assoziative Textur,

[96] Wenn Hans Castorp im Verlauf des Romans ein »Herbarium« anlegt und dabei Pflanzen pflückt, sammelt, untersucht, bestimmt und ordnet (557–558), wird in der Sammlung der »Blumen, halb welk, schon matt, aber noch in Saft« die Doppeldeutigkeit des Ausdruckes ›Florilegium‹ ausgespielt, der als eine ›Blütenlese‹ auch ein Lesen von Zitaten bedeuten kann. Vgl. zum »Thesaurus« auch Groddeck: Reden über Rhetorik, S. 100: »Ein besonders interessanter Topos, den man in der Poesie gelegentlich antrifft, ist die Metapher von der *Schatzkammer*, die sich auf den Bereich der Inventio selbst mit ihrer *copia rerum* beziehen läßt und die sich später als ›Thesaurus‹ oder ›Wortschatz‹ zum Begriff verfestigt hat« (H. i. O.).

es handelt sich nämlich um »ein anfangs schwer übersichtliches, ja verwirrendes Eroberungsgebiet schöner Möglichkeiten« (970). Indem die Platten »doppelseitig« (969) sind, wobei ein Stück sowohl auf beiden Seiten als auch zwei Stücke auf einer Platte Platz haben, metaphorisieren sie die Ambivalenz kultureller Erscheinungen, die im Roman – etwas in dem Paar Settembrini/ Naphta – vorgeführt wird. Des Weiteren umreißen die eschatologisch aufgeladenen 144 Platten die gesamte Klaviatur der Themen des Romans, sowohl Hochkultur – »erhabene[] Symphonik« (970) – als auch Unterhaltungskultur – »bloße[] Belustigungen« (971) – als auch paradoxe Mischformen wie »künstliche Volkslieder« (970).

Das Grammophon ist nun in der Lage – so wird es zumindest phantasmatisch besetzt –, die Grenzen nicht zu vermischen oder zu befestigen, sondern Grenzen und Ambivalenzen zu übersteigen und durch die Referenz auf ein absolutes Signifikat zu entgrenzen.[97] Es handelt sich hier also um eine Form der Monologisierung, die nicht bloß in einer Synthese besteht oder einer Immunisierung, sondern in einer Überschreitung.

Die phantastischen Möglichkeiten des Grammophons werden in zwei Wunschträumen Castorps ausgedrückt. Im ersten wird die Platte zum Auslöser von Stimme überhaupt, sie erzeugt »ein elastisch atmendes Schwingen« (971). Dies vermag sie, indem sie zwei Graphen übereinanderblendet und zu einer neuen Figur synthetisiert, »in einer Bewegung, die nicht nur eben in dem wirbeligen Rundfluß, sondern auch noch in einem eigentümlichen seitlichen Wogen bestand« (971). Sie verbindet damit jene Bewegung, die Castorp, zumindest im Gespräch mit Staatsanwalt Paravant, als Ausdruck des Seins ausgemacht hat, nämlich den Kreislauf, mit der – wiederum doppelt verständlichen – Bewegung des Wogens, die sowohl das qualitative Spektrum zwischen hoch und niedrig wie die Oszillation der Fieberkurve symbolisieren kann.[98] Die Platte vermag damit die eigentlich unproduktive Form des Kreises als Bewegung zu nutzen.

Diese geradewegs musik- und medienphilosophische Behauptung wird in dem zweiten Traum in einer selbstreflexiven Passage zu dem Wunsch

[97] Jochen Hörisch interpretiert das Grammophon – wie Röntgenfotographie und Film – als Medium, »in de[m] Sein und Sinn sich verschränken«. Vgl. Jochen Hörisch: »Die deutsche Seele up to date« – Sakramente der Medientechnik auf dem Zauberberg. In: Arsenale der Seele – Literatur- und Medienanalyse seit 1870. Hg. von Friedrich A. Kittler und Georg C. Tholen. München 1989, S. 13–23, hier S. 18.

[98] Vgl. S. 971: »Er sah im Traume die Drehscheibe um ihren Zapfen kreisen, schnell bis zur Unsichtlichkeit und lautlos dabei, in einer Bewegung, die nicht nur eben in dem wirbeligen Rundfluß, sondern auch noch in einem eigentümlichen seitlichen Wogen bestand, dergestalt, daß dem nadeltragenden Gelenkarm, unter dem sie hinzog, ein elastisch atmendes Schwingen mitgeteilt wurde«.

einer harmonischen Vielheit. Hans Castorps Traum erzählt die Geschichte von Claude Debussys *Prélude à l'après-midi d'un faune* nach, doch liefert er auch Reflexionsmomente für die Poetik des Textes. Castorp, der hier zum »Faun« (980) wird, personifiziert in einer idyllischen Szenerie einen Flötenspieler. Dabei wird die Gattungsbezeichnung des Romans als »Satyrspiel« aufgerufen, nicht nur durch den Satyr, sondern auch durch das »Spiel[]« auf dem Instrument (980).[99] Es handelt sich dabei um »ausgesucht kolorierten Klangzauber«, also um eine Selektion, und das Spiel bewirkt ein polyphones Gemisch: »[D]er ganze sanft bewegte Sommerfriede umher wurde gemischter Klang, der seinem einfältigen Schalmeien eine immer wechselnde und immer überraschend gewählte harmonische Deutung gab« (980). Castorp lässt sich hier vielmehr als Auslöser verstehen denn als Agent des Spiels, er wird als die Reflexionsfigur begriffen, über die sich das polyphone Stimmengewirr des Romans neu gruppiert und unterschiedliche interpretatorische Fassungen gewinnt. Zuletzt wird dies als ein vollständiges Stimmengewirr beschrieben »durch Hinzutritt immer neuer und höherer Instrumentalstimmen, die rasch nacheinander einfielen«, das dadurch »alle verfügbare, bis dahin gesparte Fülle gewann, für einen flüchtigen Augenblick, dessen wonnevoll-vollkommenes Genügen aber die Ewigkeit in sich trug« (980).

Der eine Augenblick höchster Konzentration setzt sich als produktive Strategie der Bedeutungserzeugung durch gegen die Zerstreuung und den Bedeutungsverlust, der sich in den Patienten und der Ambivalenz der Platten ausdrückt. Dies läuft hinaus auf die Phantasie eines tatsächlich absoluten Signifikats, das wahrlich »bedeutend« sein soll (987) und Widersprüche überschreitet: »Es war der Tod« (988).

Indem das Grammophon belebt, kann es Figuren tatsächlich erscheinen lassen und damit die Reflexion über das Romangeschehen auslösen. Indem es aber ein »Lied« (986) belebt, nämlich Schuberts *Lindenbaum*-Lied, setzt es einen Zusammenhang in Gang, der wiederum auf den Tod verweist. Der Tod aber stellt, per se, die Grenze der Repräsentation dar und damit den absoluten Zeicheninhalt. Dass die Verlebendigung zum Tod und der Tod zum Leben führt, ist eine aporetische Zuschreibung, die von Castorp, und darauf weist die Erzählerfigur hin, selbst nicht mehr erfasst werden kann.[100]

Indem Hans Castorp durch das Grammophon zu einem Dichter wird, erschafft er qua Kompilation und Relektüre des Romans eine Bedeutung,

[99] Vgl. dazu das Kapitel *Parodien*.

[100] Vgl. S. 990: »Hans Castorps Gedanken oder ahndevolle Halbgedanken gingen hoch [...], – sie gingen höher, als sein Verstand reichte, es waren alchimistisch gesteigerte Gedanken«.

die auf einen letztbegründenden Sinn verweisen soll. Dadurch nimmt er auch eine Vorbildrolle für die Leser und zweiten Autoren des Textes ein. Die finale Bedeutungszuschreibung findet allerdings noch immer durch die Erzählerfigur statt, die damit für die Monologisierung verantwortlich zeichnet. Die Erzählerfigur füllt hier also die semantische Leerstelle aus.

Der Umgang mit erzählerischen Leerstellen in der Selbstlektüre der Geschichte findet sich auch am Ende des Romans. Wenn der Roman seine eigene Wiederholbarkeit und seine prinzipielle Unvollendbarkeit unentwegt ausstellt und dennoch auf eine Repräsentierbarkeit bzw. Abschließbarkeit der Zeichen und der Erzählung abzielt, wird eine Betrachtung des Romanschlusses interessant. Denn dieser führt in rhetorischen und narrativen Verschiebungen das Problem der Iterierbarkeit vor Augen. Auf der Figurenebene kann der Wiederholung ein Bedeutungsverlust zugeschrieben werden: Sind die antiintellektuellen Kranken charakterisiert durch die Auszehrung in der Wiederholung und den Exzess des Körperlichen und des Zeichens, so sind die intellektuellen durch den Exzess der Rede und der Bedeutung charakterisiert. Die Gespräche zwischen Settembrini und Naphta erzeugen bei Hans Castorp »Konfusion« (705), weil sie gerade zeigen, dass Begrifflichkeiten keine eindeutigen Bedeutungen eignen, sondern Bedeutung jeweils von der auf sie gerichteten Sichtweise abhängt. Die Kontexte Settembrinis und Naphtas sind ideologisch stabil und das Übertragen der Wörter in diese Kontexte erzeugt beim Leser, als welcher in dieser Beziehung Hans Castorp figuriert, Chaos.

Die Rekontextualisierung von Ausdrücken wird innerhalb der textuellen Organisation aber pragmatisch genutzt, um den eigenen Abschluss zu realisieren. Wie man weiß, plante Thomas Mann, den Roman mit dem Ersten Weltkrieg zu beenden, sobald dieser ausgebrochen war. Später kritisierte er jedoch das Ende des Textes, weil es die positive Interpretation des »Schnee«-Kapitels nicht stabilisiere.[101] Dennoch wird durch die Logik der Iteration ein Abschluss herbeigeführt.

In einem Vortrag zu *Joseph und seine Brüder* stellt Mann die Geschichte in einen noch größeren Zusammenhang:

Der Held jenes Zeitromans war nur scheinbar der freundliche junge Mann, Hans Castorp, auf dessen verschmitzte Unschuld die ganze Dialektik von Leben und Tod, Gesundheit und Krankheit, Freiheit und Frömmigkeit pädagogisch hereinbricht: in Wirklichkeit war es der homo dei, der Mensch selbst mit seiner religiösen

[101] Vgl. Dichter über ihre Dichtungen. Bd. 14/I, S. 509: »Ein kompositioneller Fehler meines Buches ist, daß das Schneekapitel nicht am Ende steht. Die Linie senkt sich, anstatt sich nach oben zu wenden und in jenem positiven Erlebnis zu gipfeln« [in einem Gespräch mit Bernard Guillemin vom 30.10.1925].

Frage nach sich selbst, nach seinem Woher und Wohin, seinem Wesen und Ziel, nach seiner Stellung im All, dem Geheimnis seiner Existenz, der ewigen Rätsel-Aufgabe der Humanität.[102]

Thomas Manns allegorische Lesart macht aus dem Roman einem anthropologischen Text, welcher gleichsam in einer Art des Selbsttests den Menschen Castorp zum Erforscher der Menschlichkeit macht. Diese Lesart beruht auf der Selbstinterpretation des Protagonisten und der Deutung der Erzählerfigur, die gerade als Interpretin der Romanhandlung ein Hoheitsrecht der Deutung und damit eine kontrollierende, systemstabilisierende Experimentatorenposition besetzt. Die Lesart beruht dabei auf einer Thematisierung des Schließens im Roman selbst, die Hans Castorp zu einer Eigeninterpretation verwendet.

Leo Naphta erläutert ihm im Zusammenhang mit Lodovico Settembrinis Zugehörigkeit zu den Freimaurern deren Initiationsriten, die er »magische Pädagogik« nennt (770). Diese bestehe darin, in einem »hermetisch« abgeschlossenen Bereich einen Zögling durch dunkle Gänge seinen Weg finden oder in ein Grab hinabsteigen und wieder hinaussteigen zu lassen. Damit solle symbolisch der zielstrebige, wissensdurstige Weg vorbei an Gefahren und durch den Tod zu einer endgültigen »Steigerung« oder »Läuterung« dargestellt werden und dies eine »Führung zum Letzten« ermöglichen (769–772).

Für Castorp verbinden sich diese Ausführungen mit Überlegungen, die er schon früher hatte und er projiziert diese auf sich selbst, wie er es in einem Gespräch mit Clawdia Chauchat, in dem er die »alchimistisch-hermetische Pädagogik« erwähnt, erläutert.[103] Hans Castorp erfindet sich seine eigene Geschichte, wird zum Biographen und Exegeten dessen, was geschieht, sammelt die unterschiedlichen Eindrücke ›seiner‹ Geschich-

[102] Thomas Mann: Joseph und seine Brüder. Ein Vortrag. In: GW XI, S. 654–669, hier S. 657f.

[103] Vgl. S. 902f.: »Mit einem Worte, du weißt wohl nicht, daß es etwas wie die alchimistisch-hermetische Pädagogik gibt, Transsubstantiation, und zwar zum Höheren, Steigerung also, wenn du mich recht verstehen willst. Aber natürlich, ein Stoff, der dazu taugen soll, durch äußere Einwirkungen zum Höheren hinaufgetrieben und -gezwängt zu werden, der muß es wohl im voraus ein bißchen in sich haben. Und was ich in mir hatte, das war, ich weiß es genau, daß ich von langer Hand her mit der Krankheit und dem Tode auf vertrautem Fuße stand und mir schon als Knabe unvernünftigerweise einen Bleistift von dir lieh, wie hier in der Faschingsnacht. Aber die unvernünftige Liebe ist genial, denn der Tod, weißt du, ist das geniale Prinzip, die res bina, der lapis philosophorum, und er ist auch das pädagogische Prinzip, denn die Liebe zu ihm führt zur Liebe des Lebens und des Menschen. So ist es, in meiner Balkonloge ist es mir aufgegangen, und ich bin entzückt, daß ich es dir sagen kann. Zum Leben gibt es zwei Wege: Der eine ist der gewöhnliche, direkte und brave. Der andere ist schlimm. Er führt über den Tod, und das ist der geniale Weg!«.

te und verbindet diese auf eine neue Weise. Durch diese Kombination, die aus der Romantextur eine lineare Narration macht, wird der Roman umgedeutet in eine explorativ-experimentelle Erzählung. Diese Erzählung bleibt jedoch zunächst ausschließlich für Castorp verständlich, sie wird nur unzureichend von ihm erläutert und der Leser muss sich die Elemente selbst zusammensetzen.[104] Keiner anderen Figur des Romanpersonals kann Hans Castorp seine synkretistische Interpretation vermitteln. Clawdia Chauchat nennt Castorps Überlegungen »krause[] deutsche[] Gedanken« (903), Settembrini ist es nicht daran gelegen, dass Castorp eigene Gedanken entwickle, dieser solle, seiner Meinung nach, nicht meinen, »von Hause aus viel denken zu können, sondern [...] aufzunehmen und zu verarbeiten [suchen]« (776); Naphta hingegen ist recht interessiert an Hans Castorps Überlegungen, liest sie aber nur in seinem Sinne oder nimmt sie auch einfach nicht wahr.[105]

Folgt man also der impliziten Textaufforderung und expliziten Aufforderung Manns und liest Castorps Geschichte exemplarisch, so zeigt sich, dass dies nicht möglich ist, weil sie dermaßen singulär ist, dass sie nicht mehr als Muster für Menschenerzählungen dienen kann. Indem der Roman das Muster des literarischen Menschenversuchs als Interpretationshaltung bedient, zeigt er gerade dessen unzeitgemäßen Status auf und damit die historische Hinfälligkeit des Konzepts. Stattdessen rückt nun die Erzählerfigur als Autorität des Textes in die Rolle, dieses bereits als unzeitgemäß ausgewiesene Konzept zu affirmieren, ambiguisiert dadurch jedoch das als eindeutig markierte Ende.

Denn die Erzählerfigur übernimmt Castorps Eigendeutung. Es findet ein Vorgang der Ansteckung statt, der ein deutendes Narrativ vorgibt. Die Erzählerfigur spricht von Castorps »hermetische[r] Laufbahn« (989) und diskutiert die Frage, ob dieser in seiner Entwicklung schon intelligent genug sei, um gewisse Fragen – im konkreten Fall die nach der »Bedeutsamkeit« seiner Einsicht in den Tod als absolutes Signifikat – beantwor-

[104] Hans Castorps Interpretation würde dann so aussehen, dass Settembrini als Vertreter der Freimaurer bei ihm einen pädagogischen Prozess in Gang gesetzt hat, den Castorp selbst weiterführt, indem er vermittels des ›Placet experiri‹ einen Weg durch das »Schattenreich« (90), wie Settembrini das Sanatorium selbst nennt, nimmt, keine Gefahren scheut und schließlich in der zeitlosen »Kristallretorte« (770) zu einem gesteigerten Menschen wird.

[105] Beispielsweise, wenn er von den Freimaurern berichtet: »[Naphta:] [›]Ich habe, was die Kirche betrifft, das Nacht- und Liebesmahl im Auge, den sakramentalen Genuß von Leib und Blut, in Dingen der Loge aber –‹[.] [Castorp:] ›Einen Augenblick. Einen Augenblick für eine Randbemerkung. Es gibt auch in dem unbedingten Bundesleben, dem mein Vetter angehört, sogenannte Liebesmahle. [...]‹[.] [Naphta:] ›In Dingen der Loge aber den Gruft- und Sargeskult, auf den ich vorhin Ihre Aufmerksamkeit lenkte.[‹]« (772).

ten zu können.[106] Es ist auffällig, dass die Überlegungen zur Hermetik unmittelbar nach dem »Schnee«-Kapitel auftauchen, welches bereits eine Syntheseleistung darstellte, die dann aber wiederum auf Seiten des Protagonisten vergessen wurde. Man kann darüber aufgrund des fehlenden Manuskriptes nur spekulieren, doch wenn man Manns Eigenaussagen in dieser Hinsicht trauen kann, sind die Überlegungen zur Hermetik vor allem deshalb interessant, weil sie zwei produktionsästhetische Probleme lösen können: Sie ermöglichen, das von vornherein feststehende Kriegsende einzuführen und zugleich mit der Individualgeschichte des Protagonisten zu verknüpfen. In dem folgenden Kapitel »Als Soldat und brav« (751) wird Hans Castorp durch Settembrini verstärkt zum Repräsentanten des Deutschen Reiches gemacht,[107] wodurch die deutsche Kriegsbeteiligung und Castorps Kriegsbeteiligung sich ebenso parallelisieren lassen wie die Hervorhebung des deutschen Volkslieds als Gesang Castorps im Krieg.[108]

Der Roman wird von der Erzählerfigur gewissermaßen abgewickelt: Chauchat und Ziemßen sind noch alte Figuren des ersten Romanteils, die Castorp am Ort gehalten haben – die Gleichgültigkeit gegenüber Chauchat und der Tod Ziemßens kappen die alten Beziehungen zum Ort. Peeperkorn und Naphta hingegen wurden beide als »[n]och jemand« (556, 827) eingeführt und damit als spektakuläre Irritationen. Diese Reizfaktoren werden auch verabschiedet, sodass nach Naphtas Tod endgültig der »Stumpfsinn« (1075) Überhand gewinnt. Nicht umsonst wird gesagt, dass Castorp nun in eine gleichgültige Haltung gegenüber den Geschehnissen des Sanatoriums verfällt.[109] Die nächste Gelegenheit zur Diversion findet

[106] Vgl. S. 987: »Will man glauben, daß unser schlichter Held nach so und so vielen Jährchen hermetisch-pädagogischer Steigerung tief genug ins geistige Leben eingetreten war, um sich der ›Bedeutsamkeit‹ seiner Liebe und ihres Objektes *bewußt* zu sein? Wir behaupten und erzählen, daß er es war. Das Lied bedeutete ihm viel, eine ganze Welt, und zwar eine Welt, die er wohl lieben mußte, da er sonst in ihr stellvertretendes Gleichnis nicht so vernarrt gewesen wäre. Wir wissen, was wir sagen, wenn wir – vielleicht etwas dunklerweise – hinzufügen, daß sein Schicksal sich anders gestaltet hätte, wenn sein Gemüt den Reizen der Gefühlssphäre, der allgemein geistigen Haltung, die das Lied auf so innig-geheimnisvolle Weise zusammenfaßte, nicht im höchsten Grade zugänglich gewesen wäre« (H.i.O.).

[107] Vgl. S. 779: »Entscheidungen werden zu treffen sein, – Entscheidungen von unübersehbarer Tragweite für das Glück und die Zukunft Europas, und Ihrem Lande werden sie zufallen, in seiner Seele werden sie sich zu vollziehen haben. [...] Sie sind jung, Sie werden an der Entscheidung beteiligt sein, sind berufen, sie zu beeinflussen«.

[108] Vgl. zur Rolle des *Lindenbaums* für Hans Castorp Hans Rudolf Vaget: Seelenzauber. Thomas Mann und die Musik. Frankfurt a.M. 2006, S. 50: »[S]eine Identität als Deutscher [erfährt] in der Reflexion auf das *Lindenbaum*-Lied ihre Klärung«.

[109] Vgl. S. 1071: »Er saß dort mit einem kleinen Bärtchen, das er sich mittlerweile hatte stehen lassen, einem strohblonden Kinnbärtchen ziemlich unbestimmbarer Gestalt, das wir

sich stattdessen im Weltkrieg als einem neuen Spektakel, einem »Weltfest des Todes« (1085).[110]

Wie die Abwicklung der Geschichte zugleich auf eine Linearisierung derselben hinausläuft, lässt sich daran erkennen, wie geflissentlich die Erzählerfigur Wert darauf legt, die »[ ]hermetische Pädagogik« im Schlusskapitel zu thematisieren und diese in Castorps Eigendeutung als Gleichzeitigkeit von Welt- und Individualgeschichte zu entwerfen – etwa im Hinblick auf den »hermetischen Zauber, für den der Entrückte sich aufnahmelustig erwiesen« (1074) oder als Charakterisierung der »Geschichte«:

Deine Geschichte ist aus. Zu Ende haben wir sie erzählt; sie war weder kurzweilig noch langweilig, es war eine hermetische Geschichte. Wir haben sie erzählt um ihretwillen, nicht deinethalben, denn du warst simpel. Aber zuletzt war es deine Geschichte; da sie dir zustieß, mußtest du's irgend wohl hinter den Ohren haben[.] (1085)

Gerade in dieser letzten Textstelle wird Castorps Eigendeutung zur narrativen Strukturierung von der Erzählerfigur übernommen: Die Erzählung wird zu einem »hermetische[n]« Bildungsgang umgedeutet. Was damit aber zusätzlich suggeriert wird, ist, dass die Geschichte abgeschlossen und konserviert wird, denn dies sind die beiden herausragenden Charakteristika der Hermetik, wie Castorp sie beim ersten Wortauftauchen gegenüber Naphta charakterisiert:

Es ist ein richtiges Zauberwort mit unbestimmt weitläufigen Assoziationen. […] [I]ch muß immer dabei an unsere Weckgläser denken, […] hermetisch verschlossene Gläser mit Früchten und Fleisch und allem möglichen darin. […] Das ist nun allerdings nicht Alchimie und Läuterung, es ist bloß Bewahrung, daher der Name Konserve (770).

Die Geschichte ist, wenn sie hermetisch ist, verschlossen und also abgeschlossen, sie ist konserviert und damit traditionsbewahrend und man kann den Inhalt »nach Bedarf […] genießen, wie er da ist« (770).

Aus beiden Passagen lassen sich jedoch zwei Selbstwidersprüche in der vorgeblichen Lehre des Textes ableiten. Der erste Widerspruch besteht

als Zeugnis einer gewissen philosophischen Gleichgültigkeit gegen sein Äußeres aufzufassen gezwungen sind. Ja, wir müssen weitergehen und diese Idee einer persönlichen Neigung zur Vernachlässigung seiner selbst in Verbindung bringen mit einer ebensolchen Neigung der Außenwelt in Beziehung zu ihm. Die Obrigkeit hatte aufgehört, Diversionen für ihn zu ersinnen«.

[110] Richard Guttmann vertritt in seiner *Variété*-Schrift sogar die Meinung, der Weltkrieg sei ein Spektakel. Vgl. Guttmann: Variété, S. 36: »Nur eine in der bunt schimmernden Kloake des Variétés zum Genusse reif gewordene Menschheit war für den Weltkrieg – schon der Name erinnert an ein riesiges Plakat – zu haben«.

darin, dass die Geschichte dann, wenn die Erzählerfigur es erwähnt, eben noch nicht »[z]u Ende« erzählt ist: Es folgen noch sechs Sätze. Möchte man diese Hervorhebung auch als hermeneutische Pedanterie auffassen, so ist der letzte Satz der Erzählung kein Abschluss, sondern eine offene Frage, der die Geschichte Castorps und die Geschichte selbst über die Ränder des Buches hinaus verlängert: »Wird auch aus diesem Weltfest des Todes, auch aus der schlimmen Fieberbrunst, die rings den regnerischen Abendhimmel entzündet, einmal die Liebe steigen?« (1085) In der Frage wird die iterative Wiederholungsstruktur, die der Roman mehrfach aufruft, erneut evoziert: Durch die *figura etymologica* ›steigen‹, die mit der »Steigerung«, die Hans Castorp erfährt, verwandt ist, wird eine Übertragung von Hans Castorps Geschichte auf die Weltgeschichte suggeriert. Zugleich wird dadurch Hans Castorps Geschichte auf die »Liebe« als Lehrergebnis reduziert.[111] Indem der Text die Wiederholung im größeren Maßstab nahelegt, ruft er zugleich die Aufhebung der Zeit durch die Wiederholung auf. Zudem wird aber durch die offene Frage zu Ende des Romans die Idee eines Abschlusses unterminiert und stattdessen das unstillbare Gleiten der Signifikanten und Signifikate fortgesetzt. Die abschließende Frage macht den Text selbst zu einem Störmoment, der seine eigenen Grenzen überschreiten soll, wodurch sie zeigt, dass die infektiöse Textur einen uneinholbaren Mechanismus in Gang setzt. Deshalb ist noch eine zweite Schlussformel vonnöten, das »FINIS OPERIS« (1085), das den Roman selbst abschließt oder abbricht und damit ein gewaltsames Ende der Zeichenverschiebungen bewirkt, selbst aber wieder durch die Doppelung von ›is‹ gekennzeichnet ist.

Der zweite Selbstwiderspruch liegt in der Definition der Hermetik selbst begründet: Ist diese eine Eigenschaft von »Weckgläser[n]«, aus denen man »nach Bedarf [...] genießen [kann], wie e[s] da ist«, dann sind diese Weckgläser eher als Aufbewahrungsstätte zu verstehen, denen eine kontingente Ordnung zugrunde liegt und die deshalb nicht die Vorstellung einer linearen, teleologischen Erzählung evozieren, sondern die einer ziellosen, lockeren, aus der die Leser herausgreifen können, was ihnen gerade passt. Dass die Hermetik verwendet wird, um die Geschichte in ein eindeutiges Narrativ zu überführen, widerspricht der Definition der Hermetik selbst und untergräbt die Glaubwürdigkeit dieser Schließungsfigur.

Gerade in der Thematisierung der Schließungsfigur innerhalb des Romans wird also der problematische Status von Abschlüssen anschaulich: Was wie ein Abschluss aussieht, erzeugt nur mehr Fragen und unterläuft

111 Dies beruft sich wahrscheinlich auf den Satz aus dem »Schnee«-Kapitel: »*Der Mensch soll um der Liebe und Güte willen dem Tode keine Herrschaft einräumen über seine Gedanken*« (748, H. i. O.).

eine eindeutige Interpretation des Narrativs. Insofern ist die Deutung des Textes als »hermetisch[]« auch deshalb gleichsam wie mit einem »Zauberwort« gesprochen, weil sie im Grunde konkurrierende Lesarten in sich vereint, nämlich Linearität, Geschlossenheit und Teleologie mit Offenheit, Partikularität und Beliebigkeit.

Das Lesen und Wiederlesen wird im Roman selbst vorgeführt und damit wird das Ausfüllen von Leerstellen und Herstellen von Bedeutungen suggeriert: Zum einen die Produktion eines absoluten Signifikats selbst, zum anderen die narrative Vereindeutigung der erzählten Geschichte, der ein klarer *plot* zugeschrieben wird. Indem die konstruktive Dimension dieser Verfahren dargelegt wurde, ließen sich zugleich die kreativen Monologisierungstechniken Manns und die Grenzen dieser Konzeptionen erkennen.

Polyphonie

Neben der Schließung des narrativen Syntagmas lässt sich am Romanschluss der Versuch einer Schließung in einem Paradigma finden. Dieser Lösungsversuch mag auf ein Problembewusstsein für die durch die Signifikantenlogik der Ansteckung produzierten unabgeschlossenen Figuren hindeuten. Eine Auflösung der sich durch die Ansteckung ergebenden Paradoxien führt auf paradigmatischer Ebene zur Annahme eines Agenten der Widersprüche, einer Figur, welche die Signifikanten- und Signifikatsspiele initiiert. Francis Bulhof nimmt an, die Erzählung lasse sich als der innere Monolog einer Figur begreifen, die er »Zauberer« nennt. Für ihn handelt es sich dabei um einen *Stand-In* Thomas Manns, um den impliziten Autor, der sich innerhalb des Textes ausdrücke.[112] Dabei handele es sich zugleich um eine überwölbende Erzählinstanz, um eine »Erzählfunktion«, welche die erzählerische Integration leisten solle, die durch die Erzählerfigur nicht mehr gegeben sei, da diese sich als unzuverlässig erwiesen habe.[113] Bulhof befriedigt damit das Bedürfnis nach einer heterodiegetischen Textinstanz, die noch immer zwischen Text und Realität steht. Dieses Bedürfnis wird durch den Text selbst nahegelegt, denn die Erzählerfigur erwähnt den »Geist der Erzählung« als ihm übergeordnet: »Und wir sind scheue

[112] Zum Konzept des impliziten Autors vgl. Wayne C. Booth: Der implizite Autor. In: Texte zur Theorie der Autorschaft. Hg. und kommentiert von Fotis Jannidis u.a. Stuttgart 2007, S. 142–152. Zu einer Kritik dieses Konzepts vgl. in demselben Band Gérard Genette: Implizierter Autor, implizierter Leser?, S. 233–246.

[113] Vgl. Bulhof: Transpersonalismus und Synchronizität, S. 187. Wolfgang Kayser: Das Groteske. Seine Gestaltung in Malerei und Dichtung. Oldenburg und Hamburg 1957, S. 172f., nennt ihn den »eigentliche[n] Erzähler«.

Schatten am Wege [...], aber dahergeführt vom Geist der Erzählung, um von den [...] Kameraden [...] einem, den wir kennen, [...], dessen Stimme wir oft vernahmen, noch einmal ins einfache Angesicht zu blicken, bevor wir ihn aus den Augen verlieren« (1081). Über den »Geist der Erzählung« erfährt man ansonsten nichts und auch diese Stelle ist rätselhaft: Er muss wohl verstanden werden als Arrangeur, der Figuren positionieren kann und die Figuren der Diegese scheinen alle in dermaßen direkten Kontakt zu treten, dass sie sich unmittelbar hören, ihre Stimmen gegenseitig vernehmen können. Der »Geist der Erzählung« wird als privilegierter Arrangeur verstanden, weil er sogar die Erzählerfigur zu objektivieren in der Lage ist.

Er ist allerdings auch nur ein Arrangeur unter vielen: die Erzählerfigur, Hofrat Behrens als Varieté-Direktor und auch Hans Castorp als Experimentator setzen das Personal auf ihre je eigene Weise in Szene. Eine weitere Parallele zwischen Erzählerfigur und »Geist der Erzählung« mag in der Unkörperlichkeit liegen: Ein Geist ist per se unkörperlich und die Erzählerfigur setzt sich im »Vorsatz« gerade in das Bezugsfeld einer Oralität, die der Materialität der Schrift entgegengesetzt wird. Im Vergleich zu diesem Geist ist die Erzählerfigur als Objekt des Arrangements jedoch körperlich. Die fehlende Materialität dieses ›Geistes‹ zeigt sich auch daran, dass zwar veritable Geister im Roman auftauchen, doch der »Geist der Erzählung« als Ausdruck nur jenes eine Mal zum Schluss der Erzählung vorkommt und nicht in die materiallogischen Wiederholungsmechanismen des Romans eingebunden ist, als Zeichen selbst in gewissem Sinn keine Materialität besitzt, nicht anstecken kann.

In Manns Werk ist der »Geist der Erzählung« prominent geworden durch den Anfang des Romans *Der Erwählte*:

Wer also läutet die Glocken Roms? – *Der Geist der Erzählung.* – Kann denn der überall sein [...]? – Allerdings, das vermag er. Er ist luftig, körperlos, allgegenwärtig, nicht unterworfen dem Unterschiede von Hier und Dort. Er ist es, der spricht: »Alle Glocken läuteten«, und folglich ist er's, der sie läutet. So geistig ist dieser Geist und so abstrakt, daß grammatisch nur in der dritten Person von ihm die Rede sein kann und es lediglich heißen kann: »Er ist's«. Und doch kann er sich auch zusammenziehen zur Person, nämlich zur ersten, und sich verkörpern in jemandem, der in dieser spricht und spricht: »Ich bin es. Ich bin der Geist der Erzählung, der, sitzend an seinem derzeitigen Ort [...], zur Unterhaltung und außerordentlichen Erbauung diese Geschichte erzählt, indem ich mit ihrem gnadenvollen Ende beginne und die Glocken Roms läute, id est: berichte, daß sie an jenem Tage des Einzugs sämtlich von selber zu läuten begannen.[114]

[114] Thomas Mann: Der Erwählte. Roman. In: Thomas Mann: GW VII: Der Erwählte. Roman. Bekenntnisse des Hochstaplers Felix Krull. Der Memoiren erster Teil. Frank-

Der »Geist der Erzählung« zeichnet sich durch eine konstitutive Unterbestimmtheit aus, er existiert nur performativ, man kann ihn nur bezeichnen, ohne ihn beschreiben zu können. Es handelt sich bei ihm um »ein[en] bis zur Abstraktheit ungebundene[n] Geist [...], dessen Mittel die Sprache an sich und als solche, die Sprache selbst ist, welche sich als absolut setzt und nicht viel nach Idiomen und sprachlichen Landesgöttern fragt«.[115] Ähnlich unbestimmt ist auch der Prozess des »[Z]usammenziehen[s]« selbst, denn aus ihm folgen zumindest zwei Schlüsse. Zunächst der der Privilegierung der Erzählerfigur: Der »Geist der Erzählung« verdichtet sich in einer Figur, die deshalb zur Erzählerfigur wird. Diese Erzählerfigur wird zu einer ordnenden Instanz, sie gibt die Ursprünge des Läutens an: »Von den Höhen läutet es und aus der Tiefe, von den sieben erzheiligen Orten der Wallfahrt und allen Pfarrkirchen der sieben Sprengel zu seiten des zweimal gebogenen Tibers. Vom Aventin läutet's, von den Heiligtümern des Palatin und von Sankt Johannes im Lateran«.[116] Ohne die »[V]erkörper[ung]« gäbe es also keine Ordnung, der »Geist der Erzählung« ist in sich chaotisch. Dies wird von Clemens dem Iren, eben der Erzählerfigur des Roman, allerdings gerade nicht behauptet, denn für diesen ist der »Geist der Erzählung« der Heilige Geist und die Erzählfunktion die Abbildung der Pfingstvision einer harmonischen Sprache.[117] Doch diese Interpretation lässt sich als Mittel der Figurenzeichnung mit der religiösen Ideologie der Figur erklären. Clemens wird im *Erwählten* deshalb zum angemessenen Stellvertreter des »Geist[es] der Erzählung«, weil auf ihn dessen Qualitäten übertragen werden, nämlich die Zeitlosigkeit und die Egalität der Dialekte.[118] Da die »Handschrift« dadurch gleichgültig wird und die »Sprache« zum entscheidenden Kriterium der Überlieferung, teilt sich diese Erzählerfigur mit dem »Geist der Erzählung« die Privilegierung mündlicher gegenüber schriftlicher Kommunikation. Hier lässt sich auch eine Parallele zur Erzählerfigur des *Zauberbergs* finden. Allerdings wird damit eine Frage verdeckt, die zur Bestimmung des Erzählprinzips wichtig ist. Denn theoretisch – es wird zumindest nicht ausgeschlossen – könnte sich der »Geist der Erzählung« in allen möglichen Figuren verkörpern und es ist insofern reiner Zufall,

furt a.M. 1960, S. 9–261, hier S. 10 (H.i.O.). Vgl. zum »Geist der Erzählung« im *Erwählten* Hans Rudolf Picard: Der Geist der Erzählung. Dargestelltes Erzählen in literarischer Tradition. Bern u.a. 1987, S. 121–133.

115 GW VII, S. 14.

116 GW VII, S. 9.

117 Vgl. GW VII, S. 9: »Wie es tönt, wenn der Wind, wenn der Sturm gar wühlt in den Saiten der Äolsharfe und gänzlich die Klangwelt aufgeweckt ist, was weit voneinander und nahe beisammen, in schwirrender Allharmonie«.

118 Vgl. GW VII, S. 13f.

dass es sich hierbei um Clemens den Iren handelt. Wenn das Wesen des »Geist[es] der Erzählung« die Sprache ist, die hinter allen Dialekten und Einzelsprachen steht,[119] tritt jedes Mal dann, wenn gesprochen wird, der »Geist der Erzählung« auf den Plan, verkörpert sich in der sprechenden Figur. Und wenn in einem Roman wie dem *Zauberberg* die Sprechanteile zwischen den Figuren übertragen werden und andere Figuren das Gleiche sagen wie die Erzählerfigur, dann sind auch alle Figuren des Romans in gewissem Maße Erzähler.[120]

Der zweite Schluss ergibt sich durch eine Parallellektüre mit dem *Zauberberg*. Denn das »[Z]usammenziehen« des »Geist[es] der Erzählung« in einer Figur erinnert stark an die »Dichtigkeitszunahme des Geistigen«, durch die »Körper[ ]« (432) im Roman überhaupt erst entstehen. Dass sich durch diese Konkretisierung erst Ordnung ergibt, erst ein Erzähler, der das Geschehen strukturiert, ist auch im *Erwählten* der Fall. Und diese ordnende Instanz wird in einem sich wiederholenden, zeitlosen Geschichtsablauf eingeordnet.[121] Dies lässt deshalb den Rückschluss zu, in der Darstellung von Verkörperung bzw. der Entstehung von Körperlichkeit im *Zauberberg* werde der Akt des Erzählens selbst dargestellt. Wie bereits gesehen, ist der Unterschied zwischen Körper und Geist im Roman kein kategorischer. Wenn sich im Körper die Erzählfiguren personifizierten, wären diese – in der Übertragung des biologischen Modells – die »Zellen« der Erzählung. Und diese Konstellation lässt auch einen Hinweis darauf zu, was erzählerisch bei Mann geschieht: Die Rede über den Körper gibt zumindest an, dass es keinen Ursprung gibt, dieser höchstes ein »Wunder« sei, ein »Wunder«, das die Literatur selbst hervorbringt. Abgeschlossenheit wird vielmehr durch die Konkretisation des Geistes in Figuren und Aussagen suggeriert und nicht durch eine Überwölbung: Der »Geist der Erzählung« steht nicht für eine überwölbende Erzählfunktion, sondern ist eine Metapher der Polyphonie.

In der Polyphonie finden eine Vielfalt von Sprachen und Stimmen zusammen,[122] die sich allerdings nicht zu einem harmonischen Ensem-

[119] Und damit scheint der »Geist der Erzählung« das zu vertreten, was Ferdinand de Saussure mit dem Konzept der *langue* beschreibt, und wogegen sich Michail Bachtins Theorie richtet. Vgl. zum Verhältnis von de Saussure und Bachtin Encke und Pross: Arena des Wortes, S. 257.

[120] In diesem Kapitel geht es zunächst nur um die theoretische Einordnung der Überlegungen zur Erzählstruktur, konkrete Beispiele für die Erzählfunktion einzelner Figuren wie Karoline Stöhr oder Mynheer Peeperkorn finden sich in dem Kapitel *Parodien*.

[121] Vgl. GW VII, S. 14: »Dafür [für die Zeit des Erzählers, B.M.] gibt es keinen festen Anhaltspunkt, und auch der Name Gozbert unseres Abtes hier ist kein solcher. Er wiederholt sich allzu oft in der Zeit und verwandelt sich, wenn man nach ihm greift, auch gar leicht in Fridolin oder Hartmut«.

[122] Vgl. zu einer Differenzierung Rainer Grübel: Zur Ästhetik des Wortes bei Michail M.

ble verbinden, sondern sich permanent relativieren und subvertieren.[123] Polyphonie für einen Roman zu konstatieren, wirkt zunächst nicht ungewöhnlich: Laut Michail Bachtin tendiert seit dem 19. Jahrhundert Literatur prinzipiell zur Polyphonie,[124] weshalb Manns Romane notwendigerweise in dieses Schema passen müssen. Bachtin hat einen Mechanismus beschrieben, der zudem nicht erst im 19. Jahrhundert erfunden wird, sondern bei allen je verfassten Texten mehr oder weniger aufgefunden werden kann. Interessant ist nicht, dass bei Thomas Mann Polyphonie auftritt, sondern wie sie inszeniert wird. Einerseits ist sie nicht bloße Vielstimmigkeit, also Verwendung unterschiedlicher Dialekte und Sprachen, denn das wäre durchaus noch monologisch, sondern gehört zur Poetik des Textes in seiner infektiösen, sich selbst relativierenden und dabei konstruierenden Textur. Zum zweiten wird das Phänomen der Polyphonie im Roman nicht bloß ausgeführt, sondern am Beispiel des »Geist[es] der Erzählung« zusätzlich reflektiert.

Dass der *Zauberberg*-Roman eine polyphone Struktur aufweist,[125] wird zu Anfang durch einen dezenten Hinweis signalisiert. Gleich zu Beginn der Bekanntschaft Hans Castorps mit Lodovico Settembrini wird beschrieben, wie dieser Frauen nachstellt:

Bachtin. In: Michail Bachtin: Die Ästhetik des Wortes. Hg. und eingeleitet von Rainer Grübel. Aus dem Russischen übersetzt von Rainer Grübel und Sabine Reese. Frankfurt a. M. 1979, S. 21–78, hier S. 52: »*Stimmenvielfalt* liegt dort vor, wo sich innerhalb einer Sprache bleibende Sprecher nach ihren Sinnintentionen unterscheiden lassen, *Redevielfalt* dort, so sich [...] Ideolekte, Soziolekte oder Dialekte voneinander abheben, *Sprachvielfalt* aber dort, wo verschiedene (meist National-)Sprachen in einem Sprachraum nebeneinander vorkommen« (H. i. O.).

[123] In Michel Serres' kommunikationstheoretisch inspirierter Philosophie gibt es die Vorstellung einer perfekten Übertragung, für welche das kulturelle Muster ebenfalls Pfingsten abgibt. Er unterscheidet dabei drei Kommunikationssysteme: Das Leibniz'sche, monadologische, in dem alle Parteien voneinander abgeschlossen sind und nur durch Gott vermittelt werden; das Hermes'sche, störungsanfällige, bei dem mehrere Positionen miteinander kommunizieren, wobei der Sinn stets umgewandelt wird; und das pfingstliche: »Es ist die Erfindung des Fürsprechers, des Paraklet, es ist Pfingsten. Das Viele steuert sich selbst. [...] Die Frage ist, ob man ein Netz konstruieren kann, das frei von Kreuzungen, Verteilern und Schnittpunkten wäre, an denen sich die Parasiten niederlassen. Wo jedes beliebige Element zu jedem anderen in Beziehung treten könnte, ohne auf einen Vermittler angewiesen zu sein. Das ist das Pfingstschema« (Michel Serres: Der Parasit. Übersetzt von Michael Bischoff. Frankfurt a. M. 1987, S. 71–73).

[124] Vgl. Bachtin: Das Wort im Roman, S. 293: »Alle irgendwie bedeutenden Spielarten des Romans des 19. und 20. Jahrhunderts sind ›gemischt‹, wobei fraglos die zweite Linie [also die dialogische, B. M.] dominiert«.

[125] Gunter Reiß: »Allegorisierung« und moderne Erzählkunst, S. 221, hat bereits auf die »polyphone[] Vielstimmigkeit« als Produkt der Leitmotivik hingewiesen, allerdings nicht in einer systematischen Auseinandersetzung mit Bachtin.

Und während sie sich auf den Heimweg machten, fing er [Settembrini, B.M.] an, lateinische Verse in italienischer Aussprache vorzutragen, unterbrach sich jedoch, als irgendein junges Mädchen, eine Tochter des Städtchens, wie es schien, und durchaus nicht sonderlich hübsch, ihnen entgegenkam, und verlegte sich auf ein schwerenöterhaftes Lächeln und Trällern. »T, t, t«, schnalzte er. »Ei, ei, ei! La, la, la! Du süßes Käferchen, willst du die Meine sein? Seht doch, ›es funkelt ihr Auge in schlüpfrigem Licht‹«, zitierte er – Gott wußte, was es war – und sandte dem verlegenen Rücken des Mädchens eine Kußhand nach. Das ist ja ein rechter Windbeutel, dachte Hans Castorp[.] (97)

Dass Settembrini den »verlegenen Rücken« bildlich küsst, lässt sich so lesen, dass es sich eben nicht um einen Rücken handelt, sondern um eine Metapher, lässt sich das Wort doch als »Verlegenheit« übersetzen,[126] wodurch der Rücken ein anderes, nicht genanntes Körperteil ersetzt. An anderer Stelle nennt Karoline Stöhr Settembrini einen »welsche[n] Hahn« (495) und zieht in einer Metapher den bereits hier ausformulierten Zusammenhang von Settembrinis »schwerenöterhafte[m]« Wesen zusammen, wird er doch durch sie mit einem Tier in Verbindung gesetzt, das mit »Geilheit« konnotiert ist.[127] Settembrinis philosophische Predigten verdecken einen Erotismus, der an dieser Stelle hervorbricht. Zudem beteiligt sich auch Settembrini am »[M]edisieren« (97) und ist damit ebenso »klatschsüchtig« wie »die meisten« Patienten des Sanatoriums, wie Joachim Ziemßen zu berichten weiß (29). Dies lässt sich verstehen als eine Relativierung der Glaubwürdigkeit von Autoritäten, hier dargestellt am Beispiel Settembrinis. Die Relativierung geschieht zudem auch gerade in Bezug auf Settembrinis Sprache, die man getrost als vielstimmig bezeichnen kann. Settembrini spricht einen lateinischen Satz italienisch aus (dessen Rezitation in deutscher Sprache wiedergegeben wird), performiert einen Sprachverlust, der nur noch einzelne Konsonanten oder ein Lallen zulässt und gibt ein (wahrscheinlich) literarisches Zitat zum Besten,[128] welches nicht nur einen Intertext einführt, sondern das Einschalten der Erzählerfigur herausfordert, der damit nicht nur seine eigene Autorität untergräbt, sondern durch sein Kommentieren das Zitat parodiert, das

[126] Vgl. dazu Börnchen: Kryptenhall, S. 49.

[127] Vgl. GKFA 5.2, S. 243. Zusätzlich wird der »Literat« (497) Settembrini mit dem französischen Wappentier identifiziert. In den *Betrachtungen eines Unpolitischen* ist der »Zivilisationsliterat« mit Frankreich verbunden: »Denn ich sagte ja schon, daß Zivilisation und Literatur ganz ein und dasselbe sind. [...] [M]an ist beinahe schon Franzose, indem man Literat ist« (Thomas Mann: Betrachtungen eines Unpolitischen. Hg. und textkritisch durchgesehen von Hermann Kurzke [= GKFA 13.1]. Frankfurt a.M. 2009, S. 62).

[128] Der Kommentar der *Großen Kommentierten Frankfurter Ausgabe* gibt leider nicht an, um welches Zitat es sich handelt.

jedoch bereits durch die Kontextualisierung im erotischen Nachstellen einen parodistischen Effekt gewinnt.

Lodovico Settembrini ist also nicht nur ein »Windbeutel« in dem Sinne, dass er hohle Phrasen drischt, sondern er figuriert auch in gewissem Sinne als ein äolischer Windschlauch. Die *Odyssee* als Intertext hat der Italiener im gleichen Kapitel eingeführt, indem er Hans Castorps Aufenthalt als »[H]ospitieren [...], wie Odysseus im Schattenreich« (90) bezeichnete. Der Schlauch des Äolus ist als Gefäß des wilden Durcheinanders der Hauptwinde kulturell festgeschrieben[129] und greift vor auf den *Erwählten*, in dem das polyphone Erzählen des »Geist[es] der Erzählung« umschrieben wird wie ein »Sturm[, der] gar wühlt in den Saiten der Äolsharfe und gänzlich die Klangwelt auf[weckt]«.[130]

Settembrinis polyphones Sprechen ist zugleich zitierend, mehrsprachig und erfasst auch Unsinn wie das Lallen. Die Polyphonie des Romans, die sich hier beispielhaft zeigt, ist also nicht bloß durch die internationale Gästeschaft des Sanatoriums motiviert, sie ist auch ein Prinzip des Arrangements von Zitaten und umfasst die Bereiche der Sprache und der Töne. Im Roman wird nicht nur mehrmals von Lachen, Husten und Pfeifen berichtet, Hofrat Behrens nennt Hans Castorps Lunge einen »Äolusschlauch« (276) und kennzeichnet diesen, der auch als Ort des Krankheitsbefalls figuriert, damit als Quelle der Vielstimmigkeit – Krankheit und Polyphonie werden zusammengedacht.

Im *Erwählten* allerdings wird der »Geist der Erzählung« nicht als relativierende Zitationstechnik, sondern als Vielstimmigkeit bezeichnet, als die »Sprache« selbst, die alle Sprachen beinhaltet. Dieser Eindruck wird noch verstärkt durch Parallelstellen in Manns Werk. In *Joseph in Ägypten* ist der »Geist der Erzählung« ein Arrangeur, der die Perspektive der Erzählerfigur ermöglicht.[131] Thomas Mann thematisiert den Ausdruck auch im Rahmen der eigenen Poetik, etwa in der Schrift *Die Kunst des Romans* von 1939, in der der »Geist der Erzählung, das Ewig-Homerische, dieser weltwei-

[129] Vgl. die Voß'sche Übersetzung, die das Tosen des Windes mit Geräuschen in Verbindung bringt: »Und er gab mit, verschlossen im durchgenäheten Schlauche/ Vom neunjährigen Stiere, das Wehn lautbrausender Winde./ Denn ihn hatte Kronion zum Herrscher der Winde geordnet,/ Sie durch seinen Befehl zu empören oder zu schweigen« (Homer: Ilias[.] Odyssee. Übersetzung von Johann Heinrich Voß nach den 1. Ausgaben 1781 und 1793. Berlin und Weimar 1999, S. 558).

[130] GW VII, S. 9.

[131] Vgl. Thomas Mann: Joseph in Ägypten. Fünftes bis siebtes Hauptstück. In: GW V: Joseph und seine Brüder 2, S. 911–1275, hier S. 1086: »Denn auch Mut-em-enet, Potiphars Weib, mit beliebter Stimme, wenn sie sang, auch diese Frühe und Ferne, die aus der Nähe zu sehen der Geist der Erzählung uns freundlich vergönnt, war eine Heimgesuchte und Überwältigte«.

te, weltwissende, kündende Geist der Vergangenheitsschöpfung« als »die verehrungswürdigste Erscheinungsform des Dichterischen« bezeichnet wird »und der Erzähler, dieser raunende Beschwörer des Imperfekts« als »sein würdevollster Repräsentant«.[132] Hier ist der »Geist der Erzählung« als ein schöpferisches Prinzip gedacht, weil er aus dem Vollem, nämlich aus nichts weniger als sämtlichen Erscheinungen der Welt schöpfen kann und der Erzähler, welcher mit der gleichen Wendung wie die Erzählerfigur im *Zauberberg*, nämlich als »raunende[r] Beschwörer des Imperfekts«, bedacht wird, sein »Repräsentant«. Die Konstellation ist also genau so, wie sie im *Erwählten* ausgedrückt und wie sie im *Zauberberg* durch die Positionierung der Erzählerfigur und des »Geist[es] der Erzählung« im Bereich der Oralität gedacht ist. Aber nur weil der Erzähler der »würdevollste[] Repräsentant« ist, schließt dies nicht aus, dass es nicht auch andere, weniger ›würdevolle‹ Repräsentanten geben kann und dass der »Geist der Erzählung« sich nicht auch in der Vielstimmigkeit der Romanfiguren ausdrückt.

Es ist nun nicht so, dass in der Mann'schen Prosa nicht bereits zuvor Vielstimmigkeit vorkommt,[133] doch im *Zauberberg* wird sie zu einer den Text organisierenden (Re-)Zitationstechnik, die aufgrund der Beschreibung der Krankheit zum dominanten poetologischen Textmerkmal wird, das auf unterschiedlichen Ebenen das Problem von Grenzziehungen und (unerwünschten) Grenzüberschreitungen in Szene setzt.

[132] Thomas Mann: Die Kunst des Romans. In: GW X: Reden und Aufsätze 2, S. 348–362, hier S. 349.

[133] In *Buddenbrooks* unterhält sich etwa der Konsul auf Platt mit Corl Smolt über die Ansprüche der Arbeiter auf eine Republik. Vgl. GKFA 1.1, S. 209: »›Smolt, wat wull Ji nu eentlich! Nu seggen Sei dat mal!‹ [–] ›Je, Herr Kunsel, ick seg man bloß: wi wull nu 'ne Republike, seg ick man bloß …‹ [–] ›Öwer du Döskopp … Ji *heww* ja schon een!‹ [–] ›Je, Herr Kunsel, denn wull wi noch een.‹« (H.i.O.). Vgl. dazu auch Gero von Wilpert: Sprachliche Polyphonie: Sprachebenen und Dialekte. In: Buddenbrooks-Handbuch. Hg. von Ken Moulden und Gero von Wilpert. Stuttgart 1988, S. 145–156, der dies ebenfalls als Vielstimmigkeit bewertet.

PARODIEN

Ernst und Albernheit

In *Lübeck als geistige Lebensform* vermerkt Thomas Mann, *Der Zauberberg* sei als »Satyrspiel [...] zum ›Tod in Venedig‹« geplant gewesen.[1] Dies hat in der Forschung dazu geführt, die Ähnlichkeiten zum *Tod in Venedig* ausführlich herauszustellen[2] und den *Zauberberg* als bloße Transformation der Erzählung zu begreifen. Durch diesen Vergleich ist der literaturwissenschaftlich interessantere Teil der Aussage Thomas Manns jedoch verdeckt worden, nämlich die Gattungsbestimmung als Satyrspiel. Ein Satyrspiel ist eine im Rahmen attischer Tragödien entstandene Form der Theateraufführung, die hauptsächlich nach drei Tragödien gegeben wurde, und die Themen der Handlungen der vorherigen Stücke in parodistischer Weise aufgriff.[3] Der Chor bestand dabei nicht aus den üblichen Mitgliedern, sondern wurde von Satyrn besetzt.[4] Den Roman als Satyrspiel zum *Tod in Venedig* zu begreifen, impliziert, dass die dort bestehenden Handlungsstränge nun humoristisch umgedeutet werden,[5] etwa die tragische Liebe zu einer Person aus Osteuropa (Gustav von Aschenbach und Tadzio) zu einer komischen

[1] Vgl. GW XI, S. 395.

[2] Vgl. Reed: »Der Zauberberg«, S. 84f.

[3] So ist es zu Manns Zeit zumindest populärwissenschaftliche Meinung, nachzulesen in: Meyers Großes Konversations-Lexikon. Ein Nachschlagewerk des allgemeinen Wissens. 6., gänzlich neubearbeitete und vermehrte Auflage. Mit mehr als 16800 Abbildungen im Text und auf über 1500 Bildertafeln, Karten und Plänen sowie 160 Textbeilagen. Bd. 17: Rio bis Schönebeck. Leipzig und Wien 1909, S. 628: »Es diente als erheiterndes Nachspiel einer Trilogie von Tragödien. Sprache und Stoff hatten in späterer Zeit die Farbe der Tragödie, ebenso war die Handlung, die oft in einsamer Waldgegend, dem Tummelplatz der Satyrn, spielte, den gleichen Sagenkreisen wie die Tragödie entnommen oder parodierte diese« (http://www.zeno.org/Meyers-1905/A/Satyrdrama; letzter Aufruf: 01.10.2014).

[4] Vgl. Bernd Seidensticker: Satyrspiel. In: Theaterlexikon I. Begriffe und Epochen, Bühnen und Ensembles. Hg. von Manfred Brauneck und Gérard Schneilin. Unter Mitarbeit von Wolfgang Beck. 5., vollständig überarbeitete Neuausgabe. Reinbek b.H. 2007, S. 881. Vgl. auch Bernd Seidensticker: Das Satyrspiel (1979). In: Satyrspiel. Hg. von Bernd Seidensticker. Darmstadt 1989, S. 332–361.

[5] Die Frage, ob das »klassische Satyrspiel« parodistisch verstanden werden kann, verneint Seidensticker: Das Satyrspiel (1979), S. 354: »Soweit wir sehen können, erstrebt das Satyrspiel nicht die komisch verzerrende Parodie bekannter mythischer Geschichten, es wählt vielmehr entweder aus dem reichen Reservoir des Mythos heitere oder doch unproblematische Stoffe, oder es dramatisiert eine glückliche Episode aus dem Leben eines der tragischen Helden«.

Liebesgeschichte (Hans Castorp und Clawdia Chauchat). Zudem lässt sich die Gattungsbezeichnung als Satyrspiel auch aus dem Thema des Rausches selbst erklären. Die rauschhafte Gesellschaft des Sanatoriums lässt sich auch als Inszenierung des Dionysischen nach Nietzsche verstehen, die Satyrn des Satyrspiels sind wiederum Anhänger des Dionysos, der im Satyrspiel des *Zauberbergs* selbst seinen Auftritt hat.

Eine solche Dionysos-Figuration, die mit einer Christus-Figuration überlagert wird, ist Mynheer Peeperkorn.[6] Dieser ist nicht nur eine Verschwenderfigur, weil er unentwegt Essen und Alkohol konsumiert, in seinem Namen »[e]ngagier[t]« (847) Hans Castorp das Romanpersonal auch für ein Kartenspiel und Peeperkorn ist selbst als bloßer Signifikantenschwall skizziert: Seine Stirn ist ein »Arabeskenwerk« (846), seine Aussagen bestehen größtenteils aus Worten ohne einen pointierten Inhalt und bei dem von ihm initiierten Kartenspiel »Vingt et un« (839) berauschen sich die Insassen so, dass sie falsche Wörter sprechen, nämlich einen »Gallimathias« (862).

Als Gattungsmerkmal des Satyrspiels taucht im *Zauberberg* jedoch nicht nur dionysisches Personal auf, es gibt auch eine literarische Schreibweise, die man auf den Roman übertragen kann, nämlich die Parodie. Versteht man sie ganz wörtlich als Zusammensetzung von ›*para*‹ und ›*ode*‹, ist sie der »Gegengesang«[7] und entspricht damit ziemlich genau den Vorgängen des Satyrspiels, das nicht nur gegen die heiligen Aufführungen der vorangegangenen Stücke steht, sondern auch in sich eine tatsächliche parodierende Gegendarbietung des Satyrchors beinhaltet. Damit gehört das Satyrspiel auch zu den karnevalesken Gattungen, wie Bachtin bereits betonte, erzeugt es doch auf beispielhafte Weise sprachliche und thematische Dialogizität.[8]

Dabei kann die Parodie als Gattung auch von ihren textuellen Übertragungsfunktionen her verstanden werden: Die Parodie ist – mit Gérard Genette – ein »Hypertext«. Genette betrachtet in seiner Schrift *Palimpses-*

[6] Vgl. Friedhelm Marx: »Ich aber sage Ihnen ...« Christusfigurationen im Werk Thomas Manns. Frankfurt a.M. 2002, S. 98–116.

[7] Vgl. Brigitte Weingart: Ansteckende Wörter. Repräsentationen von AIDS. Frankfurt a.M. 2002, S. 202: »Etymologisch setzt sich Parodie aus *para* (neben, längs) und *ôde* (Gesang) zusammen; die einschlägigste Übersetzung lautet ›Neben-, Gegengesang‹, womit auch die Konnotationen von ›Gegenstimme‹ und ›Falschsingen‹ ins Spiel kommen. [...] Die Spezifizierung als ›komisch‹, die häufig in Bestimmungen der Parodie vorzufinden ist und die, wenn sie in die Definition aufgenommen wird, den Beigeschmack des (Autor-)Intentionalen erhält, wäre allerdings eher als möglicher Effekt der Diskrepanz zwischen Original und Kopie zu beschreiben, der eben auch ein komischer sein kann«.

[8] Vgl. Michail Bachtin: Rabelais und seine Welt. Volkskultur als Gegenkultur. Übersetzt von Gabriele Leupold. Hg. und mit einem Vorwort versehen von Renate Lachmann. Frankfurt a.M. 1995, S. 97.

te unterschiedliche »hypertextuelle Verfahren«, die strukturell nach ihren Funktionen und den Beziehungen zu ihren Ursprungstexten verstanden werden können. Diese Funktionen können »spielerisch«, »satirisch« oder »ernst«, Beziehungen die der »Transformation« oder der »Nachahmung« sein.[9] Die Parodie stellt, gemäß dieser Unterteilung, dabei eine spielerische Transformation dar, die sich nur punktuell äußert, etwa in einer Anspielung. Anspielungen gehen bei ihm wiederum »aus einer *Ansteckung* hervor«.[10] Das Phänomen der Ansteckung wird bei Genette von einer narrativen auf eine intertextuelle Dimension übertragen. Mit solchen Übertragungsprozessen gehen in seinem Theoriedesign Transformationen einher: Gerade die »Parodie«, aber auch die »Travestie« und die »Transposition« seien solche transformierenden Gattungen, während die primär nachahmenden Gattungen, laut Genette, nichts Neues schüfen. Dies liege daran, dass diese vor allem einen Stil imitierten, während Transformationsprozesse ihren Blick auf die Texte richteten.[11]

Die Übergänge zwischen diesen einzelnen Gattungen sind jedoch fließend. Genette unterscheidet weitere »Register«, in welche diese Umwandlungen statthaben können und die, er stellt es in der Form einer Rosette dar, ineinander übergehen, nämlich »spielerisch«, »humoristisch«, »ernst«, »polemisch«, »satirisch« und »ironisch«.[12] Er erläutert aber gerade am Beispiel Thomas Manns die Schwächen dieses Systems: »Thomas Mann pendelt hingegen ständig zwischen Ironie und Humor hin und her, wieder eine neue Nuance, eine Verwischung von Grenzen, wie sie großen Werken zu eigen ist«.[13] Weil diese Binnendifferenzierungen also eher die Orte anzeigen, an denen sie verletzt werden, soll hier nicht versucht werden, diesen Differenzierungen weiter nachzugehen; vielmehr sollen die transformierenden Prozesse hier allgemein als Parodien verstanden werden, weil sie stets einen ›Gegengesang‹ inszenieren. Die Travestie beschreibt, so verstanden, dann nur eine besondere Form dieses parodierenden Verfahrens. Sie wird von Genette folgendermaßen definiert: »Bei der burlesken Travestie handelt es sich also um eine Neufassung eines erhabenen Textes in der Form, daß seine ›Handlung‹, d.h. sein grundlegender Inhalt und seine

[9] Vgl. Gérard Genette: Palimpseste. Literatur auf zweiter Stufe. Aus dem Französischen von Wolfram Bayer und Dieter Hornig. Frankfurt a.M. 1993, S. 41–44.

[10] Vgl. Genette: Palimpseste, S. 56 (H.i.O.).

[11] Vgl. Genette: Palimpseste, S. 112: »Eine Parodie oder eine Travestie nehmen immer einen oder mehrere einzelne Texte aufs Korn, nie eine Gattung«. Bei Bachtin: Das Wort im Roman, S. 247f. werden »*Stilisierung*« und »*Variation*« auch als Merkmale der Erzeugung eines »Bild[es] der Sprache« verstanden (H.i.O.).

[12] Vgl. zu einem Überblick Genette: Palimpseste, S. 46.

[13] Genette: Palimpseste, S. 45.

Bewegung (in rhetorischen Termini: seine *inventio* und seine *dispositio*) belassen wird, ihr aber eine völlig andere *elocutio*, d.h. ein anderer ›Stil‹, aufgesetzt wird«.[14]

Damit beschreibt Genette in groben Zügen, wie das Verhältnis von *Tod in Venedig* und *Zauberberg* in der Forschung konzeptualisiert wurde: Basale Handlungsmerkmale der Erzählung wurden beibehalten, aber diese dann ins Komische gewendet und durch neue Komponenten angereichert.

Aber wann ist ein Stil ›erhaben‹? Erst die nachgängige Wendung ins Komische macht aus dem chronologisch vorgängigen Text auch das Original, welches parodiert wird. Und erst durch die komischen Elemente des späteren Textes kann auch der frühere als ›ernst‹ oder ›erhaben‹ gedeutet werden. Und ob der *Zauberberg*-Roman dadurch objektiv ›komisch‹ wird, ist damit noch gar nicht beantwortet, er ist nur vergleichsweise komischer als der *Tod in Venedig*.

Das ›Komische‹ im Roman beruht seinerseits wiederum auf einer Binnendifferenzierung von Ernst und Albernheit. Indem die albernen Figuren besonders zu dieser Komik beitragen, sind sie für die Romanpoetik, wenn man den Roman als Parodie versteht, wichtiger als die ernsten. Der Roman baut selbst eine Grenze zwischen Ernst und Komik auf, er entwirft sich nicht nur im Vergleich zu seiner Vorgänger-Novelle als parodierend, er entwirft sich selbst auch als einen parodistischen Text.

Dies lässt sich etwa am Beispiel der Thematisierung von Sakralität beobachten: Hans Castorp begründet seine Besuche bei den »Moribunden« mit der Heiligkeit des Todes, die er gerade bei den Sterbenden zu erfahren erhofft. Er meint, er hätte auch »Priester« werden können, weil ihm das »Requiescat in Pace« (445) als besonders feierlicher Ausdruck und die Todesrituale als überaus ernsthaft erschien. Die übrigen Patienten, wie etwa die Witwe Hessenfeld oder Karoline Stöhr, seien gerade »unernst« (453). Es wird also eine Grenzziehung unternommen, welche die Gattung der Parodie aufruft, indem sie parodistische Elemente von seriösen trennt. Karoline Stöhr, die Hans Castorp als unernste Figur *par excellence* auszeichnet, kann als eine zentrale Stabilisatorin dieser Grenze aufgefasst werden. Dass sie Seriosität von Unseriosität trennt, zeigt sich nicht nur in ihrer fälschlichen Fremdwortverwendung, sie ist auch bei den häufigen Gesprächen zwischen Naphta und Settembrini nicht mit von der Partie, also dort, wo intellektuelle, ernsthafte Themen diskutiert werden.[15]

[14] Genette: Palimpseste, S. 82.

[15] Ernste Themen zeichnen sich – zumindest in der wirkmächtigen Tradition des deutschen Idealismus – durch einen emphatischen Sprachgestus und die Betonung des Gehalts einer Sache aus. Vgl. Karl Heinz Bohrer: Sprachen der Ironie – Sprachen des Ernstes. Das

Wenn sie allerdings auftritt, lässt sich dies als ein Zeichen der moralischen Abwertung der dargestellten Themen verstehen: beim Essen, bei der Séance, beim Ausgehen in Davos-Dorf, beim Kartenspiel, im Kino, auf Fotographien – und selbst am Totenbett Joachim Ziemßens. Damit kommt ihr innerhalb des Romangefüges eine außergewöhnliche Funktion zu, weil sie ein stabilisierender Faktor ist, gegenüber dem Abgrenzungen stets möglich sind. Ihre Rolle als Störung wird verallgemeinert und auf die Kontexte, in denen sie auftritt, ausgeweitet. Sie wird selbst zu einem iterierbaren Zeichen, das neue Bedeutungen produziert.

Dass sie aber gerade bei der Leiche Joachim Ziemßens zugegen ist, hebt ihre Bedeutung hervor, ist sie doch neben Hans Castorp die einzige Patientin des Sanatoriums, die dies tut und damit für das Sanatorium einsteht. Dazu passt auch, dass sie auf Hans Castorps Besuche bei den »Moribunden« dergestalt reagiert, dass sie droht, »klagbar« zu werden, weil sein Benehmen gegen die »Ordnung des Hauses« (442) verstoße. Als Befolgerin der Hausordnung wird sie – wie Hofrat Behrens und die Verwaltung – zur offiziellen Vertreterin des Sanatoriums.

Ihre Nähe zur Verwaltung wird zusätzlich dadurch unterstrichen, dass sie den Weg zu dieser sucht, da sie dort einen Schuldschein für Frau Iltis aufsetzt. Dass sie darüber hinaus zum Unterhaltungsprogramm des Sanatoriums (und des Romans) beisteuert, lässt sich durch Ziemßens, bei den Vettern Lachen hervorrufende, Wendung, sie sei »unbezahlbar« (29), untermauern. Sie ist deshalb »unbezahlbar«, weil sie Unterhaltungen liefert, die von den Ausgaben der Insassen nicht abgedeckt werden und über das Maß des Erwartbaren hinausgehen.

Als eine ausgegrenzte Figur, über die man sich lustig machen kann und die wiederholt auftritt, unterstützt sie einen als denunzierend wahrgenommenen Zug des Schreibens Thomas Manns, demzufolge er durch Ausschluss und unterdrückte Informationen Lesergemeinschaft herstelle.[16]

Problem. In: Sprachen der Ironie – Sprachen des Ernstes. Hg. von Karl Heinz Bohrer. Frankfurt a.M. 2000, S. 11–35, hier S. 27f.: »Analytisch ergibt sich die Signifikanz des Begriffs *Ernst* daraus, daß er die Selbstbewegung des Denkens, wie Hegel sie entwirft, emphatisch charakterisieren soll, ähnlich wie die Begriffe ›Schmerz‹, ›Geduld‹ oder ›Arbeit‹. Intentional verweist das Wort *Ernst* auf einen Mitteilungsgestus, der sich anschickt, einen vollkommen neuen Begriff von Philosophie, nämlich die Erhebung der Philosophie zur Wissenschaft, zu entwickeln« (H.i.O.). Entgegengesetzt dazu wird etwa der ›Stil‹ eines Hamann abgewertet, den Hegel dahingehend kritisiert – mit Bohrer –, daß sein Schreiben »nichts als Stil« und ihm damit »kein objektiver Gehalt« zuzusprechen sei (vgl. ebd., S. 24).

[16] Vgl. dazu auch Wolfgang Schneider: Lebensfreundlichkeit und Pessimismus. Thomas Manns Figurendarstellung (= TMS 19). Frankfurt a.M. 1999, S. 210: »Der Erzähler bildet hier – allerdings mit durchgehend negativer Akzentuierung – die typischen Wahrnehmungsprozesse ab, mit denen sich ein neu Hinzugekommener in einer Gruppe orientiert: Personen

So werden etwa die Stücke, die Hans Castorp am Grammophon hört, von der Erzählerfigur nicht benannt, was sich als Verschwiegenheitskalkül verstehen lässt, um die Belesenheit der Leser herauszufordern und in der Lektüre eine befriedigende identifikatorische Lesart nahezulegen. In diesem Sinn lassen sich auch die Stöhr'schen Malapropismen lesen: »Dieser Autor schreibt für seinesgleichen; und der Reiz des ›Zauberbergs‹, gerade für den ›Gebildeten‹, beruht gewiß auch darauf, daß er diesem das behagliche Gefühl vermittelt, dazuzugehören. Dies zeigt sich gerade sprachlich, zum Beispiel anläßlich einer Figur wie Frau Stöhr«.[17] Dies hat wiederum zu Invektiven gegen Thomas Mann geführt, der zu Kosten von Figuren seine Texte konstruiere:

> Jeder Zauberbergleser kennt den Inbegriff der Unvornehmheit, jene Frau Stöhr aus Cannstatt, die ja der allererste Anlaß für Settembrini-Debatterei wird, weil Hans Castorp es einfach nicht fassen kann, daß jemand ungebildet und krank sei. Und hundertundeinmal werden wir es mitgeteilt bekommen, daß Frau Stöhr immer noch »ungebildet« ist und auch im II. Band die »Eroika« zur »Erotika« und den »Magnaten« zum »Magneten« macht; woran man sieht, daß der deutsche Bildungs- und Erziehungsroman an Frau Stöhr aus Cannstatt nicht interessiert ist. In den bürgerlichen Fan-Kreisen unseres Autors hat das Lachen über soviel Unbildung bis zum heutigen Tag noch nicht aufgehört; das habe ich erlebt.[18]

Karoline Stöhr jedoch bloß als Befriedigungsphantasie des Autors und seiner Leserschaft zu verstehen, unterschätzt ihre Funktion für den Text, die sich aus ihre Rolle für die Stabilisierung der Parodie und der intellektuellen Grenzen erklärt. Der Text ist vielmehr sehr »an Frau Stöhr aus Cannstatt [...] interessiert«, sonst würde gar nicht so viel Energie aufgebracht

werden zu Trägern von auffälligen Merkmalen, die eine erste Identifizierung ermöglichen. Im Zuge des Vertrautwerdens verlieren solche Signale normalerweise ihre Dominanz. Daß der Erzähler sich jedoch mit einer solchen oberflächlichen Kenntnis seiner Nebenfiguren begnügt, daß er sie noch nach Hunderten von Seiten in derselben Manier inspiziert, als gelte es Castorps erstes Berghof-Frühstück zu schildern, daß er zudem nicht einen einzigen positiven Zug gewährt, sondern vergnüglich auf den Defekten und Groteskwirkungen beharrt, macht das Degradierende dieses Beschreibungsverfahrens aus«. Thomas Mann wurde dieser Vorwurf auch selbst gemacht. In *Vom Geist der Medizin* rechtfertigt er die Abwertung der Figuren als Ausdruck des »nicht auf der Hand liegende[n] ›ethische[n] Pathos‹ des Buches« (GW XI, S. 594).

[17] Hans-Martin Gauger: Der Autor und sein Stil. Zwölf Essays. Stuttgart 1988, S. 186.

[18] Martin Walser: Ironie als höchstes Lebensmittel oder: Lebensmittel der Höchsten. In: Besichtigung des Zauberbergs. Hg. von Heinz Sauereßig. Biberach a.d.R. 1974, S. 183–215, hier S. 187. Und weiter: »Was im Fall der Frau Stöhr lächerlich ist, ist, falls es um den großen Dichter Leopardi geht, tragisch, ›wo die Natur einen edlen Geist‹ usw. Und Hans Castorp zeigt sich tief im II. Zauberberg-Band immer noch so krankheitsidealistisch wie zu Beginn: gewisse Leute seien ›so besonders ordinär‹, daß man sie sich ›nicht tot vorzustellen vermöge‹«.

werden, sie auszugrenzen. Sie ist eine paradoxe Figur des Textes[19] und die Abwertung, die ihr entgegengebracht wird, lässt sich als Reaktionsbildung auf eine ihr insgeheim entgegengebrachte Faszination verstehen.

Doch in der Forschung wurde das Diktum von Karoline Stöhrs Dummheit hauptsächlich fortgeschrieben. So erklärt Eckard Heftrich, ihr komme die Funktion zu, »alle Grundthemen der ›Zauberberg‹-Komposition auf der niedersten Ebene zu travestieren«.[20] Problematisch an dieser Interpretation ist, dass sie die Diktion des Textes, der zwischen hoher und niedriger Kultur unterscheidet, nachahmt. Es ist aus textanalytischer Sicht zudem rätselhaft, weshalb einer Figur eine ›niedrige‹ oder gar ›niedere‹ Position im Vergleich mit anderen zukommen soll. Auch Max Rychner etwa versteht die grotesken Figuren des Romans als »komisch-groteske Gegenspieler dieser hohen Regionen«, in welchen sich die »erhabene[n]« kranken Künstlerfiguren à la Schiller oder Nietzsche, denen Mann Bewunderung entgegenbringe, aufhielten.[21]

Im Roman wird die Figur Karoline Stöhr – hauptsächlich durch Hans Castorp – als ›nieder‹ abgewertet. Hans Castorp wird auch noch am Ende des Romans an die heiligende Funktion des Todes glauben, wenn sich ihm der Tod beim Hören der Schallplatten als »Bedeutsamkeit« (987) herausstellt oder er meint, es führe ein Weg »[z]um Leben [...] über den Tod«, der »der geniale Weg« (903) zu nennen sei. In Anspielung an Karoline Stöhr behauptet er, es gebe »gewisse Menschen, die man sich nicht tot vorzustellen vermöge, und zwar, weil sie so besonders ordinär seien« (699).[22] Dass Karoline Stöhr für ihn so unfassbar gewöhnlich ist, dass sie seine Todessympathie beleidigt, macht sie in seiner Perspektive zur »tiefstehende[n] Frau« (1010). Im Text wird so die Unterlegenheit dieser Figur gegenüber anderen Figuren proklamiert. Literaturwissenschaftlich interessant erscheint jedoch vielmehr, dass eine solche Dichotomie überhaupt bemüht wird.

Es gibt eine Textstelle, welche Karoline Stöhr gerade zu der Parodie in Beziehung setzt. Wenn Hans Castorp das neue eingetroffene Paar Mynheer

[19] Vgl. zu den paradoxen Figuren des Romans das Kapitel *Textur: Infektion und Iteration.*

[20] Heftrich: Zauberbergmusik, S. 51.

[21] Vgl. Max Rychner: Thomas Mann. Rede zu seinem 80. Geburtstag. In: Jahresring 55/56, S. 49–64, S. 53: »Wie oft wählt der Lebenswille die Form der Krankheit, um sich mit ungewohnten Mitteln durchzusetzen, auf erhabene Weise bei Schiller, bei Kleist, bei Dostojewski, Nietzsche, die Thomas Mann im essayistischen Werk feiert, und in deren Reigen er ein selbstgeschaffenes Genie, Adrian Leverkühn, entsandt hat«. Die Zitate finden sich ebd.

[22] Hier sei noch einmal an die Aussage Martin Walsers erinnert: »Und Hans Castorp zeigt sich tief im II. Zauberberg-Band immer noch so krankheitsidealistisch wie zu Beginn: gewisse Leute seien ›so besonders ordinär‹, daß man sie sich ›nicht tot vorzustellen vermöge‹« (Walser: Ironie als höchstes Lebensmittel oder: Lebensmittel der Höchsten, S. 187).

Peeperkorn und Clawdia Chauchat beobachtet, stichelt sie gegen ihn: »Sie zwinkerte dabei, wies seitlich mit dem Kopf auf Hans Castorp und zog in parodistischer Betrübnis den Mund herunter, indem sie, unverfeinert durch Krankheit und Leiden, seine Mißlage zu rücksichtsloser Verhöhnung ausnutzte« (835). Ihre »parodistische[] Betrübnis« zeigt sie als Schauspielerin, die eine Maske trägt.[23]

Maskenträger, Schauspieler, parasitärer Sprachgebrauch

Damit lässt die Figur sich auch konzeptualisieren in Bezug auf Fragen der Autorschaft und des Erzählens. Die bekannten Lesarten, welche Karoline Stöhr als bloße Ausgrenzungsfigur verstehen, durch die der Autor eine Gemeinschaft mit seinen Lesern herstelle, gehen zu kurz, wenn man die Rolle des Maskenspiels des Autors einrechnet. Es ist eben nicht nur so, dass Autoren in ihren Figuren Masken historischer Figuren verwenden, die sie dann ausbauen – jede Figur ist zugleich auch eine *persona* des Autors. Gerade Thomas Mann verfuhr seit seinen literarischen Anfängen so. So schreibt er an Otto Grautoff am 21. Juli 1897:

> Seit einiger Zeit ist es mir [...], als hätte ich Mittel und Wege gefunden, mich auszusprechen, auszudrücken, mich künstlerisch auszuleben, und während ich früher eines Tagebuchs bedurfte, um, nur fürs Kämmerlein, mich zu erleichtern, finde ich jetzt *novellistische*, öffentlichkeitsfähige Formen und Masken, um meine Liebe, meinen Haß, mein Mitleid, meine Verachtung, meinen Stolz, meinen Hohn und meine Anklagen – von mir zu geben ... Das begann[,] glaube ich, mit dem ›Kleinen Herrn Friedemann‹. Neuerdings passiert es sogar, daß ich bei passender Gelegenheit den Gang der Handlung unterbreche und anfange, mich im Allgemeinen zu äußern [...]. Und ich finde neue Formen, um noch mehr zu sagen – und ich *habe* etwas zu sagen![24]

[23] Es lassen sich zusätzliche Textstellen, die sie oder die Patienten als Maskenträger darstellen, ausmachen: Stöhr versucht, »eine feingebildete Miene zu machen« (70) und einige Patienten – »Frau Stöhr, Fräulein Engelhart, die Kleefeld nebst ihrer Freundin mit dem Tapirgesicht, der unheilbare Herr Albin, der junge Mann mit dem Fingernagel und noch dieses oder jenes Mitglied der Patientenschaft« – beobachten Castorp »mit hinuntergezogenen Mündern und durch die Nase pruschend« (363).

[24] Thomas Mann: Brief an Otto Grautoff (21.07.1897). In: GKFA 21, S. 94–96, hier S. 95 f. (H. i. O.). Vgl. zu Thomas Manns Maskenspielen als »Spiel mit Stimmen und Perspektiven« auch Larsson: Masken des Erzählens, S. 7–11, der auch diesen Brief anführt.

Für Mann beginnt seine eigentliche Schriftstellerkarriere mit dem Maskenspiel, durch die Formen gewonnen werden und das zugleich Unterbrechungen erlaubt, was als Hinweis darauf gelesen werden kann, dass sich bei Mann Erzählen und Stören nicht ausschließen.

Es gibt schlichtweg keine Figuren in Manns Texten, die nicht auch eine biographische Dimension umfassten. Sich als Person durch die Figuren maskiert zu zeigen, gehört zur Mann'schen Poetik.

Dabei ist Manns Maskenspiel vor allem ein kreatives Verschleiern, durch welches biographische und sexuelle Fakten transformiert und fiktionalisiert werden. Dies entspricht zunächst nicht dem Maskenbegriff Bachtins, für den die sprachliche Maske das Imitat eines tatsächlich vorhandenen Stils darstellt. Dieser werde durch seine Verwendung parodiert, in der Literatur aber zugleich gespeichert.[25] Die Differenz zwischen einem Maskenspiel als *persona* des Autors und als Sprach-*persona* lässt sich reperspektivieren: Kappt man die Figuren von ihrer biographischen Referenz, handelt es sich um ein stellvertretendes Sprechen. Diese Stellvertretung ist jedoch die eines *Stand-Ins* und nicht die einer Repräsentation wie im Modell Bachtins. Denkt man auch dessen Modell unabhängig von seiner außertextlichen Bezugnahme, lassen sich die Aussagen im Text als Ereignisse wahrnehmen, die alle ein Sprechen imitieren und parodieren, das sich im Text bereits findet – nämlich das Sprechen des Erzählers. In den sprachlichen Masken der Figuren realisiert sich eine beständige Camouflage des Erzählers, der durch Einnahme einer privilegierten Sprechposition die prominenteste *persona* des Autors darstellt, ohne mit diesem gleichgesetzt werden zu müssen. Damit soll jedoch nicht gesagt werden, dass es ein ›reines‹ Erzählen gebe, das in den einzelnen Figuren degradiere, sondern das Erzählen setzt sich aus allen Textaussagen zusammen, ist in sich polyphon-multiperspektivisch. Wenngleich die Erzählerfigur nur die in den Texten prominenteste dieser maskierten Figuren ist, gibt es keine Figur, die auf der generalisierten Bühne des Romans nicht auch eine erzählende Instanz darstellt.

Thomas Mann gesteht öfters in seinen Texten abgewerteten Figuren erzählerische Finesse zu. Diese Finesse wurde der Forschung bislang jedoch selten klar, weil den Abwertungen, welche dieses Personal durch prominentere Figuren der Romane erfährt, zu leichtfertig geglaubt wurde. Man kann es als einen Mechanismus der Verschleierung begreifen, dass in den Texten Manns Vertretungen des Erzählers, *Stand-Ins*, auftauchen und

[25] Vgl. Bachtin: Das Wort im Roman, S. 247–251. Vgl. auch das Kapitel *Theorie und Methode: Hybridisierungen, Störungen.*

diffamiert werden. Da sich in allen Figuren der »Geist der Erzählung« verkörpert, besitzen auch alle in gewissem Maße erzählerische Eigenschaften. Dieses Erzählverfahren ließe sich womöglich auch gerade mit einer grenzstabilisierende Funktion begründen: *Stand-Ins* vertreten – beim Film – Personen, die gerade nicht zur Verfügung stehen. Indem der Erzähler sich von anderen Figuren vertreten lässt, wird damit die Grenze zwischen Homo- und Heterodiegese wiederum aufrechterhalten. Auffällig ist jedoch das Verfahren der Verschleierung mittels Diffamierung. Sie ist trotz ihrer Radikalität als Strategie zur Stabilisierung der Konventionalität der Texte zu sehen: Gerade weil andere Erzählfiguren pejorisiert werden, wird die Artifizialität der unterschiedlichen erzählerischen Brechungen nicht hervorgehoben, bleibt eine dominante erzählerische Instanz erhalten. Gerade deshalb lässt sich dieser Instanz in besonderem Maße ›trauen‹ und der von ihr aufrecht erhaltene Realitätsanspruch der Texte auch ›glauben‹ – die Realitätsillusion des Textes wird affirmiert.[26]

Eine Interpretation, die sich von dem Verständnis, dass es nur ausschließlich eine Erzählerfigur gibt, löst, kann auch das übrige Figurenpersonal als erzählend in den Blick nehmen. Eine solche erzählende, diffamierte Figur des Mann'schen Œuvres ist beispielsweise der Kellner Mager aus *Lotte in Weimar*. Werner Frizen hat in seinem Romankommentar fast die exakte Wendung zur Beschreibung dieser Figur genutzt, die auch Eckhard Heftrich zur Beschreibung Karoline Stöhrs verwendet hat:

> Als einer buffonesken Figur kommt Mager die Aufgabe zu, die hohen Themen durch unangemessene Anwendung zu travestieren. Mager übt sich in der Kunst des Pasticcio, damit auf seine Weise die Methode Goethes im siebenten Kapitel vorwegnehmen: Er spricht in Zitaten, die er wie in einer »Pastete« untereinander rührt. Handelt es sich auf der Figurenebene um Angeberzitate, so ergibt sich auf der Werkebene ein Anspielungseffekt, der Magers Bewusstsein übersteigt.[27]

Da das »Bewusstsein« einer Figur eine Konstruktion des Rezipienten ist, scheint es angemessener, die Figur so zu perspektivieren, dass »sich die Mann'sche ›Zitatenkompilationstechnik‹ in der buffonesken Figur in komischer Brechung [findet], entscheidend aber ist, dass sie sich überhaupt findet«.[28] Folglich lassen sich Funktionen, die dem Autor oder der Erzählerfigur zugesprochen werden, auch bei den übrigen Figuren finden. Versuche,

[26] Dies ist insofern paradox, als eine Erzählerfigur durch ihr Hervortreten gerade unrealistisch wirkt (vgl. dazu auch Bode: Der Roman, S. 178 f.), doch eine solche gehört zum Ensemble realistischen Erzählens.

[27] Thomas Mann: Lotte in Weimar. Kommentar von Werner Frizen (= GKFA 9.2). Frankfurt a.M. 2003, S. 191.

[28] Liebrand: Im Kabinett der Spiegel, S. 273.

diese Ebenen durch ein Qualitätsmerkmal zu trennen, nämlich die »unangemessene Anwendung«, überzeugen nicht, weil sie zu kurz greifen: »Gerade die schreibende und erzählende Instanz travestiert immer auch – insofern alle Kunst, und ganz besonders die Thomas Manns, travestitisch ist«.[29]

Setzt schon das Beispiel aus *Lotte in Weimar* eine große Erzählerfigur, Goethe, mit dem Kellner Mager gleich, mag es nicht wundern, dass sich auch im *Zauberberg* weitere parodierende Figuren (außer Karoline Stöhr) identifizieren lassen: Lodovico Settembrini etwa – der damit auch stellvertretend für ›Hans‹ Castorp steht – »hänselt[] Frau Stöhr« (438) und die Erzählerfigur macht sich über Gewohnheiten des Personals lustig, etwa Settembrinis und Naphtas ausufernde Streitgespräche: »So ging das weiter, wir kennen das Spiel, Hans Castorp kannte es« (892).

Der Text ist deshalb als permanentes Maskenspiel zu verstehen. Die Maskierungsstrategien konstituieren den Text als theatrale Arena, in der unterschiedliche Figuren den Text deuten und sprachlich gestalten. Die Maskierung wird in dieser Arena auch immer wieder bewusst gemacht, etwa in den Karnevalsverkleidungen der Insassen oder der embryonalen »Gesichtslarve« (423), von der Hans Castorp liest. Das texturierende Verfahren der Ansteckung wurde bereits von Leo Spitzer als Maskerade charakterisiert: Er spricht von einer »naive[n] Kostüm- und Maskierfreude des Autors [...], der in dem erborgten Wortgewand gern paradiert« und einer »Freude am Sich-Verstellen und Maskieren, wenn man will Bluffen«.[30] Ist dies bei Spitzer noch negativ konnotiert, hebt Caroline Pross in ihrer Analyse von Bachtins Texttheorie gerade den Aufführungscharakter der Sprache hervor.[31]

Die Figuren werden als Figuren erst durch die Äußerung konturierbar, in jeder Äußerung drückt sich eine neue Realisierung der Aussage aus, wird qua Ansteckung neuer Sinn produziert. Das Konzept des »Geist[es] der Erzählung« legt nahe, dass die Äußerungen so gedacht werden, dass sie unabhängig von ihrer Konkretisierung existieren. Indem die gleichen Äußerungen aber auf verschiedene Figuren verteilt werden, werden diese in

[29] Liebrand: Im Kabinett der Spiegel, S. 273 f.

[30] Spitzer: Sprachmischung als Stilmittel und als Ausdruck der Klangphantasie, S. 202 und 209.

[31] Vgl. Pross: Gespaltene Stimme, groteske Gestalt, S. 159 f.: »Wie Bachtin wiederholt schreibt, darf man sich die kollektiven Schemata der sprachlichen Äußerung wie ›Masken‹ vorstellen. Solange sie nicht durch eine Darstellung ›personifiziert‹ und in einen konkreten Kontext eingetragen werden, bleiben sie hohl und abstrakt, entbehren sie der sozialen Werthaftigkeit und der performativen Wirksamkeit«. Stattdessen habe man es bei den Äußerungen im Bachtin'schen Sinn mit einer »Persona« zu tun, einer »Rollenmaske [...], die von einem Darsteller übernommen und erst im Vollzug der jeweiligen Darstellung mit Leben gefüllt wird« (ebd., S. 159).

Beziehung gesetzt, vermischen sich und die Figuren verlieren ihre geschlossenen Identitäten.[32]

Durch die Maske, die sich Karoline Stöhr in der »parodistische[n] Betrübnis« gibt, rückt sie in eine Erzählrolle. Ihre Sprache erscheint, so perspektiviert, gerade nicht als besonders dilettantisch, sondern als besonders souverän. Wenn Karoline Stöhr Frau Iltis Geld auslegt, welches diese ihr nicht zurückgibt, steht im Text: »Sie ›vergaß‹ es, – die Betonungen, mit denen Frau Stöhr dies Wort versah, waren vielfach abgestuft und sämtlich darauf berechnet, den tiefsten Unglauben an eine Vergeßlichkeit zu bekunden« (410). Sie ist also in der Lage, »vielfach abgestuft« ihre Wörter zu betonen und wird damit auch zu einer Komponistin, die Tonarten wechselt und nicht bloß einen »unernst[en]« Ton anschlägt. In der *Einführung in den Zauberberg* spricht Thomas Mann davon, dass er sich selbst als »Musiker[ ] unter den Dichtern« sieht: »Der Roman war mir immer eine Symphonie, ein Werk der Kontrapunktik, ein Themengewebe, worin die Ideen die Rolle musikalischer Motive spielen«.[33] Erfüllt so die Dichotomie ernst/unernst zwar die Anforderungen der »Kontrapunktik«,[34] ist Karoline Stöhr sogar in der Lage, die Zwischenstufen zu bedienen. Nicht zuletzt wird sie mit der Musik in Bezug gesetzt, sie ist eine »Musikersgattin« (28), sie weiß, dass man zum Karneval »Kindertrompeten« (490) kaufen kann und nennt Beethovens *Eroica* die »Erotika« (813).

Ihr parodierender Sprachgebrauch lässt sich auch als ein parasitärer Sprachgebrauch verstehen. In der Passage, in der sie Castorp von Peeperkorn berichtet, heißt es, dass sie Castorps »Mißlage [...] ausnutz[e]«, also aus dem Verhalten anderer Figuren ihren Lustgewinn ziehe. So gesehen, lässt sie sich als auszehrende Figur begreifen, in welchem Sinne sich auch ihre Malapropismen verstehen lassen, vermittels derer sie ernsthafte Themen nicht nur falsch wiedergibt, sondern dadurch ihrer sinn- und gemeinschaftsstiftenden Funktion entledigt.

In einem solch abwertenden Sinn versteht auch John L. Austin den »pa-

[32] Vgl. dazu auch Richard Weihe: Die Paradoxie der Maske. Geschichte einer Form. München 2004, S. 355: »Die Maske ist etwas, das seinen Sinn in erster Linie dadurch gewinnt, dass es sich vom Gesicht unterscheidet. Mit anderen Worten: die Maske ist ein Prinzip der Unterscheidung, sie ist das Unterscheidende selbst«. Weihe entwirft auch eine Theorie von Dionysos als »Gott [...] der *Desillusionierung* des Betrachters« (H. i. O.; das Zitat entstammt S. 357, weitere Überlegungen dazu finden sich auf S. 105–131).

[33] GW XI, S. 611.

[34] In Bachtins Theorie sind Dialogizität und Kontrapunktik – allerdings in einem weniger musikalischen als metaphorischen Sinn – das Gleiche. Vgl. Bachtin: Probleme der Poetik Dostoevskijs, S. 48: »Zwischen allen Elementen der Romanstruktur bestehen dialogische Beziehungen, d.h. sie sind einander kontrapunktisch gegenübergestellt«.

rasitär[en]« Sprachgebrauch, insofern künstlerische Aufführungen konventionalisierte Aussagen in ihrer Bedeutung für soziale Rituale unterhöhlen:

In einer *ganz besonderen Weise* sind performative Äußerungen unernst oder nichtig, wenn ein Schauspieler sie auf der Bühne tut oder wenn sie in einem Gedicht vorkommen oder wenn jemand sie zu sich selbst sagt. [...] Unter solchen Umständen wird die Sprache auf ganz bestimmte, dabei verständliche und durchschaubare Weise unernst gebraucht, und zwar wird der gewöhnliche Gebrauch parasitär ausgenutzt.[35]

Der von Austin beschrieben Aufführungsmechanismus wird in der Figur Karoline Stöhrs geradewegs verschärft: Sie gibt nicht nur fremde Äußerungen – also Bildungsgut – wieder, sondern sie gibt es ostentativ falsch wieder. Dadurch produziert sie jedoch Kunst.

Der Bühnencharakter des Sanatoriums in den parodistischen *performances* lässt sich noch am Beispiel einer anderen Textstelle zeigen und zwar in dem Bericht von dem epileptischen Anfall eines Herrn Popów und der von ihm ausgehenden massenpsychologischen – hysterischen – Infektion:[36] »Die Damen, Frau Stöhr voran, aber ohne daß etwa die Frauen Salomon, Redisch, Hessenfeld, Magnus, Iltis, Levi und wie sie nun heißen mochten, ihr etwas nachgegeben hätten, wurden von den verschiedensten Zuständen betreten, so daß einige es Herrn Popów fast gleichtaten« (453 f.). Beides – Anfall wie Reaktion – wird von Hans Castorp als »nicht ernst« klassifiziert und als Simulation gebrandmarkt.[37] Dadurch wird diese Szene zu einer theatralen Aufführung, unabhängig davon, ob dies im Text nun goutiert wird

[35] John L. Austin: Theorie der Sprechakte. Zweite Vorlesung. In: Performanz. Zwischen Sprachphilosophie und Kulturwissenschaften. Hg. von Uwe Wirth. Frankfurt a.M. 2002, S. 63–71, hier S. 70 (H.i.O.). Vgl. zur Krankheitsmetaphorik Austins auch Strowick: Sprechende Körper, S. 19: »Hinsichtlich des ›Auszehrungs‹-Charakters literarischer Performativa spricht Austin von einem Übel/einer Krankheit (›ill‹), die jede sprachliche Äußerung befallen kann und über die Formulierung ›infect‹ und ›*parasitic*‹ eine zusätzliche Charakterisierung als ansteckend erfährt« (H.i.O.).

[36] Zu dem Begriff der psychologischen Ansteckung vgl. Schaub und Suthor: Einleitung, S. 13–19.

[37] Vgl. S. 455: »Hans Castorp hatte dem Ereignis mit den äußeren Zeichen respektvollen Schreckens beigewohnt, im Grunde aber mutete auch dies ihn nicht ernst an, Gott mochte ihm helfen. Popów hätte an seinem Fischbissen freilich ersticken können, aber in Wirklichkeit war er ja nicht erstickt, sondern hatte, bei aller bewußtlosen Wut und Lustbarkeit, im Stillsten wohl dennoch ein wenig achtgegeben. Nun saß er heiter, aß fertig und tat, als habe er sich nie wie ein Berserker und rasender Trunkenbold benommen, erinnerte sich gewiß auch nicht daran. Auch seine Erscheinung aber war nicht danach angetan, Hans Castorps Ehrfurcht vor dem Leiden zu stärken; auch sie, in ihrer Art, vermehrte die Eindrücke unernster Liederlichkeit, denen er sich widerstrebend hier oben ausgesetzt fand, und denen er durch eine den herrschenden Sitten widersprechende nähere Beschäftigung mit den Schweren und Moribunden entgegenzuwirken wünschte«.

oder nicht. Ein weiterer Patient, der ebenfalls als Schauspieler firmiert, ist der mexikanische Sohn jener Figur »Tous les deux« (166), den Castorp und Ziemßen besuchen und dessen »prahlerisch-dramatisches Gebaren« sie abstößt (469).

Die Kippfigur von Auszehrung und Bedeutungswucherung, dass also durch Missbrauch Bedeutung generiert wird, findet sich auch in dem parasitären, eine als ursprünglich gedachte Bedeutung auszehrenden, Sprachgebrauch, da künstlerische, theatrale und performative Effekte von den Figuren hervorgebracht werden. Dies kann erklären, weshalb Karoline Stöhr im Zusammenhang mit der Literatur eingeführt wird.

In dieser Szene empört sich Lodovico Settembrini über seine Tischgenossen, genauer: über den »Bierbrauer« Magnus und dessen Frau. Herr Magnus scheut den Kontakt mit Literatur, weil sie lebensfremd und nicht pragmatisch sei, stattdessen nur »schöne Charaktere« liefere. Settembrini kritisiert diese Einstellung, ohne jedoch seine Vorstellung preiszugeben (148). Hans Castorp antwortet ihm, dass »die Gesellschaft« im Sanatorium »gemischt« sei und man »sich die Tischnachbarn nicht aussuchen« könne – namentlich Karoline Stöhr sei »so sonderbar« (149).

Karoline Stöhr wird damit zur Vertreterin der Mischung innerhalb des Sanatoriums. Indem über »schöne Charaktere« gesprochen, und dies geradewegs durch die Behauptung, Karoline Stöhr sei »krank und dumm«, falsifiziert wird, wird auf eine literarische Tradition Bezug genommen, die bereits im Kapitel *Pathologie und Ökonomie* zur Sprache kam. Zu denken wäre etwa an jene »schöne[] Seele« aus *Wilhelm Meisters Lehrjahren*, deren äußere Schönheit durch die Krankheit nicht nur nicht erschüttert, sondern gesteigert wird. Karoline Stöhr als Figur durchstreicht diese Tradition, sie ist eine überaus ›hässliche‹ Tuberkulosekranke.[38]

[38] Wenn man die Tradition ausgehend von Goethe hier in Rechnung stellt. Denn, wie Martina King herausgearbeitet hat, gab es durchaus eine um 1900 prominente Diskussion über die Tuberkulose als Degenerationserscheinung. Der Roman spiele dennoch die veraltete Krankheitsvorstellung aus und bemühe einen »narrative[n] Harmonisierungsprozess zwischen alten Inspirationsvorstellungen und neuestem Medizinerwissen auf [der Basis] einer längst falsifizierten und schon 1924 obsoleten Wissensfigur« (King: Inspiration und Infektion, S. 78). Als einen Grund dafür hat King eine Schrift Friedrich Jessens identifiziert. Jessen gilt in der Forschung als Vorbild für Hofrat Behrens. In seiner Schrift beschreibt Jessen zwar ebenfalls die Tuberkulosekranken als degeneriert, stellt dabei aber einen Zusammenhang zwischen Vergiftung durch die Krankheit und Charakterbildung her. Dieser zu Manns Zeiten von der Schulmedizin üblicherweise nicht behauptete Zusammenhang wird im Roman positiv als ein Inspirationsgeschehen umgedeutet (vgl. ebd., S. 82–85). Der Text spielt mit den kulturgeschichtlichen Zuschreibungen der Schwindsucht bzw. Tuberkulose: Indem die Rede auf »schöne Charaktere« kommt, wird auf die ästhetisierende Tradition der Krankheitsbeschreibung angespielt, diese aber nicht durch eine neue Definition einfach ausgetauscht, sondern offengelassen und gleichzeitig mit einer degenerativen Vorstellung von Tuberkulose enunziiert.

Indem der Text aber dergestalt die kranke Figur semantisch umbesetzt,[39] besetzt er auch zugleich die ästhetische Traditionslinie mit um, und definiert sich selbst als einen ›Tuberkuloseroman mit hässlichen Kranken‹. Dadurch wird Karoline Stöhr aber eine besonders wichtige Rolle im Roman zugesprochen, scheint sich doch über sie der Text als Literatur überhaupt erst zu definieren.

Ihr Sprechen ist deshalb auch durch die »rhetorischste aller rhetorischen Figuren«[40] charakterisiert, die seit Roman Jakobsons Ausführungen zu den basalen Ausdrücken der Literarizität zählt, nämlich die Paronomasie: »In einer Sequenz, wo Ähnlichkeit auf Kontiguität projiziert wird, nehmen zwei mehr oder weniger anstoßende, ähnliche phonematische Sequenzen oft eine paronomastische Funktion an«.[41] Literarizität entsteht für Jakobson dort, wo das phonetische Material des Wortes geändert wird.[42] Die Verschiebungen, mit denen Karoline Stöhr kreativ Sprache umformt und welche zu dem Sprachspiel, der Traumtextur des Textes gehören, werden von ihr auf besonders paradigmatische Weise vorgeführt.

Die Verschiebung von ›Magnat‹ zu »Magnet« (oder von ›Famulus‹ zu »Fomulus«) ist eine literarische Operation, welche auf dem Unterschied nur eines Buchstabens basiert. Dass die Paronomasie dabei Ähnlichkeiten mit dem Kalauer aufweisen kann, sollte, wenn man von Literatur spricht, nicht als Ausschlusskriterium gelten.[43] Der Unterschied, dass »die Paronomasie als geistreich, der Kalauer aber als albern gilt«,[44] wird gerade im *Zauber-*

[39] Vgl. dazu auch die Tradition der degenerierten Tuberkulosekranken bei King: Inspiration und Infektion, S. 69.

[40] Groddeck: Reden über Rhetorik, S. 139.

[41] Roman Jakobson: Linguistik und Poetik [1960]. In: Roman Jakobson: Poetik. Ausgewählte Aufsätze 1921–1971. Hg. von Elmar Hohenstein und Tarcisius Schelbert. 3. Aufl. Frankfurt a. M. 1993, S. 83–121, hier S. 111.

[42] Vgl. Jakobson: Poetik, S. 110: »In der Dichtung tendiert nicht nur die phonetische Sequenz, sondern überhaupt jede Sequenz semantischer Einheiten dahin, eine Gleichung zu bauen. Ähnlichkeit wird auf Kontiguität überlagert und verleiht der Dichtung ihr durch und durch symbolisches, vielfältiges und polysemantisches Wesen [...]. Technischer ausgedrückt: Jede Sequenz ist ein Simile. In der Dichtung, wo die Ähnlichkeit die Kontiguität überlagert, ist jede Metonymie leicht metaphorisch und jede Metapher leicht metonymisch gefärbt«.

[43] Hans H. Hiebel entwickelt gerade in seiner Interpretation von Texten Franz Kafkas ein Modell der Literatur, das sich aus der Witztheorie Sigmund Freuds speist; vgl. Hiebel: Franz Kafka, S. 129–163.

[44] Groddeck: Reden über Rhetorik, S. 139. Groddeck erwähnt zusätzlich die Bedeutsamkeit der Paronomasie für literarische Texte: »Die Wortspiel-Figur der Paronomasie wird vor allem dann theoretisch bedeutsam, wenn sie in literarisch reflektierten Texten erscheint, wo Klang und Eigensinn der Wörter Bedeutungskomplexionen hervorbringen. Der Signifikant, der Wortkörper, die Buchstäblichkeit werden zum Zentrum poetischer Produktion, und über die Funktion der Paronomasie läßt sich oft das poetische Verfahren eines ganzen Textes erfassen«.

berg mit Hinweis auf die unentwegten Kalauer des Hofrates obsolet.[45] Dass die Paronomasie als rhetorische Figur den Schwerpunkt auf das Sprachmaterial legt und deshalb zugleich mit Karoline Stöhr kritisiert wird, fügt sich einerseits in die Abwertung des Materiellen im Roman ein, weist andererseits darauf hin, dass sich der Text an Signifikanten entlangschreibt. So lässt sich etwa die Magnet-Magnat-Textstelle als Durchformulierung eines Wortspiels lesen:

Frau Stöhr nannte ihn einen »Geld-Magneten« (Magnat! Die Füchterliche!) und konnte dabei auf eine Perlenreihe hinweisen, die Madame Chauchat seit ihrer Heimkehr zum Abendkleide trug, und die nach Karolinens Meinung wohl kaum als Zeugnis transkaukasischer Gattengalanterie verstanden werden durfte, sondern der »gemeinsamen Reisekasse« entstammte. Sie zwinkerte dabei, wies seitlich mit dem Kopf auf Hans Castorp und zog in parodistischer Betrübnis den Mund herunter, indem sie, unverfeinert durch Krankheit und Leiden, seine Mißlage zu rücksichtsloser Verhöhnung ausnutzte. Er bewahrte Haltung. Er verbesserte ihren Bildungsschnitzer sogar nicht ohne Witz. Sie habe sich versprochen, sagte er. Geldmagnat. Aber Magnet sei auch nicht schlecht, denn offenbar habe Peeperkorn viel Anziehendes. (835)

Dass Peeperkorn »viel Anziehendes« besitze, unterstellt eine Verbindung von Attraktivität und Geld,[46] die noch einmal durch die Perlenkette hervorgehoben wird, denn diese ist etwas ›zum Anziehen‹. Karoline Stöhr ver*zieht* dabei ihr Gesicht und weist damit darauf hin, dass die Parodie und die Malapropismen in einem engen, buchstäblichen Zusammenhang stehen. Da die Passage als Erzählerrede gekennzeichnet ist – »Karolinens Meinung« –, aber ihre Worte wiedergeben soll, ist nicht klar, welcher Instanz welche Aussagen zuzusprechen seien, worin sich jedoch wiederum die Dialogizität

[45] Hofrat Behrens könnte man ohne Mühe mit dem Titel belegen, den ein Bekannter Freuds sich gab – »*Poeta Ka-laureatus*« (Sigmund Freud: Der Witz und seine Beziehung zum Unbewußten [1905]. In: Sigmund Freud: Studienausgabe. Hg. von Alexander Mitscherlich, Angela Richards und James Strachey. Mitherausgeber des Ergänzungsbandes Ilse Grubrich-Simitis. Limitierte Sonderausgabe. Bd. IV: Psychologische Schriften. Frankfurt a. M. 2000, S. 9–219, hier S. 47, H. i. O.).

[46] Vgl. Stefan Börnchen, Georg Mein und Gary Schmidt: Einleitung. In: Thomas Mann. Neue kulturwissenschaftliche Lektüren. Hg. von Stefan Börnchen, Georg Mein und Gary Schmidt. München 2012, S. XV–XXXI, hier S. XV f.: »Wie erhellend sogar Fehler – oder was man dafür halten mag – sein können, zeigt Thomas Manns *Zauberberg*. Einige der besten Pointen dieses Romanes kommen ausgerechnet von Frau Stöhr, also jener Person, die der Erzähler so nachdrücklich als ›dumm[ ]‹ und ›ungebildet‹ bezeichnet […]. So sagt Frau Stöhr ›Geld-Magnet[ ]‹ statt -Magnat und wirft damit ein Schlaglicht auf den Zusammenhang von Magnetismus, Sexualität und Geld. So fordert Frau Stöhr, an Joachim Ziemßens Grab solle die ›Erotika‹ von Beethoven gespielt werden‹, und nimmt so gewissermaßen die jüngeren geschlechtertheoretischen Interpretationen zur erotischen Kehrseite des männlichen Heroismus vorweg«.

der Sprache zeigt – es handelt sich um eine hybride Konstruktion. Versteht man die Passage als Wiedergabe der Ausdrücke Karoline Stöhrs, hat man es mit einer korrekten Fremdwortverwendung (»transkaukasischer Gattengalanterie«) zu tun, die durch Binnenalliteration (»*Ga*tteng*a*lanterie«) sogar eine gewisse Rhythmik aufweist und sie als Komponistin und Erzählfigur ausweist. Dass Hans Castorp Karoline Stöhrs Aussage »nicht ohne Witz« verbessert, legt nahe, dass der Witz nur bei ihm liege, ihre Aussage allerdings ›dumm‹ sei.[47] Es zeigt aber vor allem, dass ihre Aussage wie ein gescheiter Witz zu lesen ist, den sie durchaus auch selbst beabsichtigt haben kann, dass ihre Aussagen wie Witze mit Worten spielen. Zudem zitiert die Passage Hofrat Behrens, von dem der Ausdruck »gemeinsame Reisekasse« (829) stammt und setzt Stöhr, Behrens und Castorp als kreative Wortspieler gleich.

Erzählfiguren: Hans Castorp

Im Folgenden sollen mehrere Erzählfiguren in den Blick genommen werden und wie diese auf ihre je eigene Weise mit Sprache umgehen, Figuren arrangieren und Romanthemen zur Sprache bringen. Hans Castorps Dichterinitiation mithilfe des Grammophons wurde bereits beschrieben, seine Erzählrolle lässt sich jedoch nicht nur vor dem Hintergrund einer absichtlichen Monologisierung des Romaninhalts verstehen, sie hat durchaus parasitäre Züge. Dass er »niemals satt« (975) wird, seine Plattensammlung zu hören, deutet bereits darauf hin. Michel Serres hat in seinem Buch *Der Parasit* eine Kulturtheorie der Störung entworfen, gemäß der der Missbrauch nicht nur die basale intersubjektive Beziehung darstellt, sondern er hebt auch und gerade die Produktivität dieser Beziehung hervor.

Bei Serres ist der Parasit ein Störmoment, das die grundlegende Verfasstheit der Kultur beschreibt. Auf sämtlichen Gebieten des Lebens, von der Geschichte, über die Soziologie, Politik, Biologie und Technik sind es für ihn parasitäre Beziehungen, die erst den Beginn von Entwicklungen markieren. Serres überträgt damit das informationstheoretische Modell Shannon und Weavers, laut dem in jeder Botschaft das Rauschen notwendig dazugehört, auf die Kultur und versteht jede Form von Interaktion

[47] Der hier beschriebene Vorgang ließe sich auch als erfolgreich abgeschlossene Immunisierung verstehen, da Hans Castorp sich nun in der Lage sieht, die Malapropismen Karoline Stöhrs in Informationen zu verwandeln.

(Mensch/Mensch, Mensch/Tier, Mensch/Erde, Mensch/Maschine, Tier/Erde etc.) als Kommunikation, der immer auch ein Störmoment eingeschrieben ist. Der Entwurf von Serres geht davon aus, dass Produktion, also das Schaffen von etwas, die originäre kreative Leistung, selten ist und deshalb, wenn sie auftritt, sofort Parasiten anzieht. Diese Parasiten versuchen, einen Teil des Produzierten für sich abzuzweigen und eine günstige Position in der Nähe der Produktionsquelle zu besetzen und zu verteidigen. Das Abzweigen sorgt für die Komplexitätssteigerung eines Systems, weil sich dadurch neue Verwendungsmöglichkeiten für das vom Wirt Produzierte ergeben.[48]

Die Beziehung zwischen Lodovico Settembrini und Hans Castorp lässt sich als doppelseitiges Verhältnis zwischen Wirt und Parasit begreifen, das nicht die Gestalt einer Symbiose – dies wäre das Gegenmodell zum Parasitentum – gewinnt.[49] Die Basis dieser Dynamik liegt in Settembrinis Verständnis von Erziehung begründet. Bei seiner ersten Erörterung der Beziehung zwischen Mentor und Zögling erwähnt er, dass nur dem Erzieher eine Kontrollfunktion in diesem Modell zukomme:

> Der begabte junge Mensch ist kein unbeschriebenes Blatt, er ist vielmehr ein Blatt, auf dem gleichsam mit sympathetischer Tinte alles schon geschrieben steht, das Rechte wie das Schlechte, und Sache des Erziehers ist es, das Rechte entschieden zu entwickeln, das Falsche aber, das hervortreten will, durch sachgemäße Einwirkung auf immer auszulöschen. (154)

Settembrinis Konzeption ist einsinnig gedacht, denn nur der Erzieher kann auf den Zögling einwirken, nicht aber umgekehrt. An anderer Stelle erbittet er sich von Castorp die Erlaubnis, »Ihnen bei Ihren Übungen und Experimenten ein wenig zur Hand zu gehen und berichtigend auf Sie einzuwirken, wenn die Gefahr verderblicher Fixierungen droht« (306). Settembrini drängt sich Castorp als dessen Mentor auf. Man kann insofern Settembrini als Castorps Parasiten ansehen. Beide Parteien in dieser Beziehung produzieren nur zum Eigennutz: Settembrini, um seine humanistischen Ansichten weitergeben zu können, Hans Castorp, um Wissen zu sammeln. Der Wille zum Eigennutz ist gleichzeitig Bedingung wie Charakteristikum des Parasiten bei Serres. Einerseits lagert sich dieser dort an, wo der seltene

[48] Vgl. Serres: Der Parasit, S. 58: »Der Parasit erfindet eine neue Möglichkeit; weil er nicht wie alle speist, konstruiert er eine neue Logik. Er kreuzt, er diagonalisiert den Austausch. Er tauscht nicht, er wechselt die Münzart«.

[49] Wenn man Symbiose so versteht, dass beide Partner einen Gewinn daraus ziehen, der sie dazu motiviert, die Beziehung aufrecht zu erhalten. Die Beziehung von Settembrini und Castorp ist von vielen Verwerfungen geprägt.

Fall der Produktion vorkommt, andererseits geht es ihm – das wäre gewissermaßen die Psychologie des Parasiten – nicht um die Weitergabe dieser Produktion. Sibylle Krämer hat in einer Interpretation von Serres' Konzept diese Wechselseitigkeit von »Austausch« und Parasitismus benannt: »Das Parasitäre im Sinn von Serres bildet nun nicht den schlichten Gegensatz zum Austausch, sondern erweist sich als dessen nicht eliminierbare Dimension. So, wie es keine Struktur ohne Störung gibt, so gibt es keinen Austausch ohne das Parasitäre«.[50]

Für Hans Castorp ist Settembrini ein »Störender« (365), der seinen Tagesablauf durch Belehrungen unterbricht. In seiner Perspektive geht es dem Italiener »nicht ganz allein um die Lehren [...], vielleicht um sie erst in zweiter Linie, sondern besonders um das Sprechen, wie er die Worte springen und rollen läßt« (155). Castorp misst deshalb ihren Gesprächen »zu wenig gesprächsmäßigen Charakter« (369) zu. Settembrini produziert also in Castorps Perspektive vor allem für sich selbst. Doch auch Castorp wird für Settembrini zur Störung; die Ausführungen seines Zöglings beeinträchtigen seine Reden negativ: »›Schweigen Sie, Ingenieur!‹ [...] ›Unterrichten Sie sich, aber produzieren Sie nicht![‹]« (610). Castorp kommt für Settembrini also nur die Rolle zu, passiv aufzunehmen und die Produktion des eigenen Sprechens zu ermöglichen, wodurch er ihn in die Positionen des Parasiten rückt. Er bietet ihm seine Beihilfe »[g]anz sine pecunia« (306)[51] an und ermöglicht ihm also, seine Elaborate – mit Serres gesprochen – »unentgeltlich« zu verwerten.[52] Zudem lässt sich Hans Castorp als Untersuchungsgegenstand Lodovico Settembrinis auffassen: Bevor er ihm von seinem Projekt einer »Enzyklopädie der Leiden« (374) berichtet, erwähnt er: »Sie leiden, Ingenieur! [...] Sie leiden wie ein Verirrter« (370). Castorp liefert für ihn also einen Beobachtungsgegenstand einer »Soziologie der Leiden« (373), er wird so selbst zum Gegenstand dieses Schreibprojekts, das »Meisterwerke der Weltliteratur« (374) beinhalten soll.

Hans Castorp versucht zugleich, sich in »einen permanenten oder quasipermanenten Kontakt«[53] mit ihm zu begeben und erwähnt gegenüber seinem Vetter: »[U]m Herrn Settembrini noch recht oft zu hören und mir

[50] Sibylle Krämer: Medium – Bote – Übertragung. Kleine Metaphysik der Medialität. Frankfurt a. M. 2008, S. 79.

[51] Hier sei auch daran erinnert, dass Karoline Stöhr beim Niesen und Jucken von den »kostenfreie[n] Genüssen des Lebens« (264) spricht. Castorp wird dadurch auch wieder in die Nähe zu dieser Figur gerückt.

[52] Für Michel Serres: Der Parasit, S. 16, ist es selbstverständlich, dass das »Wirtstier« dem Parasiten »unentgeltlich« Verpflegung zukommen lässt.

[53] Serres: Der Parasit, S. 16. Der »permanente[] oder quasi-permanente[] Kontakt« ist ein Kennzeichen des Verhältnisses Wirt/Parasit.

von ihm gesprächsweise zur Hand gehen zu lassen, könnte ich beinahe wünschen, unabsehbar lange febril zu bleiben und hier bei euch festzusitzen« (307). Wie der Ausdruck »gesprächsweise zur Hand gehen« zeigt, ›(para-)zitiert‹ Castorp hier Settembrini für seine eigenen Ausführungen.[54] Die von Castorp so betriebene Eigenproduktion mit Versatzstücken wird von Settembrini als negativ angesehen. So entgegnet der Italiener ihm »vornehm«, nachdem Castorp Gedanken des Italieners zu »Plotinus« und »Voltaire« in einem Gespräch mit Naphta gegen ihn wendet und dabei zu einem Lachanfall Naphtas beiträgt, der sich in einen Hustenanfall auswächst: »Sie schädigen unseren Wirt, indem Sie so witzig sind und erweisen sich also undankbar für dies köstliche Gebäck. Ist Dankbarkeit überhaupt Ihre Sache? Wobei ich voraussetze, daß Dankbarkeit darin besteht, von empfangenen Geschenken einen guten Gebrauch zu machen« (597). Hinter der Kritik an Naphtas Schädigung durch Castorp durch dessen eigene Geschenke steht eine Kritik an Settembrinis Schädigung durch Castorp durch dessen eigene Worte. Diese sind auch »Gebäck«, denn Castorp vergleicht Settembrinis Sprache mit Brot: »[J]edes Wort springt ihm so rund und appetitlich vom Munde, – ich muß immer an frische Semmeln denken, wenn ich ihm zuhöre« (155). Es wird suggeriert, dass Castorp Settembrini »schädige[]«, indem er dessen Worte unpassend gebrauche. Laut Serres »[bietet] [d]as Wirtstier [...] Nahrung auf Kosten seiner Vorräte oder seines Lebens«.[55] Indem Settembrini von Schädigung spricht, impliziert er, dass durch den unpassenden Gebrauch die Worte an Bedeutung verlören und dadurch gleichsam ›weniger wert‹ seien. Castorps Übertragung ist keine verlustfreie, von Settembrinis Position aus gesehen eine gestörte Kommunikation. Settembrinis Auffassung entspricht insofern derjenigen John L. Austins als auch für ihn der wiederholte Ausdruck des Gleichen im unpassenden Kontext eine Entwertung der sprachlichen Mitteilung darstellt. In der Figur Settembrinis unterscheidet der Roman also zwischen einem ›guten‹ – das wären etwa an ›passender‹ Stelle angebrachte Bildungszitate – und einem ›schlechten‹ Zitieren, was den Eindruck, es gäbe ein ernstes,

[54] Der Ausdruck »Parazitieren« stammt von Brigitte Weingart: Ansteckende Wörter, S. 47f.: »Beim parodistischen Umgang mit AIDS werden Versatzstücke aus dem Diskurs über die Immunschwäche auf eine Weise verwendet, die man auch als ›Parazitieren‹ bezeichnen könnte. Die abweichenden Zitate können sich durchaus auf ein ›Original‹ beziehen, das nur in der Form von ›Figuren, Klischees, Stereotypen, Vorstellungsarten, pragmatischen Ritualen usw.‹ vorliegt, also als Elemente dessen, was Link als ›Interdiskurs‹ bezeichnet. Aus dieser Perspektive geraten nicht nur die Weiterverarbeitung von Literatur bzw. ›artistic material‹ in den Blick [...], sondern auch Referenzen auf ein diffus zirkulierendes, aber dennoch – vor allem aber durch Medien der Popularisierung wie Journalismus verbreitetes – Alltagswissen«.

[55] Serres: Der Parasit, S. 16.

nicht-parodierendes, Sprechen, verstärkt. In der parasitären Konstellation im Kleinen spiegeln sich die für den Text konstitutiven Verhältnisse des parodierenden Sprachgebrauchs. Die (para-)zitierende, infektiöse und iterative Textur des Romans wird am Beispiel der beiden Figuren Settembrini und Castorp vorgeführt. Auch zu der parasitären Konstellation Castorp/Settembrini lässt sich die Krankheitsbeschreibung zu ihrer »parasitischen Zellvereinigung« in Beziehung setzen: Indem Castorp Settembrinis Reden unterbricht und die beliehenen Textpassagen gegen die Absicht seines »Wirt[es]« einbringt, wird er für ihn ein Störenfried, der für negative Tauschgeschäfte sorgt und damit auch in einem gewissen Sinne – um ein Charakteristikum des Parasiten im Roman zu nennen – »Stoff wechselt[]«. Die Ansteckungs-Textur strukturiert auch Sozialbeziehungen.

Die Fähigkeit zum asymmetrischen Tausch zeigt Hans Castorp bereits am Essenstisch, einem Ort des Konsums, wo er mit seiner Tischnachbarin Fräulein Engelhart ein libidinöses Tauschspiel betreibt. Fräulein *Engel*hart wird für ihn zum ›Engel‹, zur Botin. Hans Castorp flirtet dafür mit ihr und gemeinsam erregen sie sich an Clawdia Chauchat:

> Es war sonderbar, was die beiden Tischnachbarn da trieben. Beide wußten, daß sie doppelt und dreifach logen, daß Hans Castorp nur, um von Frau Chauchat sprechen zu können, die Lehrerin mit ihr neckte, dabei aber ein ungesundes und übertragenes Vergnügen darin fand, mit dem alten Mädchen zu schäkern, – welches ihrerseits darauf einging: erstens aus kupplerischen Gründen, dann auch, weil sie sich dem jungen Manne zu Gefallen wohl wirklich etwas in Frau Chauchat vergafft hatte, und endlich, weil sie es kümmerlich genoß, sich irgendwie von ihm necken und rot machen zu lassen. (211 f.)

Das »übertragene[] Vergnügen«, das beide Personen zusammenbringt, setzt sie nicht nur zu Clawdia Chauchat in Beziehung, es signalisiert zugleich, wie Figuren im Roman austauschbar werden und Sprechen stets auch eine libidinöse Aufladung erhalten kann. Fräulein Engelhart und Hans Castorp stellen sich hier selbst als *Stand-Ins* und Rollenspieler aus, die sich mehrfach verstellen. Damit ist, so könnte man argumentieren, das Reden im Roman als permanente Metaphernproduktion markiert, bedeutet »*metaphérein*« doch »Übertragung«.[56] Im Roman kann die Erotik zu einem vermittelnden Dritten werden, das üblicherweise getrennte Bereiche zusammenbringt. Libido und Wortschaffung werden in Beziehung gesetzt: Nicht nur ist es die Erotik, welche das Reden motiviert, sie motiviert eine fortgesetzte Metaphernproduktion im Sprechen. Wobei die Gespräche selbst schon eine metaphorisch kaum verhüllte Sexualbetätigung darstel-

[56] Kluge. Etymologisches Wörterbuch der deutschen Sprache, S. 615.

len, die man »gen[ießt]«, bei der man sich »neckt« (die Homophonie zu ›nackt‹ klingt darin mit)[57] und sich erregt, »rot mach[t]«.

Die Tischszene illustriert eine Dimension des Parazitierens, also des zitathaften und gleichzeitig verändernden Umgangs mit Vorlagen. Das Parazitieren kann eine eigene, sich fortpflanzende Dynamik entfalten, eine »infektiöse[] Kommunikation« des »Klatsches bzw. d[er] Zirkulation von Gerüchten«.[58] Im geschlossenen Bezirk des Sanatoriums zehren die Bewohner davon, sich über Mitpatienten unterhalten zu können, sie produzieren unentwegt Klatsch und verbreiten Gerüchte. Hans Castorp spricht nicht nur von den Insassen, er verbreitet auch selbst gehörtes und angelesenes Wissen unter denselben. Was er tut, wenn er Romanfiguren berichtet, was ihm andere Figuren wiederum erzählt haben, ist ein Kommunizieren mit Bildungsgerüchten. Zudem redet Castorp zwar weniger über andere Personen, seine Tätigkeiten werden jedoch – in der Auseinandersetzung mit der Pathologie ist dies ganz deutlich – als Ersatzbildungen und Fetischisierungen begehrter Personen (Pribislav Hippes und Clawdia Chauchats) dargestellt. Das Weitergeben von angelesenen Informationen ist ein camoufliertes Sprechen über Romanfiguren. Hans Castorps Bildungsinteresse wird im Roman damit auch libidinös markiert.[59]

Hans Castorp geht im Roman weitere parasitäre Beziehungen ein und bringt damit Personen zusammen, die ohne ihn nicht in Beziehung treten würden. Castorp, der von sich selbst behauptet, er sei »Realist« (394), und von dem Settembrini sagt, er »liebe[] Geschichten« (302), erzeugt selbst solche und wird zu einer zentralen erzählerischen Instanz. Bei Serres ist es der Parasit, der neue Verbindungen herstellt, indem er unterschiedliche Quellen für sich zu nutzen weiß.[60] Eine solche Funktion kommt auch Castorp zu:

Er [Castorp, B.M.] täuschte sich denn auch nicht darin, daß die Mitglieder seines buntscheckigen Freundeskreises sich wenigstens daran gewöhnen würden, daß sie sich nicht aneinander gewöhnten: Spannungen, Fremdheiten, sogar stil-

[57] Solche Lautähnlichkeiten sind bei Mann keine Ausnahme. Eben diese vermerkt er in einem Notizbuch im Kontext des *Zauberbergs*: »Erotische *Prädilektionen*: Nacken (wobei der Begriff ›nackt‹ mitspielt) und Arme« (H.i.O.). Thomas Mann: Notizbücher 7–14. Hg. von Hans Wysling und Yvonne Schmidlin. Frankfurt a.M. 1992, S. 227.

[58] Vgl. Weingart: Ansteckende Wörter, S. 156.

[59] Wissenschaftliche Betätigungen, man denke etwa an die Mathematik des Staatsanwalts Paravant, sind im Sanatorium oft Sublimationsvorgänge.

[60] Vgl. Serres: Der Parasit, S. 64f.: »Und eben dies ist die Bedeutung der Vorsilbe *para* in dem Wort Parasit: Er ist daneben, er ist bei, er ist ausgesetzt von, er ist nicht auf der Sache, sondern auf der Beziehung. Er hat Beziehungen, wie man sagt, und macht ein System daraus. Er ist stets mittelbar und niemals unmittelbar. Er hat Beziehung zur Beziehung, er hat Bezug zum Bezug, er ist dem Kanal aufgepfropft«.

le Feindseligkeit gab es selbstverständlich genug zwischen ihnen, und wir wundern uns selbst, wie es unserem unbedeutenden Helden gelingen mochte, sie um sich zusammenzuhalten, – wir erklären es uns mit einer gewissen verschmitzten Lebensfreundlichkeit seines Wesens, die ihn alles »hörenswert« finden ließ, und die man Verbindlichkeit selbst in dem Sinne nennen könnte, daß sie nicht nur ihm die ungleichartigsten Personen und Persönlichkeiten, sondern bis zu einem gewissen Grade sogar diese untereinander verband. (877)

Castorp wird selbst zu einem Arrangeur des Textes. Dadurch macht er auch Beziehungen sichtbar, die die Erzählerfigur beschreibt.[61] Er produziert unterschiedliche »kaskadenförmig parasitär[e]« Beziehungen,[62] die sich miteinander vernetzen: Die erste Kaskade besteht aus Pieter Peeperkorn, Clawdia Chauchat als »Hörige Peeperkorns«, Hans Castorp, der Chauchat »abhängig, unterworfen, leidend und dienend« gegenüber steht und Ferdinand Wehsal, »der Frau Chauchat schwelend begehrt[ ] und Peeperkorn und Hans Castorp niedrig verehrt[ ]«. Lodovico Settembrini ist der »erzieherische[ ] Freund[ ]« Castorps (878) und steht in Opposition zu Leo Naphta. Gemeinsam stehen diese beiden in Opposition zu Peeperkorn und Chauchat, wobei Naphta und Chauchat sich jedoch »zuweilen gesondert [unterhalten] [...]; und Hans Castorp [...] treuherzig teil daran [nimmt]« (879).[63] Castorp schafft es, sich in allen Beziehungen an eine günstige Position zu setzen, um die Gesprächsinhalte zu erfassen. Er wird dabei von einem bloß teilnahmslosen Zuhörer zu einem Experimentator, indem es ihm gelingt, »den königlichen Stammler [Peeperkorn, B.M.] mit seinen beiden ›Regierungsräten‹ [Settembrini und Naphta, B.M.] [...] zusammenzubringen und den Effekt zu studieren« (879f.) und dadurch »Unruhe« (881) zu produzieren.

Hans Ca*stor*p, dessen Name mit der *Stö*rung in einem Verhältnis der Signifikantenähnlichkeit steht, beteiligt sich auch an den parasitären Praktiken des Sanatoriums und produziert durch parasitierenden und parodierenden Sprach- und Figurengebrauch neue Bedeutungen, Personenarrangements und Romanthemen.

[61] Die Erzählerfigur selbst behauptet »sichtbar zu machen, so, wie Hans Castorp selbst sie auf diesen Spaziergängen verschmitzten und lebensfreundlichen Auges betrachtete« (877f.).

[62] Serres: Der Parasit, S. 15: »Das System, das hier auf einer Produktion errichtet ist, die für den Augenblick in einer Black-box verbleiben mag, ist kaskadenförmig parasitär. Die Kaskadenform ordnet Wissen, die Wissenschaften vom Menschen und die Wissenschaften vom Leben; sie veranlaßt uns, die Sprache zu wechseln, ohne jedoch den Gegenstand zu verändern«.

[63] Es gibt noch »Herr[n] Ferge, der einzige in der kleinen Gesellschaft, der außer allen hin und wider laufenden Beziehungen stand« (897).

Erzählfiguren: Karoline Stöhr I

Als Künstlerin, als eminent literarische Figur und als Stabilisatorin der Parodie kommt Karoline Stöhr auch die Funktion einer Kommentatorin des Textgeschehens und Komponistin des Textes zu, der Roman ist also ganz besonders an ihr »interessiert«.[64] Ihre Malapropismen[65] lassen sich deshalb nicht nur als unterhaltsame Einsprengsel verstehen, sie lassen sich auch als Aussagen begreifen, die ideologische und poetologische Konstellationen des Textes auf besonders sinnfällige Weise ausdrücken. Denn diese sind *»Mischworte[]«*[66] und als solche Produkte von witzigen »Vorgängen der Verdichtung«.[67]

Deshalb kann Karoline Stöhr mit ihren Malapropismen zu den »begabtesten Witzfiguren des Romans« gezählt werden, von der »nicht nur die witzigsten[,] sondern auch die ›tiefsinnigsten‹ Wortvermischungen« ausgehen.[68] Sie ist damit per se komödiantisch und scharfsinnig, auch wenn ihr Letzteres von den Romanfiguren und der Forschung meistens abgesprochen wird und wurde. Unfreiwillig komisch sind aber auch andere Figuren des Romans. Joachim Ziemßen etwa, der seine Rolle als Patient ganz diszipliniert ausfüllt und damit im Gegensatz zu seinen ›liederlichen‹ Kollegen steht, sagt, als er von Karoline Stöhr erzählt, er »lungere« (29) herum. Seine Aussage ist ein unbeabsichtigter Witz, weil seine Krankheit – die *Lungen*tuberkulose – seine Tätigkeit bestimmt. Es gibt ähnliche Wortspiel- und

[64] Es sei noch erwähnt, dass ein Grund dafür, dass Karoline Stöhr so selten als kreative literarische Figur des Textes in den Blick genommen wird, darin liegen könnte, dass die Erzählerfigur sowohl sich als auch seine Leser als männlich ausweist, beispielsweise während der Séance, wenn sie, die Leserschaft adressierend, sagt »[w]ir Männer« (1026). Karoline Stöhr steht als Frau also zunächst nicht mit Literarizität, mit dem Leben oder Schreiben, in einer Beziehung.

[65] Vgl. zu einer Begriffsdefinition Lexikon der Sprachwissenschaft. Hg. von Hadumod Bußmann. 3., aktualisierte und erweiterte Aufl. Stuttgart 2002, S. 418: »Aus Unkenntnis oder Absicht falsch verwendetes Fremdwort«. Ein Synonym des Malapropismus ist der »Gallimathias«, also jenes Sprechen, das einige Insassen beim Kartenspiel mit Peeperkorn befällt (862).

[66] Freud: Der Witz und seine Beziehung zum Unbewußten, S. 23. Das Zitat bezeichnet eine besondere Form des Witzes (H. i. O.).

[67] Freud: Der Witz und seine Beziehung zum Unbewußten, S. 149. Das Zitat entstammt einer Auflistung von Witztechniken, die Freud in Analogie zur »Traumarbeit« versteht (»daß die Vorgänge der Verdichtung mit und ohne Ersatzbildung, der Verschiebung, der Darstellung durch Widersinn, durch das Gegenteil, der indirekten Darstellung u. a., welche wir an der Herstellung des Witzes beteiligt fanden, eine sehr weitgehende Übereinstimmung mit den Vorgängen der ›Traumarbeit‹ zeigen«).

[68] Frederick A. Lubich: Die Dialektik von Logos und Eros im Werk von Thomas Mann. Heidelberg 1986, S. 89.

Witzbetätigungen also auch bei anderen, ›ernsteren‹ Figuren als Karoline Stöhr.

Die Pejorisierung, die Karoline Stöhr durch das übrige Romanpersonal erfährt, deutet nicht darauf hin, dass sie tatsächlich dumm ist, sondern zeugt eher von einer Dummheit der übrigen Figuren. Indem diese Karoline Stöhrs Malapropismen stets nur wörtlich verstehen, obwohl sie sich auch figurativ verstehen lassen, projizieren sie den eigenen mangelnden Scharfsinn auf die Figur.

Sigmund Freud stellt eine Ähnlichkeit zwischen Witz und Traum her, die mit der Signifikantenlogik von Texten in Verbindung gebracht wurde.[69] So lässt sich auch eine Verknüpfung zu den »Fehlleistungen« herstellen, als welche die Stöhr'schen Malapropismen im Roman erscheinen. Die Fehlleistungen beruhen bei Freud auf klanglichen oder assoziativen Einflüssen,[70] ähnlich wie es beim Witz der Fall ist. Freud führt Beispiele aus der Literatur an, um zu untermauern, dass Fehlleistungen etwas »Sinnvolles« seien, weil sie sich doch auf die Intention des Autors berufen könnten.[71]

Einen weiteren Grund dafür, Karoline Stöhrs ›Versprecher‹ als sinnvolle Textkommentare zu lesen, ließe sich aus einer strukturellen Ähnlichkeit zur Leitmotivik erklären. Diese ist, laut Thomas Mann, als eine Geheimkommunikation gedacht,[72] als ein Rätselspiel mit dem Leser, dem eine untergelegte Sinnebene zugedacht wird. Auch die Malapropismen lassen sich, mit Freud, als Geheimkommunikation verstehen.

In einem gewissen Sinn stellen die Malapropismen damit das kompositionelle Prinzip des Textes, Verschiebungen und Verdichtungen zu produzieren, *en miniature* dar. Auch wenn die Leitmotivik nicht in der Lage ist, ihre Bedeutungen zu vereinheitlichen, macht dies eine Lektüre der Malapro-

[69] Vgl. Hiebel: Franz Kafka, S. 129–163, der den Zusammenhang von Witzen und Träumen ausarbeitet. Vgl. dazu auch die Ausführungen in dem Kapitel *Textur: Infektion und Iteration.*

[70] Freud sieht als Gründe für die Versprecher »Lautbeziehungen«, »Wortähnlichkeiten« und »Wortassoziationen«. Vgl. Sigmund Freud: Vorlesungen zur Einführung in die Psychoanalyse (1916–17 [1915–17]). In: Sigmund Freud: Studienausgabe. Hg. von Alexander Mitscherlich, Angela Richards und James Strachey. Mitherausgeber des Ergänzungsbandes Ilse Grubrich-Simitis. Limitierte Sonderausgabe. Bd. I: Vorlesungen zur Einführung in die Psychoanalyse und Neue Folge. Frankfurt a. M. 2000, S. 34–445, hier S. 58.

[71] Vgl. Freud: Vorlesungen zur Einführung in die Psychoanalyse, S. 59 f.: »Es ist wiederholt vorgekommen, daß ein Dichter sich des Versprechens oder einer anderen Fehlleistung als Mittels der dichterischen Darstellung bedient hat. Diese Tatsache muß uns für sich allein beweisen, daß er die Fehlleistung, das Versprechen z. B., für etwas Sinnvolles hält, denn er produziert es ja absichtlich. Es geht doch nicht so vor, daß der Dichter sich zufällig verschreibt und dann sein Verschreiben bei seiner Figur als ein Versprechen bestehen läßt. Er will uns durch das Versprechen etwas zum Verständnis bringen«.

[72] Vgl. dazu auch das Kapitel *Textur: Infektion und Iteration.*

pismen als textuelle Fehlleistungen nicht unmöglich, wenn auch immer in dem Bewusstsein, bloß vorläufige Deutungen präsentieren zu können. In Fehlleistungen brechen sich unbewusste Bedürfnisse und Gedanken Bahn. An textuellen Fehlleistungen lassen sich unbewusste Textinhalte ablesen, solche, die durch die Zensur prominenter Erzählfiguren unterdrückt werden. Durch den Vergleich mit den sprachlich korrekten Ausdrücken lassen sich Austauschbeziehungen herstellen; es lässt sich beobachten, wie im Text voneinander getrennte Bereiche in Beziehung gebracht werden, was Rekontextualisierungen ermöglicht.

Denn einerseits lassen sich Karoline Stöhrs Fehlleistungen figurenpsychologisch verstehen, indem sie etwas über die Figur und die Lebensweise im Sanatorium verraten und so die diskursiven Verzweigungen der Krankheit illustrieren und die Signifikantenketten fortschreiben, andererseits weisen sie auf die rhetorische Verfasstheit des Textes, seine Verweisstruktur und Bedeutungsspiele hin und durchbrechen damit eine realistische, psychologische Figurensicht.

Dass die Desinfektion Geld kostet und das Sanatorium ein Unternehmen ist, dem es ums Geldmachen geht, zeigt sich im »[d]esinfiszieren« (28), steckt darin doch das Wort ›Fiskus‹.[73] Freche Patienten sind auch nicht ›insolent‹, sondern »insolvent« (451), weil ihre Krankheit die Körper ›ruiniert‹. Ein »Sterilett« (29) und kein ›Stilett‹ trägt Frau Iltis auch deshalb, weil sie – wie der Großteil der Patienten – steril ist.[74] Die Bezeichnung, dass Hofrat Behrens eine »Tournee« (116) an den Essenstischen der Patienten unternimmt, weist darauf hin, dass er ein Varietéprogramm aufführt.

Eine mit der Krankheit verbundene rauschhafte Auflösung referentiellen Sprechens zeigt sich in »Agonje« (451),[75] das die groteske Seite des Todes zur Geltung bringt und mit dem Lachen, unter welchem Hans Castorps Mutter stirbt, ebenso in Beziehung steht wie mit Karoline Stöhrs Ausdrücken »Hi und Hu« (1009), »Ei, ei, ei« (263) und »Hi, hi, hi« (231).[76] Eine

[73] Vgl. Gerhard Adam: Hans Castorp, in re Brotsack (28.02.2010). (http://www.hans-castorp.de/41919.html; letzter Aufruf: 01.10.2014): »In ›Desinfiszieren‹ steckt das bekannte lat. Wort ›fiscus‹ (›Geldkorb‹, Fiskus)«. Und ›Fiskus‹ ähnelt auch ›Fisch‹, Karoline Stöhr spricht also auch über sich selbst, vermag sie nicht zuletzt auch »achtundzwanzig Fischsaucen« herzustellen (129).

[74] In der Signifikantenlogik des Textes können Namen zudem auf Eigenschaften verweisen und gerade der Name ›Iltis‹ geht im Buchstabenmaterial von ›*Sterilett*‹ vollständig auf.

[75] Vgl. dazu auch Lubich: Die Dialektik von Logos und Eros im Werk von Thomas Mann, S. 87: »So findet etwa die Travestie des Sterbens – wie sie vor allem Frau von Mallinckrodt und die ›Überfüllte‹ vorexerzieren – in Stöhrs Wort von der ›Agonje‹ ihre treffende lautmalerische Ausschmückung«.

[76] »Ei« sagen auch Lodovico Settembrini, Mynheer Peeperkorn und Leo Naphta (vgl. S. 680, 894, 890).

ähnliche Wortverdrehung wird ihr bei der Aussprache von *in dulci jubilo* zugesprochen, wobei sie »dulci« wie »dolce« ausspricht (482), worin sich ihre Vorliebe für »Süß-Geistiges« (493) erneut zeigt, trinkt sie dabei doch »süßen Schnaps« (482). Das ›Süße‹ als Zeichen mangelnder Tiefe und Schwere lässt sich in Beziehung setzen zu anderen Krankheitszeichen, die sie treffend ins Licht rückt: Behauptet sie, sie leide an »Affektation[en]« ihrer »Lungenspitzen« (622), ruft dies in Erinnerung, dass die Krankheit mit Geziertheit verbunden ist. Dass Hans Castorp an »Tempus« (263) statt ›Temperatur‹ leide, deutet an, dass das Fieber Körper und Zeit konsumiert. Joachim Ziemßens Rückkehr ist deshalb »oberfaul« (756), weil sein Körper innerlich verfault – und faul sind die meisten der Patienten auch aufgrund ihrer Betätigungslosigkeit. Die Verbindung von Verschwendung, Unproduktivität, defizitärer Referentialität und Oberflächlichkeit als Merkmale des Sanatoriumslebens zeigen sich in den Aussagen dieser Figur, die damit auch ihre eigene Lebensweise erläutert.

»[K]osmisch[]« und nicht ›kosmetisch‹ ist die »Anstalt« in Davos-Dorf, in der sich Karoline Stöhr ihr »Zahnwasser« (117) kauft, da den Patienten ihr Aussehen besonders wichtig ist, sie auf die Oberfläche Wert legen. Das zeigt sich etwa daran, dass die Patientinnen in »Spitzenwäsche« die »Untersuchung« aufsuchen (452) – das Aussehen wird im ›Kosmos‹ des Sanatoriums für sie alles. Der Ausspruch »kosmisch[]« verweist ebenso wie der »Unsinn«, den Karoline Stöhr über das Wesen der »Sonnenfinsternis« berichtet (451), auf die astronomischen Bemühungen Hans Castorps und trennt seine ›ernsthaften‹ von ihren ›falschen‹ Aussagen, illustriert aber, dass sich beide den gleichen Themen widmen. Dabei rufen ihre Aussagen allerdings zudem ein Bildfeld auf, das allgemein mit Gelehrsamkeit und Genialität verbunden ist, nämlich das der Melancholie. Die Sonnenfinsternis ist ebenso topisch mit der Melancholie verbunden wie Karoline Stöhrs Sitzposition, bei der sie »[d]ie linke Hand […] geballt in der Nähe ihrer Wange« (70) hält.[77] Dies erinnert an Dürers *Melencolia I.* Auch der Ausdruck, Karoline Stöhrs Kopf sei »voll unnützer Daten und Dinge« (623) verweist auf die zerstreuten Gegenstände zu Fuß des melancholischen Engels. Durch

[77] Auch wenn es sich bei Karoline Stöhr um die rechte Faust handelt, und bei Dürers Stich um die linke, ist die Tradition damit dennoch belehnt. Hans Castorp selbst kann auch mit dieser Melancholie-Figuration identifiziert werden: Er ahmt im Verlauf des Romans mehrfach die »Kinnstütze« (181, 589, 1058) seines Großvaters nach und auch eine andere Stelle erinnert an das Dürer-Bild: »Hans Castorp saß, das Kinn in der Faust. Er blickte zum Mansardenfenster hinaus, und in seinen einfachen blauen Augen war eine gewisse Widerspenstigkeit zu lesen« (780). Vgl. zur Melancholie im Roman auch Johann Glatzel: Melancholie in Thomas Mann »Zauberberg«. In: Melancholie in Literatur und Kunst. Hg. von Dietrich von Engelhardt u. a. Hürtgenwald 1990, S. 198–213.

die Parallelen zu diesem Bild wird die Figur Karoline Stöhrs aber zu einer Figuration der genialen Dummen, also zu einem »Oxymoron«.[78]

Karoline Stöhr verfügt über einen reichen Fundus literarischer und kunstgeschichtlicher Anspielungen. Dass sie *Benvenuto Cellini* nicht Goethe, sondern Schiller zuordnet, ist nicht nur ein Beweis dafür, dass sie überhaupt liest, es macht durch Aussparung auf einen wichtigen Intertext des Romans aufmerksam, nämlich den *Faust*. Und genau dieses Stück zitiert sie, wenn sie Hofrat Behrens »de[n] Alte[n]« (116) nennt – und nimmt dabei *en passant* die literaturhistorisch besetzte Position des gewieften Mephistopheles ein, der dies gegenüber Gott äußert. Dass sie das obligatorische Sputumfläschen der Patienten »Blaue[r] Heinrich« (120) nennt, verweist auf Gottfried Kellers Roman und die Gattung des Bildungsromans, der sich der *Zauberberg* dezidiert verpflichtet zeigt.[79] Durch den Austausch der Farbe grün durch blau ruft sie nicht nur diesen Intertext auf, sie markiert blau als Farbe der Krankheit, haben die Patienten, die an Sauerstoffmangel leiden, doch »blau[e]« »Nasenspitze[n] und Lippen« (713). »[B]lutunterlaufene[] Blauaugen« zeigt auch Hofrat Behrens (808), und Karoline Stöhr trägt selbst eine »schottische[] Wollbluse« (70) oder einen »himmelblauen [...] Sweater« (952).[80]

Besonders interessiert ist der Roman also auch deshalb an ihr, weil ihre Wortspiele, trotz der Beteuerung Hans Castorps, diese seien »unernst«, zur Interpretation einladen und damit die Suche nach Signifikantenketten in Gang setzen.

Das Versprechen von »obskur« (551) statt ›obszön‹ verweist auf die Verbindungen zwischen Krankheit und Erotik, ist die Krankheit doch – laut Krokowski – nur verschobene Erotik.[81] Die Erotik, die durch Geld anzieht,

[78] Vgl. zur Wortbedeutung von ›Oxymoron‹ Groddeck: Reden über Rhetorik, S. 196: »[E]s meint also im wörtlichen Verstande etwas ›Scharfsinnig-Dummes‹ und ist als Kompositum gleich selbst ein Beispiel für das, was es benennt«.

[79] Lubich weist darauf hin, dass ihre fehlerhafte *Tannhäuser*-Referenz ebenfalls leitmotivische Funktion besitzt; Lubich: Die Dialektik von Logos und Eros im Werk von Thomas Mann, S. 199, Fn. 135: »Stöhrs genialer Bildungsschnitzer, daß ›Leise, leise, fromme Weise‹ eine Melodie aus dem *Tannhäuser* sei, spielt denn auch direkt auf die leise im *Zauberberg* mitschwingende Wagnersche Venusbergwelt an. Damit plaudert sie [...] frühzeitig ein Geheimnis aus, welches der Autor selbst bis zum Schluß hütet. Erst in den Worten von der ›Grottendecke des Sündenberges‹ enthüllt nun auch er Erzähler die romantische Identität von Zauberberg und Venusberg«.

[80] Es gibt noch andere Farben, die mit der Krankheit assoziiert werden, etwa rot (S. 60: »Schon immer hatte er zu Katarrh und Fieber geneigt, und eines Tages war richtig auch roter Auswurf dagewesen«) und gelb (S. 443: »[E]in Blumengewinde lag in der Gegend der Knie, und der daraus hervorragende Palmzweig berührte die großen, gelben, knöchernen Hände«).

[81] Vgl. S. 196: »Das Krankheitssymptom sei verkappte Liebesbetätigung und alle Krankheit verwandelte Liebe«.

wie im Beispiel »Magnet«, wird durch sie ebenso ausgesprochen wie in dem Wort »Erotika«, welches auf die erotischen Implikationen von Ziemßens Militärdienst und seine latente Homosexualität hinweist.[82] Dass sie Lodovico Settembrini wegen seiner »Zötchen« einen »welschen Hahn« betitelt, der »equivok und gemütlos« sei, hebt die erotischen Avancen der Figur und ihre uferlosen Rodomontaden hervor.[83] Ihr Ausdruck, Peeperkorn einen »Magnet[en]« zu nennen, weist dabei auf ein verbreitetes Charakteristikum persönlicher Beziehungen im Roman hin: Die Gespräche Settembrinis und Naphtas können sich im Beisein Peeperkorns nicht entfalten, denn »magnetisch n[immt] das Gespräch persönlichen Bezug« (893) und »entnervt[] sich an diesem Magnetismus« (887). Hans Castorp rückt gegenüber

[82] Vgl. zur Homosexualitätsthese etwa Lange-Kirchheim: Zergliederte Jünglinge und Missgeburten, S. 236: »In der Formulierung ›Lust zum Soldatenstande‹ verrät sich jedoch die Sehnsucht nach dem Militär als Sehnsucht nach einem Hort für sexuelle Devianz: für den armen [...] Joachim, der Soldat sein möchte im Flachland, wäre das Militär ein Ort zuverlässiger Tarnung, Kompensation und Sublimierung, die freilich ununterscheidbar werden von Verdrängung«. Zu Karoline Stöhrs Malapropismus vgl. auch Astrid Lange-Kirchheim: Das zergliederte Porträt – *gender*-Konfigurationen in Thomas Manns *Zauberberg*. In: Bei Gefahr des Untergangs. Phantasien des Aufbrechens. Festschrift für Irmgard Roebling. Hg. von Ina Brueckel u. a. Würzburg 2000, S. 173–195, hier S. 191: »Im Malapropismus Frau Stöhrs angesichts des Toten verschränken sich Männlichkeits- und Weiblichkeitsmythen zu einer zwiefachen Subversion der heterosexuellen Norm«. Dies liege daran, dass Joachim Ziemßen »schöne[s] junge[s] Mädchen und [...] Mann« (ebd., S. 189) in einer Figur verkörpere, und zwar einerseits als »schöne[] Leiche« (ebd., S. 191) und andererseits als Soldat. Vgl. auch Börnchen, Mein und Schmidt: Einleitung, S. XVI: »So fordert Frau Stöhr, an Joachim Ziemßens Grab solle die ›Erotika‹ von Beethoven gespielt werden‹, und nimmt so gewissermaßen die jüngeren geschlechtertheoretischen Interpretationen zur erotischen Kehrseite des männlichen Heroismus vorweg«.

[83] Vgl. zu einigen dieser Wortspiele auch Lubich: Die Dialektik von Logos und Eros im Werk von Thomas Mann, S. 88: »Auch ihre Vertauschung von ›obszön‹ und ›obskur‹ hat eine ausgesprochen leitmotivische Funktion, die zum Teil weit auseinanderliegende Bedeutungszusammenhänge schlaglichtartig ineinanderblendet. Zum einen rekapituliert diese Verwechslung die von Settembrini erwähnten obszönen Symbole auf den Sarkophagen der Alten, plaudert geradezu wortwörtlich die Zeilen ›le sex obscur‹ von Hans Castorps Liebeserklärung an Chauchat aus und antizipiert Naphtas Enthüllungen von der ›orgiastischen Urreligiosität‹ vorchristlicher Gruft- und Sargeskulte. Was diese drei Beispiele gemein haben, ist die für modernes Denken obskur anmutende Verbindung von Eros und Thanatos oder in den Worten Hans Castorps an Chauchat: ›Le corps, l'amour, la mort, ces trois ne font qu'un‹. Als die Stöhr das Spielen der ›Erotica‹ zu Ehren des aufgebahrten Joachim Ziemßen vorschlägt, verspricht sie sich aus demselben bedeutungsvollen Zusammenhang von Liebe und Tod, einen Zusammenhang, der offensichtlicher wird, wenn man erst einmal Licht ins Dunkel der Beziehung von Hans Castorp und Joachim Ziemßen bringt. Und als sie schließlich Peeperkorn als Industrie-Magneten deutet, gibt die das genaue Stichwort für die magnetische Ausstrahlungskraft dieses Mannes, der durch sein Auftreten alle in seinen Bann schlagen wird. Eine Frau, die eine Settembrini-Rede als ›equivok und gemütlos‹ zu charakterisieren und den Bildungszauber dieses Berges intuitiv zu durchschauen vermag, hat es faustdick hinter den Ohren«.

Clawdia Chauchat ebenso in die Rolle des ›Magneten‹: Es wird berichtet, dass Chauchat »sich zwei- oder dreimal zufällig oder unter magnetischer Einwirkung beim Essen nach jenem Tisch um[wendet] und jedesmal den Augen Hans Castorps begegnet« (217), oder dass sie »seiner magnetisierenden Rückwärtsbewegung [folgt]« (506).

Erzählfiguren: Karoline Stöhr II

Die texturierende Qualität von Karoline Stöhrs Malapropismen als Geheimkommunikation und verdichteter Leitmotivik wird flankiert von vielfachen sprachlichen Überlagerungen mit der Erzählerfigur. Karoline Stöhrs angestrengtes Sprechen in Fremdwörtern deutet auf das Sprechen der Erzählerfigur hin. Auch diese verwendet – nicht nur in den Passagen, in denen naturwissenschaftliches Wissen präsentiert wird, sondern anscheinend unmotiviert – mehrfach ungewöhnliche Fremdwörter. So wird Settembrinis Lästern zum »[M]edisieren« (97) und Hans Castorps Gedanken werden zu »Expektorationen« (883). Von dem »Leben« geht ein »exkretorischer Atemhauch« aus (418), Castorps Betrachtung Peeperkorns ist eine »unauffällige Exploration« (830), Mynheer Peeperkorns »Kulturgebärden [sind] allzu peremtorisch« (846), Konsul Tienappel stirbt an »Apoplexie« (1073)[84] und bei der Séance unterlässt die Erzählerfigur es nicht »jenen unförderlichen und gefährlichen Dauerkrampf [...], den gelehrte Geburtshelfer als Eklampsie bezeichnen« (1029), ebenfalls zu benennen.

Auch wenn gerade die »Expektorationen« darauf verweisen, dass hier erzählerische Zensur waltet, weil die Bezeichnung von Castorps Gedanken als ›Auswürfen‹ abwertend gewesen wäre, ist doch das Ausstellen der eigenen Gelehrsamkeit und der Genauigkeit, mit welcher der Bericht angefertigt wird, vom Blickwinkel der *perspicuitas* aus gesehen, unnötig, wenn nicht sogar unpraktisch und prahlerisch.

Erzählerfigur und die Erzählfigur Karoline Stöhr teilen sich darüber hinaus noch eine weitere sprachliche Ähnlichkeit, dem auch das Bedürfnis nach genauer Fremdwortverwendung beizuordnen ist. Wenn die Erzählerfigur von Karoline Stöhr behauptet, sie drücke sich »in einer Art von Kanzleistil, dabei aber nicht ohne Anschaulichkeit« (360) aus, so

[84] Dieses Wort wird bereits von Hans Castorp eingeführt im Gespräch mit Lodovico Settembrini: »Mein Onkel ist stark apoplektisch, wissen Sie, er hat fast keinen Hals« (300).

dokumentiert sie damit zugleich ihr eigenes Sprechen.[85] Denn schon der nächste Satz bemüht juristisches Vokabular: »Diese Prozesse also, die in der Berghofgesellschaft und besonders unter der febrilen Jugend anhängig waren« (360). Der Kanzleistil, eine rhythmisch ungelenke Verlegenheitslösung zugunsten sprachlicher Genauigkeit, lässt sich mit dem Bestreben der Erzählerfigur um eine exakte Wiedergabe der Geschehnisse erklären. Deshalb erwähnt sie auch, einen »Rechenschaftsbericht« abzuliefern (279), dokumentiert »exakter Rechenschaft halber« (485), nennt Hans Castorp und Joachim Ziemßen »Klienten« (201) und Lodovico Settembrini einen »Gutachter« (346). Angesichts der Tatsache, dass Castorp am Tisch von den überführten Toten spricht, echauffiert sich Karoline Stöhr, dies sei gegen die »Ordnung des Hauses« und sie werde, wiederhole sich dies, dagegen »klagbar« (442) werden. In der Charakterisierung durch die Erzählerfigur wird zudem ihre »Rechthaberei« (452) erwähnt.

Damit soll aber keine Prozesssituation evoziert werden, die juristische Sprache und der Kanzleistil affirmieren und parodieren das erzählerische Ethos der Genauigkeit und Gründlichkeit der Darstellung. Im »Vorsatz« gibt die Erzählerfigur an, wie sie ihre Ausführungen verstanden haben möchte. Die »Geschichte Hans Castorps« (9) solle »ausführlich erzähl[t werden], genau und gründlich, [...] [o]hne Furcht vor dem Odium der Peinlichkeit« (10). So legt die Erzählerfigur etwa Fährten aus, die Bedeutsamkeit vermitteln, ohne dass diese vordergründig gegeben ist und unterläuft, gerade im Gestus der Genauigkeit, Angemessenheit, Knappheit und Klarheit des Erzählens. Bei Castorps Anreise wird auf seinen Onkel hingewiesen – »Konsul Tienappel, um auch diesen Namen hier gleich zu nennen« (11) –, dabei tritt diese Figur im Roman jedoch nur einmal persönlich in Erscheinung, wenn sie Hans Castorp aufsucht, um ihn von der Rückkehr nach Hamburg zu überzeugen. Gerade aus erzählökonomischer Sicht des Knappheitsgebots ist es nicht notwendig, diesen Namen hier einzuspielen. Die Vorausdeutung aber wird mit Verweis auf jenen Genauigkeitsanspruch des Textes begründet: Der Konsul soll eben nicht bloß als »Onkel[ ] und Pflegevater[ ]« (11) auftauchen, stattdessen wird sein Name genannt und durch diesen irritiert, eine Figur eingeführt, die nicht funktionslos und die auch nicht weniger interessant ist als andere Figuren, die aber zur eigentlichen Geschichte Castorps nur sehr wenig beitragen wird. In diesem Fall führt die Klarheit also zu Verdunkelung – oder auch anders gesagt: »Manchmal schafft er [der Erzähler, B. M.] Ordnung, aber er hinterläßt mehr Unordnung«.[86]

[85] Für diesen Hinweis sei Stefan Börnchen gedankt.
[86] Bulhof: Transpersonalismus und Synchronizität, S. 160.

Die erzählerische Gründlichkeit führt selbst auch zu den an Karoline Stöhr kritisierten »unnütze[n] Daten und Dingen« (623) in dem Sinne, dass vorgebrachte Informationen zunächst wenig mit der Haupthandlung zu tun haben. Dass Karoline Stöhr erst »völlig und gründlich genesen[ ]« (523) den Heimweg antreten möchte, greift das erzählerische Ethos auf. Doch existiert die Erzählerrede nicht unabhängig von der Figurenrede, zwischen diesen herrscht ein Ansteckungsverhältnis. Die Grenzziehungen zeigen sich als Konstruktion, um den Verdacht von Ähnlichkeiten zwischen dem Ernsten und dem Unernsten nicht aufkommen zu lassen.

Mit dem Unernsten, weil Kranken, wird der signifikatorische Überschuss der »Arabeske« (502) verbunden, die für eine unreferentielle Oberflächlichkeit einsteht. Die Fixierung auf die Oberflächlichkeit durch die Patienten drückt sich in Karoline Stöhrs Malapropismus »kosmisch[ ]« aus. Der Kosmos verweist rhetorisch aber auf den Redeschmuck.[87] Wird allgemein unter »Kosmos« die »Ordnung« verstanden,[88] besitzt es zugleich die Bedeutung von »Schmuck«, teilt sich mit ›kosmetisch‹ also den gleichen Wortstamm.[89] So gesehen, thematisiert der Ausdruck »kosmische[ ] Anstalt« den Text selbst: In dem Wortspiel ›kosmisch/kosmetisch‹ wird die Ordnung selbst Gegenstand, sie ist – nimmt man Karoline Stöhrs Aussage ernst – Schmuck, eine Setzung.

Dass die Erzählerfigur *perspicuitas* predigt, dabei aber *obscuritas* praktiziert, wird bereits im »Vorsatz« deutlich, und an anderen Stellen konzediert die Erzählerfigur auch, dass sie »dunklerweise« (987) spreche. Diese rhetorische Strategie der Andeutung findet sich in Karoline Stöhrs Ausdruck, Krokowskis Aussagen seien »obskur«. Damit charakterisiert sie die Erzählerfigur und weist darauf hin, dass das offen zutage Liegende durchaus undurchsichtig sein kann.

Denn schon fast manisch beschäftigt Karoline Stöhr sich mit Fragen der Durchschaubarkeit der Verhältnisse vor Ort: Als sie Hans Castorp, Joachim Ziemßen und die von ihnen besuchte Kranke Karen Karstedt trifft, findet sie es »deutlich«, weshalb die drei zusammen seien, dass nämlich Castorp Karstedt »chaperonier[e]« und Ziemßen selbst nur assistiere, was

[87] Vgl. Groddeck: Reden über Rhetorik, S. 27, der mit Bezug auf das *Lob der Helena* von Gorgias ausführt: »Die Wahrheit der Rede ist mit der ›Zier‹ aller wohlgeratenen Dinge, mit dem κόσμος, identisch«.

[88] Vgl. Kluge. Etymologisches Wörterbuch der deutschen Sprache, S. 531: »Kosmos [...]. Entlehnt aus gr. *kósmos* ›Ordnung, Weltordnung‹. Heute meist in der Bedeutung ›Weltraum‹«.

[89] Vgl. Kluge. Etymologisches Wörterbuch der deutschen Sprache, S. 531: »[K]osmetisch [...]. Entlehnt aus frz. *cosmétique*, dieses aus gr. *kosmētikós* ›zum Schmücken gehörig‹, zu gr. *kosmeīn* ›ordnen, schmücken‹, zu gr. *kósmos* ›Anordnung, Ordnung, Schmuck‹«.

die Erzählerfigur so kommentiert, dass »bei aller Dummheit und Unbildung [...] die Intuition ihrer Weiblichkeit ihr doch zu einiger Einsicht [verhalf], wenn auch nur zu einer halben und ordinären« (483). Eine Affäre zwischen zwei Patienten bezeichnet Stöhr als in keiner Weise »*geheimnisvoll[ ]*« (117, H. i. O.), weil bei diesen, wenn sie sich im Zimmer träfen und das Licht ausschalteten, die Verhältnisse »durchsichtig« (116) seien. Damit befasst sie sich permanent mit dem Wechselspiel von Transparenz und Obskurität, das die Erzählerfigur dem eigenen rhetorischen Programm zugrunde legt und dass im Roman noch einmal bildlich verdichtet wird in dem Röntgen-»Diapositiv« (366), das, obwohl es den durchsichtigen Körper zeigt, nicht einfach zu lesen ist. Karoline Stöhrs Sprache und Wortverwendung interferiert also mit den rhetorischen Prinzipien der Erzählerfigur. Das kranke, dekadente Personal des Romans ist nicht bloß eine Abgrenzungsfolie, es ist zugleich auch poetisch an der Erzeugung des Textes beteiligt.

Erzählfiguren: Pieter Peeperkorn

Es gibt nicht nur eine Erzählerfigur, sondern zahlreiche Erzählfiguren, das Erzählen ist als vielstimmige Bezugnahme und Relativierung zu begreifen. Karoline Stöhr wurde bereits herausgestellt, aber viele Figuren teilen sich Eigenschaften mit der Erzählerfigur (oder sie mit diesen). Auch Hans Castorp tritt als Arrangeur des Personals auf und ist die Reflexionsinstanz der Gedanken von Settembrini und Naphta. Lodovico Settembrini redet besonders »plastisch[ ]« (152), seine sprachlichen Fertigkeiten werden also hervorgehoben. Hofrat Behrens liefert mit seinen Kalauern gelehrte Anspielungen und benutzt, wie die Erzählerfigur, ein wissenschaftliches Fremdwortvokabular. Und zumindest eine letzte Erzählfigur ließe sich noch finden, deren Erzählen durch ihre Krankheit gekennzeichnet ist. Der Gerhart Hauptmann nachgebildete Dionysos des Romans, Pieter Peeperkorn, trägt ebenfalls eine Maske, eine physiognomische Beschreibung stellt sein Gesicht als Oberflächenspiel aus.[90]

[90] Vgl. S. 846: »[U]nd der Holländer, den blassen Blick unter dem idolhaften Arabeskenwerk seiner aufmerksam vertieften Stirn- und Schläfenfalten auf den jungen Mann gerichtet, reichte ihm [Castorp, B. M.] die Hand [...]. [...] [U]nd seine schwanken Jünglingsjahre fühlten sich erdrückt von dem Gewicht dieser breitschultrigen, rotgesichtigen, weißumlohten Sechzig, mit dem weh zerrissenen Munde und Kinnbart, der lang und schmal auf die geistlich geschlossene Weste niederhing«.

Aufgrund seines Gestammels und der dadurch scheiternden Mitteilungsfunktion seiner Sprache lässt sich Peeperkorn auf den ersten Blick nur schwer als Erzählfigur begreifen. Allerdings imitiert sein Porträt erstens einen Dichter, nämlich Gerhart Hauptmann und zweitens figuriert auch er als eine Störung. Er wird nicht nur als solche tituliert, sein Reden ist ähnliches Rauschen wie die Malapropismen Karoline Stöhrs und er beeinträchtigt die Gespräche zwischen Settembrini und Naphta, er »unterbr[icht]« sogar sich selbst (895). Peeperkorns Erzählen beruht dabei jedoch weniger auf einer parasitischen Sprachverwendung, es leitet sich jedoch ebenfalls von seiner Krankheit her; es ist ein dem Wechsel unterworfenes Erzählen, motiviert durch die Malaria. Sein Sprechen wird auffällig zu der Krankheit in Beziehung gesetzt: In den fieberfreien Phasen stammelt er, bringt selten ganze Sätze hervor; während seiner Fieberschübe hingegen redet er größtenteils zusammenhängend und verständlich (vgl. 910–927). Es ließe sich darin eine Spiegelung der entworfenen Erzählerfigur erkennen: Erst der Rückzug aus der Gesellschaft ermöglicht ihre Analyse und die Möglichkeit, von ihr zu erzählen. Werden so Sprechen und Fieber in Bezug gebracht, lässt sich die Konstellation noch erweitern. Peeperkorns Sprache lässt sich durch seinen krankheitsbedingten ›Spleen‹ erklären,[91] sie lässt sich aber auch noch in anderem Sinn durch seine Krankheit erklären, Peeperkorn leidet an »Tropenfieber« (829).[92] Man kann hier die Doppeldeutigkeit des Wortes ›Tropen‹ ins Feld führen, das nicht nur einen geographischen Bereich, sondern auch eine Klasse rhetorischer Figuren bezeichnet.[93] Das Malariafieber zeichnet sich durch einen rapiden Wechsel aus, es kann plötzlich eintreffen und die Rede beeinflussen.[94] Das »Tropenfieber« ist in sich bereits tropisch, denn es metaphorisiert den Wechsel der Sprachregister bei einer Figur zwischen verständlichem und unverständlichem Sprechen. Es indiziert zudem den Wechsel zwischen uneigentlichem und eigentlichem

[91] Bekanntlich geht das Wort auf die geschwollene Milz (griechisch ›*splen*‹) der Malariakranken zurück. Der Milz wurde nicht nur seit der Antike zugesprochen, für Stimmungen verantwortlich zu sein, die Behandlungsmethode übermäßigen Alkoholkonsums wird zu der Schrullenhaftigkeit der Patienten ebenfalls beigetragen haben.

[92] Gerade weil Peeperkorn sich in die Logik der störenden und verschwenderischen Figuren so gut einfügt, kann seine Krankheit auch poetologisch lesbar gemacht werden, auch wenn es sich dabei nicht um die Tuberkulose handelt. Es unterstützt vielmehr die traditionelle Charakterisierung der Tuberkulose als Metakrankheit.

[93] Vgl. dazu Groddeck: Reden über Rhetorik, S. 205f., zu der Etymologie und dass das »Tropen«-Wortspiel in der Literatur häufig ausformuliert wird, beispielsweise bei Heine, Kafka und Nietzsche.

[94] Stephan Besser hat darauf hingewiesen, dass Peeperkorns Fieber auch eine narrative Funktion erfüllt: Die Fieberschübe ermöglichen Hans Castorp und Clawdia Chauchat, sich alleine zu unterhalten. Vgl. Stephan Besser: Mynheer Peeperkorn's Fever. In: Arcadia 38 (2003), S. 257–264.

Sprachgebrauch, denn es lässt sich erfassen als ein Fieber der Tropen, als Wechsel zwischen konventioneller und tropischer Sprachverwendung. Peeperkorns Sprechen wäre dann ein febriles, wechselhaftes Sprechen in Tropen.[95] Die bereits metaphorische Lesart der Übertragung von Geographie und Rhetorik ist dabei nicht so ungewöhnlich, wie es auf den ersten Blick scheinen mag. Ein Text der Klassischen Moderne, der zu großen Teilen das Wortspiel ›Tropen/Tropen‹ ausbuchstabiert, ist *Tropen* von Robert Müller.[96] Auch in Thomas Manns Prosa lässt sich am Beispiel von *Herr und Hund* – aber auch im *Tod in Venedig*[97] – diese Verbindung finden. In *Herr und Hund* wird die Landschaft folgendermaßen beschrieben:

Die Bäume unsres Reviers sind ganz verschiedenen Alters und Umfanges; es gibt unter ihnen riesige Urväter des Weiden- und Pappelgeschlechtes, namentlich entlang des Flusses, doch auch im inneren Holze; dann sind andere, schon wohl ausgewachsen, die etwa zehn oder fünfzehn Jahre zählen mögen, und endlich eine Legion von dünnen Stämmchen, wilde Baumschulen einer Natursaat von jungen Eschen, Birken und Erlen, welche aber einen Eindruck von Magerkeit darum durchaus nicht hervorrufen, weil sie, wie ich schon angab, sämtlich von Schlingpflanzen dick umwickelt sind, die im ganzen vielmehr ein fast tropisch wucherisches Bild ergeben; doch habe ich sie in dem Verdachte, daß sie das Wachstum ihrer Wirte hemmen, denn in den Jahren, die ich hier lebe, meine ich nicht gesehen zu haben, daß viele dieser Stämmchen dicker geworden wären.[98]

[95] Zur Übertragung des Fiebers auf die Literatur vgl. – wenn auch in anderer Pointierung – Peter von Matt: Der Roman im Fieberzustand. E.T.A. Hoffmanns »Elixiere des Teufels«. In: Peter von Matt: Das Schicksal der Phantasie. Studien zur deutschen Literatur. München und Wien 1990, S. 122–133; Marianne Schuller: Körper. Fieber. Räuber. Medizinischer Diskurs und literarische Figur beim jungen Schiller. In: Physiognomie und Pathognomie. Zur literarischen Darstellung von Individualität. Festschrift für Karl Pestalozzi zum 65. Geburtstag. Hg. von Wolfram Groddeck und Ulrich Stadler. Berlin und New York 1994, S. 153–168.

[96] Vgl. dazu auch Moritz Baßler: Jäger der verlorenen Pace. Robert Müllers »Tropen. Der Mythos der Reise. Urkunden eines deutschen Ingenieurs«. In: Deutschsprachige Romane der Klassischen Moderne. Hg. von Matthias Luserke-Jaqui unter Mitarbeit von Monika Lippke. Berlin 2008, S. 128–153.

[97] Im *Tod in Venedig* hat Gustav von Aschenbach eine Vision, die ebenfalls in den Tropen spielt und eine Reihe psychoanalytischer Geschlechtsmetaphern aufbietet: »[E]r sah, sah eine Landschaft, ein tropisches Sumpfgebiet unter dickdunstigem Himmel, feucht, üppig und ungeheuer, eine Art Urweltwildnis aus Inseln, Morästen und Schlamm führenden Wasserarmen, – sah aus geilem Farrengewucher, aus Gründen von fettem, gequollenem und abenteuerlich blühendem Pflanzenwerk haarige Palmenschäfte nah und ferne emporstreben, sah wunderlich ungestalte Bäume ihre Wurzeln durch die Luft in den Boden, in stockende, grünschattig spiegelnde Fluten versenken«. Thomas Mann: Der Tod in Venedig. In: Thomas Mann: Frühe Erzählungen. 1893–1912. Hg. und textkritisch durchgesehen von Terence J. Reed unter Mitarbeit von Malte Herwig (= GKFA 2.1). 2. Aufl. Frankfurt a.M. 2008, S. 501–592, hier S. 504.

[98] GW VIII, S. 564.

Die Beschreibung selbst liefert schon, wie der gesamte Text, eine ganze Reihe von Tropen, unter anderem die Tropen selbst, um das »Jagdrevier«[99] des Erzählers und seines Hundes Bauschan zu beschreiben.

Ein Beispiel für Peeperkorns tropisches Sprechen liefert gleich sein erster Auftritt im Speisezimmer, bei dem er »Brot« verlangt, »aber nicht gebackenes Brot, [...] [s]ondern gebranntes« (834). Peeperkorn redet hier in einer Trope, nämlich einer schon vorbildlichen Metonymie, bei der die Ursache für die Wirkung bzw. der Stoff für das Produkt steht, nämlich Brot für Schnaps.[100] Der Ausdruck ließe sich auch als Metapher verstehen, wird Schnaps doch, ebenso wie Brot, aus Körnern gemacht. Ein weiteres Beispiel für metaphorisches Sprechen bezeugt das Bild der Frau für das »Leben«, wodurch er Hans Castorps Vision des »Bild des Lebens« aus dem Kapitel »Forschungen« iteriert: »[E]s ist ein Weib, ein hingespreitet Weib, mit dicht beieinander quellenden Brüsten und großer, weicher Bauchfläche zwischen den ausladenden Hüften, mit schmalen Armen und schwellenden Schenkeln und halbgeschlossenen Augen, das in herrlicher, höhnischer Herausforderung unsere höchste Inständigkeit beansprucht« (855). Und die Aktivierung des Lebens wird in einer pathetischen, wiederum metaphorischen Formulierung erfasst: »Das Leben schlummert. Es will geweckt sein zur trunkenen Hochzeit mit dem göttlichen Gefühl« (913).

Peeperkorns vermeintlicher Unsinn resultiert nicht nur aus einem aussagelosen, weil nie abgeschlossenen Sprechen, sondern auch aus einem extrem bildlichen Sprechen in Tropen, einer Fähigkeit, die der Erzählerfigur und dem gleitenden Text unentwegt zukommt, sollen doch durch Rekontextualisierungen idealerweise sämtliche Leitmotive semantisch und letztlich auch in weitem Sinn zu Tropen werden, die auf Similaritäts- und Kontiguitätsbeziehungen basieren. Und so ließen sich noch Peeperkorns rätselhafte, abgebrochene Reden zu der Erzählfigur in Beziehung setzen, denn er hypertrophiert damit geradewegs die *obscuritas*, die auch dieser durch Andeutungen praktiziert.

Im Anschluss an die Überlegungen Genettes lässt sich die stets angenommene Relevanz der Figuren für das Erzählen umkehren: Entsteht ein Primärtext erst durch seine hypertextuelle Bearbeitung, so entsteht auch die ›ernste‹ Funktion des Erzählens erst durch einen als ›unernst‹ markierten Bereich. Gerade in diesem ›unernsten‹ Bereich finden sich jedoch ebenfalls Figuren, die eine entscheidende Funktion für den Text haben. Es ist deshalb ebenso gut möglich, diese Figuren zu privilegieren, sind diese doch,

[99] GW VIII, S. 560.

[100] Und das Brot ist im Roman zu einem sehr kunstvollen Sprechen durch Hans Castorps Charakterisierung von Settembrinis Reden als »frische Semmeln« (155) in Beziehung gesetzt.

gerade da sie abgewertet werden, besonders ›reiner‹ und ungebrochener als etwa die Erzählerfigur. Und deshalb ist auch die Kategorisierung eines Sprechens als ›ernst‹ in Zweifel zu ziehen. Die Bezeichnung »aufnahmelustig«, die ein Merkmal des Pathologisierungsvorgangs ist, lässt sich auch auf die Poetik des Textes als Spiel mit der Ansteckung zur Erzeugung parodierender Effekte übertragen: Zum einen ›nehmen‹ Figuren Zitate ›auf‹; zum zweiten wird der Text damit als Archiv, als Speicherort entworfen, in den viele »unnütze[] Daten und Dinge« ›aufgenommen‹ werden; und zuletzt werden damit komische Effekte erzeugt, die ›lustig‹ sind. Die Offenheit des Textes, die sich einer poetologischen Nutzung der Krankheit verdankt, hängt also auch mit dieser parodierenden Schreibweise zusammen.

KARNEVAL

Animalisierungen

Die Krankheit als poetologisches Paradigma lässt zusätzliche Übertragungen zu. Sie modelliert nicht nur die sprachlichen Ansteckungsverhältnisse und lässt den Text als Arena erscheinen, als Ort, an dem über sprachliche Vorherrschaft gestritten wird, sie ändert auch die im Roman entworfenen Menschenbilder und mit ihnen die Repräsentationsmodelle der Kunst. Die im Roman vorgestellten grotesken Körper sind nicht bloß Teil einer Motivgeschichte oder literarischen Tradition, sondern Produkte einer durch die Krankheit motivierten Karnevalisierung. Das Konzept der *Karnevals* wurde von Michail Bachtin zwar für die Frühe Neuzeit postuliert, lässt sich allerdings auch auf spätere Epochen ausweiten. Bei Bachtin ist der Karneval Indiz kultureller Umbruchphasen, ob in der Antike, in der Frühen Neuzeit oder in Literatur Dostojewskis. Ein Text, der die Umbruchphase, die Schwelle so prominent produziert und thematisiert wie *Der Zauberberg* kann nur schwerlich keine karnevaleske Literatur sein. Bachtin erwähnt in *Rabelais und seine Welt* ein Wiederauftauchen karnevalesker Lachkultur in der Literatur im 20. Jahrhundert. Eine von zwei »Entwicklungslinien« sei die »*realistische* Linie« der »Groteske [...], die der Tradition des grotesken Realismus und Volkskultur entstamm[e] und bisweilen (Neruda) den direkten Einfluß karnevalesker Formen erkennen [lasse]«. Sie werde etwa durch »Thomas Mann, Bertolt Brecht, Pablo Neruda u.a.« vertreten, Bachtin widmet sich ihr aber nicht weiter.[1] Nur weil Bachtin die Tradition karnevalesker Elemente ausschließlich bei Neruda identifiziert, schließt dies eine Untersuchung des Karnevalesken bei Thomas Mann nicht aus. Eine historische Virulenz des Karnevalsthemas während Manns Schaffenszeit ließe sich etwa über Florens Christian Rangs von Friedrich Nietzsche beeinflusste *Historische Psychologie des Karnevals* begründen.[2] Jedoch werden in dieser

[1] Vgl. Bachtin: Rabelais und seine Welt, S. 97 (H.i.O.).

[2] Dieser von Nietzsche beeinflusste Text erschien 1927 in der Zeitschrift *Die Kreatur*. Er teilt sich mit Manns Roman etwa die Verbindung von Ordnung und Astrologie, die man in Karoline Stöhrs Kosmisch-Kosmetisch-Versprecher ablesen kann. Rang leitete den Karneval von ›car naval‹, dem Himmelsschiff, ab und parallelisiert ihn mit dem Schalttag. Auch im *Zauberberg* findet der Karneval an einem Schalttag statt, also dem Tag, der gleichzeitig zur und nicht zur Ordnung gehört. Rang stellt den Karneval auch in Beziehung zum Ers-

Schrift kulturdynamische und -geschichtliche Zusammenhänge beleuchtet, keine literarischen. Eine solche Pointierung bringt erst Bachtin ein. Dass der Karneval in *Der Zauberberg* dargestellt wird, mag der literarischen Tradition (*Faust*) ebenso geschuldet sein wie philosophischen Einflüssen (Nietzsche), die literarische Konsequenz lässt sich jedoch nur mit Bachtin beschreiben, dessen Karnevalskonzeption derjenigen Manns überraschend ähnlich ist. Über Bachtins Ansatz lässt sich die Literatur nicht nur als bloße Abbildungstechnik einer kulturellen Situation oder als Teil einer Zeitdiagnose lesen, sondern es lassen sich die im Text statthabenden Repräsentations- und Relativierungspraktiken perspektivieren.

Michail Bachtins Konzeption der Polyphonie stellt diese in einen engen Zusammenhang mit grotesken Körpern, dem Karneval und der Parodie. Der Karneval figuriert bei Bachtin als ein konkretes Ritual der Volkskultur und als utopisches Weltmodell. Im Karneval parodiert das Volk die Hochkultur und setzt seine Stimme gegen die als herrschenden Monolog vorgestellte Macht. Rationale Entwürfe der Welt werden von paradoxen Logiken abgelöst. In den Maskenspielen des Karnevals erschafft das Volk groteske, unabgeschlossene Figuren und eine dialogisierte Situation konfligierender Weltdeutungen. Bachtin überträgt dies auf seine Vorstellungen karnevalesker Literatur, die durch parodierende Bezugnahmen und Vielstimmigkeit gekennzeichnet ist und hybridisierende Textverfahren produziert.[3]

Ein Zusammenhang zwischen Parodie, Groteske, Karneval und Vielstimmigkeit, der zu einer Relativierung vorherrschender kultureller Paradigmen führt, lässt sich auch im *Zauberberg* ausmachen. In Thomas Manns Text wird der Zusammenhang jedoch nicht durch die Literatur oder die Politik gestiftet, sondern durch die ›Aufnahmelustigkeit‹ der Krankheit, die unabgeschlossene Körper und unabgeschlossene Texte erschafft.

Ein erster Hinweis auf die Karnevalisierung lässt sich in der Figurenzeichnung erkennen, die durch eine Animalisierung der Patientenschaft die Grenze zwischen Menschlichem und Tierischem überschreitet. Dass die menschlichen Körper nicht abgeschlossen sind, lässt sich bereits daran

ten Weltkrieg, den er als unmenschliches Schallgelächter liest. Vgl. Florens Christian Rang: Historische Psychologie des Karnevals. In: Die Kreatur 2 (1927/28), S. 311–343. Vgl. zu dem Zusammenhang zwischen Bachtin und Rang Lachmann: Vorwort, S. 17: »Bachtin, der beiläufig auf dionysische Spuren im Karneval eingeht, hat sich um das Fortwirken der dionysischen Mysterien in der Renaissance wenig gekümmert. Bachtins Volkskarneval läßt in seiner konkreten, an den öffentlichen Platz gebundenen Theatralik weder Rausch noch Ekstase zu. Hier ist sein Konzept von denen F. Ch. Rangs und H. P. Duerrs sowie von deren nietzscheanischen Wurzeln deutlich abzugrenzen«.

[3] Vgl. zu einer Nachzeichnung dieser – gängigen – Lesart Bachtins Caroline Pross: Gespaltene Stimme, groteske Gestalt. Pross' Analyse geht über die bloße Nacherzählung hinaus, indem sie die Singularität der Konkretisierung in den Masken hervorhebt.

erkennen, dass sie offen sind für tierische Zuschreibungen und damit die Mensch-Tier-Unterscheidung außer Kraft setzen, dass Figurenkörper und -zuschreibungen hinsichtlich ihrer Gattungseinordnungen hybridisieren.

Dass Settembrini als »Hahn« tituliert wird oder dieser seine Angebetete ein »Käferchen« nennt, ist kein Einzelfall, sondern Methode, dem Personal werden durchgängig tierische Attribute gegeben.[4] Hofrat Behrens nennt seine Patienten »Lungenpfeiferchen in ihren Käfigen« und »Zeisige« (463). Diese animalische Klassifizierung betrifft nicht bloß die sprechenden Namen »Stöhr« und »Iltis«. Clawdia »Chau[-]chat« ist – ins Deutsche übersetzt – eine ›heiße Katze‹, der Hofrat trägt lautlich den ›Bären‹ in seinem Namen und wird auch von der »moribund[en]« Frau Zimmermann so beschrieben,[5] wozu auch passt, dass er »kauend« (73) redet. Es gibt »Frau Wurmbrandt«, den »wulstlippigen Gänser«, ein »Fräulein mit dem Tapirgesicht« (175 f.) und einen weiteren Jungen, der als »kapitaler Esel« (171) bezeichnet wird. Die Bezeichnung als »Esel« taucht auch an anderen Stelle auf: So bezeichnet Settembrini den Staatsanwalt Paravant[6] und der Ausdruck »Fomulus«, den Karoline Stöhr für Doktor Krokowski verwendet, beinhaltet das lateinische Wort »*mulus*«, also ›Maulesel‹.[7] Dazu finden sich »Rechtsanwalt[] Einhuf aus Jüterborg« (450), der Mitpatient »Rasmussen«, der »die Hände wie Flossen in Brusthöhe hängen [lässt]« (335) und der stets mit Gänser auftaucht, welcher wiederum behauptet: »Es möchte kein Hund […] so oder ähnlich noch viel länger leben« (335). Weiterhin gibt es die Figuren Leo Blumenkohl und Leo Naphta, deren Vornamen auf ›Löwen‹ hinweisen. Der Mund der Oberin Adriatica von Mylendonk ist »froschmäßig« (254), Fräulein Zimmermann wiederum wird als »Gans in Folio« bezeichnet (466).

Die Figuren werden nicht nur als Tiere bezeichnet, sie drücken sich auch tierisch aus: Von Frau Zimmermann wird behauptet, dass sie mit »dem Unverstand ihres Vogelhirns perle, trillere und tiriliere« (466), Karoline Stöhr registriert mit »piepender, winselnder Stimme« (1031) Joachim Ziemßens Geist und Hermine Kleefeld »pfeift mit dem Pneumothorax« (79).

Das ganze Verhalten der Patienten verweist auf eine tierische Komponente: Castorp spricht vom »Instinkt seines Zustandes« (221), den er dieser »Lebensform« (302) verdanke. Über die Figuren am »[s]chlechten Russen-

[4] Vgl. zu Tiernamen bei Thomas Mann Siegmar Tyroff: Namen bei Thomas Mann. In den Erzählungen und den Romanen Buddenbrooks, Königliche Hoheit, Der Zauberberg. Bern 1975, S. 60–62.

[5] »[S]o ein Bär«, sagt sie (466).

[6] Vgl. S. 366: »Er ist zwar ein Esel, aber er versteht wenigstens Latein«.

[7] Vgl. dazu auch Gerhard Adam: Dr. Edhin Krokowski (26.01.2011). (www.hans-castorp.de/42103.html; letzter Aufruf: 01.10.2014).

tisch« wird gesagt, sie »besudelten auf nicht wiederzugebende Weise die Toilette« (347). Die Patienten im Allgemeinen essen mit »Löwenappetit« (117). Die Oberin wiederum »[wendet] unruhig, in rollender, schleifenförmiger Bewegung den Kopf mit suchend erhobener Nase hin und her [...], wie Raubtiere im Käfig tun« (254). Beim Abendmahl mit Mynheer Peeperkorn werden Süßigkeiten aufgetischt und »Frau Stöhr leckt[ ] sich alle Finger bei ihrem Genuß« (862).

Das betont Instinktmäßige des Patientenzustandes zeigt sich in ihrem Verhältnis zum Wetter, das eine animalische Fühligkeit ausdrückt, etwa bevor der Föhn einsetzt: »Frau Stöhr sowohl, wie die elfenbeinfarbene Lewi, wie nicht minder die Witwe Hessenfeld spürten ihn einstimmig schon, bevor noch das kleinste Wölkchen über dem Gipfel des Granitbergs im Süden sich zeigte« (547).

Die Theriomorphisierungen finden sich nicht nur im Sanatorium, im »Flachland[ ]« gibt es einen »Stabsarzt Dr. Eberding« (57) und in Davos-Dorf zeigen sich »zahlreiche Patienten der diversen Heilanstalten und wildlebende Kranke« (482). Doch betreffen animalische Zuschreibungen nicht ausschließlich die abgewerteten Patienten, auch Castorp und seine Bekannten sind davon nicht ausgeschlossen. Hans Castorps Name lässt sich nämlich ebenfalls als Sprachspiel verstehen, als ein *telling name*, von denen es im Roman zahlreiche gibt. Das Wort ›Castorp‹ erinnert an ›*castor*‹, den lateinischen Ausdruck für ›Biber‹.[8] Dass Castorps Name mit dem Wort *castor* in Verbindung gebracht werden kann, zeigt eine Äußerung des Hofrates, der die Vettern Castorp und Ziemßen »Castorp und Pollux« (327) nennt und damit auf das mythologische Brüderpaar Kastor und Pollux anspielt. Der Biber nun – bzw. im konkreten Fall das Biber-Weibchen – ist bei Alfred Brehm ein »Baumeister«.[9] Hans Castorp wiederum ist ein – wenn auch verhinderter – »Schiffbaumeister« (58). Nach dieser Traumlogik, die einen kohärenten Zusammenhang zwischen Eigenschaften und Namen herstellt, kommen nicht nur Tieren menschliche Eigenschaften zu, wie es bei Brehms anthropomorphisierenden Beschreibungen der Fall ist, sondern auch Menschen tierische. Castorp beschäftigt sich explizit mit verschiedenen ›Bauten‹, nämlich der »hoch entwickelte[n] Bauart« des

[8] Ein weiteres Beispiel für einen Tiernamen innerhalb des Eigennamens einer Figur nennt Luca Crescenzi. Er erklärt die Tatsache, dass die Insassin ›Frau Robinson‹ in einem Traum Castorps fliegt, damit, dass sie eben das Wort ›Robin‹ und also das ›Rotkehlchen‹ in ihrem Namen trägt. Vgl. Crescenzi: Wer ist der Erzähler des *Zauberberg*?, S. 175.

[9] Alfred E. Brehm u.a.: Brehms Thierleben. Allgemeine Kunde des Thierreichs. Große Ausgabe. 2.[,] umgearbeitete und vermehrte Aufl. Erste Abteilung: Säugetiere, Bd. 2. Leipzig 1877, S. 322 (http://archive.org/stream/brehmsthierlebe08oskagoog#page/n0/mode/2up; letzter Aufruf: 01.10.2014).

Lebens (417), dem »Gliederbau[]« (419) oder »Bau und Stellung« (557 f.) von Pflanzen. Seine »Regierungskunst« (777) wird von Settembrini, wenn auch unbeabsichtigt,[10] zu dem »gesellschaftliche[n] Bau« (776) in Beziehung gebracht. Übertragen lässt sich dies auf ein Verständnis des von Hans Castorp betriebenen »Regieren[s]« als Bauen, als Zusammenfügen aus ersuchten oder dafür hergebrachten – gewissermaßen ›abgeholzten‹ – Stücken.[11] Damit geht also eine Konstruktionstätigkeit einher, die über das Sammeln und Arrangieren hinausgeht und eine schaffende Position beschreibt, zugleich aber auf parasitären Bedingungen fußt.

Zudem gehen Castorp, Ziemßen und Karen Karstedt »[i]m Gänsemarsch« (485) zum Friedhof. Die Personen Settembrini, Naphta, Peeperkorn, Chauchat, Wehsal und Ferge werden als »Mitglieder seines [Castorps, B. M.] buntscheckigen Freundeskreises« (877) tituliert. Und zuletzt sorgt der Hofrat für ständige »Divertierung« (948) der Patienten: Die Ablenkungsmanöver zur Verbringung der Krankenzeit gehen also mit einer ›Ver-Tierung‹ einher.

Die Animalisierung der Patienten kann also in Bezug auf Körper, Sprache und Verhalten verstanden werden. Die Tierbeschreibung der Patienten fügt sich nicht nur in das Setting des Romans als Varieté, es lässt sich auch in eine Perspektive rücken, die Krankheit und groteske Körper verschaltet und die gerade über den im Roman dargestellten Karneval explizit thematisiert wird.

Karnevalisierung: »Walpurgisnacht«

Eine Animalisierung von Romanfiguren findet sich bereits in *Buddenbrooks*. Die dort beschriebene Englischstunde ähnelt der Karnevalszeit bei Bachtin. Der Roman zeigt, wie die Schüler jede Ordnung im Unterricht verlieren – und dies wird dadurch signalisiert, dass sie zu Tieren werden: »[D]er Lärm war immer noch ärger geworden. Alle Füße waren in Bewegung und scharrten den staubigen Boden. Der Hahn krähte, das Schwein grunzte, die Erbsen flogen. Die Zügellosigkeit berauschte die Fünfundzwanzig«.[12]

[10] Er erwähnt das Wort »regieren«, ohne – im Rahmen eines angenommenen Figurenbewusstseins – zu wissen, dass Castorp es für seine Ordnungsbeschäftigungen gebraucht.

[11] Es ließe sich auch eine Verbindung ziehen zwischen den Zähnen des Bibers und etwa den »Hasenzähne[n]« (117) Karoline Stöhrs.

[12] GKFA 1.1, S. 815.

In der Szene werde – laut Stefan Börnchen – die »Außerkraftsetzung der hierarchischen Schul-Ordnung« dargestellt, die letztlich für eine Infragestellung von Ordnungen überhaupt stehe, denn sie zeige zum einen auf, wie brüchig die symbolische Ordnung sei, indem sie die ekstatischen Momente des Karnevals benötige, und sie diskutiere zum zweiten eine »Krise der Repräsentation«, die durch eine allgemeine Invertierung bestehender Ordnungsmuster zustande komme.[13]

Kann man folglich behaupten, dass sich *Buddenbrooks* über das Moment des Karnevalesken in die Moderne-Thematik des »permanent drohenden Verfall[s] von Sprache und Bedeutung« einschreibe,[14] ist dort der Karneval doch nur marginal repräsentiert im Vergleich zum *Zauberberg* – in diesem ist der Karneval Methode eines permanenten symbolischen Ausnahmezustandes.

Zu erinnern ist zunächst an die von Bachtin angeführten Merkmale karnevalesker Literatur: Familiarität (Distanzauflösung), Exzentrizität (Außerordentlichkeit), Mesalliancen (Kombinationen des Unverbundenen) und Profanation (Parodierung des Ernsten und Heiligen).[15]

Das Kapitel »Walpurgisnacht« des *Zauberbergs* scheint insbesondere die Theorie Bachtins vorwegzunehmen, wird dort doch auch der – mit Bachtin – »freie, familiäre Kontakt«[16] gesucht, indem gerade das Duzen an die Stelle des Siezens tritt, »denn diese Verkehrsform war schon während des Essens allgemein aufgenommen worden« (495). Dass Lodovico Settembrini dieses Verhalten kritisiert und eine »widerwärtige Wildheit, ein Spiel mit dem Urstande, ein liederliches Spiel« nennt, welches »sich im Grunde gegen Zivilisation und Menschlichkeit richte[], – sich frech und schamlos dagegen richte[]« (497), unterstreicht dabei nicht nur den spielerischen Charakter der Karnevalsszene, sondern auch die dem Karneval inhärente Subversion durch die »Auflösung von symbolischen Verweisungszusammenhängen«,[17] bestehen doch »Zivilisation« und »Menschlichkeit« laut Settembrini hier auf speziellen Interaktionsformen und einer damit zusammenhängenden eigenen Symbolik.

In seiner Lektüre des »Walpurgisnacht«-Kapitels hebt Timo Ogrzal die Aufdeckung, Erörterung und Subversion binärer kultureller Kodes hervor: Im Karneval würden dichotomische Zuschreibungen als Konstruktionen ausgestellt,[18] das Kapitel – und der Roman insgesamt – halte Unterschei-

[13] Vgl. Stefan Börnchen: »Die Ordnung läßt zu wünschen übrig.«, S. 110–113.

[14] Vgl. Stefan Börnchen: »Die Ordnung läßt zu wünschen übrig.«, S. 113.

[15] Vgl. Bachtin: Probleme der Poetik Dostoevskijs, S. 137 f.

[16] Bachtin: Probleme der Poetik Dostoevskijs, S. 137 f. (im Original kursiv).

[17] Ogrzal: Kairologische Entgrenzung, S. 497.

[18] Vgl. Ogrzal: Kairologische Entgrenzung, S. 196: »Im Modus dieser karnevalistischen Dynamik zeigt sich zudem der Konstruktionscharakter von kulturell bedingten Zuschrei-

dungen permanent in einem ambivalenten Status, Ordnungen und Oppositionen würden unterlaufen, der Roman sei getragen von der »Einsicht in die performative Verfaßtheit der Kultur«.[19] Andreas Kablitz wiederum liest das Kapitel »Ehrbare Verfinsterung« (61) so, dass es die »Brüchigkeit kulturell-symbolischer Ordnungen« vor Augen führe.[20] Das Kapitel, welches Körperpflege und damit auch Kulturhandlungen thematisiere, zeige gerade, dass Körpertechniken eben nicht natürlich, sondern bereits symbolisiert seien. Dies indiziere wiederum die »Brüchigkeit der Ordnungen des Symbolischen [...], über welche diese Ordnungen selbst hinwegzutäuschen scheinen« und führe zu einer »systematischen Infragestellung des kulturellen Kodes«.[21]

Die Destabilisierung der Ordnung lässt sich im Roman also an mehreren Stellen zeigen. Dass es in dem Kapitel »Walpurgisnacht« auch um die Auseinandersetzung von Ordnung und Unordnung geht, zeigt die Parallele zu *Buddenbrooks*, weil der Karnevalstag im Sanatorium Berghof in Ähnlichkeit zum wilden Treiben der Schuljungen aus den *Buddenbrooks* beginnt: »Schon beim ersten Frühstück am Faschingsdienstag [...] gab es im Speisesaal allerlei Töne aus scherzhaften Blasinstrumenten, schnarrend und tutend; beim Mittagessen flogen vom Tische Gänsers, Rasmussens und der Kleefeld bereits Papierschlangen, und mehrere Personen [...] trugen papierne Kopfbedeckungen« (490). Auch wenn die Ordnung des Systems Berghof durch die Mahlzeiten bestätigt wird, werden diese zu Szenen der Ordnungsauflösung. Das Tierische spielt dabei nicht nur durch die Figuren eine Rolle – »Gänser«, Rasmussen mit seinen »Flossen« und die mit der

bungen«. Vgl. dazu auch Neumann und Kammel: Thomas Manns *Zauberberg*, S. 22: »Die Karnevalisierung der bestehenden Ordnung [erscheint] also als ein notwendiges, auflösendes und wiederherstellendes Moment des kulturellen Prozesses und damit des Fortbestandes der Kultur, die lebt, indem sie sich umstrukturiert«.

[19] Vgl. Ogrzal: Kairologische Entgrenzung, S. 197. Zur weiteren Erläuterung vgl. ebd., S. 198 f.: »Es ist die performative Dimension einer kairologischen Entgrenzung, die es auf der Basis einer metonymischen Logik vermag, Ordnungen und Oppositionen zu unterlaufen, um diese im zweideutigen Karnevalsraum durchgehalten entgegengesetzt zu re-installieren. [...] Scheinbar starre Oppositionen wie ›Mann/Frau‹, ›Ordnung/Freiheit‹, ›gesund/krank‹, ›französisch/deutsch‹, ›Traum/Realität‹, ›Präsenz/Ewigkeit‹, ›Sprechen/Schweigen‹, ›Moralcodes/Nihilismus‹ werden als Gegensätze vorgestellt, die auf der Basis einer rhetorisch-metonymischen Ordnung wechselseitig entgrenzt aufeinander bezogen werden. Durch diese textuelle Dynamik konstituiert sich im Entgrenzungsmodus des Karnevals und des Festes ein Raum der Zweideutigkeit, in dem weitere, in erster Linie binär codierte Diskurse erörtert werden«.

[20] Vgl. Andreas Kablitz: *Bella menzogna*. Mittelalterliche allegorische Dichtung und die Struktur der Fiktion (Dante, *Convivio* – Thomas Mann, *Der Zauberberg* – Aristoteles, *Poetik*). In: Literarische und religiöse Kommunikation in Mittelalter und Früher Neuzeit. Hg. von Peter Strohschneider. Berlin 2009, S. 222–271, hier S. 264.

[21] Vgl. Kablitz: *Bella menzogna*, S. 266.

Lunge »pfeif[ende]« Kleefeld –, sondern durch die »schnarrend[en]« Tröten und die »Papierschlangen«. Ansonsten tritt das Animalische in dem Kapitel aber auffallend zurück, insofern nicht eine völlige ›Ver-Tierung‹ des Personals beschrieben wird wie in *Buddenbrooks*. Dies ist einerseits aus pragmatischen Gründen nicht notwendig, ist die Patientenschaft bereits durch andere Textpassagen als stets tierisch dargestellt, andererseits tritt es in dem Kapitel dennoch auf, wenn es auch – auf den ersten Blick – nicht in Beziehung zu den Körpern der Patienten steht. An dem Beispiel des ›Schweinchenzeichnens‹ lässt sich aber der Zusammenhang zwischen Zeichenkrise, Groteske und Krankheit herstellen.

Das Groteske

Bevor dieses Beispiel thematisiert wird, soll zunächst die Rolle des Grotesken im Roman und in Bezug auf das Konzept des Karnevals erläutert werden. In der Bachtin'schen Definition ist das Groteske ein körperliches Phänomen. Der groteske Leib ist dabei durch seine Offenheit charakterisiert: »Der *groteske Körper* ist, wie schon mehrfach betont, ein *werdender*. Er ist *nie fertig* und *abgeschlossen*, *er ist immer im Entstehen begriffen und erzeugt selbst stets einen weiteren Körper; er verschlingt die Welt und läßt sich von ihr verschlingen*«.[22] Dieser Leib kann aus der »Mischung von menschlichen und tierischen Zügen« ebenso entstehen wie aus der Überbetonung der Körperöffnungen und der Extremitäten, die sich über die glatte Oberfläche hinausbewegen, wie etwa Phallus und Nase.[23]

[22] Bachtin: Rabelais und seine Welt, S. 358 (H. i. O.).

[23] Vgl. Bachtin: Rabelais und seine Welt, S. 357–360. Vgl. zu unterschiedlichen Definition des Grotesken: Kayser: Das Groteske; Rolf Haaser und Günter Oesterle: Grotesk. In: Reallexikon der deutschen Literaturwissenschaft. Neubearbeitung des Reallexikons der deutschen Literaturgeschichte. Bd. I: A–G. Hg. von Klaus Weimar, gemeinsam mit Harald Fricke, Klaus Grubmüller und Jan-Dirk Müller. Berlin und New York 2007, S. 745–748; Heinrich Schneegans: Geschichte der grotesken Satire. Strassburg 1894; Peter Fuß: Das Groteske. Ein Medium des kulturellen Wandels. Köln 2001. Vgl. zum Verhältnis von Groteske und Karikatur Gertrud M. Rösch: Karikatur. In: Reallexikon der deutschen Literaturwissenschaft. Neubearbeitung des Reallexikons der deutschen Literaturgeschichte. Bd. II: H–O. Hg. von Harald Fricke, gemeinsam mit Georg Braungart u.a. Berlin und New York 2007, S. 233–237, hier S. 234: »Die grotesken Fabelwesen des Mittelalters sind noch nicht zur Karikatur zu rechnen. Erst der Bezug auf die faktisch-historische Welt sowie der Wille zur Kritik und die Rückbindung an ästhetische Theorien machen die Einblattdrucke der Reformationszeit, die Flugblätter des 17. Jhs. und die Karikaturen des 18. und 19. Jhs. vergleichbar«.

Dass im *Zauberberg* groteske Figurengestaltungen auftauchen, ist in der Forschung bereits diskutiert worden. Dies liegt auch an Mann Selbstaussagen zum Text. So schreibt er an Ida Boy-Ed am 04.11.1913: »Ich mache jetzt etwas aus Davos, eine Art grotesken Gegenstücks zum ›Tod in Venedig‹, auf das ich einige Hoffnungen setze«.[24] Und in seinem Essay *Lübeck als geistige Lebensform* definiert Mann den *Zauberberg* als »eine groteske Geschichte, worin die Faszination durch den Tod, die das Motiv der venezianischen Novelle gewesen war, ins Komische gezogen werden sollte: etwas wie ein Satyrspiel also zum ›Tod in Venedig‹«.[25] Auch hier bleibt das Groteske noch unterbestimmt, zumindest wird es aber mit einer Humorisierung des Todes in Verbindung gebracht – ein Element, das auch Bachtin in seiner Theorie des Karnevals hervorhebt: »Immer ist das Furchteinflößende – mehr oder weniger – lächerlich«.[26] Und auch Bachtin hebt in der Traditionslinie der karnevalesken Literatur, die er von den menippeischen Satiren ausgehen lässt, das Satyrspiel als eine Form der antiken Groteske hervor.[27] Diese Konkordanz spricht für eine im Roman ausgebreitete Theorie karnevalesker Literatur *avant la lettre*.[28]

Im Roman selbst tauchen die Ausdrücke »Groteske« und »grotesk[]« zwar einige wenige Male auf, jedoch jeweils in so speziellen Kontexten, das eine Verallgemeinerung auf den Roman zunächst zu forciert erschiene.[29]

[24] Thomas Mann: Brief an Ida Boy-Ed. In: GKFA 21, S. 532–534, hier S. 533.

[25] GW XI, S. 395. In den *Betrachtungen eines Unpolitischen* definiert Mann das Groteske als »das Überwahre und überaus Wirkliche, nicht das Willkürliche, Falsche, Widerwirkliche und Absurde« (GKFA 13.1, S. 614).

[26] Bachtin: Rabelais und seine Welt, S. 102.

[27] Vgl. Bachtin: Rabelais und seine Welt, S. 97f.

[28] Zur Groteske im *Zauberberg* vgl. Rychner: Thomas Mann; Kayser: Das Groteske, S. 170; Peter-André Alt: Ironie und Krise. Ironisches Erzählen als Form ästhetischer Wahrnehmung in Thomas Manns »Der Zauberberg« und Robert Musils »Der Mann ohne Eigenschaften«. Frankfurt a.M. 1985, S. 108; Elisabeth Boa: The Aesthetics of disgust in *Der Zauberberg*. In: PEGS 78 (2009), S. 131–146. Zum Karneval vgl. Tanja Rudke: Schlaraffenland und Teufels Küche. Karnevaleske Motive bei Heinrich Heine und Thomas Mann. In: Bachtin im Dialog. Festschrift für Jürgen Lehmann. Hg. von Markus May und Tanja Rudke. Heidelberg 2006, S. 223–241; Kyung-Ho Cha: Karnevaleskes Tier-Werden. Das Ende des Menschen in Thomas Manns »Bekenntnisse des Hochstaplers Felix Krull«. In: ZdPh 126 (2007), S. 221–250.

[29] Vgl. S. 592: »[E]twas innig Schreckhaftes, eine Pietà, einfältig und wirkungsvoll bis zum Grotesken: die Gottesmutter in der Haube, mit zusammengezogenen Brauen und jammernd schief geöffnetem Munde, den Schmerzensmann auf ihrem Schoß, eine im Größenverhältnis primitiv verfehlte Figur mit kraß herausgearbeiteter Anatomie«; S. 682: »Dantische Szenen, groteske Bilder des Grauens und der Qual«; S. 885, wo Settembrini gegenüber Castorp erwähnt: »Auf jeden Fall müssen Sie erlauben, daß man Ihre Sachlichkeit und Gemütsruhe bewundert, Ingenieur. Sie streift ein wenig das Groteske, das werden Sie einräumen. Wie schließlich alles steht und liegt ... Dieser Ölgötze hat Ihnen Ihre Beatrice weggenommen, – ich nenne die Dinge bei ihrem Namen. Und Sie? Es ist beispiellos«.

Der Romanschluss allerdings stellt das gesamte Geschehen durch Anspielung nachträglich unter den Blickwinkel des Grotesken. Hans Castorp Gefühle, wenn er sich zum Aufbruch in den Ersten Weltkrieg entscheidet, beschreibt die Erzählerfigur mit den Worten: »Und so sank er denn auf seine Knie hin, Gesicht und Hände zu einem Himmel erhoben, der schweflig dunkel, aber nicht länger die Grottendecke des Sündenberges war« (1079). Die Etymologie der Grotesken – und das kann man in *Meyers Großem Konversationslexikon* nachlesen –, weist diese als Ornamente aus, die in »unterirdischen Gebäuden (Thermen und Kaiserpalästen) des alten Rom (den sogen. *grotte*) gefunden wurde[n]«.[30] In der Formulierung »Grottendecke des Sündenbergs« wird der gesamte *Zauberberg* – als Ort wie als Text – als Ausstellungsort von Grotesken bestimmt.

Kunststücke

Das bürgerliche 19. Jahrhundert kennt Theriomorphisierung von Menschen bevorzugt in der Karikatur, es ist ein Topos der Gesellschaftskritik.[31] Als Mitarbeiter des satirischen *Simplicissimus* war Mann mit dieser Technik bekannt, er wurde sogar Gegenstand der Karikatur im von Franz Blei verfassten *Grossen Bestiarium der modernen Literatur*, welches satirische Darstellungen bekannter Intellektueller – besonders der Weimarer Republik – versammelte.[32] In Manns frühen Erzählungen wimmelt es von

[30] Meyers Großes Konversations-Lexikon. Ein Nachschlagewerk des allgemeinen Wissens. 6., gänzlich neubearbeitete und vermehrte Auflage. Mit mehr als 16800 Abbildungen im Text und auf über 1500 Bildertafeln, Karten und Plänen sowie 160 Textbeilagen. Bd. 8: Glashütte bis Hautflügler. Leipzig und Wien 1907, S. 430 (http://www.zeno.org/Meyers-1905/A/Grotesk; letzter Aufruf: 01.10.2014).

[31] Ein bekanntes Beispiel wäre etwa die Sammlung ›moralischer Geschichten‹ der *Scènes de la vie privée et publique des animaux* mit dem Untertitel *Études de mœurs contemporaines*, an denen u.a. George Sand und Honoré de Balzac mitwirkten und die von dem bekannten französischen Karikaturisten »Grandville« illustriert wurden.

[32] Vgl. Franz Blei: Das grosse Bestiarium der modernen Literatur. Berlin 1922 (Ausgabe B), S. 47f.: »*Der Thomasmann und der Heinrichmann*. Beide diese Tiere gehören zu einer Familie mittelgroßer Holzböcke. Sie sind von verschiedener Farbe bei sonstiger Gleichheit der Lebensweise und Natur. Man findet sie immer auf demselben Baume sitzend, aber auf dessen entgegengesetzten Seiten, da sich die beiden Holzkäfer durchaus nicht leider können. Bohrt der Thomasmann unten an einem Baum, so sitzt auf dem gleichen der Heinrichmann oben. Findet der eine die bebohrte Linde saftig, so findet sie der andere morsch, und umgekehrt. Das Seltsame ist, daß sich beide immer im Baume irren. Sie glauben auf einer Eiche zu käfern, wenn sie auf einer Tür aus Kiefernholz sitzen, auf einer Fichte, wenn es eine Kom-

solchen spöttischen Herabsetzungen der Figuren durch die Zuschreibung tierischer Merkmale, ein Beispiel wäre etwa Christian Jacoby aus *Luischen*.[33] Ein berühmtes Beispiel der Bild-Text-Relation des Satirischen ist Alois Permaneder aus den *Buddenbrooks*. Die Beschreibung von Antonie Buddenbrooks zweitem Ehemann orientiert sich an einer im *Simplicissimus* abgedruckten Karikatur, die in der Roman-Transkription Permaneder ein »[s]eehundsartiges« Erscheinungsbild verleiht.[34]

Die Vielfalt der im Roman versammelten tierischen Zuschreibungen lässt sich nicht einfach – oder zu einfach – mit schriftstellerischer Variationsfähigkeit erklären und auch nicht erschöpfen in einer Decouvrierung durch Überbetonung negativer »Charaktereigenschaften der von ihr [der Karikatur, B. M.] bespöttelten, angegriffenen oder bloßgestellten Personen«.[35]

Eine Rückführung auf physiognomische Figurengestaltung als bloßes Mittel der Karikatur greift bezüglich des *Zauberbergs* zu kurz, weil die

mode aus Lindenholz ist. Immer aber findet aus Ärger über des andern Anwesenheit der eine morsch, was der andere saftig findet. Nur wenn man die beiden Käfer auf einen Federhalter setzt, geben sie sich eifrig ihrer Tätigkeit hin, indem sie emsig darauf hinunter und hinaus laufen. Was die Farbe anlangt, so zeigt der Thomasmann schwarzweiss gestreifte Flügeldecken, während die des Heinrichmanns blauweißrot mit manchmal auftauchenden, doch bei menschlicher Annäherung rasch wieder verschwindenden roten Tupfen sind. Diese roten kleinen Tupfen lassen sich übrigens durch leichtes Reiben entfernen« (H. i. O.).

[33] Eine Zusammenfassung der Tiervergleiche liefert Denise Dumschat-Rehfeld: Extreme Emotionen hinter erzählerischer Kälte. Narrative Bewältigung des Entsetzlichen in Thomas Manns »Luischen« und »Anekdote« (http://www.literaturkritik.de/public/rezension.php?rez_id=14179&ausgabe=201004; letzter Aufruf: 01.10.2014): »Neben Amra tritt Christian Jacoby, ein fetter, widerlicher Koloss. Im Kontrast zu seinen körperlichen Dimensionen steht sein ›kleiner Kopf mit den schmalen und wässerigen Äuglein, einer kurzen, gedrungenen Nase‹ und einem ›winzigen Mund‹ zwischen ›vor Überfülle herabhängenden Wangen‹. Amra nennt ihn spöttisch ›Du gutes Tier –!‹ Und der Erzähler ergeht sich ebenfalls in Tiervergleichen: Christian hat einen Rücken wie ein Bär und Beine wie ein Elefant. Für sein spärliches Haupt- und Barthaar findet der Erzähler nur die Bezeichnung ›Borsten‹. Dies würde neben dem Vergleich mit ›einem überfütterten Hund‹ eigentlich auch den mit einem Schwein erzwingen. ›Schwein‹ ist aber auch ein Schimpfwort und würde, expliziert, auch sexuelle Aktivitäten assoziieren, denen Christian ja aber gerade nicht nachgeht. Auf der Bühne wird sich Christian am Schluss mit ›Bärentanzschritten‹ bewegen und den Kopf ›tierisch‹ vorschieben. Es werden durchweg Vergleiche außerhalb des Spektrums sexuell konnotierter Tiernamen gewählt«.

[34] GKFA 1.1, S. 356. Zu der Karikatur vgl. Thomas Mann: Buddenbrooks. Verfall einer Familie. Roman. Kommentar von Eckhard Heftrich und Stephan Stachorski unter Mitarbeit von Herbert Lehnert (= GKFA 1.2). Frankfurt a. M. 2002, S. 72 f. und S. 494.

[35] Otto Baur: Der Mensch-Tier-Vergleich und die Mensch-Tier-Karikatur. Eine ikonographische Studie zur bildenden Kunst des neunzehnten Jahrhunderts. Köln 1973, S. 280; vgl. auch Dietmar Schmidt: »Viehsionomik«. Repräsentationsformen des Animalischen im 19. Jahrhundert. In: Historische Anthropologie 11 (2003), S. 22–46, hier S. 34: »Die Leistung der Karikatur, eine menschliche Physiognomie mit animalischen Charakteristika zu versehen, besagt mehr über den Willen zur polemischen Herabsetzung als über die tiernahe Position eines innerhalb der naturgeschichtlichen ›Kette der Lebewesen‹ zu situierenden Individuums«.

dadurch implizierten Herabstufungen gewisser Figuren keine Gegenpole mehr kennen würden, gegenüber welchen sie herabgestuft würden. Es ließe sich zwar behaupten, dass gerade die diffamierten Patienten des Sanatoriums tierische Attribute tragen, wie etwa Frau »Stöhr«, Frau »Iltis« oder »Gänser« und sich darin eine Gesellschaftskritik ausdrückte, die das Distinguierte des Bürgertums gegenüber den ›unzivilisierten‹ Kranken ausspielte.[36] Diese Abgrenzung ist im Fall des *Zauberbergs* jedoch zumindest prekär, da sich im Grunde jeder Figur animalische Züge zusprechen lassen, wodurch die Animalisierung als Kontrastmittel seine Trennschärfe verliert. Die Regression ins Tierische, die sich im Roman andeutet, wird als eindeutig abwertende Lesart zugleich destabilisiert, indem alles Menschliche auch ein Tierisches ist, wie die Lektüre anatomischer und biologischer Lehrbücher im Kapitel »Forschungen« (405) zeigt: »Der Embryo des Menschen kauerte in sich gebückt, geschwänzt, von dem des Schweines durch nichts zu unterscheiden, mit ungeheurem Bauchstiel und stummelhaft formlosen Extremitäten, die Gesichtslarve auf den geblähten Wanst gebeugt« (423).

Der menschliche Körper ist in dieser Vorstufe seiner Entwicklung ein grotesker Körper mit übertriebenen Proportionen. Dies ließe sich auch als eine Regression der Patienten in einen Seinszustand vor der eigentlichen Menschwerdung lesen. Das Bezugssystem, das die Groteske installiert, ist jedoch nicht die menschliche Evolution, sondern die Krankheit.[37] Dies ist nicht nur deshalb so, weil »das Leben« (418) im Roman von der Krankheit überhaupt erst ausgelöst wird; der Zusammenhang zwischen Krankheit und Groteske wird als körperliche Unabgeschlossenheit entwickelt, vermittelt durch den Signifikanten des ›Schweins‹. Der Zusammenhang zwischen diesem Tier und der Krankheit etwa deutet sich bereits bei dem Geräusch Hermine Kleefelds an, die mit ihrem Pneumothorax »pfeift«, was »an die Musik jener Jahrmarktsschweinchen aus Gummi erinnert[], die klagend ihre eingeblasene Luft fahren lassen und zusammensinken« (79).

Der Roman schreibt darüber jedoch nicht das Groteske als entfremdeten, verzerrten menschlichen Körper fest, sondern als ein aus dem Körper nicht zu subtrahierendes Moment. Ein Beispiel dafür ist eines der »Kunststück[e]«, welche Hofrat Behrens in der »Walpurgisnacht« darbietet, und das darin besteht, blind ein »Schweinchen« zu zeichnen:

[36] Dies würde gerade die chaotische Schulszene der *Buddenbrooks*, an denen auch der lebensuntüchtige Hanno Buddenbrook teilnimmt, ausdrücken, indem sie dadurch seine Entfremdung von dem Ethos der Kaufmannsfamilie veranschaulicht.

[37] Man braucht hier auch nur erneut an die Beschreibung der Tuberkulose bei Aretäus zu denken, bei der die Krankheit zu einem tierischen Erscheinungsbild der Kranken führt: »Die Schulterblätter werden in ihrer ganzen Breite sichtbar, wie die Flügel der Vögel« (Die auf uns gekommenen Schriften des Kappadocier Aretaeus, S. 61).

Er zeichnete mit geschlossenen Augen, im Stehen, über den Tisch gebückt, dabei aber zurückgelegten Kopfes, damit alle sehen konnten, daß er die Augen geschlossen hielt, zeichnete auf die Rückseite einer Visitenkarte mit Bleistift blindlings eine Figur, – es waren die Umrisse eines Schweinchens, die seine riesige Hand ohne Zuhilfenahme der Augen hinmalte, eines Schweinchens im Profil, – etwas einfach und mehr ideell als lebenswahr, aber es war unverkennbar die Grundgestalt eines Schweinchens, die er unter so erschwerenden Bedingungen zusammenzog. Das war ein Kunststück, und er konnte es. Das Schlitzäuglein kam ungefähr dort zu sitzen, wohin es gehörte, etwas zu weit vorn am Rüssel, aber doch ungefähr an seinen Platz; es verhielt sich nicht anders mit dem Spitzohr am Kopf, den Beinchen, die an dem gerundeten Bäuchlein hingen; und als Fortsetzung der ebenso gerundeten Rückenlinie ringelte das Schwänzchen sich sehr artig in sich selber. Man rief »Ah!« als das Werk getan, und drängte sich zu dem Versuch, von Ehrgeiz ergriffen, es dem Meister gleichzutun. (501 f.)[38]

Zu dieser Szene gibt es eine Spiegelung im Roman: In dem kurz zuvor stehenden Kapitel »Humaniora« (381) besuchen Hans Castorp und Joachim Ziemßen den Hofrat in seinem Haus. Dort finden sie »das bei weitem bemerkenswerteste Stück Malerei in diesen Zimmern« (392) vor, welches jedoch weniger als Ausdruck einer besonderen Kunstfertigkeit, sondern »eine[s] gewissen flotten Dilettantismus« (388) gelesen wird, nämlich Clawdia Chauchats Porträt.

Anamorphose

Wenn Hans Castorp und Joachim Ziemßen eines Nachmittags bei Hofrat Behrens zu Gast sind, werden sie dort einer neuen Form der Malerei ansichtig und durch diese Malerei wird eine neue Form der Ästhetik beschrieben,[39] welche auch für eine literarische Betrachtung des Textes aufschlussreich ist. Der Hofrat hat ein Gemälde Clawdia Chauchats angefertigt und dieses wird als ein »Vexierrätsel« bezeichnet. Die Bezeichnung

[38] Diese Szene ist mit der Lektüreszene der »Forschungen« noch durch den Signifkanten des ›Stummels‹ verbunden: Hat der »Embryo [...] stummelhaft formlose[] Extremitäten«, versucht Hans Castorp eigenhändig ein »Schweinchen[]« zu zeichnen, und zwar mit einem Bleistift-»Stummel« (503).

[39] Vgl. Roland Galle: Die Ästhetisierung der Biologie in Thomas Manns *Der Zauberberg*. In: Biologie, Psychologie, Poetologie. Verhandlungen zwischen den Wissenschaften. Hg. von Walburga Hülk und Ursula Renner. Würzburg 2005, S. 261–279. Auf Seite 275 wird erwähnt, dass es in den Porträts des Romans um die »Problematik der Porträtarbeit unter den Bedingungen der Moderne« gehe.

rührt von der Unmöglichkeit her, das Gesicht der Patientin angemessen darzustellen, da dieses durch eine ethnische Eigenart verzerrt sei: »[W]ie wollen Sie denn fertig werden mit einer so vertrackten Visage. Man denkt, sie muß leicht zu erwischen sein [...]. Ja, hat sich was. Macht man die Einzelheit richtig, verpatzt man das Ganze. Das reine Vexierrätsel« (390).

Die Beschreibung Clawdia Chauchats physiognomischer Charakteristika ist eine Kontrafaktur von Johann Joachim Winckelmanns *Geschichte der Kunst des Altertums*:

Je schräger z. E. die Augen stehen, wie an Katzen, desto mehr fällt diese Richtung von der Base und der Grundlage des Gesichts ab, welche das Kreuz ist, wodurch dasselbe von dem Wirbel an in die Länge und in die Breite gleich geteilt wird, indem die senkrechte Linie die Nase durchschneidet, die horizontale Linie aber den Augenknochen. Liegt das Auge schräg, so durchschneidet es eine Linie, welche mit jener parallel, durch den Mittelpunkt des Auges gezogen, zu setzen ist. Wenigstens muß hier eben die Ursache sein, die den Übelstand eines schiefgezogenen Mundes macht; denn wenn unter zwei Linien die eine von der anderen ohne Grund abweicht, tut es dem Auge wehe. Also sind dergleichen Augen, wo sie sich unter uns finden und an Chinesen und Japanesen sein sollen, wie man an einigen ägyptischen Köpfen in Profil sieht, eine Abweichung.[40]

Winckelmanns Beschreibung einer nicht-klassischen, weil abweichenden und unharmonischen Physiognomie wird im Roman nicht nur aufgegriffen und privilegiert, indem sie der Beschreibung von Hans Castorps Liebesobjekt gilt, durch das Anzitieren wird das klassische Bildrepertoire zugleich aufgerufen und das Verlangen zu Clawdia Chauchat als Verlangen nach einer ›abweichenden‹ Person gekennzeichnet. Es handelt sich dabei nicht um das einzige Winckelmann-Zitat des Romans. In der Untersuchungsszene des Kapitels »Mein Gott, ich sehe!« betrachtet Hans Castorp seinen Vetter Joachim Ziemßen, sich dabei denkend: »[E]r ist gewachsen, wie es im Buche steht, der reine Apollo von Belvedere, bis auf die Haare« (273). Das hier erwähnte »Buch« ist eben jene *Geschichte der Kunst des Altertums*, und zwar bezieht der Roman sich auf die darin befindliche Beschreibung des Apollo von Belvedere, in welcher die Skulptur als »das höchste Ideal der Kunst unter allen Werken des Altertums, welche der Zerstörung entgangen sind« bezeichnet wird.[41] Die Szene wird zu einer Inszenierung homoerotischer Schaulust, da sie zum einen den Text eines Autors zitiert, dem, mindestens seit Goethes *Winckelmann*-Schrift, homoerotische Nei-

[40] Johann Joachim Winckelmann: Geschichte der Kunst des Altertums. Vollständige Ausgabe. Hg. von Wilhelm Senff. Weimar 1964, S. 127.
[41] Winckelmann: Geschichte der Kunst des Altertums, S. 309.

gungen zugeschrieben werden,[42] und zum zweiten die männliche Blickposition hier statt auf ein weibliches auf ein männliches Objekt des Schauens angewendet wird.[43] Winckelmann-Zitate werden also in beiden Stellen als Hinweis auf ein versch(r)obenes Begehren instrumentalisiert.

Die schiefen Augen jedoch, die in Winckelmanns Deutung noch eindeutig einer negativen Beschreibung dienten, werden im *Zauberberg* zu einem Gegenstand ästhetischer Verrätselung und damit zum Objekt der Auslegung: Das »[R]eine« an Clawdia Chauchat, und mit ihr an der Malerei des Menschen, ist das »Vexierrätsel« selbst. Die normative Setzung weicht einer perspektivbedingten Deutung. Dies erwähnt der Hofrat: »Wie sie geht, so ist ihr Gesicht. Eine Schleicherin. Nehmen Sie zum Exempel die Augen, – ich rede nicht von der Farbe, die auch ihre Tücken hat; ich meine den Sitz, den Schnitt. Die Lidspalte, sagen Sie, ist geschlitzt, schief. Das scheint Ihnen aber nur so« (390).[44]

Das Vexierbild bzw. die *Anamorphose*, die auch als »Verstreckung« bezeichnet wird,[45] besetzt im Mann'schen Text einen vorgebildeten Ort, denn kulturgeschichtlich sind Anamorphosen und deren künstlerische Gestaltung stets im Spannungsfeld von Wissenschaft und Ästhetik angesiedelt.[46] Der *Zauberberg*-Text nun lokalisiert die Beschreibung von Clawdia

[42] Vgl. zu dem »Skandal um Winckelmanns Homoerotik« Detering: Das offene Geheimnis, S. 39–77, hier S. 42.

[43] Vgl. dazu auch die Ausführungen von Lange-Kirchheim: Zergliederte Jünglinge und Missgeburten, S. 241–252. Lange-Kirchheim führt auch den Apollo von Belvedere an, der sich als Objekt homoerotischer Schaulust in mehreren Passagen in den Text einschreibe.

[44] Dass Clawdia Chauchat so aussieht, wie sie geht, ist zugleich auch wieder eine Animalisierung, denn sie schleicht, wie ihr Name es ja sagt, wie ein »Kätzchen« (828).

[45] Vgl. Gerhard Neumann: Anamorphose. E.T.A. Hoffmanns Poetik der Defiguration. In: Mimesis und Simulation. Hg. von Andreas Kablitz und Gerhard Neumann. Freiburg i.Br. 1998, S. 377–417, hier S. 391. Vgl. allgemein zum Phänomen der Anamorphose Jurgis Baltrušaitis: Anamorphoses ou magie artificielle des effets merveilleux. Paris 1969; Kyung-Ho Cha und Markus Rautzenberg: Einleitung: Im Theater des Sehens. Anamorphose als Bild und philosophische Metapher. In: Der entstellte Blick. Anamorphosen in Kunst, Literatur und Philosophie. Hg. von Kyung-Ho Cha und Markus Rautzenberg. München 2008, S. 7–22.

[46] Am Beispiel E.T.A. Hoffmanns hat dies Gerhard Neumann: Anamorphose, S. 388, erläutert: »Die Poetologie der erweiterten Aufklärung [...] impliziert mithin zweierlei: den Einsatz hochentwickelter wissenschaftlicher Aufzeichnungsinstrumente einerseits, die das Unsichtbare dem Auge zugänglich machen, optischer Geräte also als potenzierter ›Augen‹, als durch Maschinen vervollkommneter Sinne; den Einsatz von Kunstwerken jenseits der Schrift andererseits, von Gemälden, Musikkompositionen oder Bildwerken etwa, die als Organe bisher unerhörter Wirklichkeitswahrnehmung fungieren: Das Kunstwerk wird – neben der Maschine – zur romantischen Wünschelrute der Welterkenntnis. Somit stehen einander aber in der Hofmannschen Wissenschaftspoetik zwei Erkundungsmedien – gleichsam supplementär – gegenüber: der naturwissenschaftliche Wahrnehmungsapparat zum einen, das wahrnehmungsermöglichende und -erweiternde Organ der Kunst zum anderen«.

Chauchats Porträt in dem für die Anamorphose relevanten Zusammenhang von »Defiguration und Refiguration«.[47] Das Erkennen des Gemäldes seiner Mitpatientin gelingt Hans Castorp nur in dem Vorwissen darum, dass ein Bild von Clawdia Chauchat im Hause des Hofrates hängt. Es ist ein Erkennen, das eigentlich nicht geschehen sollte, gleichsam ein Verkennen, was der Erzählerkommentar so hervorhebt, dass »wenn alles mit rechten Dingen zugegangen wäre, [Hans Castorp] das Modell gar nicht hätte erkennen dürfen« (389). Dies liegt an der eigentümlichen Maltechnik des Hofrats, die Ästhetik und Anatomie überkreuzt. Diese lässt sich jedoch nicht nur verstehen als eine Zeitkritik im Sinne der Unvereinbarkeit von Kunst und Wissenschaft. Indem das Gemälde beide Bereiche zusammenführt und somit ein anderes Menschen-Bild entsteht, lässt sich auch die Konsequenz ziehen, dass eine Literatur, die sich sowohl künstlerischer als auch wissenschaftlicher Anleihen bedient, notwendigerweise groteske Körper produziert.[48] Die wissenschaftliche Darstellung der Krankheit im Roman ist somit ein künstlerisches Mittel, diese Kunstanschauung zu illustrieren.

Das Groteske, das zugleich durch die Wissenschaft wie die Krankheit hervorgebracht wird, ist durch Porosität und eine Überbetonung des Körpers charakterisiert. Diese beiden Merkmale sind im Text als Merkmale der Krankheit ausgewiesen. Zwar lässt sich anhand der medizinischen Untersuchungspraktiken auch behaupten, dass diese – etwas durch provoziertes Husten – den Körper betonen[49] und – durch Röntgenaufnahmen – diesen aufbrechen, doch diese Maßnahmen stehen im Kontext der Krankheit, sie werden durch sie motiviert.

In den Ausführungen des Hofrats tritt das ›Normale‹ wie bei Winckelmann auf und es wird verkörpert durch weiße Männer, nämlich ihn und seine Zuhörer Hans Castorp und Joachim Ziemßen: »Ziehen Sie die Haut über der Nasenwurzel straff an, und Sie haben ein Auge ganz wie von unsereinem« (391). Doch wird dieses Normale als Phantasma ausge-

[47] Neumann: Anamorphose, S. 400.

[48] Vgl. Galle: Ästhetisierung der Biologie, S. 276: »In ihrem [der Biologie, B.M.] Vorzeichen wird das Bild des Menschen als ›Vexierrätsel‹ nicht aufgelöst, sondern festgeschrieben«. Den medizinhistorischen Kontext findet man bei Gunnar Schmidt: Anamorphotische Körper. Medizinische Bilder vom Menschen im 19. Jahrhundert. Köln, Weimar und Wien 2001, S. 4 »Am Ende des 19. Jahrhunderts kündigt sich eine neue *episteme* an, aus der andere *Bilder* vom Menschen entstehen. Wird damit die realistische zentralperspektivische Ikonographie obsolet? Statt Paradigmenkonkurrenz vervielfältigen sich die Räumlichkeiten. Neben die Organologie mit ihren sichtbaren Oberflächen tritt eine Topologie der Ströme und der psychischen Orte« (H.i.O.).

[49] Vgl. S. 271: »Dabei mußte Joachim abwechselnd stark atmen und künstlich husten, was ihn sehr anzustrengen schien, denn er geriet außer Atem, und in die Augen traten ihm Tränen«.

zeichnet, denn die Kunst steht dazu quer und bildet eine bereits verzerrte Realität ab. Konsequenterweise wird in diesem ›Kunstgespräch‹ Mimesis in Künstlichkeit umgeschrieben:[50]

»Vexation, Täuschung«, bekräftigte der Hofrat. »Zeichnen Sie sie einfach schief und geschlitzt, so sind Sie verloren. Sie müssen die Schiefheit und Geschlitztheit zuwege bringen, wie die Natur sie zuwege bringt, Illusion in der Illusion treiben, sozusagen, und dazu ist natürlich nötig, daß Sie über den Epikanthus Bescheid wissen. Wissen kann überhaupt nicht schaden.« (391)

»Illusion in der Illusion treiben« bedeutet hier die Natur darzustellen. Die verdoppelte Aufgabe des Wirklichkeitsbezugs führt zur Annäherung an diese. Die Realität – wie die Kunst – ist in sich gespalten: Sie ist Illusion der Wirklichkeit als Kunst und als Illusion der Wirklichkeit Fiktion des Organischen. Eine unmittelbare Repräsentation der Realität kann sich dieser nicht über Kunstlehren annehmen, sondern muss die Wissenschaft einbinden: »[S]ittlich war sie mit Gefühl gemalt, aber unbeschadet einer gewissen Süßigkeit, die davon ausging, hatte der Künstler ihr eine Art von wissenschaftlicher Realität und lebendiger Genauigkeit zu verleihen gewußt« (392).

Dass nicht umsonst in der Anamorphose »ein Spiel der *Präzisierung* als Vervielfältigung des Blickes auf eben dieses ›Reale‹«[51] stattfindet, beweisen die darauf folgenden Ausführungen Castorps. Diese sind »aus dem Stegreif zusammengeredet« (395). In ihrer Verwirrung tragen sie der Komplexität dessen, was überhaupt ›natürlich‹ ist, Rechnung:

Es wäre gut, wenn außer dem lyrischen [...], dem künstlerischen Verhältnis noch ein anderes vorhanden wäre, wenn man die Dinge, kurz gesagt, noch unter einem anderen Gesichtswinkel auffaßte, zum Beispiel dem medizinischen. [...] [E]s ist darum so hervorragend richtig, weil es sich da eigentlich gar nicht um grundverschiedene Verhältnisse und Gesichtswinkel handelt, sondern genau genommen immer um ein und denselben – bloß um Spielarten davon, ich meine: Schattierungen, ich meine also: Variationen[.] (393 f.)

Indem Hans Castorp die Kombination von »künstlerische[m]« und »medizinische[m]« Verhältnis als »[m]ensch[lich]« (395) bezeichnet, wird die Darstellung Chauchats verallgemeinert und der Sonder- zum Regelfall.

[50] Vgl. auch Neumann: Anamorphose, S. 400: »Repräsentation des Wirklichen in der Kunst erscheint unter diesem Aspekt nicht als Abspiegelung, Wiedergabe, Darstellung oder sonst geartete ›planparallele Entsprechung‹, sondern als ›Konstruktion‹; genauer gesagt als Kipp- und Alternierungsmuster von Entstellung und Rekonstruktion des ›wahrgenommenen‹ Objekts, von Deformation und Wiederherstellung, von Defiguration und Refiguration«.

[51] Neumann: Anamorphose, S. 396 f.

Die anamorphotische Konfiguration von Verzerrung, Ordnungsauflösung und Mimesis taucht an anderer Romanstelle noch einmal auf und zwar in Verbindung mit einem Tier, nämlich eben in jenem erwähnten »Kunststück« des Hofrates, blind ein Schweinchen zu zeichnen.

Die Parallelen der Zeichnung zum Gemälde sind dabei frappierend – so wie das Schweinchen seinem Gegenstand auch nur »ideell« gleich, ist das Gemälde Chauchats »ein ziemlich pfuscherhaftes Produkt, als Bildnis seinem Gegenstande nur weitläufig verwandt«, mit der Einschränkung jedoch: »[D]as Bild *sollte* Frau Chauchat darstellen« (390, H. i. O.). Auch sie besitzt »Schlitzäuglein« und das Schweinchen, das der Hofrat zeichnet, ist auf die Art und Weise hergestellt, die der Hofrat für das Malen Clawdia Chauchat anweist: »Möglicherweise sollte man sie nicht abmalen, sondern nach dem Gedächtnis arbeiten« (390).[52]

Clawdia Chauchats Körper ist nicht nur grotesk in dem Sinn, dass er überbetont und verzerrt ist, er ist auch unabgeschlossen. Es wird dargelegt, mit welcher Eindringlichkeit ihre »Poren« (391) gemalt und die unterschiedlichen Hautschichten realisiert sind. Die Haut, Grenze des Abschlusses des Menschen von seiner Umwelt, wird zu einer Zone der Durchlässigkeit, innen und außen gehen ineinander über. Hans Castorp meint, den »Geruch [...] des menschlichen Körpers« (392) vernehmen zu können. Seit den ersten Schriften über die Ansteckung von Girolamo Fracastoro[53] ist der kranke, infizierte Körper als ein offener Körper entworfen.[54] Die Offenheit von Clawdia Chauchats Körper, die malerisch festgehalten wird,

[52] Diese Parallele hat bereits Astrid Lange-Kirchheim gesehen und als misogyne Verzerrungstechnik gedeutet. Vgl. Lange-Kirchheim: Das zergliederte Porträt, S. 184: »Die Leitmotivtechnik macht das Schweinchen als aggressive Verzeichnung Madame Chauchats erkennbar«.

[53] Vgl. Hieronymus Fracastoro: Drei Bücher von den Kontagien, den kontagiösen Krankheiten und deren Behandlung (1546). Übersetzt und eingeleitet von Prof. Dr. Viktor Fossel. Leipzig 1910. Unveränderter Nachdruck. Leipzig 1968, S. 36: »Unreine und sehr feuchte, fleischige und poröse Körper sind mehr zur Aufnahme einer Infektion, die in uns von Anfang sich entwickelt, disponiert; jene aber, die offene und dehnbare Öffnungen besitzen, warm und feucht zugleich sind, nehmen eher ein Kontagium auf, das von außen herrührt. Das Aufnahmsvermögen ist nämlich am schwersten und langsamsten bei einer kalten, trockenen und dichten Konstitution. Dessentwegen werden Greise und alte Mütterchen weniger ergriffen, als junge Leute«.

[54] Vgl. Schaub und Suthor: Einleitung, S. 16: »Fracastor, der italienische Entdecker der Syphilis, entwickelt die Vorstellung von sog. *seminaria*, die sich wahlweise durch Poren der Haut und durch den Mund (während des Einatmens und Schluckens) Zugang zum menschlichen Körper verschaffen sollen. Dabei knüpft der Forscher durchaus an die von Hippocrates überlieferte Miasmus-Theorie an, derzufolge das Einatmen verpesteter Luft krankheitsauslösend wirkt«. Zu einer Geschichte des Ansteckungskonzepts vgl. Rolf Winau: Ansteckung – medizinhistorisch. In: Ansteckung. Zur Körperlichkeit eines ästhetischen Prinzips. Hg. von Mirjam Schaub, Nicola Suthor und Erika Fischer-Lichte. München 2005, S. 61–72.

lässt sich auf die Krankheit zurückführen und die grotesken Körper der Kranken nicht bloß als abgeschlossene, aber überwuchernde Körper konzeptualisieren, sondern auch als unabgeschlossene. Alle grotesken Körper des Romans sind krank, was daran liegt, dass »das Leben« auf Krankheit beruht und diese die offenen, verzerrten Körper produziert. Die Entwicklungsgeschichte des Embryos zeichnet sich etwa auch durch eine Offenheit aus, indem »an gewissen Orten die Bindegewebszellen Kalksalze und Fette aus den umspülenden Säften an sich ziehen und verknöchern« (423). »[O]ffen und aufnahmefähig« (196), um diese im Kontext der Beschreibung des Staatsanwalts Paravant verwendete Äußerung zu übernehmen, sind alle Körper des Sanatoriums. Der menschliche Körper wird im *Zauberberg* als grotesker Körper entworfen und dies beruht auf dem Vorgang der Pathologisierung, der Verkörperung überhaupt erst ermöglicht.

Die »Krise der Repräsentation«, welche der Karneval thematisiert und aufführt, wird über das Zeichnen des »Schweinchen[s]« subtil in den Text eingeführt – und wie sehr es sich hierbei um eine krisenhafte Situation handelt, zeigen die Nachahmungen durch die Patienten. Die Versuche der Patienten sind nämlich »Mißgeburten«, denen es »an allem Zusammenhang [fehlt]«. Der Ringelschwanz wird dabei zu einer »selbständige[n] Arabeske«, das Tier als Ganzes zu einem »Ornament, das [...] mit nichts in der Welt die entfernteste Ähnlichkeit auf[weist]« (502f.).

»Arabeske[n]« und »Ornament[e]« stehen für bedeutungslose Zeichen, also ein referenzloses Dekorum. Es ist gerade diese Überzeichnung durch die Patienten, welche das Problem einer angemessenen Darstellbarkeit der Realität radikalisiert und damit nicht bloß eine gesellschaftliche Karikatur illustriert. Laut Aristoteles ist Mimesis das Unterscheidungskriterium zwischen Menschen und Tieren und insofern wären in dieser kunsttheoretischen Bestimmung des Menschen all jene, die nicht nachahmen können, dem Tiere ähnlich[55] – was sie als bereits groteske Körper auch sind.[56]

[55] Vgl. Kyung-Ho Cha: Karnevaleskes Tier-Werden, S. 232, der auch die Aristoteles-Stelle zitiert. Aristoteles: Poetik. Griechisch/Deutsch. Übersetzt und hg. von Manfred Fuhrmann. Stuttgart 2002, S. 11: »[D]er Mensch unterscheidet sich dadurch von den übrigen Lebewesen, daß er in besonderem Maße zur Nachahmung befähigt ist und seine ersten Kenntnisse durch Nachahmung erwirbt«.

[56] Vgl. zur Problematik von Groteske und Abbildung auch Erich Kleinschmidt: Differenzen und Affekte. Kulturelle Energien grotesker Rede. In: Lesbarkeit der Kultur. Literaturwissenschaften zwischen Kulturtechnik und Ethnographie. Hg. von Gerhard Neumann und Sigrid Weigel. München 2000, S. 185–199, hier S. 187f.: »Das Groteske ist eine semiotisch abwehrende Textstruktur. Sie will eine dem Ausdruck vorangehende Konstellation verhüllen. Die nicht mimetische Darstellung vermeidet sowohl die Denotation, d.h. die Situierung des bezeichneten Objekts, als auch die Eindeutigkeit des Sinns und damit die Setzung des aussagenden Subjekts. Damit entwickelt sich der Text zu einem offenen Prozeßfeld, in

Produktionsästhetisch wird die »Krise der Repräsentation« in ihr Extrem geführt: Der Hofrat malt nicht nur Vexierrätsel ab, er produziert sie auch von Neuem[57] und reproduziert sie noch einmal in der Gestalt des Schweinchens. Der bereits verzerrte Mensch wird hier zunächst in ein Tier transformiert und von den Patienten noch einmal verzerrt, parzelliert, bis er schließlich zu lauter Ornamenten wird. Arabesken werden hiermit zu Signalen des »Unsinn[s]«,[58] der jedoch weniger einer Rätselstruktur als der Unfähigkeit zur Gestaltung entspringt – der Karneval des Sanatoriums spitzt sich hier zu einer völligen Destabilisierung der Zeichensysteme zu.

Die »Brüchigkeit der Ordnungen des Symbolischen« thematisiert und performiert der Roman unentwegt: Die Figur des Karnevals stellt Ordnung und Unordnung in eine Konfliktsituation, Ordnungen werden destabilisiert. *Der Zauberberg* erkundet die kulturellen Setzungen von Schließungsfiguren und Symbolisierungen. Dies betrifft etwa die Medizin in einer Kritik ihrer Epistemologie oder die Zivilisation, bedenkt man etwa, dass bei der Beerdigung von Castorps Großvater »Tuberosen« (47) den Leichengeruch verdecken sollen.[59] Dass der Hofrat die Technik, mit welcher er das Bild Clawdia Chauchats gemalt hat, erläutert und damit das Geheimnis der künstlerischen Produktion lüftet, weist darauf hin, dass Menschenbilder Konstruktionen sind. Auf der anderen Seite wird die Kontingenz der Symbolisierungen hervorgehoben, das Gleiten von Signifikanten und Signifikaten setzt einen nicht stillzustellenden Prozess von Sinnbesetzung und -entzug in Gang.

Es ließe sich in der Karnevalisierung der Körper der Versuch einer Aktualisierung des literarischen Menschenversuchs erkennen. Ist dieser immer damit beschäftigt, experimentell den Menschen hervorzubringen, wäre der verzeichnete Mensch in diesem Fall das Produkt eines in jeglicher Hinsicht

dem die Ökonomie der Mimesis noch nicht gegeben ist. Die Aussage verbleibt im Zustand der Unausgetragenheit von flüchtigem und vielwertigem Begehren. Es artikuliert sich als wuchernde und diskontinuierliche Auflage. Seine Wirkung und Bezugsetzung sind noch unbestimmt. Dem grotesken Text fehlt eine herkömmliche referentielle Ordnung. Das macht seine Schwäche und seine Stärke aus«.

[57] So liest sich auch die Beschreibung des Chauchat'schen Gemäldes nicht bloß als Abbildung, sondern geradezu als Verzerrung: »Frau Chauchat erschien da zehn Jahre älter, als sie war, wie das bei Dilettantenporträts, die charakteristisch sein wollen, zu gehen pflegt. Im ganzen Gesicht war zuviel Rot, die Nase war arg verzeichnet, die Haarfarbe nicht getroffen, zu strohig, der Mund verzerrt, der besondere Reiz der Physiognomie nicht gesehen oder nicht herausgebracht, durch Vergröberung seiner Ursachen verfehlt, das Ganze ein ziemlich pfuscherhaftes Produkt, als Bildnis seinem Gegenstande nur weitläufig verwandt« (389f.).

[58] An anderer Stelle heißt es: »Die Karten waren mit Unsinn bedeckt, jedermann hatte seine Ohnmacht erprobt« (506).

[59] Und damit signifikatorisch einen Vorgriff auf die »Tuberkulose« (949) der Patienten leisten. Auf diesen Zusammenhang weist auch Kablitz: *Bella menzogna*, S. 261, hin.

verzerrten Experimentalsettings: Der sich widersprechende, höchstens simulierte, auktoriale Erzähler des *Zauberbergs* wäre als Diagnose wie Entwurf einer neuen, beschädigten Auktorialität zu verstehen. Die polyphone Vielstimmigkeit des Erzählens ist dabei Zeichen einer Überfrachtung der Zuständigkeitsbereiche des Erzählens, die zu einem nicht fassbaren Menschenbild führt, weil das Experimentalsetting in ein vernetztes Experimentalsystem transformiert wurde. Dies als ausschließlich negativen Zeitbefund zu lesen, überhöht jedoch die literarische Tradition und unterdrückt damit die literarische Kreativität des Verfahrens.

Der Karneval bietet also auch produktive Möglichkeiten: Er liefert nicht nur die Option, eine neue Kunsttheorie zu formulieren und eine anthropologische Bestimmung festzuschreiben und damit auch de facto neue (Sprach-)Bilder zu erschaffen. Das Rezitieren mittels Ansteckung sorgt nicht nur für eine Auszehrung von Sinn und einen Bedeutungsverlust. Durch die Iterierbarkeit werden Signifikanten auch stets neue Bedeutungen zugesprochen. Caroline Pross hat es in der Formel zusammengefasst: »Die Figur der karnevalesken Szene ist daher mehr als nur ein Emblem der Destruktion. Sie ist auch und zugleich ein Bild für die fortlaufende Sinn*produktion* des kulturellen Systems«.[60]

Die Destabilisierung der Ordnung wird auch durch erzählerische Mittel geleistet. Ansteckung erzeugt die Offenheit des Textes und die Unabgeschlossenheit der literarischen Figuren. Der Karneval inszeniert groteske Figuren, die sich ebenfalls durch ihre Offenheit auszeichnen. Die stimmliche Polyphonie wird durch Ansteckung erzeugt, sie kann erst in einem karnevalesken Text zur vollen Entfaltung kommen, weil dieser die Relativierung der Kultur und die Einmischung der Gegenkultur in Szene setzt. Das Phantasma der Normalität, das der Text durch den Gemäldekommentar des Hofrats aufruft, gehört notwendigerweise zum karnevalesken Aufbau anthropologischer und kunsttheoretischer Reflexionen und impliziert keine natürliche Abwertung des Anomalen. Ansteckung und Karnevalisierung gehören folglich zusammen. Jedoch nicht so, dass die Ansteckung eine permanente Parodierung als bloße Verulkung bewirkt. Die Iterationen entwerfen die gleiche Aussage als Gegenstimme und schaffen damit neue Bedeutungen. Und jeder Verzerrung, jeder Fehlleistung kommt ein kreatives Potential zu. Eine bewusste Entstellung klassischer Ordnungen findet im Karneval statt, der das Thema der Kunstproduktion und des Menschenbildes – und damit letztlich die Frage von Wahrnehmung und Gestaltung des Menschen, also die der Ästhetik – aufruft. Damit wird die Krankheit

[60] Pross: Gespaltene Stimme, groteske Gestalt, S. 154 (H. i. O.).

als poetologisches Paradigma in einen ästhetischen und anthropologischen Bezugsrahmen überführt. Anhand des karnevalisierten Menschenbildes lässt sich auch ein Mechanismus beobachten, der sich im gesamtem Roman wiederfinden lässt: Klare Grenzen (zwischen Gesundheit und Krankheit, Normalität und Entstellung, Intelligenz und Dummheit, Ernst und Albernheit, Bürgertum und Unbürgerlichem, Menschen und Tieren, Kommunikation und Störung, Produktion und Missbrauch) werden im Roman geschaffen und (de-)nobilitierend verwendet. Doch gerade, weil sie geschaffen wurden, sind sie stets mit ihrer Überschreitung verschränkt. So ergibt sich ein Modell begrifflicher Zuschreibungen, erzählerischer Funktionen und literarischer Sprechweisen, in dem die Gegensätze miteinander verbunden sind und sich nicht voneinander lösen lassen. Diese Verschränkungen entstehen durch Hybridisierungen.

DANK

Es ist unmöglich, all denjenigen, die in zahlreichen Gesprächen mit Ratschlägen, Kritik und Lob zum Entstehen dieser Arbeit beigetragen haben, adäquat zu danken. Ganz besonderer Dank gilt Prof. Dr. Claudia Liebrand, die mich stets interessiert, geduldig, vertrauensvoll und hellwach in der Entstehung betreute. Prof. Dr. Günter Blamberger sei ebenfalls gedankt, der mir stets ein offenes Ohr lieh und ohne den ich nicht die ganze Vielfalt des akademischen Betriebes kennengelernt hätte. Gedankt sei auch Prof. Dr. Paul Michael Lützeler, auf dessen Unterstützung ich seit meiner Zeit in St. Louis zählen kann. Für ihr Interesse an der Arbeit, Anregungen zur Entstehung und zur Veröffentlichung sei auch Prof. Dr. Torsten Hahn und Prof. Dr. Rüdiger Görner gedankt. Dank gilt auch den zahlreichen Mitgliedern des Kolloquiums von Prof. Dr. Liebrand, meinen Kolleginnen und Kollegen im Institut für deutsche Sprache und Literatur I und im Internationalen Kolleg Morphomata für die Bereitschaft zu Diskussionen und Lektüre. Im ganz besonderen Maße gilt das für Charlotte Coch, Sebastian Goth, Oliver Kohns und Martin Roussel, die beim Lektorat und Korrektorat der Arbeit halfen. Fehlen dürfen in dieser Liste natürlich auch nicht die Personen meines engsten Umfeldes, darunter besonders meine Familie, im Speziellen meine Eltern, auf deren Unterstützung ich während des Dissertationsalltags stets zählen konnte. Darüber hinaus möchte ich keine besondere Auswahl treffen, alle waren wichtig.

Danken möchte ich auch der Studienstiftung des deutschen Volkes, ohne deren Stipendium ich nicht die Zeit gehabt hätte, das vorliegende Buch zu schreiben und der FAZIT-STIFTUNG, deren großzügige Förderung die Drucklegung erst möglich machte. Dr. Katrin Bedenig danke ich für die Aufnahme der Arbeit in die Reihe der Thomas-Mann-Studien.

BIBLIOGRAPHIE

Texte Thomas Manns

Thomas Mann: Bekenntnisse des Hochstaplers Felix Krull. Der Memoiren erster Teil. Hg. und textkritisch durchgesehen von Thomas Sprecher und Monica Bussmann in Zusammenarbeit mit Eckhard Heftrich (= GKFA 12.1). Frankfurt a.M. 2012

Thomas Mann: Betrachtungen eines Unpolitischen. Hg. und textkritisch durchgesehen von Hermann Kurzke (= GKFA 13.1). Frankfurt a.M. 2009

Thomas Mann: Briefe. 1937–1947. Hg. von Erika Mann. Frankfurt a.M. 1963

Thomas Mann: Briefe I. 1889–1913. Ausgewählt und herausgegeben von Thomas Sprecher, Hans R. Vaget und Cornelia Bernini (= GKFA 21). Frankfurt a.M. 2002

Thomas Mann: Briefe II. 1914–1923. Ausgewählt und herausgegeben von Thomas Sprecher, Hans R. Vaget und Cornelia Bernini (= GKFA 22). Frankfurt a.M. 2004

Thomas Mann: Briefe III. 1924–1932. Ausgewählt und herausgegeben von Thomas Sprecher, Hans R. Vaget und Cornelia Bernini (= GKFA 23.1). Frankfurt a.M. 2011

Thomas Mann: Buddenbrooks. Verfall einer Familie. Roman. Hg. und textkritisch durchgesehen von Eckhard Heftrich unter Mitarbeit von Stephan Stachorski und Herbert Lehnert (= GKFA 1.1). Frankfurt a.M. 2002

Thomas Mann: Buddenbrooks. Verfall einer Familie. Roman. Kommentar von Eckhard Heftrich und Stephan Stachorski unter Mitarbeit von Herbert Lehnert (= GKFA 1.2). Frankfurt a.M. 2002

Thomas Mann: Collegheft 1894–1895. Hg. von Yvonne Schmidlin und Thomas Sprecher (= TMS 24). Frankfurt a.M. 2001

Dichter über ihre Dichtungen. Bd. 14/I: Thomas Mann. Teil I: 1889–1917. Hg. von Hans Wysling unter Mitwirkung von Marianne Fischer. [München] 1975

Thomas Mann: Essays I. 1893–1914. Hg. und textkritisch durchgesehen von Heinrich Detering unter Mitarbeit von Stephan Stachorski (= GKFA 14.1). Frankfurt a.M. 2002

Thomas Mann: Essays II. 1914–1926. Hg. und textkritisch durchgesehen von Hermann Kurzke unter Mitarbeit von Jöelle Stoupy, Jörn Bernder und Stephan Stachorski (= GKFA 15.1). Frankfurt a.M. 2002

Thomas Mann: Essays VI. 1945–1950. Hg. und textkritisch durchgesehen von Herbert Lehnert (= GKFA 19.1). Frankfurt a.M. 2009

Thomas Mann: Frühe Erzählungen. 1893–1912. Hg. und textkritisch durchgesehen von Terence J. Reed unter Mitarbeit von Malte Herwig (= GKFA 2.1). 2. Aufl. Frankfurt a.M. 2008

Thomas Mann: Frühe Erzählungen. 1893–1912. Kommentar von Terence J. Reed unter Mitarbeit von Malte Herwig (= GKFA 2.2). 2. Aufl. Frankfurt a.M. 2008

Thomas Mann: Gesammelte Werke in Dreizehn Bänden. 2., durchgesehene Aufl. Frankfurt a.M. 1974

Thomas Mann: Königliche Hoheit. Roman. Hg. und textkritisch durchgesehen von Heinrich Detering in Zusammenarbeit mit Stephan Stachorski (= GKFA 4.1). Frankfurt a.M. 2004

Thomas Mann: Lotte in Weimar. Roman. Hg. und textkritisch durchgesehen von Werner Frizen (= GKFA 9.1). Frankfurt a.M. 2003

Thomas Mann: Lotte in Weimar. Roman. Kommentar von Werner Frizen (= GKFA 9.2). Frankfurt a.M. 2003

Thomas Mann: Notizbücher 7–14. Hg. von Hans Wysling und Yvonne Schmidlin. Frankfurt a.M. 1992

Thomas Mann: Tagebücher. 1918–1921. Ungekürzte Ausgabe. Hg. von Peter de Mendelssohn. Frankfurt a.M. 2003

Thomas Mann: Der Zauberberg. Roman. Hg. und textkritisch durchgesehen von Michael Neumann (= GKFA 5.1). Frankfurt a.M. 2002

Thomas Mann: Der Zauberberg. Roman. Kommentar von Michael Neumann (= GKFA 5.2). Frankfurt a.M. 2002

Weitere Literatur

Gerhard Adam: Dr. Edhin Krokowski (26.01.2011). (www.hans-castorp.de/42103.html; letzter Aufruf: 01.10.2014)

Gerhard Adam: Hans Castorp, in re Brotsack (28.02.2010). (http://www.hans-castorp.de/41919.html; letzter Aufruf: 01.10.2014)

Johann Christoph Adelung: Grammatisch-kritisches Wörterbuch der Hochdeutschen Mundart mit beständiger Vergleichung der übrigen

Mundarten, besonders aber der Oberdeutschen. Mit D.W. Soltau's Beyträgen, revidirt und berichtiget von Franz Xaver Schönberger. Vierter Theil, von Seb–Z. Wien 1808

Theodor W. Adorno: Ästhetische Theorie. In: Theodor W. Adorno: Gesammelte Schriften, Bd. 7. Hg. von Gretel Adorno und Rolf Tiedemann. Frankfurt a.M. 1970, S. 7–387

Peter-André Alt: Ironie und Krise. Ironisches Erzählen als Form ästhetischer Wahrnehmung in Thomas Manns »Der Zauberberg« und Robert Musils »Der Mann ohne Eigenschaften«. Frankfurt a.M. 1985

Aristoteles: Poetik. Griechisch/Deutsch. Übersetzt und hg. von Manfred Fuhrmann. Stuttgart 2002

Erich Auerbach: Figura. In: Erich Auerbach: Gesammelte Aufsätze zur romanischen Philologie. Bern 1967, S. 55–92

Auf dem Weg zum »Zauberberg«. Die Davoser Literaturtage 1996. Hg. von Thomas Sprecher (= TMS 16). Frankfurt a.M. 1997

Ausführliches Lateinisch-Deutsches Handwörterbuch. Aus den Quellen zusammengetragen und mit besonderer Bezugnahme auf Synonymik und Antiquitäten unter Berücksichtigung der besten Hilfsmittel ausgearbeitet von Karl Ernst Georges. 11. Aufl. Nachdruck der 8. verbesserten und vermehrten Auflage von Heinrich Georges. Basel 1962

John L. Austin: Theorie der Sprechakte. Zweite Vorlesung. In: Performanz. Zwischen Sprachphilosophie und Kulturwissenschaften. Hg. von Uwe Wirth. Frankfurt a.M. 2002, S. 63–71

W. Ross Ashby: Einführung in die Kybernetik. Frankfurt a.M. 1974

Michail Bachtin: Probleme der Poetik Dostoevskijs. Aus dem Russischen von Adelheid Schramm. München 1971

Michail Bachtin: Aus der Vorgeschichte des Romanwortes. In: Michail Bachtin: Die Ästhetik des Wortes. Hg. und eingeleitet von Rainer Grübel. Aus dem Russischen übersetzt von Rainer Grübel und Sabine Reese. Frankfurt a.M. 1979, S. 301–337

Michail Bachtin: Das Wort im Roman. In: Michail Bachtin: Die Ästhetik des Wortes. Hg. und eingeleitet von Rainer Grübel. Aus dem Russischen übersetzt von Rainer Grübel und Sabine Reese. Frankfurt a.M. 1979, S. 154–300

Michail Bachtin: Rabelais und seine Welt. Volkskultur als Gegenkultur. Übersetzt von Gabriele Leupold. Hg. und mit einem Vorwort versehen von Renate Lachmann. Frankfurt a.M. 1995

Jurgis Baltrušaitis: Anamorphoses ou magie artificielle des effets merveilleux. Paris 1969

Andrea Bartl und Stephanie Catani: Bastard – Figurationen des Hybriden zwischen Ausgrenzung und Entgrenzung. Eine Einleitung. In: Bastard. Figurationen des Hybriden zwischen Ausgrenzung und Entgrenzung. Hg. von Andrea Barth und Stephanie Catani. Würzburg 2010, S. 9–23

Moritz Baßler: Jäger der verlorenen Pace. Robert Müllers »Tropen. Der Mythos der Reise. Urkunden eines deutschen Ingenieurs«. In: Deutschsprachige Romane der Klassischen Moderne. Hg. von Matthias Luserke-Jaqui unter Mitarbeit von Monika Lippke. Berlin 2008, S. 128–153

Reinhard Baumgart: Das Ironische und die Ironie in den Werken Thomas Manns. München 1964

Otto Baur: Der Mensch-Tier-Vergleich und die Mensch-Tier-Karikatur. Eine ikonographische Studie zur bildenden Kunst des neunzehnten Jahrhunderts. Köln 1973

Wolfgang Beck: Varieté. In: Theaterlexikon I. Begriffe und Epochen, Bühnen und Ensembles. Hg. von Manfred Brauneck und Gérard Schneilin. Unter Mitarbeit von Wolfgang Beck. 5., vollständig überarbeitete Neuausgabe. Reinbek b.H. 2007, S. 1155–1157

Gunhild Berg: Zur Konjunktur des Begriffs ›Experiment‹ in den Natur-, Sozial- und Geisteswissenschaften. In: Wissenschaftsgeschichte als Begriffsgeschichte. Terminologische Umbrüche im Entstehungsprozess der modernen Wissenschaften. Hg. von Michael Eggers und Matthias Rothe. Bielefeld 2009, S. 51–82

Stephan Besser: Mynheer Peeperkorn's Fever. In: Arcadia 38 (2003), S. 257–264

Barbara Beßlich: Vom Nutzen und Nachteil des Grammophons für das Leben Hans Castorps. Narratologische, intermediale und reproduktionsästhetische Betrachtungen zum *Zauberberg*. In: Literatur intermedial. Paradigmenbildung zwischen 1918 und 1968. Hg. von Wolf Gerhard Schmidt und Thorsten Valk. Berlin und New York 2009, S. 153–166

Franz Blei: Das grosse Bestiarium der modernen Literatur. Berlin 1922 (Ausgabe B)

Elisabeth Boa: The Aesthetics of disgust in *Der Zauberberg*. In: PEGS 78 (2009), S. 131–146

Christoph Bode: Ästhetik der Ambiguität. Zu Funktion und Bedeutung von Mehrdeutigkeit in der Literatur der Moderne. Tübingen 1988

Christoph Bode: Der Roman. 2., erweiterte Aufl. Tübingen und Basel 2011

Karl Heinz Bohrer: Sprachen der Ironie – Sprachen des Ernstes. Das Problem. In: Sprachen der Ironie – Sprachen des Ernstes. Hg. von Karl Heinz Bohrer. Frankfurt a.M. 2000, S. 11–35

Wayne C. Booth: Der implizite Autor. In: Texte zur Theorie der Autorschaft. Hg. und kommentiert von Fotis Jannidis u.a. Stuttgart 2007, S. 142–152

Stefan Börnchen: Kryptenhall. Allegorien von Schrift, Stimme und Musik in Thomas Manns *Doktor Faustus*. München 2006

Stefan Börnchen: »Die Ordnung läßt zu wünschen übrig.« Chaos und Gesetz in der Schule der »Buddenbrooks«. In: Apokrypher Avantgardismus. Thomas Mann und die Klassische Moderne. Hg. von Stefan Börnchen und Claudia Liebrand. München 2008, S. 67–115

Stefan Börnchen und Claudia Liebrand: Einleitung. In: Apokrypher Avantgardismus. Thomas Mann und die Klassische Moderne. Hg. von Stefan Börnchen und Claudia Liebrand. München 2008, S. 7–27

Stefan Börnchen, Georg Mein und Gary Schmidt: Einleitung. In: Thomas Mann. Neue kulturwissenschaftliche Lektüren. Hg. von Stefan Börnchen, Georg Mein und Gary Schmidt. München 2012, S. XV–XXXI

Alfred E. Brehm u. a.: Brehms Thierleben. Allgemeine Kunde des Thierreichs. Große Ausgabe. 2.[,] umgearbeitete und vermehrte Aufl. Erste Abteilung: Säugetiere, Bd. 2. Leipzig 1877. (http://archive.org/stream/brehmsthierlebe08oskagoog#page/n0/mode/2up; letzter Aufruf: 01.10.2014)

Clemens Brentano: Hörst du, wie die Brunnen rauschen? In: Gesammelte Werke. Hg. von Heinz Amelung und Karl Viëtor. Bd. 1: Gedichte und Erzählungen. Kleine Schriften. Frankfurt a. M. 1923, S. 121

Hans Richard Brittnacher: Ästhetik des Horrors. Gespenster, Vampire, Monster, Teufel und künstliche Menschen in der phantastischen Literatur. Frankfurt a. M. 1994

Ulrich Broich: Intertextualität. In: Reallexikon der deutschen Literaturwissenschaft. Neubearbeitung des Reallexikons der deutschen Literaturgeschichte. Bd. II: H–O. Hg. von Harald Fricke, gemeinsam mit Georg Braungart u.a. Berlin und New York 2007, S. 175–179

Francis Bulhof: Transpersonalismus und Synchronizität. Groningen 1966

Rüdiger Campe: Body and Time. Thomas Mann's The Magic Mountain. In: Thomas Mann. Neue kulturwissenschaftliche Lektüren. Hg. von Stefan Börnchen, Georg Mein und Gary Schmidt. München 2012, S. 213–232

Rüdiger Campe: The *Rauschen* of the Waves: On the Margins of Literature. In: SubStance 19,1 (1990), S. 21–38

Kyung-Ho Cha und Markus Rautzenberg: Einleitung: Im Theater des Sehens. Anamorphose als Bild und philosophische Metapher. In: Der entstellte Blick. Anamorphosen in Kunst, Literatur und Philosophie. Hg. von Kyung-Ho Cha und Markus Rautzenberg. München 2008, S. 7–22

Kyung-Ho Cha: Karnevaleskes Tier-Werden. Das Ende des Menschen in Thomas Manns »Bekenntnisse des Hochstaplers Felix Krull«. In: ZdPh 126 (2007), S. 221–250

Luca Crescenzi: Wer ist der Erzähler des *Zauberberg*? Und was weiß er eigentlich von Hans Castorp? In: Freiburger literaturpsychologische Gespräche. Jahrbuch für Literatur und Psychoanalyse, Bd. 31: Thomas Mann. Hg. von Ortrud Gutjahr. Würzburg 2012, S. 167–182

Sara Danius: Novel Visions and the Crisis of Culture: Visual Technology, Modernism, and Death in The Magic Mountain. In: boundary 27,2 (2000), S. 177–211

Jacques Derrida: Grammatologie. Übersetzt von Hans-Jörg Rheinberger und Hanns Zischler. Frankfurt a.M. 1983

Heinrich Detering: Das offene Geheimnis. Zur literarischen Produktivität eines Tabus von Winckelmann bis Thomas Mann. Göttingen 1994

Manfred Dierks: Traumzeit und Verdichtung. Der Einfluß der Psychoanalyse auf Thomas Manns Erzählweise. In: Thomas Mann und seine Quellen. Festschrift für Hans Wysling. Hg. von Eckhard Heftrich und Helmut Koopmann. Frankfurt a.M. 1991, S. 111–137

Bernhard J. Dotzler: Der Hochstapler. Thomas Mann und die Simulakren der Literatur. München 1991

Bernhard Dotzler: Leerstellen. In: Literaturwissenschaft. Einführung in ein Sprachspiel. 2., überarbeitete Aufl. Hg. von Heinrich Bosse und Ursula Renner. Freiburg i.Br., Berlin und Wien 2010, S. 211–229

Eric Downing: Paraphotography and the Ent-wicklung of Bildung in Thomas Mann's *Der Zauberberg*. In: The Germanic Review 76 (2001), S. 172–191.

Eric Downing: The Technology of Development: Photography and Bildung in Thomas Mann's Der Zauberberg. In: DVjs 77 (2003), S. 91–129

Rene J. and Jean Dubos: The White Plague. Tuberculosis, Man and Society. Boston 1952

Denise Dumschat-Rehfeld: Extreme Emotionen hinter erzählerischer Kälte. Narrative Bewältigung des Entsetzlichen in Thomas Manns »Luischen« und »Anekdote«. (http://www.literaturkritik.de/public/rezension.php?rez_id=14179&ausgabe=201004; letzter Aufruf: 01.10.2014)

Terry Eagleton: Einführung in die Literaturtheorie. 3. Aufl. Aus dem Englischen von Elfi Bettinger und Elke Hentschel. Stuttgart und Weimar 1994

Umberto Eco: Das offene Kunstwerk. Aus dem Italienischen von Günter Memmert. Frankfurt a.M. 1973

Heide Eilert: Thomas Mann und das Theater. In: Thomas-Mann-Handbuch. Hg. von Helmut Koopmann. 3., aktualisierte Aufl. Stuttgart 2001, S. 534–618

Dietrich von Engelhardt: Krankheit und Medizin, Patient und Arzt in Thomas Manns *Zauberberg* (1924) in medizinhistorischer Sicht. In: »Der Zauberberg« – die Welt der Wissenschaften in Thomas Manns Roman.

Mit einer Bibliographie der Forschungsliteratur. Hg. von Dietrich von Engelhardt und Hans Wißkirchen. Stuttgart 2003, S. 1–27

Yahya Elsaghe: »Edhin Krokowski aus Linde bei Pinne, Provinz Posen.« Judentum und Antisemitismus im *Zauberberg* und seiner Vorgeschichte. In: Monatshefte 101 (2009), S. 56–72

Yahya Elsaghe: Die imaginäre Nation. Thomas Mann und das ›Deutsche‹. München 2000

Yahya Elsaghe: Kalamographie und gemalte Schrift. Zur Graphologie und ihren ideologischen Implikationen. In: Zeitschrift für Germanistik, N.F. 12 (2002), S. 51–69

Yahya Elsaghe: Die »kaufmännischen Und-Zeichen« der »Geschäftsmaschine«. Zur Überwindung rassenbiologischer Antisemitismen in Thomas Manns Spätwerk. In: Colloquia Germanica 33 (2000), S. 349–365

Yahya Elsaghe: Thomas Mann und die kleinen Unterschiede. Zur erzählerischen Imagination des Anderen. Köln, Weimar und Wien 2004

Julia Encke und Caroline Pross: Arena des Wortes. Zur Theatralität von Sprache, Text und Kultur bei Michail Bachtin. In: Szenographien. Theatralität als Kategorie der Literaturwissenschaft. Hg. von Gerhard Neumann, Caroline Pross und Gerald Wildgruber. Freiburg i.Br. 2000, S. 253–282

Die Figur des Dritten. Ein kulturwissenschaftliches Paradigma. Hg. von Eva Eßlinger u.a. Frankfurt a.M. 2010

Ludwik Fleck: Entstehung und Entwicklung einer wissenschaftlichen Tatsache. Einführung in die Lehre vom Denkstil und Denkkollektiv. Mit einer Einleitung hg. von Lothar Schäfer. Frankfurt a.M. 1980

Michel Foucault: Andere Räume. In: Aisthesis. Wahrnehmung heute oder Perspektive einer anderen Ästhetik. Hg. von Karlheinz Barck u.a. Leipzig 1990, S. 34–46

Michel Foucault: Die Ordnung der Dinge. Eine Archäologie der Humanwissenschaften. Aus dem Französischen von Ulrich Köppen. Frankfurt a.M. 1971

Hieronymus Fracastoro: Drei Bücher von den Kontagien, den kontagiösen Krankheiten und deren Behandlung (1546). Übersetzt und eingeleitet von Prof. Dr. Viktor Fossel. Leipzig 1910. Unveränderter Nachdruck. Leipzig 1968

Sigmund Freud: Die Traumdeutung (1900). In: Sigmund Freud: Studienausgabe. Hg. von Alexander Mitscherlich, Angela Richards und James Strachey. Mitherausgeber des Ergänzungsbandes Ilse Grubrich-Simitis. Limitierte Sonderausgabe. Bd. X: Bildende Kunst und Literatur. Frankfurt a.M. 2000, S. 11–588

Sigmund Freud: Vorlesungen zur Einführung in die Psychoanalyse (1916–17 [1915–17]). In: Sigmund Freud: Studienausgabe. Hg. von Alexander Mitscherlich, Angela Richards und James Strachey. Mitherausgeber des Ergänzungsbandes Ilse Grubrich-Simitis. Limitierte Sonderausgabe. Bd. I: Vorlesungen zur Einführung in die Psychoanalyse und Neue Folge. Frankfurt a. M. 2000, S. 34–445

Sigmund Freud: Der Witz und seine Beziehung zum Unbewußten (1905). In: Sigmund Freud: Studienausgabe. Hg. von Alexander Mitscherlich, Angela Richards und James Strachey. Mitherausgeber des Ergänzungsbandes Ilse Grubrich-Simitis. Limitierte Sonderausgabe. Bd. IV: Psychologische Schriften. Frankfurt a.M 2000, S. 9–219

Werner Frizen: Thomas Manns Sprache. In: Thomas-Mann-Handbuch. Hg. von Helmut Koopmann. 3., aktualisierte Aufl. Stuttgart 2001, S. 854–874

Peter Fuß: Das Groteske. Ein Medium des kulturellen Wandels. Köln 2001

Roland Galle: Die Ästhetisierung der Biologie in Thomas Manns *Der Zauberberg*. In: Biologie, Psychologie, Poetologie. Verhandlungen zwischen den Wissenschaften. Hg. von Walburga Hülk und Ursula Renner. Würzburg 2005, S. 261–279

Michael Gamper: Einleitung. In: Experiment und Literatur. Themen, Methoden, Theorien. Hg. von Michael Gamper. Göttingen 2010, S. 9–14

Hans-Martin Gauger: Der Autor und sein Stil. Zwölf Essays. Stuttgart 1988

Achim Geisenhanslüke: Gegendiskurse. Literatur und Diskursanalyse bei Michel Foucault. Heidelberg 2008

Achim Geisenhanslüke: Schriftkultur und Schwellenkunde? Überlegungen zum Zusammenhang von Literalität und Liminalität. In: Schriftkultur und Schwellenkunde. Hg. von Achim Geisenhanslüke und Georg Mein. Bielefeld 1998, S. 97–119

Gérard Genette: Implizierter Autor, implizierter Leser? In: Texte zur Theorie der Autorschaft. Hg. und kommentiert von Fotis Jannidis u.a. Stuttgart 2007, S. 233–246

Gérard Genette: Palimpseste. Literatur auf zweiter Stufe. Aus dem Französischen von Wolfram Bayer und Dieter Hornig. Frankfurt a. M. 1993

Gérard Genette: Paratexte. Das Buch vom Beiwerk des Buches. Mit einem Vorwort von Harald Weinrich. Aus dem Französischen von Dieter Hornig. Frankfurt a. M. 2001

Johann Glatzel: Melancholie in Thomas Mann »Zauberberg«. In: Melancholie in Literatur und Kunst. Hg. von Dietrich von Engelhardt u. a. Hürtgenwald 1990, S. 198–213

Johann Wolfgang von Goethe: Wilhelm Meisters Lehrjahre. In: Goethes Werke. Textkritisch durchgesehen und mit Anmerkungen versehen von

Erich Trunz. Bd. 7: Romane und Novellen. 2. Band. 5. Aufl. Hamburg 1962, S. 8–610

Jacob und Wilhelm Grimm: Deutsches Wörterbuch. Hg. von der Deutschen Akademie der Wissenschaften zu Berlin. 10. Bd., 3. Abt.: Stob–Strollen. Bearbeitet von Bruno Crome und der Arbeitsstelle des Deutschen Wörterbuches zu Berlin. Leipzig 1957

Wolfram Groddeck: Reden über Rhetorik. Zu einer Stilistik des Lesens. Basel und Frankfurt a. M. 1995

Großes vollständiges Universal-Lexicon aller Wissenschaften und Künste, welche bishero durch menschlichen Verstand und Witz erfunden und verbessert worden. Hg. von Johann Heinrich Zedler, Bd. 18: Lo–Lz. Halle und Leipzig 1738. (http://www.zedler-lexikon.de/blaettern/einzelseite.html?zedlerseite=ze180612&bandnummer=18&seitenzahl=0612&dateiformat=1&supplement=0; letzter Aufruf: 01.10.2014)

Rainer Grübel: Zur Ästhetik des Wortes bei Michail M. Bachtin. In: Michail Bachtin: Die Ästhetik des Wortes. Hg. und eingeleitet von Rainer Grübel. Aus dem Russischen übersetzt von Rainer Grübel und Sabine Reese. Frankfurt a. M. 1979, S. 21–78

Ernst Günter: Geschichte des Varietés. Berlin 1981

Richard Guttmann: Variété. Beiträge zur Psychologie des Pöbels. Wien und Leipzig 1919

Rolf Haaser und Günter Oesterle: Grotesk. In: Reallexikon der deutschen Literaturwissenschaft. Neubearbeitung des Reallexikons der deutschen Literaturgeschichte. Bd. I: A–G. Hg. von Klaus Weimar, gemeinsam mit Harald Fricke, Klaus Grubmüller und Jan-Dirk Müller. Berlin und New York 2007, S. 745–748

Bernd Hamacher: Ökonomie und Religion – Goethe, Thomas Mann und die »protestantische Ethik«. In: »Denn wovon lebt der Mensch?« Literatur und Wirtschaft. Hg. und kommentiert von Dirk Hempel und Christine Künzel. Frankfurt a. M. 2009, S. 117–135

Bernd Hamacher: Poetologische Funktionen des Märchens bei Thomas Mann. In: Märchen und Moderne. Fallbeispiele einer intertextuellen Relation. Hg. von Thomas Eicher. Münster 1996, S. 69–113

Eckhard Heftrich: Zauberbergmusik. Über Thomas Mann. Frankfurt a. M. 1975

Martin Heidegger: Sein und Zeit. 10., unveränderte Aufl. Tübingen 1963

Malte Herwig: Bildungsbürger auf Abwegen. Naturwissenschaft im Werk Thomas Manns (= TMS 32). Frankfurt a. M. 2004

Oscar Hertwig: Allgemeine Biologie. 5., verbesserte und erweiterte Aufl. Bearbeitet von Oscar Hertwig und Günther Hertwig. Jena 1920

Stefan Hesper: Kristalle des Lebens. Ein Motiv des Vitalismus in Literatur und Philosophie. In: Gilles Deleuze. Fluchtlinien der Philosophie. Hg. von Friedrich Balke und Joseph Vogl. München 1996, S. 287–303

Hans H. Hiebel: Franz Kafka: Form und Bedeutung. Formanalysen und Interpretationen von Vor dem Gesetz, Das Urteil, Bericht für eine Akademie, Ein Landarzt, Der Bau, Der Steuermann, Prometheus, Der Verschollene, Der Proceß und ausgewählten Aphorismen. Würzburg 1999

Hippokrates: Of the Epidemics. Translated by Francis Adams. Adelaide 2007, Buch I, Sektion I. (http://ebooks.adelaide.edu.au/h/hippocrates//epidemics/index.html; letzter Aufruf: 01.10.2014)

Fernand Hoffmann: Thomas Mann als Philosoph der Krankheit. Versuch einer systematischen Darstellung seiner Wertphilosophie des Bionegativen. Nancy 1970

Homer: Ilias[.] Odyssee. Übersetzung von Johann Heinrich Voß nach den 1. Ausgaben 1781 und 1793. Berlin und Weimar 1999

Quintus Horatius Flaccus: Ars Poetica. Die Dichtkunst. Lateinisch/Deutsch. Übersetzt und mit einem Nachwort hg. von Eckart Schäfer. Bibliographisch ergänzte Ausgabe. Stuttgart 2008

Jochen Hörisch: »Die deutsche Seele up to date« – Sakramente der Medientechnik auf dem Zauberberg. In: Arsenale der Seele – Literatur- und Medienanalyse seit 1870. Hg. von Friedrich A. Kittler und Georg C. Tholen. München 1989, S. 13–23

Jochen Hörisch: »Extremitätenkult« – die öffentliche und die unsichtbare Hand. Ökonomische Motive bei Thomas Mann, gehalten am 13.03.2009 in Mannheim im Rahmen der Tagung »Thomas Mann und die Ökonomie« der Jungen Thomas Mann-Forscher. (http://www.literaturkritik.de/public/rezension.php?rez_id=12896&ausgabe=200905; letzter Aufruf: 01.10.2014)

Jochen Hörisch: Kopf oder Zahl. Die Poesie des Geldes. Frankfurt a. M. 1996

Hybride Kulturen. Beiträge zur amerikanischen Multikulturalismusdebatte. Hg. von Elisabeth Bronfen, Benjamin Marius und Therese Steffen. Mit einer Einführung von Elisabeth Bronfen und Benjamin Marius. Deutsche Übersetzung von Anne Emmert und Josef Raab. Tübingen 1997

Wolfgang Iser: Der Akt des Lesens. Theorie ästhetischer Wirkung. München 1976

Jürgen Jacobs und Markus Krause: Der deutsche Bildungsroman. Gattungsgeschichte vom 18. bis zum 20. Jahrhundert. München 1989

Roman Jakobson: Linguistik und Poetik [1960]. In: Roman Jakobson: Poetik. Ausgewählte Aufsätze 1921–1971. Hg. von Elmar Hohenstein und Tarcisius Schelbert. 3. Aufl. Frankfurt a. M. 1993, S. 83–121

Wolfgang Jansen: Das Varieté. Die glanzvolle Geschichte einer unterhaltenden Kunst. Berlin 1990

Erkme Joseph: Nietzsche im »Zauberberg« (= TMS 14). Frankfurt a. M. 1996

Andreas Kablitz: *Bella menzogna.* Mittelalterliche allegorische Dichtung und die Struktur der Fiktion (Dante, *Convivio* – Thomas Mann, *Der Zauberberg* – Aristoteles, *Poetik*). In: Literarische und religiöse Kommunikation in Mittelalter und Früher Neuzeit. Hg. von Peter Strohschneider. Berlin 2009, S. 222–271

Wolfgang Kayser: Das Groteske. Seine Gestaltung in Malerei und Dichtung. Oldenburg und Hamburg 1957

John Keats: Ode to a Nightingale. In: The Poems of John Keats. Edited by Miriam Allott. London 1970, S. 523–532

Ernst Keller: Das Problem »Verfall«. In: Buddenbrooks-Handbuch. Hg. von Ken Moulden und Gero von Wilpert. Stuttgart 1988, S. 160 f.

Martin von Koppenfels: Immune Erzähler. Flaubert und die Affektpolitik des modernen Romans. München 2007

Anna Kinder: Geldströme. Ökonomie im Romanwerk Thomas Manns. Berlin 2013

Anna Kinder: Reflexe der kapitalistischen Moderne. Die Geldströme in den Romanen Thomas Manns. (http://www.literaturkritik.de/public/rezension.php?rez_id=12894&ausgabe=200905; letzter Aufruf: 01.10.2014)

Martina King: Inspiration und Infektion. Zur literarischen und medizinischen Wissensgeschichte von ›auszeichnender Krankheit‹ um 1900. In: IASL 35.2 (2010), S. 61–97

Friedrich A. Kittler: Aufschreibesysteme 1800/1900. München 1985

Friedrich A. Kittler: Grammophon, Film, Typewriter. Berlin 1986

Friedrich A. Kittler: Über die Sozialisation Wilhelm Meisters. In: Dichtung als Sozialisationsspiel. Studien zu Goethe und Gottfried Keller. Hg. von Gerhard Kaiser und Friedrich A. Kittler. Göttingen 1977, S. 13–124

Erich Kleinschmidt: Differenzen und Affekte. Kulturelle Energien grotesker Rede. In: Lesbarkeit der Kultur. Literaturwissenschaften zwischen Kulturtechnik und Ethnographie. Hg. von Gerhard Neumann und Sigrid Weigel. München 2000, S. 185–199

Erich Kleinschmidt: Übergänge: Denkfiguren. Köln 2011

Kluge. Etymologisches Wörterbuch der deutschen Sprache. Bearbeitet von Elmar Seebold. 24., durchgesehene und erweiterte Aufl. Berlin und New York 2002

Robert Koch: Die Ätiologie der Tuberkulose (1882). In: Robert Koch (1843–1910). Bakteriologe, Tuberkuloseforscher, Hygieniker. Ausgewählte Texte. Hg. von Paul Steinbrück und Achim Thom. Leipzig 1982, S. 77–97

Oliver Kohns: Die Übertragung der Reinheit (Mary Douglas, Friedrich Nietzsche). In: Grenzräume der Schrift. Hg. von Achim Geisenhanslüke und Georg Mein. Bielefeld 2008, S. 23–47

Helmut Koopmann: Der Erwählte. In Thomas-Mann-Handbuch. Hg. von Helmut Koopmann. 3., aktualisierte Aufl. Stuttgart 2001, S. 498–515

Siegfried Kracauer: Das Ornament der Masse. In: Siegfried Kracauer: Werke. Bd. 5.2: Essays, Feuilletons, Rezensionen. 1924–1927. Hg. von Inka Mülder-Bach unter Mitarbeit von Sabine Biebl u. a. Frankfurt a. M. 2011

Sibylle Krämer: Medium – Bote – Übertragung. Kleine Metaphysik der Medialität. Frankfurt a. M. 2008

Markus Krause und Nicolas Pethes: Zwischen Erfahrung und Möglichkeit. Literarische Experimentalkulturen im 19. Jahrhundert. In: Literarische Experimentalkulturen. Poetologien des Experiments im 19. Jahrhundert. Hg. von Markus Krause und Nicolas Pethes. Würzburg 2005, S. 7–18

Julia Kristeva: Bachtin, das Wort, der Dialog und der Roman. In: Literaturwissenschaft und Lingusitik. Ergebnisse und Perspektiven. Bd. 3: Zur linguistischen Basis der Literaturwissenschaft II. Hg. von Jens Ihwe. Frankfurt a. M. 1972, S. 345–375

Børge Kristiansen: Das Problem des Realismus bei Thomas Mann. Leitmotiv – Zitat – Mythische Wiederholungsstruktur. In: Thomas-Mann-Handbuch. Hg. von Helmut Koopmann. 3., aktualisierte Aufl. Stuttgart 2001, S. 823–835

Børge Kristiansen: Thomas Mann und die Philosophie. In: Thomas-Mann-Handbuch. Hg. von Helmut Koopmann. 3., aktualisierte Aufl. Stuttgart 2001, S. 259–283, hier S. 276–282.

Børge Kristiansen: Unform – Form – Überform. Thomas Manns *Zauberberg* und Schopenhauers Metaphysik. Eine Studie zu den Beziehungen zwischen Thomas Manns Roman *Der Zauberberg* und Schopenhauers Metaphysik. Kopenhagen 1978

Hermann Kurzke: Thomas Mann. Das Leben als Kunstwerk. München 2001

Hermann Kurzke: Thomas Mann. Epoche – Werk – Wirkung. 3., neu überarbeitete Aufl. München 1991

Jacques Lacan: Die Ethik der Psychoanalyse. Textherstellung durch Jacques-Alain Müller. Übersetzt von Norbert Haas. Weinheim 1996

Renate Lachmann: Vorwort. In: Michail Bachtin: Rabelais und seine Welt. Volkskultur als Gegenkultur. Übersetzt von Gabriele Leupold. Hg. und mit einem Vorwort versehen von Renate Lachmann. Frankfurt a.M. 1995, S. 7–46

Astrid Lange-Kirchheim: Maskerade und Performanz – vom Stigma zur Provokation der Geschlechterordnung. Thomas Manns »Der kleine Herr Friedemann« und »Luischen«. In: Apokrypher Avantgardismus. Thomas Mann und die Klassische Moderne. Hg. von Stefan Börnchen und Claudia Liebrand. München 2008, S. 187–224

Astrid Lange-Kirchheim: Zergliederte Jünglinge und Missgeburten. Zum ›gender trouble‹ in Thomas Manns Roman *Der Zauberberg*. In: Jugend. Psychologie – Literatur – Geschichte. Festschrift für Carl Pietzcker. Hg. von Klaus-Michael Bogdal, Ortrud Gutjahr und Joachim Pfeiffer. Würzburg 2001, S. 231–257

Astrid Lange-Kirchheim: Das zergliederte Porträt – *gender*-Konfigurationen in Thomas Manns *Zauberberg*. In: Bei Gefahr des Untergangs. Phantasien des Aufbrechens. Festschrift für Irmgard Roebling. Hg. von Ina Brueckel u.a. Würzburg 2000, S. 173–195

Daniela Langer: Thomas Mann. Der Zauberberg. Stuttgart 2009

J. Laplanche und J.-B. Pontalis: Das Vokabular der Psychoanalyse. Aus dem Französischen von Emma Moersch. Frankfurt a.M. 1973

Kristian Larsson: Masken des Erzählens. Studien zur Theorie narrativer Unzuverlässigkeit und ihrer Praxis im Frühwerk Thomas Manns. Würzburg 2011

Bruno Latour: Wir sind nie modern gewesen. Versuch einer symmetrischen Anthropologie. Aus dem Französischen von Gustav Roßler. Frankfurt a.M. 1998.

Clark Lawlor: Consumption and Literature. The Making of the Romantic Disease. Basingstoke 2006

Lexikon der Sprachwissenschaft. Hg. von Hadumod Bußmann. 3., aktualisierte und erweiterte Aufl. Stuttgart 2002

Claudia Liebrand: Im Kabinett der Spiegel. Masken- und Signifikantenspiele, Memoria und Genre in Thomas Manns »Lotte in Weimar«. In: Apokrypher Avantgardismus. Thomas Mann und die Klassische Moderne. Hg. von Stefan Börnchen und Claudia Liebrand. München 2008, S. 267–298

Literaturwissenschaft. Einführung in ein Sprachspiel. 2., überarbeitete Aufl. Hg. von Heinrich Bosse und Ursula Renner. Freiburg i.Br., Berlin und Wien 2010

Petra Löffler: Schwindel, Hysterie, Zerstreuung. Zur Archäologie massenmedialer Wirkungen. In: Trancemedien und Neue Medien um 1900. Ein anderer Blick auf die Moderne. Hg. von Marcus Hahn und Erhard Schüttpelz. Bielefeld 2009, S. 375–401

Christoph F. Lorenz: Leitmotiv. In: Reallexikon der deutschen Literaturwissenschaft. Neubearbeitung des Reallexikons der deutschen Literaturgeschichte. Bd. II: H–O. Hg. von Harald Fricke, gemeinsam mit Georg Braungart u.a. Berlin und New York 2007, S. 399–401

Frederick A. Lubich: Die Dialektik von Logos und Eros im Werk von Thomas Mann. Heidelberg 1986

Michael Maar: Geister und Kunst: Neuigkeiten aus dem Zauberberg. Wien 1995

Friedhelm Marx: »Ich aber sage Ihnen ...« Christusfigurationen im Werk Thomas Manns. Frankfurt a. M. 2002

Peter von Matt: Der Roman im Fieberzustand. E.T.A. Hoffmanns »Elixiere des Teufels«. In: Peter von Matt: Das Schicksal der Phantasie. Studien zur deutschen Literatur. München und Wien 1990, S. 122–133

Bruno Meinecke: Consumption (Tuberculosis) in Classical Antiquity. Ann Arbor 1921. Nachdruck aus: Annals of Medical History 9,4 (1927), S. 379–402

Winfried Menninghaus: Lob des Unsinns. Über Kant, Tieck und Blaubart. Frankfurt a. M. 1995

Dietmar Mersch: Posthermeneutik. Berlin 2010

Herman Meyer: Zarte Empirie. Studien zur Literaturgeschichte. Stuttgart 1963

Jeffrey Meyers: Disease and the Novel, 1880–1960. London und Basingstoke 1985

Meyers Großes Konversations-Lexikon. Ein Nachschlagewerk des allgemeinen Wissens. 6., gänzlich neubearbeitete und vermehrte Auflage. Mit mehr als 16800 Abbildungen im Text und auf über 1500 Bildertafeln, Karten und Plänen sowie 160 Textbeilagen. Bd. 8: Glashütte bis Hautflügler. Leipzig und Wien 1907. (http://www.zeno.org/Meyers-1905/A/Grotesk; letzter Aufruf: 01.10.2014)

Meyers Großes Konversations-Lexikon. Ein Nachschlagewerk des allgemeinen Wissens. 6., gänzlich neubearbeitete und vermehrte Auflage. Mit mehr als 16800 Abbildungen im Text und auf über 1500 Bildertafeln, Karten und Plänen sowie 160 Textbeilagen. Bd. 14: Mittewald bis Ohmgeld. Neuer Abdruck. Leipzig und Wien 1908. (http://www.zeno.org/Meyers-1905/A/Naphtha; letzter Aufruf: 01.10.2014)

Meyers Großes Konversations-Lexikon. Ein Nachschlagewerk des allgemeinen Wissens. 6., gänzlich neubearbeitete und vermehrte Auflage. Mit mehr als 16800 Abbildungen im Text und auf über 1500 Bildertafeln, Karten und Plänen sowie 160 Textbeilagen. Bd. 17: Rio bis Schönebeck. Leipzig und Wien 1909. (http://www.zeno.org/Meyers-1905/A/Satyr drama; letzter Aufruf: 01.10.2014)

Richard Morton: Phthisiologia, or, a Treatise of Consumptions. London 1694
Wolfgang G. Müller: Ironie. In: Reallexikon der deutschen Literaturwissenschaft. Neubearbeitung des Reallexikons der deutschen Literaturgeschichte. Bd. II: H–O. Hg. von Harald Fricke, gemeinsam mit Georg Braungart u. a. Berlin und New York 2007, S. 185–189
Marika Müller: Die Ironie. Kulturgeschichte und Textgestalt. Würzburg 1995
Walter Müller-Seidel: Degeneration und Decádence. Thomas Manns Weg zum *Zauberberg*. In: Poetik und Geschichte. Viktor Žmegač zum 60. Geburtstag, Hg. von Dieter Borchmeyer. Tübingen 1989, S. 118–135.
Gerhard Neumann: Anamorphose. E.T.A. Hoffmanns Poetik der Defiguration. In: Mimesis und Simulation. Hg. von Andreas Kablitz und Gerhard Neumann. Freiburg i. Br. 1998, S. 377–417
Gerhard Neumann und Lothar Kammel: Thomas Manns *Zauberberg*. Eine Kulturtheorie der Liebe. In: Intermedialität. Studien zur Wechselwirkung zwischen den Künsten. Hg. von Günter Schnitzler und Edelgard Spaude. Freiburg i. Br. 2004, S. 11–35
C.A.M. Noble: Krankheit, Verbrechen und künstlerisches Schaffen bei Thomas Mann. Bern 1970
Timo Ogrzal: Kairologische Entgrenzung. *Zauberberg*-Lektüren unterwegs zu einer Poetologie nach Heidegger und Derrida. Würzburg 2007
Nicolas Pethes: Literatur- und Wissenschaftsgeschichte. Ein Forschungsbericht. In: IASL 28,1 (2003), S. 181–231
Nicolas Pethes: Spektakuläre Experimente. Allianzen zwischen Massenmedien und Sozialpsychologie im 20. Jahrhundert. Weimar 2004
Nicolas Pethes: Zöglinge der Natur. Der literarische Menschenversuch des 18. Jahrhunderts. Göttingen 2007
Hans Rudolf Picard: Der Geist der Erzählung. Dargestelltes Erzählen in literarischer Tradition. Bern u. a. 1987
Caroline Pross: Gespaltene Stimme, groteske Gestalt. Zu Michail Bachtins Theorie des Texts. In: de figura. Rhetorik – Bewegung – Gestalt. Hg. von Gabriele Brandstetter und Sibylle Peters. München 2002, S. 153–162
Pschyrembel. Klinisches Wörterbuch. 261., neu bearbeitete und erweiterte Aufl. Berlin und New York 2007
Peter Pütz: Thomas Mann und Nietzsche. In: Thomas Mann und die Tradition. Hg. von Peter Pütz. Frankfurt a. M. 1971, S. 225–249
Florens Christian Rang: Historische Psychologie des Karnevals. In: Die Kreatur 2 (1927/28), S. 311–343
Markus Rautzenberg: Die Gegenwendigkeit der Störung. Aspekte einer postmetaphysischen Präsenztheorie. Zürich und Berlin 2009

Hans-Ulrich Reck: Entgrenzung und Vermischung: Hybridkultur als Kunst der Philosophie. In: Hybridkultur. Medien, Netze, Künste. Hg. von Irmela Schneider und Christian W. Thomsen. Köln 1997, S. 91–117

J. T. Reed: »Der Zauberberg«. Zeitenwandel und Bedeutungswandel 1912–1924. In: Besichtigung des Zauberbergs. Hg. von Heinz Sauereßig. Biberach a. d. R. 1974, S. 81–139

Ursula Reidel-Schrewe: Die Raumstruktur des narrativen Textes. Thomas Mann: »Der Zauberberg«. Würzburg 1992

Gunter Reiß: »Allegorisierung« und moderne Erzählkunst. Eine Studie zum Werk Thomas Manns. München 1970

Hans-Jörg Rheinberger: Experimentalsysteme und epistemische Dinge. Eine Geschichte der Proteinsynthese im Reagenzglas. Frankfurt a. M. 2001

Hugh Ridley und Jochen Vogt: Thomas Mann – ›Der Zauberberg‹. In: Kindlers Literatur Lexikon. 3., völlig neu bearbeitete Auflage. Hg. von Heinz Ludwig Arnold. Stuttgart, Weimar 2009. (Kindlers Literatur Lexikon – Aktualisierungsdatenbank: www.kll-online.de; letzter Aufruf: 01.10.2012)

Wilhelm Georg Friedrich Roscher: Absatzkrisen [1849/1882]. In: Geschichte der Ökonomie. Hg. von Johannes Burkhardt und Birger P. Priddat. Frankfurt a. M. 2009, S. 538–553

Gertrud M. Rösch: Karikatur. In: Reallexikon der deutschen Literaturwissenschaft. Neubearbeitung des Reallexikons der deutschen Literaturgeschichte. Bd. II: H–O. Hg. von Harald Fricke, gemeinsam mit Georg Braungart u. a. Berlin und New York 2007, S. 233–237

Tanja Rudke: Schlaraffenland und Teufels Küche. Karnevaleske Motive bei Heinrich Heine und Thomas Mann. In: Bachtin im Dialog. Festschrift für Jürgen Lehmann. Hg. von Markus May und Tanja Rudke. Heidelberg 2006, S. 223–241

Thomas Rütten: Sterben und Tod im Werk Thomas Manns. In: Lebenszauber und Todesmusik. Zum Spätwerk Thomas Manns. Die Davoser Literaturtage 2002 (= TMS 29). Frankfurt a. M. 2004, S. 13–34

Max Rychner: Thomas Mann. Rede zu seinem 80. Geburtstag. In: Jahresring 55/56, S. 49–64

Sylvia Sasse: Michail Bachtin zur Einführung. Hamburg 2010

Heinz Sauereßig: Lübeckische Anklänge im Zauberberg. In: Thomas Mann, geboren in Lübeck. Hg. von Jan Herchenröder und Ulrich Thoemmes. Lübeck 1975, S. 125–129

Mirjam Schaub und Nicola Suthor: Einleitung. In: Ansteckung. Zur Körperlichkeit eines ästhetischen Prinzips. Hg. von Mirjam Schaub, Nicola Suthor und Erika Fischer-Lichte. München 2005, S. 9–21

Dietmar Schmidt: »Viehsionomik«. Repräsentationsformen des Animalischen im 19. Jahrhundert. In: Historische Anthropologie 11 (2003), S. 22–46

Gunnar Schmidt: Anamorphotische Körper. Medizinische Bilder vom Menschen im 19. Jahrhundert. Köln, Weimar und Wien 2001

Heinrich Schneegans: Geschichte der grotesken Satire. Strassburg 1894

Irmela Schneider: Einleitung. In: Hybridkultur. Medien, Netze, Künste. Hg. von Irmela Schneider und Christian W. Thomsen. Köln 1997, S. 7–12

Irmela Schneider: Von der Vielsprachigkeit zur »Kunst der Hybridation«. Diskurse des Hybriden. In: Hybridkultur. Medien, Netze, Künste. Hg. von Irmela Schneider und Christian W. Thomsen. Köln 1997, S. 13–66

Wolfgang Schneider: Lebensfreundlichkeit und Pessimismus. Thomas Manns Figurendarstellung (= TMS 19). Frankfurt a. M. 1999

Arthur Schopenhauer: Die Welt als Wille und Vorstellung. I und II. Nach den Ausgaben letzter Hand hg. von Ludger Lütkehaus. 3. Aufl. München 2005

Franziska Schößler: »Aneignungsgeschäfte«. Zu Thomas Manns Umgang mit Quellen in dem Roman *Königliche Hoheit*. In: TMJ 14 (2001), S. 249–267

Franziska Schößler: Börsenfieber und Kaufrausch. Ökonomie, Judentum und Weiblichkeit bei Theodor Fontane, Heinrich Mann, Thomas Mann, Arthur Schnitzler und Émile Zola. Bielefeld 2009

Helmar Schramm: Kunst des Experimentellen, Theater des Wissens. In: Spektakuläre Experimente. Praktiken der Evidenzproduktion im 17. Jahrhundert. Hg. von Helmar Schramm, Ludger Schwarte und Jan Lazardzig. Berlin und New York 2006, S. XI–XXXVIII

Helmar Schramm: Pyrophonie. Anmerkungen zur Theatralität des Experimentierens. In: Spektakuläre Experimente. Praktiken der Evidenzproduktion im 17. Jahrhundert. Hg. von Helmar Schramm, Ludger Schwarte und Jan Lazardzig. Berlin und New York 2006, S. 398–413

Die auf uns gekommenen Schriften des Kappadocier Aretaeus. Aus dem Griechischen übersetzt von Dr. A. Mann. Halle 1858

Marianne Schuller: Körper. Fieber. Räuber. Medizinischer Diskurs und literarische Figur beim jungen Schiller. In: Physiognomie und Pathognomie. Zur literarischen Darstellung von Individualität. Festschrift für Karl Pestalozzi zum 65. Geburtstag. Hg. von Wolfram Groddeck und Ulrich Stadler. Berlin und New York 1994, S. 153–168

Eckhard Schumacher: Die Ironie der Unverständlichkeit. Johann Georg Hamann, Friedrich Schlegel, Jacques Derrida, Paul de Man. Frankfurt a. M. 2000

Erhard Schüttpelz: Eine Ikonographie der Störung. Shannons Flußdiagramm der Kommunikation in ihrem kybernetischen Verlauf. In: Transkribieren. Medien/Lektüre. Hg. von Ludwig Jäger und Georg Stanitzek. München 2002, S. 233–280

Bernd Seidensticker: Satyrspiel. In: Theaterlexikon I. Begriffe und Epochen, Bühnen und Ensembles. Hg. von Manfred Brauneck und Gérard Schneilin. Unter Mitarbeit von Wolfgang Beck. 5., vollständig überarbeitete Neuausgabe. Reinbek b. H. 2007, S. 881

Rolf Selbmann: Theater im Roman. Studien zum Strukturwandel des deutschen Bildungsromans. München 1981

Michel Serres: Die fünf Sinne. Eine Philosophie der Gemenge und Gemische. Übersetzt von Michael Bischoff. Frankfurt a. M. 1998

Michel Serres: Hermes I. Kommunikation. Aus dem Französischen übersetzt von Michael Bischoff. Hg. von Günter Rösch. Berlin 1991

Michel Serres: Hermes II. Interferenz. Aus dem Französischen übersetzt von Michael Bischoff. Hg. von Günter Rösch. Berlin 1992

Michel Serres: Hermes III. Übersetzung. Aus dem Französischen übersetzt von Michael Bischoff. Hg. von Günter Rösch. Berlin 1992

Michel Serres: Hermes IV. Verteilung. Aus dem Französischen übersetzt von Michael Bischoff. Hg. von Günter Rösch. Berlin 1993

Michel Serres: Der Parasit. Übersetzt von Michael Bischoff. Frankfurt a. M. 1987

Claude E. Shannon: Die mathematische Theorie der Kommunikation. In: Claude E. Shannon und Warren Weaver: Mathematische Grundlagen der Informationstheorie. München und Wien 1976, S. 41–143

Claude E. Shannon: The Mathematical Theory of Communication. In: Claude E. Shannon und Warren Weaver: The Mathematical Theory of Communication. Urbana 1964, S. 29–125

Bernhard Siegert: Die Geburt der Literatur aus dem Rauschen der Kanäle. Zur Poetik der phatischen Funktion. In: Electric Laokoon. Zeichen und Medien, von der Lochkarte zur Grammatologie. Hg. von Michael Franz u. a. Berlin 2007, S. 5–41

Adam Smith: Der Wohlstand der Nationen. Eine Untersuchung seiner Natur und seiner Ursachen. Aus dem Englischen übertragen und mit einer Würdigung von Horst Claus Recktenwald. München 1974

Susan Sontag: Krankheit als Metapher. Aus dem Amerikanischen von Karin Kersten und Caroline Neubaur. Aids und seine Metaphern. Aus dem Amerikanischen von Holger Fliessbach. 2. Aufl. Frankfurt a. M. 2003

Leo Spitzer: Sprachmischung als Stilmittel und als Ausdruck der Klangphantasie. In: GRM 11 (1923), S. 193–217

Franz K. Stanzel: Theorie des Erzählens. 6., unveränderte Aufl. Göttingen 1995

Uwe C. Steiner: Widerstand im Gegenstand. Das literarische Wissen vom Ding am Beispiel Franz Kafkas. In: Literatur, Wissenschaft und Wissen seit der Epochenschwelle um 1800. Theorie – Epistemologie – komparatistische Fallstudien. Hg. von Thomas Klinkert und Monika Neuhofer. Berlin 2008, S. 237–252

Elisabeth Strowick: Poetologie der Ansteckung und bakteriologische Reinkultur. Infektiöses Material bei Thomas Bernhard, Thomas Mann und Robert Koch. In: Krankheit und Geschlecht. Diskursive Affären zwischen Literatur und Medizin. Hg. von Elisabeth Strowick und Tanja Nusser. Würzburg 2002, S. 57–75

Elisabeth Strowick: Sprechende Körper – Poetik der Ansteckung. Performativa in Literatur und Rhetorik. München 2009

Nicole A. Thesz: Thomas Mann und »Die Welt vor dem großen Kriege«: Abgrenzung und Dialektik auf dem *Zauberberg*. In: Monatshefte 98 (2006), S. 384–402

Johannes Türk: Die Immunität der Literatur. Frankfurt a. M. 2011

Siegmar Tyroff: Namen bei Thomas Mann. In den Erzählungen und den Romanen Buddenbrooks, Königliche Hoheit, Der Zauberberg. Bern 1975

Hans Rudolf Vaget: Die Erzählungen. In: Thomas-Mann-Handbuch. Hg. von Helmut Koopmann. 3., aktualisierte Aufl. Stuttgart 2001, S. 534–618

Hans Rudolf Vaget: The Making of the *Magic Mountain*. In: Thomas Mann's *The Magic Mountain*. A Casebook. Hg. von Hans Rudolf Vaget. Oxford 2008, S. 13–30

Hans Rudolf Vaget: Seelenzauber. Thomas Mann und die Musik. Frankfurt a. M. 2006

Hans Rudolf Vaget: Vom »höheren Abschreiben«. Thomas Mann, der Erzähler. In: Liebe und Tod – in Venedig und anderswo. Die Davoser Literaturtage 2004 (= TMS 33). Hg. von Thomas Sprecher. Frankfurt a. M. 2005, S. 15–31

Joseph Vogl und Armin Schäfer: Feuer und Flamme. Über ein Ereignis des 19. Jahrhunderts. In: Kultur im Experiment. Hg. von Henning Schmidgen, Peter Geimer und Sven Dierig. Berlin 2004, S. 191–211

Joseph Vogl: Für eine Poetologie des Wissens. In: Die Literatur und die Wissenschaften 1770–1930. Walter Müller-Seidel zum 75. Geburtstag. Hg. von Karl Richter, Jörg Schönert und Michael Titzmann. Stuttgart 1997, S. 107–127

Joseph Vogl: Kalkül und Leidenschaft. Poetik des ökonomischen Menschen. 2. Aufl. Zürich und Berlin 2004

Joseph Vogl: Über das Zaudern. 2. Aufl. Zürich und Berlin 2008

Ludwig Völker: »Experiment«, »Abenteuer«, »Traum« in Thomas Manns Roman »Der Zauberberg«. Struktur – Idee – Tradition. In: Besichtigung des Zauberbergs. Hg. von Heinz Sauereßig. Biberach a. d. R. 1974, S. 157–182

Martin Walser: Ironie als höchstes Lebensmittel oder: Lebensmittel der Höchsten. In: Besichtigung des Zauberbergs. Hg. von Heinz Sauereßig. Biberach a.d.R. 1974, S. 183–215

Hermann J. Weigand: The Magic Mountain. A Study of Thomas Mann's Novel *Der Zauberberg*. Chapel Hill 1965

Richard Weihe: Die Paradoxie der Maske. Geschichte einer Form. München 2004

Brigitte Weingart: Ansteckende Wörter. Repräsentationen von AIDS. Frankfurt a. M. 2002

David Wellbery: Interpretation versus Lesen. Posthermeneutische Konzepte der Texterörterung. In: Wie international ist die Literaturwissenschaft? Methoden- und Theoriediskussion in den Literaturwissenschaften: kulturelle Besonderheiten und interkultureller Austausch am Beispiel des Interpretationsproblems (1950–1990). Hg. von Lutz Danneberg und Friedrich Vollhardt in Zusammenarbeit mit Hartmut Böhme und Jörg Schönert. Stuttgart 1990, S. 123–138

Robert Weninger: Zur Dialektik des Dialekts im deutschen Realismus: Zugleich Überlegungen zu Michail Bachtins Konzeption der Redevielfalt. In: The German Quarterly 72 (1999), S. 115–132

Gero von Wilpert: Sprachliche Polyphonie: Sprachebenen und Dialekte. In: Buddenbrooks-Handbuch. Hg. von Ken Moulden und Gero von Wilpert. Stuttgart 1988, S. 145–156

Rolf Winau: Ansteckung – medizinhistorisch. In: Ansteckung. Zur Körperlichkeit eines ästhetischen Prinzips. Hg. von Mirjam Schaub, Nicola Suthor und Erika Fischer-Lichte. München 2005, S. 61–72

Johann Joachim Winckelmann: Geschichte der Kunst des Altertums. Vollständige Ausgabe. Hg. von Wilhelm Seiff. Weimar 1964

Simone Winko: Lektüre oder Interpretation? In: Mitteilungen des deutschen Germanistenverbandes 49,2 (2002), S. 128–141

Geoffrey Winthrop-Young: Friedrich Kittler zur Einführung. Hamburg 2005

Uwe Wirth: Der Performanzbegriff im Spannungsfeld von Illokution, Iteration und Indexikalität. In: Performanz: zwischen Sprachphilosophie und Kulturwissenschaften. Frankfurt a. M. 2002, S. 9–60

Burkhardt Wolf: Erzählen im Experiment. Narratologie und Wissensgeschichte am Kreuzweg der zwei Kulturen. In: Experiment und Literatur. Themen, Methoden, Theorien. Hg. von Michael Gamper. Göttingen 2010, S. 208–235

Annette Wunschel und Thomas Macho: Zur Einleitung: Mentale Versuchsanordnungen. In: Science & Fiction. Über Gedankenexperimente in Wissenschaft, Philosophie und Literatur. Hg. von Thomas Macho und Annette Wunschel. Frankfurt a.M. 2004, S. 9–14

Hans Wysling: Narzissmus und illusionäre Existenzform. Zu den Bekenntnissen des Hochstaplers Felix Krull (= TMS 5). Bern und München 1982

Hans Wysling: Probleme der *Zauberberg*-Interpretation. In: TMJ 1 (1988), S. 12–26

Cornelia Zumbusch: Die Immunität der Klassik. Berlin 2012

PERSONENREGISTER